普通高等教育规划教材

大学生心理健康教程

第三版

彭 雷 主编
赵全宇 王 威 副主编

化学工业出版社

·北京·

本书依据教育部相关文件的基本要求，介绍了大学生心理健康的相关知识。本书共分10章，包括心理健康概述、自我意识、情绪、应对挫折、人际交往、人格、学习心理、网络心理、恋爱心理及心理危机的相关知识。本书在编写中遵循学科内在逻辑体系与高等学校学生认知发展规律，突出时代性，语言通俗易懂，寓教于乐，符合高等学校的教学规律和学生的认知规律。

本书可以作为各院校心理健康教育课程的教学用书，也可作为大学生提升自身心理素质的参考用书。

图书在版编目（CIP）数据

大学生心理健康教程/彭雷主编．—3版．—北京：化学工业出版社，2021.10（2022.11重印）
ISBN 978-7-122-39671-6

Ⅰ.①大… Ⅱ.①彭… Ⅲ.①大学生-心理健康-健康教育-高等职业教育-教材 Ⅳ.①G444

中国版本图书馆CIP数据核字（2021）第157083号

责任编辑：王　可　蔡洪伟　　　　　　　装帧设计：张　辉
责任校对：宋　夏

出版发行：化学工业出版社（北京市东城区青年湖南街13号　邮政编码100011）
印　　装：北京天宇星印刷厂
787mm×1092mm　1/16　印张15　字数383千字　2022年11月北京第3版第3次印刷

购书咨询：010-64518888　　　　　　　售后服务：010-64518899
网　　址：http://www.cip.com.cn
凡购买本书，如有缺损质量问题，本社销售中心负责调换。

定　　价：38.00元　　　　　　　　　　　　　　　　　　　　　版权所有　违者必究

前言
Foreword

心理健康是大学生综合素质的重要组成部分，是大学生顺利度过大学生活的前提。如今的大学校园，已不再是与世隔绝的象牙塔，大学生们在校园里已经需要面对适应环境、人际交往、恋爱挫折、情绪波动、就业困难等多方面的心理压力与冲突，这些问题如果处理不当，会给大学生的心理和生理带来诸多的不良影响。按照教育部教思政厅（2011）5号文件《普通高等学校心理健康教育课程教学基本要求》的指导要求，我们编写了《大学生心理健康教程》一书，以满足高职学生在心理健康方面的知识需求。

本教材自出版以来，承蒙广大院校师生厚爱，已经连续印刷多次。近年来，随着大学生的年轻化，大学生的心理压力和冲突也发生了变化，课程教材的适时更新与不断完善也势在必行。本次修订始终本着"实用、管用、够用"的原则，在案例和章节上有所更新、充实和调整。

本教材在编写中遵循学科内在逻辑体系与高等学校学生认知发展规律，便教便学；秉承积极心理学思想，突出其教育性，始终强调大学生心理健康教育的教育功能和发展功能，重视对学生心理健康素质的培养；注重知识讲授、心理体验与行为训练的"三位一体"，突出其实操性，指导、帮助学生适应大学生活、解决心理问题，促进其健康发展；强化高职学生主体意识，突出其能动性，调动其自我学习和自我教育的积极性。

本书编写人员均为多年从事大学生心理健康教育工作的教师，具有丰富的实践经验和对学生工作的热爱。本教材由彭雷任主编，赵全宇、王威任副主编，王锦石、吴东爽、杜嘉殷、吕家妮、冯海龙、赵维政参与编写。

由于编写时间和编者水平所限，错误和不足在所难免，望广大读者批评指正！

编者
2021年4月

第一版 前言
Foreword

随着国际经济全球化、政治多极化、文化多元化趋势的不断发展，国内改革开放的不断深入，我国各领域面临的竞争和挑战不断加剧。如今的大学校园，已不再是与世隔绝的象牙塔，大学生们在校园里已经需要面对适应环境、人际交往、恋爱挫折、情绪波动、就业困难等多方面的心理压力与冲突，这些问题如果处理不当，会给大学生的心理和生理带来诸多的不良影响。按照教育部教思政厅（2011）5号文件《普通高等学校心理健康教育课程教学基本要求》的指导要求，我们编写了《大学生心理健康教程》一书，以满足高校学生在心理健康方面的知识需求。

本教材在编写中遵循学科内在逻辑体系与高校学生认知发展规律，便教便学；秉承积极心理学思想，突出其教育性，始终强调大学生心理健康教育的教育功能和发展功能，重视对学生心理健康素质的培养；注重知识讲授、心理体验与行为训练的"三位一体"，突出其实操性，指导、帮助学生适应大学生活、解决心理问题，促进其健康发展；强化高校学生主体意识，突出其能动性，调动其自我学习和自我教育的积极性。

本教材由长期在教学第一线工作的心理健康教育工作者编写。本教材由谭芳任主编，张艳丛、彭雷任副主编，赵婧、孙晓萍、杨丽萍、张雪、李长城、康平军参与编写。由于编写时间和编者水平有限，不足之处在所难免，望广大读者批评指正！

编者

2014年6月

目录 Contents

第1章 打开心灵的窗户 /1
1.1 大学生心理健康概述 /2
- 1.1.1 健康新主张 /2
- 1.1.2 心理健康的定义及标准 /3
- 1.1.3 大学生心理发展的特点 /4
- 1.1.4 大学生心理健康标准 /7
- 1.1.5 大学生常见的心理问题 /9
- 1.1.6 影响大学生心理健康的因素 /10

1.2 大学生心理咨询 /12
- 1.2.1 心理咨询概述 /12
- 1.2.2 大学生心理咨询的意义和特点 /13
- 1.2.3 大学生心理咨询的内容 /13
- 1.2.4 大学生心理咨询的类型 /14

1.3 大学生应对心理问题的方法 /16
- 1.3.1 心理问题没有那么可怕 /16
- 1.3.2 做一个热爱生活的人 /16

第2章 人贵有自知之明 /21
2.1 自我意识概述 /22
- 2.1.1 自我意识的内涵 /22
- 2.1.2 自我意识的构成 /22
- 2.1.3 自我意识的形成 /23
- 2.1.4 自我意识的功能 /25
- 2.1.5 大学生自我意识发展的特点 /26

2.2 大学生自我意识发展中的偏差及调适 /28
- 2.2.1 自我中心 /29
- 2.2.2 过度自我肯定 /29
- 2.2.3 过度自我否定 /30
- 2.2.4 过度追求完美 /30
- 2.2.5 过分从众 /31
- 2.2.6 自控能力差 /31

2.3 大学生完善自我意识的途径与方法 /31
- 2.3.1 健全自我意识的标准 /32
- 2.3.2 不断完善自我意识 /32

第3章 我的情绪我做主 /39
3.1 情绪概述 /40
- 3.1.1 什么是情绪 /40
- 3.1.2 情绪的分类 /41
- 3.1.3 情绪的功能 /44
- 3.1.4 情绪与情商 /45

3.2 大学生情绪特点及其影响 /47
- 3.2.1 大学生的情绪特点 /47
- 3.2.2 情绪对大学生的影响 /49
- 3.2.3 大学生常见的情绪困扰 /49

3.3 大学生健康情绪的培养 /52
- 3.3.1 健康情绪的标准 /52
- 3.3.2 大学生健康情绪的培养途径 /53

第4章 应对挫折与压力 /63
4.1 挫折及其应对 /64
- 4.1.1 挫折概述 /64
- 4.1.2 关于挫折的理论 /65
- 4.1.3 挫折对大学生的影响 /66
- 4.1.4 大学生常见的挫折 /67
- 4.1.5 大学生挫折产生的原因 /68
- 4.1.6 大学生常见的挫折反应 /69
- 4.1.7 提高挫折承受力 /72

4.2 心理压力及其应对 /74
- 4.2.1 心理压力概述 /75
- 4.2.2 大学生常见的心理压力 /75
- 4.2.3 大学生心理压力产生的原因 /77
- 4.2.4 疏解压力的策略和方法 /78

第5章 拥有和谐交往 /83
5.1 大学生人际关系概述 /84
- 5.1.1 人际交往与人际关系 /84
- 5.1.2 大学生人际交往特点 /87
- 5.1.3 大学生人际交往的作用 /88

5.2 影响大学生人际交往的因素 /89
- 5.2.1 影响大学生人际交往的外界因素 /90
- 5.2.2 影响大学生人际交往的心理效应 /92

5.3 大学生人际交往中的心理障碍及其调适 /96
- 5.3.1 自卑心理及其调适 /96

5.3.2　自负心理及其克服　　　　　　　/97
　　5.3.3　嫉妒心理及其克服　　　　　　　/98
　　5.3.4　害羞心理及其克服　　　　　　　/98
　　5.3.5　猜疑心理及其克服　　　　　　　/99
　　5.3.6　孤独心理及其克服　　　　　　　/101
5.4　建立和谐人际关系的原则与技巧　　　/101
　　5.4.1　遵循人际交往的原则　　　　　　/101
　　5.4.2　掌握人际交往的技巧　　　　　　/104
　　5.4.3　学会处理宿舍人际关系　　　　　/107

第6章　塑造健全人格　　　　　　　　/111

6.1　人格概述　　　　　　　　　　　　　/112
　　6.1.1　人格及其构成　　　　　　　　　/112
　　6.1.2　人格的构成　　　　　　　　　　/114
　　6.1.3　影响人格形成和发展的因素　　　/118
6.2　大学生人格发展特点及问题矫正　　　/121
　　6.2.1　大学生的人格发展特点　　　　　/121
　　6.2.2　大学生常见的人格缺陷及矫正　　/121
　　6.2.3　大学生人格障碍的形成原因　　　/123
　　6.2.4　大学生常见的人格障碍及矫正　　/124
6.3　大学生的人格完善　　　　　　　　　/132
　　6.3.1　大学生人格完善的标准　　　　　/132
　　6.3.2　大学生人格完善的原则　　　　　/133
　　6.3.3　大学生人格完善的途径与方法　　/134

第7章　打造学海轻舟　　　　　　　　/141

7.1　大学生学习心理概述　　　　　　　　/142
　　7.1.1　什么是学习　　　　　　　　　　/142
　　7.1.2　大学生学习心理特点　　　　　　/143
　　7.1.3　影响大学生学习效能的因素　　　/145
　　7.1.4　大学生学习的心理机制　　　　　/146
7.2　大学生学习能力的培养及潜能的开发　/153
　　7.2.1　大学生学习能力的培养　　　　　/153
　　7.2.2　大学生学习潜能的开发　　　　　/155

第8章　走进网络世界　　　　　　　　/159

8.1　大学生网络心理概述　　　　　　　　/160
　　8.1.1　网络心理概念　　　　　　　　　/160
　　8.1.2　大学生的网络行为　　　　　　　/160
　　8.1.3　网络对大学生心理的影响　　　　/162
8.2　大学生网络心理问题　　　　　　　　/163
　　8.2.1　常见的大学生网络心理问题　　　/163
　　8.2.2　大学生网络心理问题的特点　　　/166
　　8.2.3　大学生网络心理问题的成因　　　/167
8.3　培养大学生健康的网络心理　　　　　/170
　　8.3.1　健康网络心理的标准　　　　　　/170
　　8.3.2　大学生网络心理问题的预防　　　/171
　　8.3.3　培养大学生健康的网络心理　　　/173

第9章　走出感情的困惑　　　　　　　/177

9.1　大学生恋爱心理　　　　　　　　　　/178
　　9.1.1　爱情的概述　　　　　　　　　　/178
　　9.1.2　恋爱心理的产生动因　　　　　　/183
　　9.1.3　恋爱心理的发展过程　　　　　　/184
　　9.1.4　大学生恋爱中常见的心理　　　　/185
　　9.1.5　大学生恋爱的心理特点　　　　　/186
9.2　大学生性心理健康　　　　　　　　　/188
　　9.2.1　性心理健康概述　　　　　　　　/188
　　9.2.2　大学生性心理发展的特点　　　　/190
　　9.2.3　大学生性心理的常见问题　　　　/191
　　9.2.4　大学生性心理困扰的调适　　　　/194
9.3　培养健康的恋爱观和择偶观　　　　　/195
　　9.3.1　大学生恋爱中常见的心理障碍　　/195
　　9.3.2　大学生恋爱心理问题的调适　　　/198
　　9.3.3　培养健康的恋爱心理　　　　　　/199
　　9.3.4　培养爱的能力与责任　　　　　　/201
　　9.3.5　树立健康的恋爱观和择偶观　　　/203

第10章　珍惜生命之花　　　　　　　/207

10.1　生命与大学生的生命困惑　　　　　/208
　　10.1.1　认识生命与死亡　　　　　　　/208
　　10.1.2　大学生的生命困惑　　　　　　/210
　　10.1.3　大学生生命困惑产生的原因　　/211
10.2　大学生生命教育　　　　　　　　　/214
　　10.2.1　生命教育的内涵　　　　　　　/214
　　10.2.2　生命教育的历史　　　　　　　/215
　　10.2.3　大学生生命教育的现状　　　　/216
　　10.2.4　加强大学生生命教育　　　　　/217
10.3　大学生心理危机　　　　　　　　　/218
　　10.3.1　大学生心理危机的特点　　　　/218
　　10.3.2　大学生心理危机的种类　　　　/219
　　10.3.3　大学生心理危机发生后的反应　/220
10.4　大学生心理危机的预警与干预　　　/221
　　10.4.1　心理危机预警　　　　　　　　/221
　　10.4.2　心理危机的自我干预　　　　　/222
　　10.4.3　心理危机的共同干预　　　　　/224
　　10.4.4　大学生自杀的预防与干预　　　/226

参考文献　　　　　　　　　　　　　　/234

第一章 打开心灵的窗户

知识导航

◆ 明确心理健康的意义与价值；
◆ 认识并区别健康与心理健康；
◆ 了解大学生心理特点；
◆ 了解大学生常见的心理问题及应对办法。

心理小故事

老教授和他的《德语词典》

西安交通大学有位老教授因生活不如意而陷入深深的悲伤之中。但他博学多才,有丰富的心理学知识,面对残酷的现实他认识到,必须从悲伤的情绪中解脱出来,否则就会严重地损害身心健康。为了调节和改善自己的情绪,他决定编写一本《德语词典》。他起早贪黑,把全部心血都投入到编纂这本词典中,完全忘记了生活的艰难和悲伤,未来成功的喜悦时时激励着他。心中满怀乐观的情绪,使他的身体一直保持健康。3年后,他的《德语词典》顺利完成,出版发行后受到同行的高度评价。老教授利用编写词典这种行为,很好地调节了自己的情绪,始终保持积极乐观,把艰苦和孤寂变成前进的动力,在挽救自己的同时,为国家的外语事业做出了贡献。

(资料来源:吉家文.新编大学心理健康教育.天津:南开大学,2018.)

1.1 大学生心理健康概述

1.1.1 健康新主张

健康是每一个人所向往的。正如古希腊哲学家赫拉克利特所说的,如果没有健康,智慧就难以表现,文化就无从体现,力量就不能施展,财富就变成废物,知识也无法利用。人只有健康,才能更有效地学习、工作和交往。人们对健康的含义的认识是随着社会的发展以及人类对自身认识的深化而不断丰富和发展的。在生产力十分低下的时期,人类只关心如何适应和征服自然,保证自身的生存。随着生产力水平的提高,人类开始关心身体健康,防病治病的医学科学应运而生。过去人们基本上将健康和疾病看成是非此非彼的两个极端,没有疾病和不适便是健康,健康就是无病。20世纪初,《简明不列颠全书》对健康的定义是:没有疾病和营养不良以及虚弱状态。我国所编的《辞海》的描述是:人体各器官系统发育良好,功能正常,体质健壮,精力充沛并具有良好的活动效能状态。通过人体测量、体格检查和各种生理指标来衡量。这种"无病即健康"的传统健康观念在很长时期内一直影响人们的医疗保健乃至政府的卫生政策。

现代科学技术和医学的不断发展,逐渐揭示了人的整体性以及人与自然环境和社会环境的统一。人们认识到,人是一个生理和心理紧密结合的有机体,精神和躯体在同一生命体系中共同发挥着作用,人们对健康的认识,已经从被动的治疗疾病转变为积极的预防疾病和提高身体素质;从单纯的生理标准扩展到心理社会标准;从生物医学模式转变为生理——心理——社会医学模式;从个体诊断延伸到群体乃至整个社会的健康评价。这种对健康与疾病、人类与健康是多因多果关系的认识,导致了传统的健康观逐渐被摒弃,新的健康概念应运而生。

1948年,联合国卫生组织(WHO)在成立宪章中明确指出:"健康乃是一种身体上、精神上和社会上的完满状态,不仅仅是没有疾病和虚弱的现象,而且有完整的生理、心理状态和社会适应能力。"这种认识是人们对健康要领的全面总结与更新,健康不仅是躯体的反映,同时还必须是心理活动正常、社会适应完满的综合体现。这种理解就意味着衡量一个人是否健康,必须从生理、心理、社会、行为等因素分析,不仅看他有没有器质性或功能性异常,还要看他有没有主观不适感,有没有社会公认的不健康行为。

世界卫生组织规定了人类健康应具备以下十条标准。

（1）有足够充沛的精力，能从容不迫地应对日常生活和工作压力，而不感到过分紧张。

（2）态度积极，乐于承担责任，不论事情大小，都不挑剔。

（3）善于休息，睡眠良好。

（4）能适应外界环境的各种变化，应变能力强。

（5）能够抵抗一般性的感冒和传染病。

（6）体重得当，身体匀称，站立时头、肩、臂的位置协调。

（7）反应灵敏，眼睛明亮，眼睑不发炎。

（8）牙齿清洁、无空洞、无痛感、无出血现象，齿龈颜色正常。

（9）头发有光泽、无头屑。

（10）肌肉和皮肤富有弹性，走路轻松匀称。

从这十条健康标准中可以看出，健康包括了身体健康和心理健康，二者相辅相成，缺一不可。严格地说，没有一种病是纯粹身体方面的，也没有一种病是纯粹心理方面的。因此，我们在考虑自身的健康时，要注意身心两个方面的反应。

在1988年，联合国卫生组织又增补了道德标准，即健康不仅仅是指没有疾病，而且包括心理健康、社会适应良好和道德健康。这是健康概念的再一次深化，使健康的范围涉及个体生活和社会生活各个方面。这是到目前为止，对健康下的一个全面、完整、科学、系统的定义，是21世纪的健康新概念。

总之，现代健康的含义是多元的、广泛的，包括生理、心理、社会适应性和道德健康四个方面，其中社会适应性归根结底取决于生理和心理的素质状况。心理健康是身体健康的精神支柱，身体健康又是心理健康的物质基础，道德健康是心理健康和社会适应良好的外现。

1.1.2 心理健康的定义及标准

（1）心理健康

1946年，第三届国际心理卫生大会将心理健康定义为："心理健康是指在身体、智能以及情感上与他人的心理健康不相矛盾的范围内，将个人心境发展成最佳的状态"。

心理学家英格里斯指出："心理健康是指一种持续的心理状态，当事人在各种情况下能做出良好的适应，具有生命的活力，而且能充分发挥其身心潜能。"

我们将心理健康的概念定义为：个体能够适应当前和发展着的环境，具有完善的个性特征，认知、情绪反应、意志行动处于积极状态，并保持正常的调控能力。心理健康不是指一个人对任何事物都能愉快地接受，而是指其在对待环境和问题冲突的反应上，能更多地表现出积极的适应倾向。因此，心理健康是一种积极向上的、高效而满意的、持续的心理状态。

对于心理健康的理解不能绝对化，因为在现实生活中并不存在某种固定的心理健康状态，常常是一种弹性的相对状态，即使是一个心理正常的人，也可能有突发性、暂时性的心理异常。每个人随时随地都可能产生心理问题，心理冲突在当今社会像感冒、发烧一样不足为奇，健康与不健康是可以相互转化的。

（2）心理健康的标准

心理健康的标准，有以下几种看法。

第三届国际心理卫生大会提出了心理健康的四条标准：①身体、智力、情绪十分调和；②适应环境，在人际关系中彼此谦让；③有幸福感；④在工作和职业中，能充分发挥自己的能力，过着有效率的生活。

美国人本主义心理学家马斯洛和心理学家密特尔曼提出心理健康的十条标准：①是否有充分的安全感；②是否对自己有较充分的了解，并能恰当地评价自己的能力；③自己的生活和理想是否切合实际；④能否与周围环境保持良好的接触；⑤能否保持自身人格的完整与和谐；⑥是否具备从经验中学习的能力；⑦能否保持适当和良好的人际关系；⑧能否适度地表达与控制自己的情绪；⑨能否在集体允许的前提下，有限度地发挥自己的个性；⑩能否在社会规范的范围内，适度地满足个人的基本需求。

我国学者王登峰、张伯源也提出了8条心理健康的指标：①了解自我，悦纳自我；②接受他人，善与人处；③正视现实，接受现实；④热爱生活，乐于工作；⑤能协调与控制情绪，心境良好；⑥人格完整和谐；⑦智力正常，智商在80分以上；⑧心理行为符合年龄特征。

以上关于心理健康的标准的理解，角度各有不同，但基本的理念是一致的。其实，心理健康是一个相对概念，从不健康到健康只是程度不同而已，正常和异常是相对的，不像生理健康那样具有精确、易于度量的指标。人的心理可以从相对不健康变得健康，也可以从相对健康变得不健康，因此，心理健康与否是一个动态的过程，不是固定不变的。

我们认为心理健康的标准包括以下几方面。

① 智力正常。智力是人的一切心理活动的最基本的心理前提，心理健康的人能在工作中保持好奇心、求知欲，并充分发挥自己的智慧学习知识，掌握技能，获得成就。

② 了解自我、接纳自我，能体验自我存在的价值。能对自己的优缺点做恰当的评价，不苛求自己，生活的目标和理想切合实际，对自己基本感到满意，很少自责、自怨、自卑、自我否定，心理相对平衡。

③ 能协调、控制情绪，心境良好。心理健康的人，愉快、乐观、开朗、满意等情绪状态总是占据优势的，虽然也免不了因挫折和不幸产生悲、忧、愁、怒等消极情绪体验，但不会长期处于消极情绪状态中，善于适度地表达、调节和控制自己的情绪，在社会交往中，既不妄自尊大也不畏惧退缩，争取在社会规范允许的范围内满足自己的各种需求，心境积极乐观。

④ 能与他人建立和谐的人际关系。乐于与人交往，与人为善，对人充满理解、同情、尊重、关心和帮助，有良好而稳定的人际关系，并能在其中分享快乐，分担痛苦。

⑤ 独立、自主、有责任心。对周围的人与事都有独立自主的见解，不盲从，热爱并专注于自己的工作、学习、事业，有强烈的责任心，并能在负责的工作中体验生活的充实和自己存在的价值。

⑥ 有良好的环境适应能力。能正确地认识环境和处理个人与环境的关系，能保持与环境的良好接触，善于将自己融入不同的环境中，使自己的心理需要与社会协调统一，从而最大限度地满足自己的需要，实现自己的人生理想。

当然，对于心理健康的理解不能绝对化，因为在现实生活中并不存在某种固定的心理健康状态，常常是一种弹性的相对状态，即使是一个心理正常的人，也可能有突发性、暂时性的心理异常。每个人随时随地都可能产生心理问题，心理冲突在当今社会像感冒、发烧一样不足为奇，健康与不健康是可以相互转化的。

1.1.3 大学生心理发展的特点

大学生正处于青年中期，正在从不成熟逐渐走向成熟、独立。但是由于客观环境的改变，种种不适应的感受纷至沓来，诸如大学生的学习问题、人际交往问题、恋爱与择业问题均呈现在这些心理上还欠成熟的大学生面前，构成了大学生的心理发展特点。

(1) 心理发展的过渡性

青年期是少年向成年人转变的过渡期，也是少年心理向成人心理过渡的关键期。从心理发展水平看，多数大学生的心理正处于迅速走向成熟但又没有达到完全成熟的时期。从心理发展过程看，认知迅速发展，达到了相对成熟；认知的核心要素思维已由经验型向理论型转化；情感也从激情体验、易感状态逐步升华过渡到富于热情、充满青春活力，社会道德感和社会责任感增强。在意志行动上，从容易冲动发展到具有一定的自控力，形成相对稳定的行为习惯。从个性发展看，性格、能力等个性心理特征都达到相对稳定和渐至成熟的水平；理想、信念、自我意识等个性意识经过大学阶段逐渐接近成人的发展水平。

(2) 心理发展的可塑性

大学时代是人生各种心理品质全面发展、急剧变化的时期。大学生在这一时期心理发展存在不稳定、可塑性大的特点。例如：在认知方面容易偏执；在情绪方面容易走极端；在意志方面有时执拗；在个性方面，虽然许多个性品质已基本形成，但却容易受外界或生活情境的影响。

(3) 逻辑思维与辩证思维居主导地位

当代大学生的思维富有逻辑性、独立性、批判性及独创性。随着学习环境的改变，他们掌握了较多的抽象概念、法则、定理公式，而且在生活实践中经常运用这些知识去理解各种事物的本质和规律、解决各种新课题。他们在自己思考问题或与别人讨论问题时，不再满足现象的罗列，而要求揭露事物的本质和规律，要求有理论深度，不轻易相信理论不足的结论。他们能够自主地对具体事物在认识基础上进行分析和概括；能够对各种假设作出自己的评价，对尚未得到证明的可能性进行分析思考；而且能够对同一问题做出不同的解答；能够对同一事件推测出几个相互排斥的原因。

这对大学生来说，无疑树立了强大的自信心，使他们在大学里面对巨大的知识量与各种理论体系时具有很强的分析能力和论证能力；有能力面对各种复杂的社会事物，因而大大增强了他们生存和发展的信心。但若无明确的学习与生活目标和日常计划，则有时表现为无所事事或滥用精力。

(4) 成人感和独立意识增强

学生们进入大学后，在这个社会气氛很浓的环境中，随着独立思考和智能水平的高度发展，他们的成人感迅速增强，他们渴望独立，强烈要求社会承认他们的成人资格。而且大学生活中也有许多的事情完全要靠他们自己来处理和完成，这也促使他们的独立意识迅速发展。自我意识增强，自我认识和自我评价能力有所提高，自主性和自尊心增强，自我需要增加。但也有些人急功近利，在某些需要不能满足时，又因怀疑自己的能力而自卑。

(5) 心理发展的矛盾性

当代大学生由于在学校受教育时间长，从家门到校门，没有社会生活经验，从而心理成熟滞后于生理成熟。经济上不独立、传统价值权威的衰落以及现代价值多元化的影响等，使得大学生的心理既存在积极面，又存在消极面，这必然导致各种矛盾和冲突。大学生常见的心理矛盾有以下几种。

① 理想与现实的矛盾。大学生对未来有自己的设想，一般理想比较高，希望将来能发挥自己的才能，成为社会有用之人。然而，在现实生活中往往难以找到实现理想的途径，有的面对前进道路上的障碍没了信心和方法；有的学生只有美好的向往而没有切实的行动；有的眼高手低，只想做大事而一鸣惊人，不喜欢"从我做起，从小事做起"，这就必然产生理想与现实的冲突。大学校园生活也会造成理想和现实的差距。中学生心目中的大学校园应该是温馨浪漫的，大学教师是侃侃而谈、超凡不俗的，同学之间的友谊是纯洁的，校园生活是多姿多彩的。因此，多数学生入学后都会产生不同程度的失落感。加之他们对自己的评价缺乏客观性，造成理想和现实之间的差距，差距越大，其内心就越难以平衡。内在和外在的双重失落感使得大学生看不清自己的前进方向，没有明确的奋斗目标，成就感淡化，甚至破罐破摔。

② 情绪与理智的矛盾。大学生的情绪是丰富而动荡的，往往容易激动、兴奋，也容易转向消沉、失望，特别在挫折面前，情绪容易走向极端。其原因是心理发育相对滞后，往往从某种感性认识或经验直觉出发评价自己以及周围的人和事情，以个人的情趣、好恶为标准处理问题。

③ 独立与依赖的矛盾。从中学进入大学，生理逐渐成熟，反映在心理上，则增强了独立的倾向。他们渴望独立、渴望自由，言行上渴望摆脱家长、老师的管束。同时他们远离父母和亲人，生活中的很多事情需要自己去处理，使他们的独立意识迅速增强，独立能力发展很快。但是，大学生还处于学习阶段，他们与社会接触很少，社会阅历不够丰富，社会经验欠缺，还不能真正依靠自己的力量来独立解决生活中遇到的一些问题，不能恰当地处理社会交往中的各种关系。而且学业、择业等方面也离不开学校和家长的支持和安排。加之他们经济上还不能独立，经济上必须依赖父母的供给，一时难以摆脱对家庭、老师的依赖，也就不可避免地造成独立与依赖的矛盾。

④ 自尊与自卑的矛盾。经过激烈的竞争进入大学校园的大学生成为青年中的佼佼者，受到社会的称赞、父母的宠爱、同龄人的羡慕，容易产生一种优越感和自豪感，表现出强烈的自尊心。然而，大学里人才济济，高手如林。许多高中时期的尖子生，其优势不再明显，失去了往日的荣耀，易产生心理失衡。有的同学因此就怀疑自己，否定自己，产生自卑感、挫折感和焦虑感，表现为自我评价过低、丧失信心、悲观失望、不求进取，走向退学和轻生等极端。

⑤ 乐群与防范的矛盾。大学生一般远离亲人，渴望交友，乐于群体活动。但大学生彼此之间相处的时间较短，一时难以建立心贴心的真情与友谊，在与他人的交往中，总是带有试探和防范的心理，这就产生了乐群与防范的矛盾。因此，大学生经常感叹接触的人很多，信得过的人却很少；同学很多，知心朋友很少。

⑥ 竞争与求稳的矛盾。当代大学生平等竞争意识较强，渴望在平等的条件下参与竞争，以便充分地发挥自己的才能，实现自己的奋斗目标。对于那些投机取巧，靠侵害别人利益获取好处的行为深恶痛绝。但在实际竞争中，有些大学生又害怕风险，抱怨竞争的残酷性，表现出求稳心态。竞争与求稳的冲突在择业时表现得尤为突出。

⑦ 性生物性和性社会性的矛盾。青春期的大学生性生理已成熟，有了性的欲望和冲动。然而，由于受社会道德、法律、校纪等方面的制约，性冲动受到压抑。一般大学生通过学习、工作、文体活动和社交活动等途径，可以使之得到某种程度的转移和升华。但也有一部分大学生由于缺乏性知识，对性问题有偏见，性冲动得不到正常的转移，久而久之造成性冲动与性压抑的尖锐冲突。

以上这些心理矛盾如果得不到合理解决和正确的引导，就容易导致心理问题。

（6）大学生心理发展的阶段性

虽然生活、学习、情感、就业等问题同时贯穿于大学生发展的全过程，但在每个年级段大学生心理发展所表现出的心理问题各有侧重。

① 生活适应期。大学新生以"胜利者"的喜悦进入大学后，突出的问题主要是如何适应大学生活，如何建立起新的人际关系。许多新生感到手足无措，出现了父母租房"陪读"、聘保姆或钟点工、将脏衣服寄回家让父母洗等现象，一些心理承受力弱的学生则产生焦虑、恐惧等心理。另外，人际交往欠缺带来的孤独和寂寞，也是这个时期的突出问题。有调查显示，在大学新生中，有适应不良和人际交往问题的占68.7%。

② 学习焦虑期。在适应大学生活后，与学习相关的心理问题随之突出。一是学习任务繁重带来的紧张与焦虑。大二进入大学学习任务繁重的时期，再加之各种资格考试、证书考试的开始，不少大二学生存在着急躁、忧虑、厌烦、易怒等心理问题。二是学习成绩的不理想、考试不及格等带来的失落与自卑。一些学生因学习成绩低而无缘优秀学生、奖学金，担心补考门数太多而没有学位，或因考试作弊受到处分等，由此产生懊恼、不安、挫败、自卑等情绪。这个时期一般是在大学二年级至三年级。

③ 就业准备期。大四学生因求职就业带来的心理压力最为普遍、突出。面对严峻的就业形势和沉重的就业压力，许多大四学生感到焦虑、烦躁、忧虑、失落。特别是一些冷门专业或学习成绩不佳的毕业生以及部分女生，表现得更为突出。处于焦虑状态的大学毕业生往往是心神不定、意志消沉，严重的甚至影响到正常的学习和生活。一些学生因就业期望值过高而造成心理失衡，即使找到工作后，常担心所选择的单位是否是最理想的；人生蓝图能否实现；能否受到用人单位的青睐；工作环境是否优越；工作单位是否适合自己发展等，为此出现忧心忡忡、瞻前顾后、后悔沮丧等心理现象。

1.1.4 大学生心理健康标准

综合国内外专家学者的观点，结合我国大学生的年龄特征、心理特征和社会角色特征，我们可把评判大学生心理健康水平的标准概括如下。

（1）认知能力正常

认知即人对事物认识与理解的心理过程，包括知觉、记忆、思维、想象、学习、语言和理解等心理现象。正常的认知能力要求具有敏锐的感知能力，较强的记忆力，良好的思维力，丰富的想象力，清晰的语言表达力，较强的理解力，以及有效地解决问题的能力等。这是大学生学习、生活与工作的基本心理条件，也是胜任学习任务、适应环境变化、和谐与人交往的心理基础和保证。因此，认知能力正常是衡量大学生心理健康的首要标准。

（2）强烈的求知欲

学习是大学生活的主要内容，心理健康的学生都会珍惜学习机会，乐于学习，能够积极参与学习活动，克服学习中的困难，学习成绩稳定；能够保持一定的学习效率，并从学习中体验到满足与快乐。

（3）情绪健康

其标志是情绪稳定和心情愉快。包括的内容有：愉快情绪多于负性情绪，乐观开朗、富有朝气，对生活充满希望；情绪较稳定，善于控制与调节自己的情绪，既能克制又能合理宣泄自己的情绪，喜不狂、忧不绝、胜不骄、败不馁、谦而不卑、自尊自重；在社会交往中既不妄自尊大，也不退缩畏惧；对于无法得到的东西不过于贪求，争取在社会的允许范围内满足自己的各种需要，对于自己能得到的一切感到满意，心情总是开朗的、乐观的；情绪反应与环境相适应。

（4）意志健全

意志是人在完成一种有目的的活动时进行的选择、决定与执行的心理过程。意志健全者在行动的自觉性、果断性、顽强性和自制力等方面都表现出较高的水平。意志健全的大学生在各种活动中都有自觉的目的性，能适时地做出决定并运用切实有效的方式解决所遇到的问题，在困难和挫折面前，能采取合理的反应方式，能在行动中控制情绪和言而有信，而不是行动盲目、畏惧困难、顽固执拗。

（5）人格完整

人格是个体比较稳定的心理特征的总和。人格完整指具有健全统一的人格，即构成人格的气质、能力、性格、理想、信念、人生观等各方面平衡发展，所思、所想、所说、所做协调一致。包括：①人格要素无明显的缺陷和偏差；②具有正确的自我意识；③人生观正确，并以此支配自己的心理与行为；④人格相对稳定。

（6）自我评价正确

正确的自我评价是大学生心理健康的重要条件，大学生在进行自我观察、自我认定、自我判断和自我评价时，能做到自知，恰如其分地认识自己，对自己的能力、性格和优缺点都能做出恰当、客观的评价。既不以自己在某些方面高于别人而自傲，也不以某些方面低于别人而自卑，面对挫折与困境，能够自我悦纳，喜欢自己，接受自己，自尊、自强、自制、自爱适度，正视现实，积极进取。

（7）人际关系和谐

良好而深厚的人际关系，是事业成功与生活幸福的前提。其表现为：乐于与人交往，既有广泛而深厚的人际关系，又有知心朋友；在交往中保持独立而完整的人格，有自知之明，不卑不亢；能客观评价别人和自己，善取人之长补己之短，宽以待人，乐于助人，与人为善，对他人充满理解、同情、尊重、关心和帮助，有良好而稳定的人际关系，并能在其中分享快乐、分担痛苦，社会支持系统强而有力。

（8）社会适应良好

社会适应能力包括正确认识社会环境以及处理个人与社会环境的关系。心理健康的大学生能够面对现实，接受现实，并能主动去适应现实，逐步地改造现实。能够对周围的事物和环境做出客观的评价和深刻的认识，并能与现实环境保持良好的接触，既有高于现实的理想和信念，又不会沉湎于不切实际的幻想和奢望中。面对不利的现实环境，既不怨天尤人，也不采取逃避的方式，更不自暴自弃，而是敢于面对现实的挑战，以积极有效的办法去应对环境中的各种困难。在现实和环境发生改变时，能及时调整心态和行为，使之与新的环境保持一致。

（9）行为反应适度

行为反应适度是指个体对外界环境和事物的反应既不过敏，亦不迟钝。在人的生命发展不同年龄阶段都有相应的心理行为表现，从而形成不同年龄阶段独特的心理行为模式。心理健康的大学生有正常的行为反应，在认识、情感、言行、举止等方面都符合其所处的年龄段的要求，充满青春活力、朝气蓬勃、积极向上、敢想敢干、勤学好问、探索创新、自由浪漫、不怕失败等。在性别特点方面，男性大学生表现应该相对主动勇敢、刚强果断、爽直大方，而女性大学生则相对温柔婉约、细致周到、富于同情心等。在角色特征方面，能够根据自己所处的场合，正确把握自己所扮演的角色、所处的地位以及所属的身份。过于老成、过于幼稚、过于依赖都是心理不健康的表现。

1.1.5 大学生常见的心理问题

心理问题是指各种心理及行为异常情形，通常把心理问题根据其严重程度分为心理困扰、心理障碍和精神病三种。心理困扰主要是指各种适应问题、应激问题、人际关系问题等；心理障碍主要是指神经症、人格异常和性心理障碍等轻度失调；精神病是指人脑机能活动失调，丧失自知力，不能应付正常生活，不能与现实保持恰当接触的严重的心理障碍。事实上，大学生中有心理障碍或精神病的学生并不多，多数学生遇到的都是一般性心理困扰。但是，即使一般性心理困扰也会在很大程度上影响学生的发展，而且对一般性心理困扰若不及时调节和疏导，持续发展下去就可能导致心理障碍或精神疾病。大学生常见的心理问题主要表现在以下几个方面。

（1）环境适应不良

这类问题主要发生在新生群体中。从中学到大学，生活条件、学习内容及其方式、人际交往等都发生了相应的变化，几乎所有的学生都存在一定程度的不适应。环境适应是大学生入学后遇到的第一个问题，适应不良，将影响到整个大学时期的学习和生活。

（2）人际交往障碍

马克思说过："人的本质并不是单个人所固有的抽象物，在其现实性上，它是一切社会关系的总和。"人类的一切实践活动都是在人际交往过程中完成的，人际交往不仅是团结他人的方式，也是个体自身发展的必要条件。良好的人际关系状况是影响大学生心理发展、个性完善的重要因素之一。每个大学生都渴望与人交往，建立良好的人际关系。但由于他们缺乏社会交往经验，社会阅历简单，加之他们的个性发展不完善等原因，使得他们在人际交往中存在许多困惑，这严重影响了他们的生活、学习及身心的健康成长。

（3）学习方面的困扰

学习是大学生的主要任务和主要活动方式，然而大部分学生在学习方面都遇到过不同程度的困难。表现在心理方面的主要有学习缺乏动力、考试焦虑、学习疲劳、学习动机过强及注意力不集中等问题。

（4）恋爱和性方面的困扰

由于大学生性心理和性生理的不同步发展，加之对他们缺乏系统的性知识教育，在大学生中常有以下的心理问题：性价值观模糊、对性意识和性冲动存在不安、性行为失当、对自慰行为的自责等。而恋爱对大学生来说，也不是一帆风顺的，许多大学生常被失恋、单相思等问题所困扰。

（5）在择业方面的不良心理

求职择业是大学生必经之路，也是他们人生道路上的一次重要选择。从某种意义上说，选择职业就是选择未来。职业在现代社会已不再是简单的个人生存手段，而是一个人寻求自我发展、自我实现的现实途径。同时择业也是对大学生综合素质特别是心理素质的一次考验。我国目前实行的"自主择业""双向选择"的大学生就业政策，给身处改革大潮浪尖之上的大学生带来了前所未有的展现自我的机会，同时也给他们带来了巨大的心理压力。面对激烈竞争的就业形势，相当一部分大学生出现一些诸如焦虑、从众、自卑等不良心理。

（6）与网络有关的心理问题

随着互联网的普及，网络开始与人们的生活息息相关。有关调查表明，在我国，大学生是上网的主力军。网络是把双刃剑，它在给大学生带来巨大的便利的同时，网络中的各种消极因素也导致了大学生中出现诸如畸形网恋、网瘾综合征、网络孤独征及网络人格障碍等一系列心理问题。

(7) 与经济状况有关的心理问题

大学生中有相当一部分家庭经济状况比较窘迫。这让他们有很大的生存压力的同时，也有很强的自卑感。这种心理状态如果不加以调适，会造成严重的心理问题，严重者有可能会诱发犯罪。

1.1.6 影响大学生心理健康的因素

总的说来，大学生的心理问题主要是由来自社会、学校和家庭的各种压力直接造成的。由于大学生的文化层次较高，社会对其期望、要求也较高，大学生自我关注和人生目标的定位也较高，因此，他们所面临的心理压力自然要比一般的社会成员大得多，其压力源也广得多，归纳起来主要有以下几个方面。

(1) 社会环境因素

随着我国改革开放的深入发展和社会的变迁，社会生活日新月异。人们面临传统观念的变革、价值体系坐标的选择、新的生活方式的适应等，这对人们来说是一种心理上的考验。美国精神分析学家哈内认为："许多心理变态是由于环境的不良适应而引起的。"当个体原有的心理行为不能随着外界的改变而改变时，那么个体就会承受较大的心理压力。现代社会中，大学生面临的挑战很多，有来自社会责任的压力，有来自生活本身的压力，有来自竞争的压力，有来自择业就业的压力，有来自知识更新所带来的压力，等等。大学生是社会上最活跃、最敏感的人群，他们常常最先敏锐地感觉到变化和冲击，又由于他们正处在人格和观念的形成期，生理和心理在迅速变化，处于成熟与不成熟之间，因而这种变化在他们的心灵中的冲击也最明显、最强烈和最动荡。他们欢迎这种变化，但另一方面又对某些变化感到迷惑不解，难以适应。不少人因感到"社会变化太大、太快，自己与社会隔离太远"而对学习和就业有一种无所适从之感。此外，社会变革带来的一些负效应也对大学生心理带来不可忽视的消极影响。例如，不良社会风气、不健康的社会意识、不文明的大众传播等，都会对大学生产生不良影响。

(2) 学校环境因素

① 生活环境的压力。生活环境的变化是促使整个人心理发生变化的基础。从中学到大学，令人感触最深的莫过于换了一个环境，开始过独立的但又是集体式的生活。它要求大学生们既要做到生活自理，又要有奉献精神。但由于当代大学生绝大多数都是独生子女，不少人往往会因第一次离开父母、家庭而缺乏生活自理能力和过不惯集体生活，而感到孤独寂寞压抑和焦虑。

② 学习环境的压力。许多同学考入大学后，会突然失去自信，感到自己一无是处。这种心理失落首先是因为竞争对手变了，在"高手如林"的大学里，多数过去的"尖子"不再拔尖。此外，在大学里，竞争的内容不仅仅局限于学习成绩，眼界学识、文体特长、社交能力、组织才干等都成了比较的内容。在这种情况下，大学生们很容易产生巨大的心理落差，而对自己进行整体否定。其次，表现为学习方式、方法的变化。中学时，大部分学生习惯于老师详细讲解和具体辅导，自学能力较差，依赖性强。而在大学，同学们获取知识的手段，除了听课，从老师的讲授中获取知识外，自学占了很重要的位置，它需要学生不仅有较强的自学能力、学习自觉性、自主性和自制能力，而且还要学会研究性学习，善于发现和提出问题，加之大学的考试方法比较灵活等，这些变化往往使那些死记硬背、墨守成规、缺乏灵活运用知识能力的大学生遇到较多的挫折而感到自卑。再次，大学生在竞选学生干部、竞争奖学金、评优评先及入党等问题上的不如意也会在一定

程度上影响到一些学生的自尊心，甚至因挫折感而产生自卑和抑郁。

③ 个人情感的压力。目前，我国大学生正值青年中期，对性的问题比较敏感。他们渴望与异性交朋友，渴望得到异性的友谊甚至爱情。但由于其生理早熟和心理滞后之间的矛盾往往导致需要爱与理解爱之间的偏差。一方面，大学生生理成熟使人萌发性意识，产生需要爱情的欲望，但道德、纪律和法律又限制着这种欲望，于是在需求与满足之间出现了尖锐的矛盾和冲突，失去心理平衡。另一方面，由于大学生的世界观、人生观相对不稳，没有树立正确的恋爱观，因而出现了诸如三角恋、单相思、失恋、胁迫恋爱以及性心理异常等现象，这些来自情感的压力，一旦不能得到及时而有效的缓解和调适，就可能引起心理失衡，严重的会导致精神类疾病。

④ 人际关系压力。大学校园属人群密集型场所，因此，大学生同样面临着各种复杂的人际关系。一个大学里的同学由于来自不同的地域，文化背景、价值观念不尽相同，其个性、习惯的差异更显突出，学生容易发生人际关系方面的摩擦与冲突，并无力自行妥善解决，导致交往受阻。也有一些大学生因缺乏交往技巧和能力，为找不到真正知己而苦恼，出现不同程度的人际关系焦虑。

（3）家庭环境因素

家庭是社会的细胞，是一个人最早接触到的社会环境。家庭对一个人的性格形成和思想成长、心理发展等都会起到至关重要的作用。

① 家庭关系不良的影响。家庭关系不良或家庭结构不健全往往使大学生与其家庭在情感方面难以正常沟通，不能满足大学生正常的归属和爱的需要，影响心理健康。研究表明，如果家庭气氛和谐有序，家庭成员之间彼此尊重、支持、宽容，那么对子女的心理健康成长十分有利。相反，如果家庭的气氛紧张、敌对、挑剔，父母对子女的教养方式武断专横或放纵溺爱，那么在这种家庭环境中成长的孩子容易出现焦虑、自卑、粗暴、对他人缺乏信任等心理问题。

② 父母期望值的压力。当今社会，家长的望子成龙心态普遍存在。为了子女的升学，诸如考大学、考研究生或出国留学等，许多家长都是煞费苦心，不惜一切代价。这样一种来自父母的强烈期望，一方面可以成为大学生们勤奋学习的动力，但另一方面也可能适得其反，成为大学生难以承受的心理负担。

③ 经济困难的压力。在经济体制转轨时期，由于城乡差别以及社会分配不公而产生的收入悬殊问题在高校学生中也表现出来。就高校的贫困生而言，尽管谁也不愿挂上"贫困生"的标签，但他们无法逃避的现实却是：在生活条件方面，从吃穿乃至言行举止都与富裕家庭出身的学生有很大的反差，他们除了参与学业竞争外，还得承受因高额的学费和生活开支而带来的经济方面的压力，不少贫困学生在学习之余不得不靠勤工俭学来维持学习和生活，因此，他们所承受的心理负担明显地超过了其他同学，极易导致心理上的不平衡。

（4）自身缺陷与早期经历

有少数大学生因为遗传等因素的影响，在长相、身材、高矮、胖瘦等方面存在一些先天的生理缺陷；或是因为身体素质不好，患有疾病，在学习和训练的过程中往往感到力不从心；或是因为自身的个性缺陷，如性格内向、心胸狭窄、孤僻封闭、急躁冲动、固执多疑等。这些因素很容易使大学生产生"我不如人"的心理，久而久之，造成严重心理负荷，这样恶性循环，其心理承受力将越来越差。另外，大学生在成长早期的经历如分离、不良的经历等，都会对个体的人格特点和人际关系产生影响。这种影响直至成人仍然存在，并且极大地影响着他们的人际关系和心理健康。精神分析理论特别强调心理障碍与早期经历的关系，甚至认为，所有的心理障碍都与早期经历有着直接的关系。在大学生的心理障碍中，有一部分人的问题，诸如强迫症、适应障碍、学习障碍、人际关系障碍、社交恐惧等，都与早期经历有着密切的关系。

（5）冲突与选择因素的影响

尽管大学生的生活比较稳定，但他们仍面临着各种各样的冲突与选择。按冲突的内容划分，大学生所面临的冲突主要包括以下几个方面，即专业学习与社会工作的冲突，所学专业与兴趣的冲突，学习、工作与恋爱以及将来的计划与不同目标的冲突，等等。这些冲突对大学生们的影响是不同的。对有些人来讲，这些冲突的影响可能很小，而对有些人则可能影响较大。当他们面临的冲突对他们影响较大时（如关系到工作的性质和前途时），要做出选择可能就比较困难了。

面对冲突而难以做出选择，往往是由于对冲突的性质认识不清、对自我的认识不清及内心矛盾所造成的。事实上，大学生所遇到的各种冲突，大多都不是"非此即彼"的。例如，有些同学对自己所学的专业或某一门课不感兴趣，而对其他的活动又非常感兴趣。这样的冲突就称不上是"非此即彼"的。因为既然是所学专业，就必须认真学习，而绝不能放弃，同时对自己感兴趣的也不应该放弃。当然，大学生也面临许多"非此即彼"的冲突，如考研究生还是去工作，去国有单位还是合资公司甚至自己开公司，这都需要做个明确的选择，否则，将一直影响着他们的情绪和工作热情。总之，不论什么冲突，都向大学生提出了适应环境、取得成功的更高要求。这一问题解决得好坏将直接影响到他们的心理健康状况。

大学生正处在由不成熟趋向成熟的过程中，面对大学新的环境、新的角色、新的竞争带来的压力，会形成理想与现实的矛盾、感情与理智的矛盾、需要与满足的矛盾、闭锁性与开放性的矛盾、冲动与压抑的矛盾、积极进取与安于现状的矛盾，等等。这些内在的矛盾常常使年轻的大学生处于感情的波涛中，面对种种冲突不知做何选择。如不做及时、合理的调适，便有可能破坏心理平衡，影响心理健康。

1.2 大学生心理咨询

心理咨询是解决大学生心理矛盾、提高心理健康水平的重要途径和方法。每个人在生活中都可能因经验缺乏，或"思维的临时短路"而产生暂时性的心理矛盾乃至心理障碍。通过心理咨询，可以疏导情绪和减轻情绪压力，以新的经验代替旧的经验，改变原来的非理性认知，形成正确的态度和自信，找到解除心理困惑或障碍的可行方法，使自己重新建立起与环境的和谐关系，促进个性的全面发展。

1.2.1 心理咨询概述

所谓心理咨询，是指专业咨询人员以语言、文字、动作或其他载体为信息沟通形式，运用心理学知识和技术，给来访者以帮助、启发和疏导，给希望自己心理健康发展的人提供专门服务的过程。心理咨询的对象即求助者不是典型的精神病患者，而是在学习、生活、家庭、职业等方面有心理或行为问题的人。心理咨询的目的是帮助精神正常但又存在某种心理负担的来访者解决其在学习、工作、生活、人际交往以及疾病和康复等方面的心理不适或障碍，提高其正确对待自己和适应环境的能力，促进其自身发展和完善。

求助心理咨询最关键的是通过专业咨询人员的帮助和鼓励，发现大学生自身成长中的心理障碍或心理困惑，认识自己心理或行为的真正原因，并且尝试某些新的策略和新的行为，去摆脱情绪上的痛苦，解除心理负担，最大限度地发挥出自己的潜力，或者形成更为适当的应变能力。因此，当大学生出现心理矛盾，自我无法调节时，就应该主动及时地求助于心理咨询。自愿寻求帮助是心理成熟的标志，而不是懦弱的表现。不要等到自己已被心理障碍压倒而不知所措的时候才去寻求帮助，正如我们不能等到病倒在床上后才去医院看病一样。

1.2.2 大学生心理咨询的意义和特点

近年来，随着人们对大学生心理健康与人格发展的逐渐重视，心理咨询与治疗在我国大学校园迅速发展。大学生心理咨询与治疗活动的开展，有利于大学生开发心理潜能，优化心理素质，解除心理疾患，提高心理健康水平，促进德智体美全面发展。从心理咨询在我国高校的发展可看出，它已在高校显示了一定的生命力，并发挥了独特的作用。

（1）大学生心理咨询的意义

首先，心理咨询能帮助大学生解决完善自身和适应环境中遇到的心理问题。从数年来的心理咨询实践来看，由于当今大学生面临着学习任务重、生活节奏快、人际关系复杂、社会竞争激烈等方面的压力，以及新时期的价值观念未确定所带来的思想困惑，大学生在能动适应环境或完善自身时容易出现某些不适应或迷茫现象。如果不能及时地自我调整而又得不到外界有效的帮助，就会加重这些不适应，乃至引起心理障碍。由此可见，开展心理咨询工作，既为大学生提供了一个倾诉内心郁结的烦恼、苦闷、忧虑、痛苦的场所，又借助于心理咨询员的专业性帮助，使大学生能较快地走出困境，朝着正确目标健康地发展。

其次，在心理咨询过程中能及时发现有心理疾病的大学生。一些大学生在过重的心理负担下会出现某些心理疾病甚至有自杀倾向。心理咨询能够及时发现这些倾向，并有效地对他们进行心理治疗，因而可避免病情的恶化或自杀事件的发生。

最后，在心理咨询过程中，能及时了解大学生的思想动态和心理变化。在我国高校，大学生心理咨询与思想政治教育联系比较密切，目的都是为了使大学生成为德智体美全面发展、身心健康的社会主义合格人才。通过心理咨询，可了解大学生的思想动态和心理变化，可为有针对性地开展思想政治教育提供某些信息；心理咨询的某些原则和工作方法也可为改进思想工作方法所借鉴。

（2）大学生心理咨询的特点

大学生心理咨询具有不同于一般心理咨询的特点。

① 大学生面临的大量问题和主要问题都是成长的问题，包括学习、适应、交际、发展、恋爱、择业等问题。因此，大学生心理咨询应着重帮助与辅导大学生成长与发展，而不是专门治疗心理疾病。

② 大学生是文化层次较高的群体，对心理咨询了解的人较多，也认识到心理咨询的重要性，因此大学生多是自觉自愿来咨询的。

③ 处于青春期的大学生具有闭锁性的心理特征，因此，大学生来心理咨询时喜欢一个人来，且希望咨询员单独对其咨询，不希望第三者在场。

1.2.3 大学生心理咨询的内容

大学生心理咨询的主要内容涉及学业问题、人际关系问题、恋爱与性问题、个性问题、情绪问题、个人发展前途问题、健康问题、就业择业问题、其他问题（包括家庭问题、经济困难、出国、危机状态等），少部分涉及神经官能症、人格与性心理障碍等。概括起来有四大方面。

（1）成长过程及心理发展的矛盾和困惑

这类咨询内容很多，主要包括了解自己的个性特点、气质类型、青春期身心发展情况；询问如何处理好学习与社会工作的关系、学习与恋爱的关系，如何拥有更多的朋友，探讨更有效的学习方法等。来咨询的学生并无心理障碍，也无明显的心理冲突。其咨询的目的是更好地认识自己、扬长避短，开发潜能，提高学习、工作和生活的质量和社会适应能力，追求更完善的发展。

（2）心理适应问题

这类咨询在高校心理咨询中比例最大，内容包括新生对离开家庭独立生活不适应，学习负担过重引起的心理不适，人际关系失调，过度自卑而自我封闭等。其中比较突出的是人际关系问题、恋爱问题及自我意识问题。来咨询的学生基本上是心理健康的，但是在实际生活和学习中有一些烦恼，有明显的心理矛盾和冲突。其前来咨询的目的比较明确具体，即排解心理困扰，减轻心理压力，提高适应能力。

（3）心理障碍

这方面的内容包括大学生常见的心理问题；大学生学校适应不良的心理调整；大学生行为问题（不良生活习惯、品行障碍等）的矫正干预；大学生神经症倾向（焦虑症、强迫症、恐惧症、抑郁症、疑病症等）的矫正干预；大学生性心理问题（过度手淫、性认同障碍、恋物倾向等）的矫正干预；大学生人格障碍（反社会型人格、偏执型人格、分裂型人格、强迫型人格等）的矫正干预等。这类咨询的对象属于有不同程度的心理障碍或患有某种心理疾病，为此苦不堪言，影响了学习、工作和生活的人。咨询的目的就是通过系统的心理治疗，帮助来访者克服障碍，缓解症状，恢复心理平静。这些患者除进行心理咨询外，还应到专门医疗机构去进行心理、药物治疗。

（4）升学就业咨询

这方面的内容包括：升学就业前的综合心理调整；学生能力性格与职业兴趣的评估；毕业求职的技能技巧等。高校毕业生采取双向选择、自主择业的就业政策，如何在就业形势严峻的背景下，正确认识自己，制定科学、合理、长远的职业生涯规划，选择有效的求职、就业策略，就成了大学生必须考虑的问题。通过积极参加职业生涯规划、就业咨询，以提高在人才市场的竞争力，不仅仅是高年级毕业生的问题，甚至也是大学新生的问题。

1.2.4 大学生心理咨询的类型

心理咨询作为一种特殊的助人过程，可以通过多种的方式和途径来实现，其类型划分如下。

（1）按照咨询的途径划分

① 门诊咨询。门诊咨询指当事人到专门的心理咨询机构登门求询。它是个别咨询中最常见和最主要的形式。门诊咨询有许多优越性。第一，面谈咨询的形式，使来访者可以充分详尽地倾诉。他可将自己的烦恼、焦虑、不安或困惑都直接告诉咨询人员，咨询员在耐心倾听的基础上，可与来访者进行面对面的磋商、讨论、分析和询问。这种面谈形式与书信咨询和电话咨询等其他形式相比，更为直接和自然。第二，门诊咨询可使咨询人员对来访者进行直接观察，有助于对来访者的个性、心理健康状况、心理问题的严重性和当事人的心态进行观察、了解和评估。第三，门诊咨询的时间一般是40分钟左右，比较宽裕，加上没有旁人在场，所以比较为来访者信任和接受。

② 电话咨询。电话咨询是指求询者通过电话与咨询者进行交谈的咨询方式。电话咨询具有方便、迅速、及时和保密的特点。求询者通过电话可以以不见面的方式向咨询者倾诉内心的烦恼，从而缓解精神压力，并得到咨询者的心理支持，这样可以有效降低求询者的顾虑，尤其是对那些

不愿到咨询室进行面询、不愿暴露真实姓名和身份的求询者更为适用。电话咨询的局限性在于咨询者不能直接观察和了解求询者的状态，受通话时间限制，咨询不能深入进行。所以，在大学生心理咨询中，电话咨询主要用于回答一些知识性问题和临时缓解一下求询者的精神压力，真正要解决心理问题还是需要到心理咨询中心与咨询师进行面谈。

由于电话咨询具有方便、迅速、及时的特点，所以，电话咨询也是危机干预的重要手段，很多学校都设立了心理咨询热线，有些社会福利机构和研究机构还设立了24小时求助电话，对防止由于心理危机而酿成的自杀与犯罪行为产生了良好影响。

③ 邮件咨询。它是以通信的方式进行心理咨询。各高校公布心理咨询师的信箱或电子邮件地址，求询者通过来信提出自己要求咨询的问题，心理咨询师给予回信答复。其优点是不受时间限制，特别是那些不善于口头表达的学生或具有较为隐私问题的学生，往往愿意采用。但咨询效果会受当事人的书面表达能力、理解力和个性特点的影响。

④ 专栏咨询。它是指在学校报纸、刊物、电台、电视台和网络开辟心理咨询专栏，对大学生提出的典型心理问题进行公开解答。专栏咨询主要适用于宣传心理保健知识，回答某些有代表性的心理问题，或指导对某些心理障碍的防治，起到社会性寻医指南的作用。专栏咨询的优点是影响面广、量大，而且因大多采用学生喜闻乐见或易于理解的方式，故易于给人留下较深印象。这种咨询的不足之处在于它往往限于一般性的指导，不可能很有针对性地满足每个人的需要。

⑤ 网络咨询。网络具有极强的保密性、及时性，为心理咨询提供了无限发展的空间。通过网络，当事人能够真正毫无顾忌地倾诉自己的隐私，暴露自己的问题，从而使心理咨询师能够在尽可能短的时间内掌握当事人的基本情况，做出适时的分析判断，并可以通过实时交谈，不断矫正其分析判断，做出切合实际的引导及处理。网上咨询服务的方式一般有：BBS论坛咨询；QQ、MSN或其他聊天工具的同步咨询；网上咨询室的语音、视频咨询等。随着网络技术的不断提高和互联网的迅速普及，网络咨询将具有十分广阔的前景。

（2）按照咨询的对象划分

① 直接咨询。直接咨询是由咨询员对来访者直接进行咨询，可采取上面介绍的各种方式。直接咨询的特点是通过咨询员与来访者进行一对一的直接交往，使问题得以解决。直接咨询有助于咨询员对来访者的问题准确了解和对症下药。

② 间接咨询。间接咨询是指由心理咨询员对当事人的同学、朋友、老师、家长等其他人员所反映的当事人的心理问题进行咨询，并通过他们实施指导。间接咨询的特点是在咨询员和当事人之间增加了一道中转媒介。当事人的问题靠中介人向咨询员介绍，咨询员对当事人的指导意见也由中介人权衡后付诸实施。这种咨询的效果取决于如何正确处理好咨询员与中介人的关系，使咨询员的意见为中介人领悟、接受并合理实施。

（3）按咨询对象数量来划分

① 个别咨询。这是由一位咨询员对单个来访者进行的咨询。个别咨询既可以采用面谈的方式，也可以通过电话、信函、邮件、网络等其他途径进行。由于这种咨询没有他人在旁，咨询对象一般顾虑较少，可以无保留地表达自己的真实思想，倾吐内心的秘密，所以它是心理咨询中最常用的类型。

② 团体咨询。团体咨询相对个别咨询而言，指的是将具有同类问题的求询者组成小组或较大的团体，进行共同讨论、指导或矫治。团体咨询的人数没有固定的标准，但人数太多不利于讨论，如人数超过20人，则可分为小组进行。与个别咨询相比，团体咨询有许多优点：首先，团体咨询

是一种多向性的交流,当事人看到其他人有着与自己类似的痛苦,可以提高自我认识,安定情绪,进而相互支持、相互影响;其次,团体咨询效率高,能够集中解决一些共同的问题;再次,团体咨询对于帮助那些具有害羞、孤独的人际交往障碍者,有其特殊的功效。当然,团体咨询也有局限,主要是个人深入的问题不易暴露,个体差异也难以顾及。

1.3 大学生应对心理问题的方法

自助者,天助之。由于传统观念的影响,大学生在面对自身心理问题的时候,通常不会向别人求助,那么,自我心理救赎就显得尤为重要。大学生应该在学习和了解一定的心理健康知识的基础上,正确认识和应对自身存在的心理问题。

1.3.1 心理问题没有那么可怕

(1)掌握一定的心理健康知识,树立正确的健康观念

在我国从小学、中学到大学缺乏相应的系统心理健康教育,大学生对健康的认识存在着不同程度的偏差。这些偏差主要表现为:一是对健康含义的片面理解。一部分学生并没有认识到心理健康是评价健康与否的重要组成部分,他们只注重身体健康而忽略心理健康。二是对心理健康含义的片面理解。他们往往认为只要没有心理疾病就是健康,而忽略大学生应具有的持续的、积极的心理状态,忽略自身潜能的发挥。为此,大学生应掌握一定的心理健康知识,可以参加有关课程学习,听有关心理健康的讲座,也可以自修,阅读有关心理学的书籍,从理论上提高自己。掌握了一定的心理健康知识,就等于把握了心理健康的钥匙,掌握了心理健康的主动权,有了自助自救的能力,也就能防微杜渐、防患于未然,顺利地度过大学生活。

(2)不要急于"诊断"

心理问题本身多种多样,成因往往也很复杂,切忌盲目从一些书籍上断章取义,或者道听途说,急于"对号入座",认定自己患了什么病。弄清问题当然是必要的,但大学生的问题还是发展性的居多,很多都是"成长中的烦恼",实在不必自己吓自己。

(3)转移注意

心理问题往往有这么一个特点,就是越注意它,它似乎就越严重。所以,不要老盯着自己的所谓问题不放,不可过分关注自我,而应把注意力转移到学习、生活、工作上。做自己感兴趣的事情并全力投入是很有利于心理健康的。

(4)调整生活规律

很多时候,只要将自己习惯了的生活规律稍加调整,就会给自己整个的精神面貌带来焕然一新的感受。所谓的心理问题也随之轻松化解了。

1.3.2 做一个热爱生活的人

(1)了解自我,悦纳自我

心理健康的人能体验到自己的价值,具有自知之明,即对自己的能力、性格、情绪和优缺点能做出恰当、客观的评价,对自己不会提出苛刻的期望与要求;对自己的生活目标和理想也能定得切合实际,因而对自己总是满意的,同时,努力发展自身的潜能,即使对自己无法补救的缺陷,也能安然处之。

(2) 接受他人，善与他人相处

国际21世纪教育委员会郑重提出21世纪教育的四大支柱是：学会求知、学会做事、学会做人、学会共处。作为集体中的一员，大学生不可避免地要与人交往，其生活和发展离不开复杂的人际关系。心理健康的人往往乐于与他人交往，不仅能接受自我，也能接受他人、悦纳他人，能认可别人存在的重要性作用。他能为他人所理解，为他人和集体所接受，能与他人相互沟通和交往，人际关系协调和谐，在生活小集体中能融为一体，乐群性强，既能在与挚友间相聚之时共欢乐，也能在独处沉思之时无孤独之感。在与人相处时，积极的态度（如同情、友善、信任、尊敬等）总是多于消极的态度（如猜疑、嫉妒、敌视等），因而在社会生活中具有较强的适应能力和较充足的安全感。

(3) 热爱生活，乐于参加工作与学习

心理健康的人珍惜热爱生活，积极投身于生活之中，在生活中尽情享受人生的乐趣。在工作中，他们尽可能地发挥自己的个性和聪明才智，并从工作的成果中获得满足和激励，将工作看作是乐趣。把工作中积累的各种有用的信息、知识和技能贮存起来，便于随时提取使用，以解决可能遇到的新问题，能克服各种困难。

(4) 善于调节和控制情绪

长寿学者胡兰夫德指出："一切对人不利的影响中，最能使人短命和夭折的是不良的情绪和恶劣的心境。"心理健康的人乐观、愉快、开朗、满意等积极情绪状态总是占据优势，虽然也会有悲、忧、愁、怒等消极的情绪体验，但一般不会长久。他能适当地表达和控制自己的情绪，争取在社会规范允许范围内满足自己的各种需求，对于自己能得到的一切感到满意，心情总是开朗的、乐观的。大学生要善于调节和控制自己的情绪，要做到以下几点：一是情绪反应要适度，既不要无限地压抑自己，也不能无克制地发作、放纵自己。二是对于消极情绪，不能一味沉湎其中不能自拔，要学会积极自我暗示和恰当的宣泄、注意转移及目标升华等自我疏导方式。如遇到烦心事可以向同学、朋友和老师倾吐心中的烦恼，这样可以减少内心的压力，并能得到他人的情感支持和理解。三是培养兴趣和爱好，参加有益的娱乐活动。这也是保持良好情绪状态的较好方式。

(5) 养成良好的生活习惯

生活习惯与人的身心健康有着密切的关系。良好的生活习惯使人精力充沛，延年益寿；不良的生活习惯对人的身心健康则会造成危害。俄罗斯学者兹马诺夫斯基曾提出过这样一个公式：

$$健康 = \frac{情绪稳定 + 运动适量 + 饮食合理}{懒惰 + 嗜烟 + 嗜酒}$$

世界卫生组织于1986年4月7日"世界卫生日"时提出"健康的生活，人皆可成为强者"的活动主题，号召人们通过建立健康、科学的生活方式，来实现"健康"的美好愿望。

生活习惯不仅影响人的身体健康，也影响心理健康。台湾学者柯永河曾提出，一个良好习惯多、不良习惯少的人是心理健康的人。生活习惯是每天习得而成的，因此它也可以通过学习来改变。处于成长中的大学生完全可以通过主观努力和环境监督来改掉不良的生活习惯。大学生可以从以下几个方面入手，来养成良好的生活习惯。

① 生活有计划、有规律

有规律的生活、科学的作息制度是使人精力充沛，身心健康，提高活动效率的保证。但是约有60%的大学生生活没有规律，不按时起床、就寝、用餐，不能妥善安排好学习、作息、娱乐时间，生活无计划。生活缺乏规律，经常破坏生物节律，会导致身体机能减退，负性情绪增加，自主神经功能紊乱，学习效率降低。长久以往，不仅影响学习，而且容易使身心受到损害。

② 适度进行体育锻炼

生命在于运动。体育运动不仅对生理健康有重要作用，而且影响人的心理健康。运动可以提高中枢神经系统的反应能力，加速人体生长发育。运动还能使人感知觉敏锐，观察力加强，促进注意力和记忆力的发展，提高思维的敏捷性和灵活性，提高人的活动能力，培养乐观开朗的情绪，增强自信心，培养灵活、果断、勇敢、顽强的意志。专家们认为，运动可减少敌视及嫉妒心理，减轻精神压力，能振奋精神。同时，运动也可增加社交机会，可扭转人的孤独和郁闷心情。正如古希腊山崖上刻着的三句话："如果你想健壮，跑步吧；如果你想健美，跑步吧；如果你想聪明，跑步吧"。

③ 不吸烟少喝酒

吸烟对人的健康危害极大，在国外常被称为"20世纪的鼠疫"。医学研究证明，吸烟是引起慢性支气管炎、阻塞性肺气肿、肺癌和冠心病的主要原因。被动吸烟者的与吸烟有关的发病率和死亡率也相对较高。同时，吸烟者的子女患白血病、肺癌、淋巴癌的可能性也明显增加。可见，吸烟不仅对自己的健康有害，而且影响他人及后代。长期吸烟还会影响人的智力水平，使人注意力涣散、记忆力减退、思维不灵活、反应迟钝、学习和工作效率下降，并影响人的个性品质。

饮酒成瘾或者大量饮酒，对身心健康有严重的危害，酒可直接或间接影响全身各器官组织，如引起胃炎、胃溃疡、胃出血、酒精中毒性肝炎、肝硬化，诱发高血压和心肌梗死。一次大量饮酒，还可导致死亡。酒精可引起多种脑功能障碍，产生焦虑、抑郁、幻觉、妄想以及遗忘症、痴呆症等。酒还可以乱性，喝酒过度，会导致情绪不稳定，好冲动，行为容易失控。长时间下去，还可引起人格改变，使社会责任感、道德责任感下降，导致人际关系紧张。

④ 科学用脑，注意用脑卫生

大学生的主要任务是学习。在紧张的学习中，要注意科学用脑，改进学习方法，提高学习效率，做到劳逸结合。力戒"疲劳战术"，提倡"积极性休息"。过度的疲劳、紧张或长时间的高度兴奋、强烈刺激，都会引起脑功能失调，容易导致各种神经症，产生身心疾病。"积极性休息"是指采取合理措施，让大脑皮层的兴奋和抑制过程重新分配的休息方法。它对心理健康十分重要，可以使大脑皮层活动消耗量减少，不易疲劳，兴趣专注，提高学习效率。

笑对小错 ❶

活动目的：活跃课堂气氛，并让同学们从中悟出一些道理；让同学们体会一下自己适应环境的能力。

活动步骤：

（1）小组站成半圆形，按顺序报数，以便每个参与者都有一个数字代号。

（2）第一个人(队列中的1号)叫另一个人的数字代号，如叫"12号"，被叫的同学立即叫另一个人的代号，比如12号同学被叫，12号接着很快叫出另一个号"8号"。如果被叫的同学有点儿犹豫，或者

---

❶ 季丹丹，陈晓东.现代大学生心理健康教育．北京：清华大学出版社，2009：23.

叫错了号(他自己的号,或者是一个不存在的号),就得放弃自己原来的位置,走到队尾。此时队伍重新编号,活动重新开始。

(3)活动继续进行,总会有人不断地"犯错误",不得不移到队尾。

(4)大约5分钟后叫停。

分享与思考:

(1)对小错误等闲视之会有什么感觉?看他人犯错误有什么感觉?

(2)为什么当我们失败时,即使是在一个不起眼的、对我们的现实生活并没有什么影响的小活动中失败,我们往往也不能容忍而嘟嘟囔囔?

(3)在现实生活中,你会经常犯些什么小错误?

 心理测试

心理健康自我检测

对以下40道题,如果感到"常常是",画√号;"偶尔是"或"有点是",画△号;"完全没有",画×号。

(1)平时不知为什么总觉得心慌意乱,坐立不安。　　　　　　　　　　　　　　(　)

(2)上床后,怎么也睡不着,即使睡着也不能熟睡,总做梦,容易惊醒。　　　　(　)

(3)经常做噩梦,惊恐不安,早晨醒来就感到倦怠无力、焦虑烦躁。　　　　　　(　)

(4)经常早醒1~2个小时,醒后很难再入睡。　　　　　　　　　　　　　　　(　)

(5)学习压力常使自己感到非常烦躁,讨厌学习。　　　　　　　　　　　　　　(　)

(6)读书、看报,甚至在课堂上也不能专心一致,往往自己也搞不清在想什么。　(　)

(7)遇到不称心的事情便较长时间沉默寡言。　　　　　　　　　　　　　　　　(　)

(8)感到很多事情不称心,无端发火。　　　　　　　　　　　　　　　　　　　(　)

(9)哪怕是一件小事情,也总是很放不开,整日思索。　　　　　　　　　　　　(　)

(10)感到现实生活中没有什么事情能引起自己的乐趣,郁郁寡欢。　　　　　　(　)

(11)老师讲概念,常常听不懂,有时懂得快忘得也快。　　　　　　　　　　　(　)

(12)遇到问题常常举棋不定,再三迟疑。　　　　　　　　　　　　　　　　　(　)

(13)经常与人争吵发火,过后又后悔不已。　　　　　　　　　　　　　　　　(　)

(14)经常追悔自己做过的事,有内疚感。　　　　　　　　　　　　　　　　　(　)

(15)一遇到考试,即使有准备也紧张焦虑。　　　　　　　　　　　　　　　　(　)

(16)一遇到挫折,便心灰意冷,丧失信心。　　　　　　　　　　　　　　　　(　)

(17)非常害怕失败,行动前总是提心吊胆,畏首畏尾。　　　　　　　　　　　(　)

(18)感情脆弱,稍不顺心,就暗自流泪。　　　　　　　　　　　　　　　　　(　)

(19)自己瞧不起自己,觉得别人总在嘲笑自己。　　　　　　　　　　　　　　(　)

(20)喜欢跟比自己年幼或能力不如自己的人一起玩或比赛。　　　　　　　　　(　)

(21)感到没有人理解自己、烦闷时,别人的关心和安慰很难使自己高兴。　　　(　)

(22)一发现别人在窃窃私语,便怀疑是在背后议论自己。　　　　　　　　　　(　)

(23)对别人取得的成绩和荣誉常常表示怀疑,甚至嫉妒。　　　　　　　　　　(　)

（24）缺乏安全感，总觉得别人要害自己。（　）
（25）参加春游等集体活动时，总有孤独感。（　）
（26）害怕见陌生人，人多时说话就脸红。（　）
（27）在黑夜行走或独自在家时有恐惧感。（　）
（28）一旦离开父母，心里就不踏实。（　）
（29）经常怀疑自己接触的东西不干净，反复洗手或换衣服，对清洁极端注意。（　）
（30）担心是否锁门和可能着火，反复检查，经常躺在床上又起来确认，或刚一出门又返回检查。（　）
（31）站在悬崖边、大厦顶上、阳台上等场所，有摇摇晃晃要跳下去的感觉。（　）
（32）对他人的疾病非常敏感，经常打听，生怕自己也身患同病。（　）
（33）对特定的事物、交通工具（电车、公共汽车等）、尖状物及白色墙壁等有恐怖倾向。（　）
（34）经常怀疑自己发育不良。（　）
（35）一旦与异性交往就脸红心慌或想入非非。（　）
（36）对某个异性伙伴的每一个细微行为都很注意。（　）
（37）怀疑自己患了癌症等严重的不治之症，反复看医书或去医院检查。（　）
（38）经常有离家出走或脱离集体的想法。（　）
（39）有虚构"灾难临头"或"遭受不幸"等畏惧事情的倾向。（　）
（40）感到内心痛苦无法解脱，只能自伤或自杀。（　）

测评方法：√得2分，△得1分，×得0分。

评价参考：

（1）0～8分：请放心，心理非常健康。

（2）9～16分：基本还属于健康的范围，但应有所注意，也可以找老师或同学聊聊。

（3）17～30分：在心理方面有了一些障碍，应采取适当的方法进行调适，或找心理辅导老师寻求帮助。

（4）31～40分：黄牌警告，有可能患了某些心理疾病，应找专门的心理医生进行检查治疗。

（5）41分以上：有较严重的心理障碍，应及时找专门的心理医生治疗。

心理思考

（1）如何理解心理健康？

（2）有人认为"去心理咨询，就意味着自己有病"，你如何看待这个观点？

（3）你常出现的心理困扰有哪些？你常采用哪些方法来解决？效果如何？

第 2 章 人贵有自知之明

最先和最后的胜利是征服自我，只有科学地认识自我，正确地设计自我，严格地管理自我，才能站在历史的潮头去开创崭新的人生。

——柏拉图

知识导航
◆ 理解自我意识的概念和功能，认识大学生自我意识的特点；
◆ 了解大学生中常见的自我意识偏差，掌握相应的调适方法；
◆ 明确健全的自我意识标准，掌握完善自我意识的方法。

心理小故事

晓玉，大二学生，父母均为农民，家境贫困。一直以来，由于家庭贫困，她常担心因缴不起学费而辍学。她觉得自己学习成绩不太好，没什么优点，不讨别人喜欢，所以总不相信别人，不愿理会别人，对人冷漠、缺乏热情，还多次想退学。她连续几天晚上做相同的噩梦，梦见父亲去世了，从梦中哭醒。

晓玉的问题到底出在哪呢？

（资料来源：郑勇军，冯小苏，余康发.大学生心理健康教育.北京：现代教育出版社，2018.）

2.1 自我意识概述

约翰·保罗说："一个人真正的伟大之处，就在于他能够认识自己。"21世纪是一个开放、自由、多元化的新时代，这个时代为大学生张扬个性、实现自我提供了更多的选择机会，然而，我们必须懂得，我们追求成功的第一步就是要认识自我。健全的自我意识是心理健康的重要标志，也是个体发展的重要前提。如果一个人能够正确认识自己、悦纳自己，对自己有合理的期望，知道自己为什么活着，善于利用每个成长的机会，不断完善自我，他的人生就会充实、快乐，活得有意义。相反，如果一个人不能形成正确的自我意识，就容易产生沮丧、怨恨、抑郁、焦虑和自卑等负面情绪，从而导致人际关系紧张，影响个人发展。可见，学习和了解一些关于自我意识的知识，对大学生自我成长有着重要的意义。

2.1.1 自我意识的内涵

自我意识是一个人在社会化过程中逐步形成的，对自己以及自己与周围环境关系的多方面、多层次的认知、体验和评价，是个体关于自我全部的思想、情感和态度的总和，包括对自己个体身体、心理、社会特征等方面的认识。它具有目的性、能动性、社会性等特点，对个性的形成和发展起着调节和矫正的作用。

人类从2、3岁就开始使用"我"这个词，但是人们还总是难以对自己有一个全面的认识。古人说：知人者智，自知者明。当我们考虑自己是个什么样的人？有什么性格特征？有哪些长处和不足？喜欢自己的外貌吗？和周围的人相处愉快吗？对自己的现状还有哪些不满意的？期望自己成为什么样的人？达到什么样的目标？对这些问题的思考就属于自我意识的范畴。

自我意识在个体发展中有着非常重要的意义。首先，自我意识是认识外界客观事物的条件。一个人只有先从了解自己开始，把自己与周围的事物相区别，在这个过程中，才能逐步认识外界客观事物。其次，自我意识对自我教育和自我完善有推动作用。一个人只有意识到自己的优点和缺点，才能有意识地去发扬优点，克服不足，实现自我完善。再次，自我意识可以促进个人与他人形成良好的人际关系。如果一个人对自我的评价与客观的评价相差较大，就会造成社会适应不良和人际关系不协调，从而影响个人心理健康。

2.1.2 自我意识的构成

自我意识是一个多维度、多层次的心理活动系统，既包括生物的、生理的因素，又包含社会的、心理的因素；它既是个人心理活动的主体，同时也是心理活动的客体，涉及个人的身体、心理、社会等多方面的内容。

(1) 生理、心理、社会的自我意识

从内容上来看，自我意识可分为生理自我、心理自我和社会自我。

生理自我是指一个人对自己身高、体重、容貌、身材、性别等身体的认识以及生理病痛、温饱饥饿、劳累疲乏的感受等。生理自我是自我意识的最初形态。

心理自我是个人对自己的心理活动、个性特征、心理品质的认识、体验和愿望，包括对自己的性格、智力、记忆、思维、情感、信念、理想、能力、气质、需要、动机及价值观等方面的认识和体验。

社会自我是个人对自己与他人的社会关系状态的意识，主要包括个人的社会角色和地位、所承担的社会义务和权利的意识等。

(2) 知、情、意的自我意识

从构成上来看，自我意识可分为知、情、意三个维度与若干层次。

知是指自我认识，是主体我对客体我的认知和评价，即自我认知和自我评价。其中，自我认知是自己对自己身心特征的认识，自我评价是在自我认知的基础上对自己做出的某种判断。自我认知包括自我感觉、自我观察、自我观念、自我分析和自我评价。

情是指自我体验，是主体通过认识和评价而表现出来的情绪上的感受，包括自我感受、满意或不满意、自尊、自爱、责任感、义务感、优越感、羞怯、自卑等。在人的生活体验中，不仅有肯定的情绪体验，也有否定的情绪体验。

意是指自我调节，是个人对自己的行为、活动和态度的调控。自我调节是自我意识的意志成分，包括自我检查、自我监督、自我控制等。主要表现为自立、自强、自信、自制、自卫、自律等。

这三者互相联系、有机组合、不可分割。通过自我认识，可以明确"我是一个怎样的人？"通过自我体验，可以解决"我这个人怎样？"通过自我控制，可以最终解决"我应当成为一个怎样的人？"

(3) 现实自我、投射自我和理想自我

从观念上来看，自我意识可分为现实自我、投射自我和理想自我。现实的自我也称现实我，是个人从自己的立场出发对自己目前实际状况的看法。投射自我，又叫镜像自我，是指个人以想象中的他人来认识自己的一种看法，就如同人们照镜子一样，从镜中来认识自己。理想的自我也称理想我，是指个人想要达到的完善的形象，是一个人目标中的我，是一种现实自我的主观幻想。如果这三者存在矛盾冲突就会引起自我意识的矛盾和偏差。

(4) 弗洛伊德的本我、自我和超我

精神分析学派的创始人弗洛伊德把人的意识分为本我、自我和超我三种类型。"本我"，即原始形态的"我"，遵循快乐的原则；"自我"，即能较真实地意识到的"我"，其遵循现实的原则；"超我"，是指在现实中升华了的"我"，其遵循社会道德的原则。

2.1.3 自我意识的形成

(1) 自我发展渐成学说❶

美国著名心理学家埃里克森提出人的自我意识发展持续一生，但要经历不同的发展阶段，每

---

❶ 吉家文. 新编大学心理健康教育. 天津：南开大学出版社，2012：71-72.

个阶段都有一个核心课题，每个阶段不可逾越，但时间早晚因人而异。他认为人的自我意识必须经历8个阶段，每一阶段都存在一种"危机"，对危机的积极解决，有利于自我力量的增强，有利于个人适应环境。如表2-1所示。

表2-1　埃里克森自我意识发展阶段及特征

年龄段	发展危机	发展顺利者的心理特征	发展障碍者的心理特征
0~1岁	信任对不信任	对人信任，有安全感	焦虑不安
1~3岁	自主行动对害羞怀疑	能按社会要求表现目的性行为	缺乏信息，行动畏首畏尾
3~7岁	自动自发对退缩愧疚	主动好奇，行动有方向，开始有责任感	畏惧退缩，缺少自我价值感
7~12岁	勤奋进取对自贬自卑	具有求学、做事、待人的基本能力	缺乏生活基本能力，充满失败感
青年期	自我统合对角色混乱	有了明确的自我观念和自我追求的方向	生活无目的，无方向，时而感到彷徨迷失
成年期	友爱亲密对孤僻疏离	与人相处有亲密感	与社会疏离，时感寂寞孤独
中年期	精力充沛对颓废迟滞	热爱家庭，关怀社会，有责任感，有义务感	不关心别人与社会，缺少生活意义
老年期	完美无缺对悲观绝望	随心所欲，安享晚年	悔恨旧事，消极失望

(2) 自我意识形成的三个阶段

① 自我意识的萌芽阶段（0—3岁）

新生儿是没有意识的，也没有自我意识，只有一些简单、片段的感觉、动作和本能的反射，因而和一般的小动物没有多大区别。8个月时，婴儿开始产生"生理自我"，1岁时产生了自我感觉，这是自我意识原始的、最初的形态。这时的婴儿可以区分自己的动作和动作的对象，能区分咬自己的手指和咬别的东西是不同的。2岁时的儿童，开始从把自己当作客体转化为把自己当作一个主体的人来认识，不再用自己的名字来称呼自己，而改用"我"。3岁左右的儿童，用"我"的频率增加了，这反映了这一时期儿童自我意识的快速觉醒。他们在生活中，常表现为以自我为中心的行为方式，爱与父母"闹别扭"等。这一时期，也是儿童的生理自我时间或自我中心期，是自我意识的萌芽阶段。

② 自我意识的发展阶段（3岁~青年初期）

这一时期是个体接受社会化影响最深刻的时期，经历了从幼儿园、小学、中学到大学的人生成长最为关键的时期。个体在游戏、学习、劳动、生活中，通过模仿、认同、练习等方式，逐步形成了各种角色观念，建立角色意识。开始能意识到自己在人际关系、社会关系中的地位和作用，意识到自己所承担的社会责任与享有的社会权利。

幼儿期的儿童，完全依照他人的影响来认同自己、他人以及自己与他人的关系，从他人那里获得自我评价与自我认知。

童年期的儿童自我意识仍然是模糊的，不大自觉的，对自己的内心世界没有太多认识的。但与幼儿期不同，他们已能对自己的行为及与行为相联系的一些品质进行评价，并能初步有意识地调节控制自己的行动。

少年期，自我意识有了质的变化，独立性、自觉性和自律性都有了迅速发展，并能够深入到自己的内心世界，初步意识到自己的个性品质。由于这一时期的生理发育，也使他们面对的压力增加，心理矛盾也开始变得日益突出。

青年初期，是自我意识发展的关键时期，自我意识经过分化、整合而接近成熟，能够日益清晰地意识到自己的内心活动，全面认识到自己的心理品质，正确认识到自己的社会角色，并能主动根据社会要求去认识和发展自己。他们开始把原来主要朝向外部的认识活动，转向自己的内心世界，探索自己的内心活动。经过不断地自我认识，他们开始把自我意识由一个完整的自我一分为二，成为"理想的我"和"现实的我"。正是青年这种自我意识的分化，使他们在自我观察、自我分析和评价时，对"现实的我"和"理想的我"之间所产生的矛盾和距离产生内心的不安和痛苦，造成青春期青年人不断努力表现自我、证明自我的行为表现。

③ 自我意识的完善阶段（青年中期～终生）

青年中期开始，个体的自我意识开始进入完善与提高阶段，这一阶段一直持续到人生的终结。个体将在这个过程中通过对自我的不断观察和发现，促成自我意识的不断完善。

2.1.4 自我意识的功能

（1）意识功能

即对自我的观察与评判。自我意识不仅能影响一个人现实的行为方式，还会影响个人对过去经验的解释。不同的人可能会获得完全相同的经验，但对这种经验的解释却可能大不相同，而解释经验的主要影响决定于一个人的自我意识。例如在同一次考试中，80分的成绩对于不同的学生来说，其解释也就完全不同。对于一个自认为能力一般，只应该获得60分的学生来说就会认为取得了极大的成功，而感到十分满足；但是，对于一个自认为能力优秀，应该获得100分的学生来说，就会解释为遭到了很大的失败，并体会到极大的失败。

自我意识是心理健康的核心部分，一个人是否具备良好的心理素质，主要是看他是否对自我接受和认可，也就是看他有没有成熟的自我意识和健康的自我形象。大学生自我意识的发展现状，既是以往心理发展和心理状况的反映，也是现阶段大学生心理健康、人格发展的新起点。自我意识的这种意识功能，对大学生正确认识自我，树立自信心和独立性，发挥着重要的作用。

【案例】

贵在正确认识自己

公元1500年，意大利佛罗伦萨采掘到一块质地精美的大型大理石，它的自然外观很适于雕刻一个人像。宝石在那里放了很久，没人敢动手。一位雕刻家只在后面打了一凿，就感到自己无力驾驭这块宝贵的材料而住手。后来大雕刻家米开朗基罗用这块大理石雕出了旷古无双的杰作——大卫像。没想到先前那位雕刻家的一凿打重了，伤及人像肌体，竟在大卫背上留下一点伤痕。有人问米开朗基罗："那位雕刻家是否太冒失？""不。"米开朗基罗说，"那位先生相当慎重，如果他冒失轻率的话，这块材料早已不存在了，我的大卫像也就无从产生。这点伤痕对我未尝没有好处，因为它无时无刻不在提醒我，每下一刀一凿都不能有丝毫疏忽，在我雕刻大卫的过程中，那位老师自始至终都在我身边帮我提高警惕。"

这个故事让我们陷入沉思，两位雕刻家都非常了不起，他们都能正确地认识自己。一位有自知之明，明白自身的能力，没有牵强制作下去；一位则虚心吸取前人教训，认真雕刻。这说明没有做不到的事，关键是看我们以怎样的态度去面对。现实生活中，有很多人之所以失败和痛苦，原因是不能正确认识自己。

老子说："知人者智，自知者明。"人贵有自知之明，要真正认清自己。事实上，没有哪个人可以在人生的各个方面都表现得很出色。如果我们高估或低估自己的力量，那么我们因决策失误所遭受伤害的程度就会增加。

但是要做到自知之明，做到真正认识自己并不容易。有人活了一辈子都不能认识自己。也有人感叹自己不了解别人，却认为完全了解自己，这都是不能正确认识自己的表现。"你要认识你自己"，包括认识自己的情感、气质、能力、水平、优缺点、品德修养和处世方式等，能对自己做出较为准确、恰如其分的估量和评价，不掩饰，不溢美。

（2）保持功能

即对个人的需要、动机、目的、兴趣、行为的引导和保持。现实自我与理想自我越接近的人，他的自我形象就越好。只有认识和了解自我，并对自己的经验持一种接受态度的人，才有可能充分发掘自己的潜能以获取更大的成功。马斯洛指出：一个有稳定自我形象的人更容易达到自我实现。自我意识良好的人对自己有合理的期望值，乐观从容，处事积极，善于抓住机会不断地改进和完善自己；与人交往能流露真情，能够与人建立良好的人际关系，有自尊，也能尊重别人，有自信也能相信别人，很少有无谓的自我心理防御。相反，自我意识差的人一般都伴随着这样那样的心理障碍，在走向成功的路上困难重重、事倍功半，很难使自己保持良好的心理状态。

（3）调节功能

即对自我的辨识、监督和控制。一个人在一定情景下的行为并不是完全由当前情景所决定，而是个人处在不同的情景，又能保持其行为的某种一贯性特征。这其中，个人怎样理解自己，是其内在一致性的关键部分。自我胜任意识积极的学生，其成就动机、学习的投入和学习成绩也就明显优于自我胜任意识消极的学生，而当学生认为自己名声不佳时，也就放松了对自己行为的自我约束，从而形成一个循环的自我暗示而影响个人的心理和行为。

（4）自我意识是道德的必要前提

人的"自我"概念不仅包含现实的自我，还包含着理想的自我等方面。由于人不是游离于社会之外的抽象的个体，他的自我概念就不能不受到他生活于其中的社会规范的制约。社会道德就在个人的自我意识中找到了可以存在的处所，也找到了可以调节、激发（或抑制）个体心理与行为的杠杆。就个体方面来说，一个人的自我意识里，就包容了道德、信念，以及与之相联系的诸如责任、义务、使命、荣誉等价值观念的内容。

2.1.5 大学生自我意识发展的特点

在校大学生正处于自我意识发展的关键时期，其自我意识的发展出现了许多新的特点。确定大学生自我意识发展的水平，应以其自我意识结构要素之间是否协调发展为重要指标。如果要素协调发展一致，自我意识的发展水平就高；如果要素协调发展不一致、不统一，自我意识的发展水平就低，就会出现障碍。下面，我们将从自我认识、自我体验和自我控制三个方面来认识大学生自我意识发展的特点。

（1）大学生自我认识的特点

① 自我认识的内在性。大学生更加注重对自己内在素质的认识。调查表明，在中学尤其是高年级，学生对自我的认识比较看重一些外在的东西，如身体、容貌、仪表等。到了大学阶段，学

生对自己的认识发生了很大的变化,这种变化不是说学生不看重外在的东西了,而是与外在的东西相比,更加注重内在的素质。在一所大学的问卷调查中,在回答"你认为你是一个什么样的人"时,多数学生回答的是自己的一些心理品质,如善良、热情、诚实、乐观、自信、自尊等。

② 自我认识的社会性。大学生更加注重自己在社会中的地位和作用。随着年级的升高,大学生对自我的社会属性(社会地位、社会角色、社会责任、社会义务等)越来越关注。经常在校园里听到大学生们说:"宇宙是无限的,人生只是昙花一现,但也要在这一瞬间把斑斓的色彩留给人类","社会的进步不是靠哪个救世主,而是靠社会成员的努力,靠我们自己掌握自己的命运"。也经常有许多高年级的学生以未报答父母的辛苦劳动而感到内疚。

③ 自我认识的肯定性。大学生的自我认识以肯定性评价为主。值得注意的是,在大学生中存在着自我评价的偏差,要么高估自我,要么低估自己,但从总体上看,现代的大学生看到的更多的是自己的优势、优点。从一定意义上说,这一状况显示了当代大学生的自信、积极向上的心理状态。但同时,过分地看重自己的优势,而看不到自己的缺陷,这可能会走向另一个极端,即盲目自大、目中无人的心理状态,而这对学生的发展是极为不利的。

④ 自我认识的日益平衡性。大学生的自我评价从高估到走向平衡。有心理学家研究认为,青年人学生对自己的评价有过高评估的倾向。从我国大学生的实际来看,低年级的学生自我评估较高的倾向比较明显,这是因为刚从中学毕业,是经历高考竞争的胜利者。但是,经过四年的大学学习、观察和体验,自我的评价趋于平衡,对自己的评价更为客观和现实。

(2) 大学生自我体验的特点

① 自我体验的波动性。大一学生与高中三年级学生处于同一级水平。由于自我认识与评价能力的增高,自我体验仍在发展变化,所以大二和大三学生自我体验的测验得分有所下降。情感体验受到社会需要、主体的意识与客体的相互关系的影响,尤其是在大学期间,学生的理想和现实往往发生矛盾冲突,这种矛盾一直持续到大四才得到解决,因而自我体验经过三年级这个转折点,到大四又回升到较高水平。

② 自我体验的强烈性。大学生在自我评价和自我提高的基础上,认识到自我的价值、地位和作用,责任和义务感增强,在学习和各项活动中争强好胜,自尊心增强,一旦受挫或失败就会产生内疚和压抑的情绪。成功与失败都会引起大学生强烈的情绪反应。

③ 自我体验的敏感性。在青年时期的学生对涉及自我的一切事物都非常敏感,特别是在与异性的接触中更常常引起情绪的波动。在行为与自我形象的塑造上往往触景生情,常常通过想象抒发自己的灵感和生活的体验,因而在思维中经常流露出一些感触和遐想等。

心理小卡片2-1

自我效能感

自我效能感的概念是由心理学家班杜拉提出来的,指的是一种相信自己在某种情况下能够充分表现的信念。例如对大学中的社会工作,有些同学对自己比较有信心,认为自己能胜任,即使遇到困难,也决不放弃,而是想方设法坚持克服。而有些同学则对自己没有多大信心,一旦遇到困难,就认为是自己缺乏能力,做不好,轻易就放弃了。按照班杜拉的观点,这两类同学在工作表现上的差异,很大程度上取决于他们自我效能感的差异。前者的自我效能感显然高于后者。自我效能感受到个体过去经验、替代性经验、他人的说服及个体的情绪状态的影响。

（3）大学生自我控制的特点

① 自我控制能力明显提高。在成年人眼中，青年人是精力旺盛、富有朝气的，但也是极为冲动、多变的。这是因为青年人的自我控制能力还较差，处于低年级的大学生，冲动性还较明显。进入大二大三，特别是大四后，随着知识积累、生活阅历的增加，大学生自我认识和自我评价水平增强，他们能够根据别人的评价和自己行动结果进行反省，及时调整自己的行为以适应实现目标的要求。这说明大学生行为的自觉性和自我控制能力明显增强，而盲目性和冲动性则逐渐减少。

大学生自我控制能力的明显提高，还表现在他们的行为和目标能以社会期望和社会要求为转移。例如，在我国社会主义建设的今天，社会对大学生的要求越来越高，不单看文凭，更看重大学生的真才实学和竞争意识。面对社会的期望和要求，大学生能对自己的目标进行及时的调整，在掌握专业知识的同时，注重外语水平和计算机水平的提高，注重各种能力的培养，以便能更好地适应社会。当然，大学生自我控制水平还缺乏一定的稳定性，还需进一步发展和完善。

② 自我设计的愿望强烈。大学生有设计自我、完善自我的强烈愿望。他们根据自我设计的"最佳自我形象"而不断地充实自己的知识，培养自己的能力，形成自己良好的性格与品德。大学生的成就动机是最强的，他们不愿做一个庸庸碌碌的人，都想干出一番事业，能对社会、对祖国有所贡献，以实现自己人生的价值。但是大学生的自我设计常会产生与社会要求不一致的矛盾。主要表现在：一方面，大学生积极支持改革开放，希望有一个公平、正义、民主、自由的社会，强烈地反对腐败行为；另一方面，在涉及自己的利益时，又对一定程度上利己主义、享乐主义、拜金主义等表示认同，甚至有人为了所谓的自我实现而损人利己。整体上大学生自我完善的基本倾向是奋发向上、积极健康的。

③ 强烈的独立意识和自信心。独立意识，也叫独立感，是指个体力图摆脱监督和管教的一种自我意识倾向。大学生在生理发育上已完全具备了成人的特点，心理成熟和社会成熟也已达到较高的水平。通过对自我的认识、体验和控制、调节，他们的心目中已逐渐确立一个新的自我——成人式的自我，成人感特别强烈。自信心是从独立感中派生出来的一种相信自己精力和能力的自我意识倾向。青年大学生有体力充沛、精力旺盛、思维灵活、记忆力强等优越条件，这是他们产生自信心的生理及心理基础。而能够顺利通过高考选拔进入高等学府成为大学生的优越感，则是大学生充满自信的社会基础。所以，大学生的自信心是十分强烈的，他们不仅对自己的才华、学识充满自信，而且对自己的风度、能力也充满自信。但由于知识、经验不足，他们容易产生过分的自信，而且容易因一时的挫折而降低自信。

大学生的独立意识和自信心十分宝贵，它是蓬勃向上、积极进取等优良品质的心理基础。因此要加以适当的保护和引导，不要因为一时的偏差而冷眼待之。一般来说，随着自我评价的提高和知识经验的积累，大学生的独立意识和自信心会逐步表现得客观和稳定。

2.2 大学生自我意识发展中的偏差及调适

大学生正处于心理迅速成熟、又尚未完全成熟的时期，自我意识还在不断发展中，在当前多元人生观和价值观的背景下，总的来说，大学生自我意识的发展是健康的，但有一部分学生自我意识发展中出现了偏差，产生了心理缺陷。

2.2.1 自我中心

（1）自我中心的表现

有些大学生存在着较浓厚的自我中心意识，凡事都从自己的愿望出发，只从自我的角度、以自己的标准去认识评价事物以及自己与他人的行为。要求人人为己，却置别人的需求于不顾，不关心他人的感受和需要，不能为他人做出牺牲。与人相处总是盛气凌人，总以为自己是对的，别人都是错的，喜欢把自己的意志强加于人。只要集体照顾，不讲集体纪律，否则就感觉受到了委屈。强烈要求别人尊重自己，却不懂得尊重别人。总之，自我中心意识强的大学生心中只有自我，却没有他人，很难赢得他人的好感和信任，人际关系大多不和谐，也缺少知心朋友，易受挫折。

（2）调适自我中心的方法

① 摆正自己的位置，不要把自己看得太高太重，唯我独尊。

② 尊重人性，平等地对待别人，培养同理心，设身处地地为他人着想，尊重他人的需要，体谅他人的感受，在理解和帮助他人的过程中寻求快乐和满足。

③ 自觉地把自己融入集体中，走出狭小的个人天地，体验人际交往的快乐与幸福。

④ 充分认识自我中心的不现实性和危害性，控制自我的欲望和言行，以不损害他人的利益为度。

2.2.2 过度自我肯定

（1）过度的自我肯定的表现

过度的自我肯定就是自我评价偏高，无根据地高估自己的能力或优点，很少认识到自己的缺点和短处，认识问题往往带有一定的偏激和固执；评价他人往往求全责备，横加挑剔，很少发现别人的优点。在人际交往中总是居高临下，颐指气使，以为谁都比不上自己，听不进别人的劝告，缺乏自我反思、自我批评，妄自尊大。由于对自己的优缺点缺少清醒的认识，一旦遇到挫折，总是把责任推到他人身上，认为别人或社会对自己不公平，从而疏远集体和他人，甚至自暴自弃，出现反社会的行为。

【案例】

心比天高

李梓才貌双全，能歌善舞，在家中一向被视为父母的掌上明珠。进入大学后，能力超群的她很快便被辅导员任命为班干部，管理班级日常事务。不知不觉中她感觉自己能力无人可及，变得妄自尊大，目空一切，和同学之间的矛盾也日益凸显。在大二新学期开学初班级组建新班委前，辅导员向她征询几个候选人的意见时，她不是摇头就是撇嘴，说这个组织能力不强，那个语言表达水平差，全班同学竟没有一个人能让她看上眼的。她这种自高自大，引起同学们的普遍反感，最后在班干部投票选举时，她竟然以低票落选。面对这一结果，李梓不能理解，更不能接受，痛哭流涕。

（2）调适过度自我肯定的方法

① 多反省自己的不足，多做自我批评，承认自己的缺点、弱点。

② 多看到别人的长处，学会理解与尊重他人，欣赏他人的独特性，赞美他人的成绩。

③ 多与他人交往，以开放的心态认真对待他人的意见，认识到忠言逆耳，能够正面批评自己的人往往是可以相交的朋友。

2.2.3 过度自我否定

(1) 过度自我否定的表现

与过度自我肯定相反的是过度自我否定,指的是个体对自己的能力、性格、容貌等深感不满、低估、轻视,甚至否定自己。有这种心理的人,对别人的评价特别敏感,胆小怕事,把自己封闭起来。由于自己瞧不起自己,也往往会引起别人的轻视和忽略。这种人自认为条件比不上别人,对自我的能力与作用评价偏低,对个人未来发展缺乏信心,压抑自我的积极性,并有可能引发严重的情感损伤和内心冲突,面对新的环境、挫折和重大生活事件时,常常会产生过激行为,酿成悲剧。近几年来发生的大学生自杀事件中有相当一部分就是由此心理问题导致的。

(2) 调适过度自我否定的方法

① 无条件地接受自己,相信"天生我材必有用",发现自己的独特之处。并在固有遗传素质的基础上,修炼性情,培养气度,丰富学识,增强智慧的力量和人格的魅力,赢得人们的尊重和喜爱。

② 进行积极的自我暗示,即使处在不利的条件下,也要鼓励自己,增强信心。

③ 多积累"小成功"。一个人信心的强度与他的成功率成正比,有自卑感的人不妨多做一些力所能及、把握较大的事,目标不宜过高,循序渐进,成功后及时鼓励自己。

④ 多与豁达开朗、见解新颖的人交往,学习别人乐观向上的良好性格。

⑤ 培养新颖的生活方式,发展兴趣爱好,尝试生活的变化,在丰富多彩的生活中发现自己的长处,增强自信心。

⑥ 保持自信的体态。人的身心是互相影响的,良好的心态会使人增强信心,如开口说话保持声音洪亮,走路时抬头、挺胸、平视。

2.2.4 过度追求完美

(1) 过度追求完美的表现

过分追求完美是指过分苛求自己,自我期待过高,在不必要的小事和细节上投入时间和精力,从而造成紧张、焦虑等负性情绪体验。追求完美是一种积极的人生态度,人类正是在这种追求中,不断完善自己。但如果大学生过分追求完美,不顾自己的实际状况而对自己要求苛刻,不能容忍自己"不完美"的表现,不肯接纳现实中平凡的自我,总对自己不满意,其后果往往适得其反,使其对自我的认识和适应更加困难,造成心理上的沉重负担、障碍甚至引发心理疾病。

(2) 改善的途径和调适的方法

① 树立正确的认知观念。人不能尽善尽美,任何人既不可能事事行,也不会事事不行,一事不行不能说明事事不行,一事行也不能说明事事行,任何人都是优缺点的统一体,完美只是相对的,要看到自己的价值,肯定自己的长处,在此基础上去完善自己。

② 确定合理的参照体系。以弱者为参照对象易使人自大,以强者为参照则易使人自卑,所以人应该选择适合自己的参照标准,依照自己此时、此地、此状态、此条件来评定或者判断个人的价值。大学生如果能做到立足于自己的长处,接纳并尽力改进自己的短处,能在成功时多反省缺点以再接再厉,失败时多看到优点以提高自信和勇气,这样,就能在不断进步、成熟和发展中立于不败之地。

③ 制订恰当的目标。在充分了解自我的基础上确立恰当的目标和要求是重要的。这个目标应符合自己的实际能力,对自己没有苛求,也不被他人所左右。人们不可能做到完全不顾及他人对

自己的期望和评价，但不能被他人的评价和意志所束缚。事实上，很多人不成功，并不是因为他们不努力或付出太少，而是因为他们"心中的别人"的干扰造成的。

④ 接纳自己的不完美。一个人能够接纳自己的不完美是一种生命的高境界、大技巧。人各有所长，也各有所短。每个人都是独特的、与众不同的。承认和接受自己的短处或不足，就是对自己的整体认可，这样可以避免无谓的自我心灵折磨，让快乐的阳光把人生照亮。

2.2.5 过分从众

（1）过分从众的表现

从众是一种普遍存在的心理现象，它是在群体舆论压力下放弃个人意识而采取与大多数人一致的一种自我保护行为。从众心理人皆有之，但过分从众，就会有碍心理发展。

有些大学生过分看重自己在别人心目中的形象，敏感于别人对自己的看法和评价，一味受"人言"所左右，"别人逃课去上网，我也逃课""别人谈恋爱，我也谈""别人竞选学生干部，我也竞选""别人吃喝高档、穿戴时髦，我也跟着消费"，无视自己的经济基础，这样做看似融入了群体，但其内心未必愉快，有的人会逐渐变得畏缩、胆小，产生忧虑、抑郁、悲伤等负性情绪，对心理健康的发展不利。

（2）调适过分从众心理的方法

① 多读书，多观察，培养自己独立思考和明辨是非的能力。

② 不要过分在意别人的想法，保持个性独立，可以通过帮助别人赢得友情，通过提升自己赢得尊重，这样做同样可以融入集体，建立起和谐的人际关系。

2.2.6 自控能力差

（1）自控能力差的表现

自我控制是对自己的思想、行为和言语的调控，是自我意识的关键环节。大学生常常眼高手低，缺乏自我控制，或者自我控制能力较差。在自我控制和调节方面经常出现极大的波动性，缺乏持久性，时常发生非理性的行为。

（2）自控能力差的调适方法

① 正确认识自我，树立适宜目标。在正确了解自我的基础上，为自己制定一个长期目标和一系列短期目标。短期目标以"跳起来够得着"为标准，使目标既有挑战性，又切合实际，使自己在不断完成目标的实践中不断增强自控能力。

② 学会自我监督，不断调节行为。在实现目标的过程中，不断反省自己的言行，学会自我监督，在头脑中将自己的活动结果与活动目的加以比较、对照，并对自己的言行实行监督。对于偏离目标的言行加以修正，以平和的心态及时调整自己的行为。

③ 培养坚强意志，不断磨砺自己。大学生的意志品质是衡量自控能力的重要依据。意志过程是自控过程的心理过程。大学生在培养自控能力时，一定要培养坚强的意志，才能更好地调控自己的言行。培养意志品质可以从一些简单的学习、文体娱乐活动开始，逐渐增加难度。遇到困难要积极寻找解决办法，把克服困难作为提升自己意志力的一次快乐尝试。

2.3 大学生完善自我意识的途径与方法

大学是一个充满各种自我意识的矛盾冲突和偏差的阶段。大学生消极的自我意识容易诱发忧郁、强迫、人际关系敏感、精神性疾病等不健康心理。基本的自我接纳是达到心理健康其他标准的先决条件。大学生只有首先去爱和尊重自己，才能真正地爱其他人。客观地认识自我、正确地评价自我、积极地悦纳自我、有效地控制自我、科学地发展自我，建立健康的自我意识，是大学生心理健康的保证。

2.3.1 健全自我意识的标准

自我意识作为个体心理的核心内容，属于心理现象的范畴，不像生理活动那么具体明显，但并不是不可考察的，许多心理学家都从不同角度对健康的自我意识进行了衡量。目前虽然没有一个统一的健康自我意识标准，但普遍认为，具有健全自我意识的人应该是一个自我肯定、自我完善的人；自我认识、自我体验、自我控制协调一致的人；独立的，同时又与外界保持协调的人；主动发展自我且具有灵活性的人；不仅自己能健康发展，而且能促进社会文明和进步的人。

对于大学生而言，健全的自我意识应当包括以下指标❶。
① 接受自己的生理状况，不自怨自艾；
② 对自己的心理素质有较清晰的认识，知道自己的长处和短处；
③ 对自己所处的环境有较清晰的认识，包括家庭和学校环境；
④ 对自己的经历有正确的评价；
⑤ 对未来自我发展有明确的目标；
⑥ 对自己的需求有清楚的认识；
⑦ 知道生活中什么是应该珍惜的，什么是应该抛弃的；
⑧ 对妨碍自己达到目标的因素有较为清楚的认识；
⑨ 对自己能够做到的事情有较为清楚的认识；
⑩ 对自己的希望和能力的差距比较清楚；
⑪ 能正确估计自己的社会角色；
⑫ 对自己的情绪有较为清楚的认识；
⑬ 明白自己能力的极限。

2.3.2 不断完善自我意识

人的健康心理是以健全的自我意识为基础的，因为人的认知、情感、意志、行为都要受到自我意识的影响。主动、自觉、准确的自我认识，积极、健康的自我体验，自觉、独立、自制的自我调节，都需要从心理层面悦纳自我，并在社会化过程中不断地发展自我、完善自我。

（1）正确地认识自我

正确地认识自我是建立健全自我意识的基础。只有正确认识自己，才能科学对待自己的过去，恰当地确立自我发展的方向，实实在在地把握现在，才能在社会情境中找到自己恰当的位置，才能理解他人、尊重他人、与他人和谐相处、被社会所接纳。

美国心理学家约翰和哈里提出了关于人自我认知的窗口理论，被称为乔韩窗口理论（图2-1）。他们认为人对自己的认识是一个不断探索的过程。因为每个人的自我都由四个部分组成：第一块是公开的自我，也就是透明真实的自我，这部分自己很了解，别人也很了解；第二块是秘密

---

❶ 蔺桂瑞，杨芷英. 大学生心理健康与人生发展——成长，从关爱心灵开始.北京：高等教育出版社，2010：43-44.

的自我，是自己了解但别人不了解的部分；第三块是盲目的自我，别人看得很清楚，自己却不了解；第四块是未知的自我，是别人和自己都不了解的潜在部分，通过一些契机可以激发出来。通过与他人分享秘密的自我，通过他人的反馈减少盲目的自我，人对自己的了解就会更多、更客观。

	自知	自不知
他知	A 公开的我	B 盲目的我
他不知	C 秘密的我	D 未知的我

图2-1　乔韩窗口理论

认识自我的主要渠道有以下几个方面。

① 从我与他人的关系中认识自我——比较法。他人是反映自我的镜子，与他人交往，是获得自我认识的重要来源。随着交往范围和人群的扩大，会体现出友爱关系、利害关系等，从这些关系中可以了解自己的心理需要、性格特点、做人的标准和与他人的不同，用心向他人学习，从而更好地认识和完善自己。

在与他人比较中应该注意三个方面：第一，跟别人比较的是行动前的条件，还是行动后的结果。大学生来自各个地方，如果认为自己来自农村，条件不如别人，开始就置自己于次等地位，自然影响自信心和情绪，而如果是看积极行动后的成就，这种比较才会带来积极的人生意义。第二，跟人比较是看相对标准还是绝对标准、是可变标准还是固定标准。不少人只关注诸如身材、出身、家世等不能改变的条件，而看不到通过能力可以提高和改善的方面，这样就难免使自己进入生活的误区。第三，关于比较的对象，是与自己条件相似的人，还是那些可望而不可即或是远不如自己的人。如果是前者，就能比出自信，比出干劲，比出成就；如果和后两种人比，要么比出自卑，要么比出自大或自负。

② 从我与事物的关系中认识自我——经验法。从做事的经验中了解自己，任何一项活动都是一种学习，不经一事，不长一智。在做事的过程中，能逐渐了解自己的能力与特长、弱点与差距，学会扬长避短，充分开发自己的潜能。

任何一件事都会有两种结果，成功或失败，但对于不同的人，由成败经验中获得的自我意识又不同。对于聪明智慧的人，成功和失败的经验都是他走向再次成功的财富，因为他们了解自己，有明显的人才特征，善于学习和反思，因而可以避免重蹈覆辙。对于比较软弱的人，失败的经历可能使其丧失仅有的自信，一蹶不振，再次失败，因为他们不能从失败中总结经验，及时改变策略去追求成功，他们在失败后往往形成恐惧失败的心理，不能勇敢面对现实去应付困境或挑战，白白失去成功的机会。对于自负的人来说，成功反而可能成为其失败之源，他们可能因获得成功而骄傲自大，以后做事不自量力，往往因此遭受更多失败或发展不顺利。如果这种情况不能得到及时调节，自负便可转换为自卑而一蹶不振，失去独立的自我。因此，大学生从成败经验中获得自我意识也要认真分析和甄别。

③ 从我与自己的关系中认识自我——反省。古人曰"吾日三省吾身"，没有自我反省，就无法真正认识自我。由于自知的我、他知的我及现实的我之间存在着不同程度的差异，所以我与己之间存在着不同的关系，人在成长发展中需要认真地对待和处理这种关系。我们一般需要从以下

三个"我"中去认识自己：一是自己眼中的我，包括身体、容貌、性别、年龄、职业、性格、气质、能力等；二是别人眼中的我，包括别人对你的态度和情感，不同人的态度可能不同，要从普遍的反映中归纳结果；三是自己心中的我，包括自己的目标、期望等。在反省的过程中，要严于解剖自我，敢于批评自我，提高自我认识，调整自我评价，合理自我定位。

（2）积极地悦纳自我

悦纳自我就是对自己的本来面目持肯定、认可的态度，欣赏自己好的一面，勇于正视自身存在的不足，以发展的眼光来看待自己。悦纳自我是发展健全自我意识的关键和核心。马斯洛曾列举过富兰克林、林肯、贝多芬、爱因斯坦等历史上的名人，从他们的人生历程中归纳出16条成功因素，其中很重要的一条就是悦纳自己。如何才能做到悦纳自己呢？

① 接受自己的一切。无论优点还是缺点，无论成功还是失败，凡是自身现实存在的都应该积极悦纳。平静理性地对待自己的长短优劣、成败得失，以发展的眼光看自己，既不自欺欺人、盲目自大，也不消极逃避、不敢承认自己的不足，更不自怨自艾、甚至厌恶和否定自己。而是在自我悦纳的基础上，树立自信、自强、自主的心理品质，从而完善自我，提升自我。

为了训练自己，不妨做一些小尝试，例如，以诚实的态度列举出自己的优点，或自己喜欢的个性特征，回顾其为自己带来的愉悦或满足。然后，再客观地列举出自己的不足或不喜欢的方面，在可以改变的条目上做标记，决心尽快地改变，对于自己不喜欢又难以改变的方面，平静地去接受，相信自己的价值。

【案例】

为自己的弱点找点补偿

一位就读于某高校物理专业的大学生，因左眼残疾非常苦恼，常常睡不好、吃不下。他的左眼是小学和同伴玩耍时被同伴一不小心用棍子捅瞎的。上大学了，面对恋爱、找工作的需要，他感到自卑和痛苦，本来成绩排在全班前面的他一个学期就掉到了中下，为此他到校心理咨询室寻求帮助。心理咨询老师和他一起讨论，左眼失明是自己的短处，学习成绩较好是自己的长处。左眼失明已成现实，无法改变，但自己的心态和行为是能够改变的。如果一直沉浸于"我是残疾人""我很痛苦"，不仅让自己增加了痛苦，还使这种心态成为不努力的借口。怎么办呢？承认现实，接纳现实，尽自己的最大努力让现实向好的方面发展。左眼失明的现实无法改变，但可以把原本放在左眼失明的注意力和时间放到可以自己把握的学习上。这位同学听进去了，不再唉声叹气，而是把精力集中到学习上，成绩很快得到提高，大四时被保送到一所名牌大学攻读硕士研究生，三年后继续攻读博士学位，之后顺利拿下博士学位，并组建了一个幸福的家庭。

每个人都有自己的长处和短处，扬长避短就能使自己的长处更明显，把短处缩短。因为人的缺陷和不足不是绝对不能改变的，而是看自己愿不愿意改变。只要找到正确的补偿目标，就能克服自身的缺陷，从另一方面得到补偿。

② 喜欢自己，肯定自己。世界上没有完全相同的两片树叶，每个人都有其存在的意义和价值，挖掘自己的优点和潜能，发现自己，接受自己，喜欢自己，觉得自己是独一无二的，能产生价值感、自豪感、愉快感和满足感。大学是人才济济的地方，在各项活动和比赛中，总会体现出他人的长处或自己的不足，这是很正常的，己不如人的失败感人皆有之，只是程度不同、表现方式不同而已。不要过分地挑剔自己，要发挥长处，改进不足，用发展的眼光看自己。

心理小卡片2-2

小蜗牛和妈妈的对话

小蜗牛问妈妈:"为什么我们从生下来,就要背负这个又硬又重的壳呢?"

妈妈说:"因为我们的身体没有骨骼的支撑,只能爬,又爬得不快。所以要这个壳的保护。"

小蜗牛:"毛虫妹妹没有骨头,也爬得不快,为什么她却不用背这个又硬又重的壳呢?"

妈妈:"因为毛虫妹妹能变成蝴蝶,天空会保护她啊!"

小蜗牛:"可是蚯蚓弟弟也没有骨头爬不快,也不会变成蝴蝶他为什么不背这个又硬又重的壳呢?"

妈妈:"因为蚯蚓弟弟会钻土,大地会保护他啊。"

小蜗牛哭了起来:"我们好可怜啊,天空不保护,大地也不保护。"

蜗牛妈妈安慰他:"所以我们有壳啊。我们不靠天,也不靠地,我们靠自己。"

③ 克服完美主义,接纳自己的不完善。接纳自己的不完善也是自信的一种表现,是完善自我的起点。因为每个人在外表、身材、能力、个性等方面都有一定的限制,"尺有所短、寸有所长",每个人都既有长处又有弱点,要承认和接受自己的不完美,扬长避短,超越自我。

④ 珍惜自己的独立性。选择合理的评价参照体系,不要盲目比较,按照自己的条件,评定自己的价值。成功时多反省自己的缺点,失败时多看到自己的长处。要为自己设立恰当的目标,不苛求自己,不为讨好他人而做事,不过分看重别人的评价和期望,确立独立的自我,定期反省个人的自我成长,多对自己的成就进行鼓励和欣赏,较大限度地发挥自己的潜能。

⑤ 建立和巩固良好的自我感觉。找出自己最近做过的比较成功的事情,用心体会成功的喜悦和满足;回顾别人对自己的赞赏和表扬,增加自信;总结自己各方面的进步,肯定自己的能力;找出各方面的出色表现,认可自己的良好素质。把注意力集中在自己的优点和成功上,有助于建立和巩固良好的自我感觉,悦纳自我,放出生命的光芒。

(3) 有效地控制自我

有效地控制自我是健全自我意识的根本途径,一般来说,大学生要控制自我,应该做到以下几点。

① 培养意志力。意志就是人自觉地确定目的并支配其行动以实现预定目的的心理过程。"意志力,是唯一不会耗竭的力量,也是人们永远具备的力量。"很多大学生为自己树立了远大的理想和目标,希望通过自身的努力去实现远大理想,创造精彩人生,但前进的道路上总是要付出精力、体力,甚至是更大的牺牲的,这时就需要有顽强的意志力去克服困难,去战胜自己。没有足够的自制能力和意志力,耐不住辛苦,受不了打击,是无法实现理想和目标的。有的大学生经常说:"我想早起,可就是没有恒心","我想学习,可就是学不进去"。这些都是缺乏意志力的表现。

总的来说,培养顽强的意志力、发展坚持性和自制力,是实现自我的重要保障。大学生如何培养自己的意志力呢?

第一,从小事做起。事无大小,积小可以成大,丰功伟绩都是从点点滴滴做起的。惊天动地的大事业纵然可以锻炼人的意志,但认真对待一点一滴的小事同样能锻炼一个人的意志力,从按时起床、按时完成学习计划等小事做起,坚持下来,从不马虎,意志力必然会得到很好的锻炼。

第二,从平时做起。登高必自卑,行远必自迩。任何光辉的追求,都必须从平时做起。大学生在日常的生活学习中,要自觉地严于律己,决不自我宽容,姑息迁就,这样才会使自己的意志力逐步坚强起来。

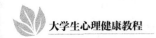

第三，从今天做起。每日三省吾身，抓住每一天的有利机会来锻炼自己的意志力。

第四，自我要求。大学生要对自己提出一定的要求，可以是宏观的、微观的，需要通过一定的努力、付出才能达到的，由此锻炼自己的意志力。

第五，自我激励。意志的培养和锻炼不是"朝发夕至"的事，需要长期坚持不懈地努力，因此需要我们不断地激励自己，增强前进的力量。

第六，自我监督。要经常反思自己的行为，约束自己少出差错，以取得学习、工作和事业的成功。

② 培养自信心。自信心是一种自我肯定的信念，在自我意识中往往以"我行""我能行""我是不错的""我比很多人都强"等观念得以存在与表现，并会有意无意地体现在人的行为之中。所以，有无自信心对一个人的成败是非常重要的。自信心是建立在对自己客观认识和评价的基础上的，自信不等于自傲。自傲的人，应当有意识地控制自己，屠格涅夫曾说过："劝那些刚愎自用的人，说话前要多想，在舌头上多绕几圈。"

而缺乏自信的人，容易引起自卑心理。要有效地调控自己，需时常进行积极的自我暗示。当面临某种事情感到自己信心不足时，不妨自己给自己壮胆："你一定会成功！一定会的！"或者自问："人人都能干，我为什么不能干？"

> **心理小卡片2-3**
>
> **马斯洛关于自我调控的七点意见**
>
> 马斯洛在研究人的自我实现时，有针对性地提出了调控自我的7点建议。
>
> 一是把自己的感情出口放宽，莫使心胸像个瓶颈。
>
> 二是在任何情境中，都尝试从积极乐观的角度看问题，从长远的利害做决定。
>
> 三是对生活环境中的一切多欣赏，少抱怨；有不如意之处设法改善；坐而空谈不如起而实行。
>
> 四是设定积极而有可行性的生活目标，然后全力以赴求其实现，但却不能期望未来的结果一定不会失败。
>
> 五是对是非之争辩，只要自己认清真理正义之所在，纵使违反众议，也应挺身而出，站在正义一边，坚持到底。
>
> 六是莫使自己的生活僵化，为自己在思想与行动上留一点弹性空间；偶尔放松一下身心，将有助于自己潜力的发挥。
>
> 七是与人坦率相处，让别人看见自己的长处和缺点，也让别人分享自己的快乐与痛苦。

（4）不断地超越自我

健全自我的过程也是一个塑造自我、超越自我的过程。加强自我修养，不断进行自我塑造，达到完善自我、超越自我的境界，是健全自我意识的终极目标。

经验告诉我们，自我认识不易，自我把握亦很难，如果期望自我开拓、提升、超越，更是难上加难。然而，唯有"难"的人生才有价值和意义。大学生应该把塑造自我、实现自我作为终生奋斗的目标。

超越自我是一个持续而具体的过程，须从"修身、养性"开始，即从日常的点滴小事开始，从扎实的行动开始，要行知并重。要想运动健身，就天天练习自己喜欢的体育活动；要想开阔思路，就多读书，多交往，多实践，多听讲座。在行动时，无论对人对事，均诚心诚意，全力以赴，使自己的能力品性得到最大限度的发挥。行动之后再反省得失利弊及其原因，吸取经验教训，总结成功经验，再度投入行动，一旦取得新的成果，再度总结反省。如此往返行动，循序渐进，自我便能一步一步得到扩展和深化，自我的境界也自然而然地得到开拓和提升。悦纳、控制和超越自我是一个"新我"形成的过程，是从"小我"走向"大我"、从"昨天之我"走向"今天之我""明天之我"的过程。大学生要总结昨天的自我，珍惜今天的自我，开创明天的自我，在追求更好、更高的自我目标中，使自己成为一个自知的、自如的、独特的、风景无限的自我。

心理小游戏

理想的我 ❶

活动目的：寻找理想的我与现实的我之间存在的差距。

活动时间：约30分钟。

活动准备：笔和纸。

活动步骤：

（1）将班级中的学生按3~4人划分为若干小组。

（2）要求每个学生认真思考理想中的我具有哪些特征，在8分钟内至少列举出10个"理想的我"的特征(越多越好)。

（3）每组学生分别轮流对每个组员的"现实的我"的特征进行评价，然后每个组员对同学的评价与自己所认为的"理想的我"进行比较，寻找两者间存在的差距，时间大概15分钟。

（4）每个小组选派一名代表，谈谈参加此次活动的感受。

心理测试

自我和谐量表 (Self Consistency and Congruence Scale)

下面是一些个人对自己的看法的陈述。填答时，请您看清楚每句话的意思，然后圈选一个数字(1代表该句话完全不符合您的情况；2代表比较不符合您的情况；3代表不确定；4代表比较符合您的情况；5代表完全符合您的情况)，以代表该句话与您现在对自己的看法相符合的程度。每个人对自己的看法都有其独特性。因此答案是没有对错的，您只要如实回答就可以了。

1.我周围的人往往觉得我对自己的看法有些矛盾。	1 2 3 4 5
2.有时我会对自己在某方面的表现不满意。	1 2 3 4 5
3.每当遇到困难，我总是首先分析造成困难的原因。	1 2 3 4 5
4.我很难恰当地表达我对别人的情感反应。	1 2 3 4 5
5.我对很多事情都有自己的观点，但我并不要求别人也与我一样。	1 2 3 4 5
6.我一旦形成对事情的看法，就不会再改变。	1 2 3 4 5
7.我经常对自己的行为不满意。	1 2 3 4 5
8.尽管有时得做一些不愿做的事，但我基本上是按自己的愿望办事的。	1 2 3 4 5
9.一件事情好就是好，不好就是不好，没有什么可以含糊。	1 2 3 4 5

---

❶ 周家华，王金凤. 大学生心理健康教育. 第3版. 北京：清华大学出版社，2010：43.

续表

10. 如果我在某件事上不顺利，我就往往会怀疑自己的能力。	1	2	3	4	5
11. 我至少有几个知心的朋友。	1	2	3	4	5
12. 我觉得我所做的很多事情都是不该做的。	1	2	3	4	5
13. 不论别人怎么说，我的观点决不改变。	1	2	3	4	5
14. 别人常常会误解我对他们的好恶。	1	2	3	4	5
15. 很多情况下我不得不对自己的能力表示怀疑。	1	2	3	4	5
16. 我朋友中有些是与我截然不同的人，这并不影响我们的关系。	1	2	3	4	5
17. 与别人交往过多容易暴露自己的隐私。	1	2	3	4	5
18. 我很了解自己对周围人的情感。	1	2	3	4	5
19. 我觉得自己目前的处境与我的要求相距太远。	1	2	3	4	5
20. 我很少去想自己所做的事是否应该。	1	2	3	4	5
21. 我所遇到的很多问题都无法自己解决。	1	2	3	4	5
22. 我很清楚自己是什么样的人。	1	2	3	4	5
23. 我能很自如地表达我想表达的意思。	1	2	3	4	5
24. 如果有了足够的证据，我也可以改变自己的观点。	1	2	3	4	5
25. 我很少考虑自己是一个什么样的人。	1	2	3	4	5
26. 把心里话告诉别人不仅得不到帮助，还可能招致麻烦。	1	2	3	4	5
27. 在遇到问题时，我总觉得别人都离我很远。	1	2	3	4	5
28. 我觉得很难发挥出自己应有的水平。	1	2	3	4	5
29. 我很担心自己的所作所为会引起别人的误解。	1	2	3	4	5
30. 如果我发现自己在某些方面表现不佳，总希望尽快弥补。	1	2	3	4	5
31. 每个人都在忙自己的事情，很难与他们沟通。	1	2	3	4	5
32. 我认为能力再强的人也可能会遇上难题。	1	2	3	4	5
33. 我经常感到自己是孤立无援的。	1	2	3	4	5
34. 一旦遇到麻烦，无论怎样做都无济于事。	1	2	3	4	5
35. 我总能清楚地了解自己的感受。	1	2	3	4	5

计分方法与结果解释：

自我和谐量表是北京大学心理系的王登峰教授编制的。本量表经因素分析得到三个分量表："自我与经验的不和谐"，"自我的灵活性"及"自己的刻板性"。各分量表的得分为其所包含的项目分直接相加。三个分量表包含的项目分别为

自我与经验的不和谐	1、4、7、10、12、14、15、17、19、21、23、27、28、29、31、33，共16项
自我的灵活性	2、3、5、8、11、16、18、22、24、30、32、35，共12项
自我的刻板性	6、9、13、20、25、26、34，共7项

计算三个量表总分的方法是将"自我的灵活性"项目反向计分，再与其他两个分量表得分相加，得分越高自我和谐程度越低。在大学生中，可以以低于74分为低分组，75～102分为中间组，103分以上为高分组。

心理思考

（1）大学生自我意识发展特点有哪些？

（2）结合自身实际情况，谈谈是否存在自我意识偏差，你是如何看待的？

（3）怎样去做最好的自己？

第3章 我的情绪我做主

> 成功者与失败者的最大不同在于,前者是情绪的主人,而后者是情绪的奴隶。
> ——拿破仑

知识导航

◆ 掌握情绪的概念、类型和功能;认识情商的重要性;

◆ 理解大学生的情绪特点和情绪对大学生的影响;

◆ 了解大学生常见的情绪困扰,掌握培养良好情绪的方法。

心理小故事

爱发脾气的小男孩

从前,有一个脾气很坏的男孩。他的爸爸给了他一袋钉子,告诉他,每次发脾气或者跟人吵架的时候,就在院子的篱笆上钉一根。第一天,男孩钉了37根钉子。后面的几天他慢慢学会了控制自己的脾气,每天钉的钉子也逐渐减少了。他发现,控制自己的脾气,实际上要比钉钉子容易得多。终于有一天,他一根钉子都没有钉,他高兴地把这件事告诉了爸爸。

爸爸说:"从今以后,如果你一天都没有发脾气,就可以在这天拔掉一根钉子。"日子一天一天过去,最后,钉子全被拔光了。爸爸带他来到篱笆边上,对他说:"儿子,你做得很好,可是看看篱笆上的钉子洞,这些洞永远也不可能恢复了。就像你和一个人吵架,说了些难听的话,你就在他心里留下了一个伤口,像这个钉子洞一样。插一把刀子在一个人的身体里,再拔出来,伤口就难以愈合了。无论你怎么道歉,伤口总是在那儿。要知道,身体上的伤口和心灵上的伤口一样都难以恢复。你的朋友是你宝贵的财产,他们让你开怀,让你更勇敢。他们总是随时倾听你的忧伤。你需要他们的时候,他们会支持你,向你敞开心扉。"儿子望着这些小洞,深深感到:不乱发脾气,调节好自己的情绪,无论是对自己还是对朋友都是多么的重要啊!

3.1 情绪概述

有这样一个故事:古代有位国王遭人暗杀,王妃痛苦万分,整日伤心哭泣,寝食俱废,经名医多次治疗,也没有什么效果,病情日益加重。家人请来艺人画了一幅国王与一位年轻美貌的女子调情的图画,王妃见到后,怒火顿生,大骂国王是好色之徒,罪有应得。随即,王妃的病情就逐渐好转起来。

故事中的王妃,病情的加重与减轻并不是大夫治疗得好与不好,起关键作用的是自己的情绪。人非草木,孰能无情。我们每天都在体验着各种各样的情绪,或欣喜若狂,或悲痛欲绝,或孤独不安,或热情乐群。那么情绪是什么,怎么会有这么大的作用呢?

3.1.1 什么是情绪

情绪是指人们在内心活动过程中所产生的心理体验,或者说是人们在心理活动中对客观事物的态度体验。

(1)情绪由刺激引起

情绪不是自发,必然由相应的刺激引起。如春天的花开、夏天的凉风,令人心情舒畅;拥挤的车站、喧闹的人群,使人心情烦躁;严肃的考场、由于疏忽被上司指出了不该犯的错误则会让人感到紧张和焦虑;身体的不适或好友的误解也会使你感到痛苦和不安。"感时花溅泪,恨别鸟惊心",想到伤心事情也会让你潸然泪下。

(2)认识是情绪产生的前提和基础

没有对客观事物的认识,便不能产生任何的情绪体验。也就是说,导致我们情绪产生的不是事物本身,而是我们对这一事物的认识。对客观事物的认识不同,个体产生的情绪反应也有不同。例如同是一只小狗向它主人跑去,主人高兴地把它抱起来;若是跑向路边正在玩耍的一个幼童,他则会害怕地哭闹不已了。

（3）情绪是一种内在感受

情绪的原始目的在于促进自身需要的满足，根据自身需要是否满足会产生不同的内心感受，如悲伤、欢乐、喜爱、仇恨等，这些感受在个体间既有共性又有差别。如：当面临极度危险时，会产生毛骨悚然的恐惧；当自己的某些需要得到充分满足时，会感到幸福愉快；当失去亲人时，会感到悲伤。

（4）情绪伴随着相应的生理过程

情绪过程伴有生理唤醒，会影响机体许多器官的活动。在不同的情绪状态下，人的心律、血压、呼吸以及内分泌、消化系统等都会发生相应的变化。例如，悲伤时，会出现食欲减退、消化不良等不适；激动时，会出现血压升高、心跳加快的现象。

（5）情绪有其外在表现

情绪不仅体现为生理反应和内心体验，而且也会直接反映到人的外在行为表现中。其主要反映到人的3种表情中：一是面部表情，指面部肌肉变化的模式。如恐惧时，肌肉紧张；愉快时，肌肉放松。二是姿态表情，指面部以外的身体部位的动作，包括手势、身体姿势等。三是语调表情，指言语的声调、节奏和速度。如高兴时，语调高昂、语速加快；痛苦时，语调低沉、语速放慢等。情绪的外在表现经常成为人们判断和推测情绪的指标，如表3-1所示。

表3-1 表情和与之关系最紧密的情绪

表情	可能的情绪	表情	可能的情绪
脸红	羞愧、羞怯	尖叫、出汗	痛苦
身体接触	友爱感	毛发直立	害怕、气愤
紧握拳头	生气	耸肩	顺从
哭泣	悲伤	嘘声	蔑视
皱眉	生气、挫折	发抖	害怕、担心
笑	高兴		

3.1.2 情绪的分类

人们对于基本情绪的看法也不尽相同。我国古代思想家荀子将情绪划分为好、恶、喜、怒、哀、乐6类，也有喜、怒、忧、思、悲、恐、惊的七情说。法国哲学家笛卡儿认为，人有惊奇、爱悦、憎恶、欲望、欢乐和悲哀6种原始情绪，其他情绪都是它们的组合或分支。美国心理学家普拉切克提出了八种基本情绪：悲痛、恐惧、惊奇、接受、狂喜、狂怒、警惕、憎恨。还有的心理学家提出了九种类别。

（1）从情绪的内容来分

从情绪的内容来分，可以把情绪分为基本情绪和复合情绪。基本情绪是人和动物共有的、不学而会的。每种基本情绪都有其独立的神经生理机制、内部体验、外部表现和不同的适应功能。一般认为基本情绪有四种，即快乐、愤怒、恐惧和悲哀。

① 快乐，是指一个人盼望和追求的目的达到后产生的情绪体验。由于需要得到满足，愿望得

以实现，心理的急迫感和紧张感解除，快乐随之而生。因为需要的满足程度不同，快乐的程度也有差异，如满意、愉快、兴奋、狂喜等。

② 愤怒，是指所追求的目的受到阻碍，愿望无法实现时产生的情绪体验。愤怒时紧张感增加，有时不能自我控制，甚至出现攻击行为。愤怒也有程度上的区别，依次为不满、生气、愠怒、大怒、暴怒。一般的愿望无法实现时，只会感到不快或生气，但当遇到不合理的阻碍或恶意的破坏时，愤怒就会急剧爆发。产生这种情绪对人的身心伤害是明显的，但丁说："容易发怒，是品格上最为显著的弱点。"

③ 恐惧，是企图摆脱和逃避某种危险情景而又无力应付时产生的情绪体验。所以，恐惧的产生不仅仅由于危险情景的存在，还与个人排除危险的能力和应付危险的手段有关。一个初次出海的人遇到惊骇浪或者鲨鱼袭击会感到恐惧无比，而一个经验丰富的水手对此可能已经司空见惯，泰然自若。婴儿身上的恐惧情绪表现较晚，可能是与他对恐惧情景的认知较晚有关。

④ 悲哀，是指心爱的事物失去时，或理想和愿望破灭时产生的情绪体验。一般依悲哀的程度不同，分为遗憾、失望、难过、悲伤、悲痛。悲哀的程度取决于失去的事物对自己的重要性和价值。悲哀时带来的紧张的释放，会导致哭泣。当然，悲哀并不总是消极的，它有时能够转化为前进的动力。

复合情绪是由基本情绪的不同组合派生出来的。例如，由厌恶和轻蔑组合起来的复合情绪可以叫做敌意；由恐惧、内疚、痛苦和愤怒组合起来的复合情绪可以叫做焦虑等。总之，在以上四种基本情绪之上，可以派生出厌恶、羞耻、悔恨、嫉妒、敌意、喜欢、同情等众多的复杂情绪。

（2）从情绪的状态来分

情绪状态是指在一定的生活事件影响下，一段时间内各种情绪体验的一般特征表现。按情绪状态来分，就是按情绪发生的速度、强度和持续时间长短的不同来划分。根据情绪状态的强度和持续时间可分为心境、激情和应激。

① 心境。心境是一种微弱、平静和持久的情绪状态。生活中我们常说"人逢喜事精神爽"，指发生在我们身上的一件喜事让我们很长时间保持着愉快的心情；但有时候一件不如意的事也会让我们很长一段时间忧心忡忡，情绪低落。这些都是心境的表现。

心境具有弥散性和长期性。心境的弥散性是指当人具有了某种心境时，这种心境表现出的态度体验会朝向周围的一切事物。一个在单位受到表彰的人，觉得心情愉快，回到家里同家人会谈笑风生，遇到邻居去笑脸相迎，走在路上也会觉得天高气爽；而当他心情郁闷时，在单位、在家里都会情绪低落，无精打采，甚至会"对花落泪，对月伤情"。古语中说人们对同一种事物，"忧者见之而忧，喜者见之而喜"，也是心境弥散性的表现。心境的长期性是指心境产生后要在相当长的时间内主导人的情绪表现。虽然基本情绪具有情境性，但心境中的喜悦、悲伤、生气、害怕却要维持一段较长的时间，有时甚至成为人一生的主导心境。如有的人一生历尽坎坷，却总是豁达、开朗，以乐观的心境去面对生活；有的人总觉得命运对自己不公平，或觉得别人都对自己不友好，结果总是保持着抑郁愁闷的心境。影响心境持续时间长短的因素主要有两个方面：一是事件的重要程度，事件对个体的重要性越大，引起的心境就越持久，反之亦然。二是个体的个性特征，人的性格不同，事件对其心境的影响程度也不同。

> **心理小卡片3-1**
>
> **踢猫效应**
>
> 　　心理学上的"踢猫效应"是这样说的：某公司董事长为了重整公司一切事务，许诺自己将早到晚回。事出突然，有一次，他看报看得太入迷以至忘了时间，为了不迟到，他在公路上超速驾驶，结果被警察开了罚单，最后还是误了时间。这位董事长愤怒之极，回到办公室时，为了转移别人的注意，他将销售经理叫到办公室训斥一番。销售经理挨训之后，气急败坏地走出董事长办公室，将秘书叫到自己的办公室并对他挑剔一番。秘书无缘无故被人挑剔，自然是一肚子气，就故意找接线员的茬。接线员无可奈何垂头丧气地回到家，对着自己的儿子大发雷霆。儿子莫名其妙地被父亲痛斥之后，也很恼火，便将自己家里的猫狠狠地踢了一脚。
>
> 　　在现实的生活里，我们很容易发现，许多人在受到批评之后，不是冷静下来想想自己为什么会受批评，而是心里面很不舒服，总想找人发泄心中的怨气。其实这是一种没有接受批评、没有正确地认识自己的错误的一种表现。受到批评，心情不好这可以理解。但批评之后产生了"踢猫效应"，这不仅于事无补，反而容易激发更大的矛盾。

　　导致心境产生的原因很多，生活中的顺境和逆境，工作、学习上的成功和失败，人际关系的亲与疏，个人健康的好与坏，自然气候的变化，都可能引起某种心境。但心境并不完全取决于外部因素，还同人的世界观和人生观有联系。一个有高尚的人生追求的人会无视人生的失意和挫折，始终以乐观的心境面对生活。陈毅元帅的《梅岭三章》可以说就是这种心境的体现。

　　心境对人们的生活、工作和健康都有很大的影响。心境可以说是一种生活的常态，人们每天总是在一定的心境中学习、工作和交往，积极良好的心境可以提高学习和工作的绩效，帮助人们克服困难，保持身心健康；消极不良的心境则会使人意志消沉，悲观绝望，无法正常工作和交往，甚至导致一些身心疾病。所以，保持一种积极健康、乐观向上的心境对每个人都有重要意义。

　　保持良好心境的主要条件是消除过重的自私心理，保持适度的名利欲望；建立积极的认知模式；建立良好的人际关系；关于宽容别人和自己；学会宣泄不良情绪。

　　② 激情。激情是一种爆发强烈而持续时间短暂的情绪状态。人们在生活中的狂喜、狂怒、深重的悲痛和异常的恐惧等都是激情的表现。和心境相比，激情在强度上更大，但维持的时间一般较短暂。

　　激情具有爆发性和冲动性，同时伴随有明显的生理反应和外部行为表现。当激情到来的时候，大量心理能量在短时间内积聚而出，如疾风骤雨，使得当事人失去了对自己行为的控制力。《儒林外史》中的范进听到自己金榜题名，狂喜之下，竟然意识混乱，手舞足蹈，疯疯癫癫；有些人在暴怒之下，双目圆睁，咬牙切齿，甚至拳脚相加。但这些激情在宣泄之后，人又会很快平息下来，甚至出现精力衰竭的状态。

　　激情常由生活事件所引起，那些对个体有特殊意义的事件会导致激情，如考上大学、找到满意的工作等；出乎意料的突发事件会引起激情，如多年失去音信的亲人突然回归，常会欣喜若狂。另外，违背个体意愿的事件也会引起激情，中国古书中记载，春秋战国时期的伍子胥过昭关，因担心被抓回楚国，父仇不能报，一夜之间竟然愁白了头。可见，不同的生活事件会引起不同的激情。

　　激情对人的影响有积极和消极两个方面。一方面，激情可以激发内在的心理能量，成为行为的巨大动力，提高工作效率并有所创造。如战士在战场上冲锋陷阵，一往无前；画家在创作中，尽情挥洒，浑然忘我；运动员在报效祖国的激情感染下，敢于拼搏，勇夺金牌。但另一方面，激情也有很大的破坏性和危害性。激情中的人有时任性而为，不计后果，对人对己都造成损失。一些青少年犯罪，就是在激情的控制下，一时冲动，酿成大错。激情有时还会引起强烈的生理变化，使人言语混乱，动作失调，甚至休克。

所以，在生活中应该学会做自己情绪的主人，适当地控制激情，多发挥其积极作用。在激情爆发前，尽量将注意力转移到无关的行为上去，在激情状态中，应理性地尽量使自己的行为平缓、镇定下来，找人谈心、痛哭、散步、听音乐都可以调整状态，冲淡激情。此外，还要注意平时提高自己的思想觉悟，加强自身修养和加强自己意志品质的锻炼。

③ 应激。应激是出乎意料的紧张和危急情况引起的情绪状态。如在日常生活中突然遇到火灾、地震，飞行员在执行任务中突然遇到恶劣天气，旅途中突然遭到歹徒的抢劫等，无论天灾还是人祸，这些突发事件常常使人们心理上高度警醒和紧张，并产生相应的反应，这都是应激的表现。

人在应激状态下常伴随明显的生理变化，这是因为个体在意外刺激作用下必须调动体内全部的能量以应付紧急事件和重大变故。积极的应激反应表现为沉着冷静、急中生智，全力以赴地去排除危险，克服困难；消极的应激反应表现为惊慌无措、一筹莫展，或者发动错误的行为，加剧了事态的严重性。这两种截然不同的行为表现，既同个人的能力和素质有关，也同平时的训练和经验积累有关。如果接受过防火演习和救生训练，遇到类似的突发事故，也能正确及时地逃生和救人。

3.1.3 情绪的功能

（1）信息交流功能

情绪的信息传递功能是指在人际交往中，人们除借助言语进行交流之外，还通过情绪的流露来传递自己的思想和意图。情绪的这种功能是通过表情来实现的。表情具有信号传递作用，属于一种非言语性交际。人们可以凭借一定的表情来传递情绪信息和思想愿望。在社会交往的许多场合，人们之间的思想、愿望、态度、观点，仅靠言语无法充分表达，有时甚至不能言传，只能意会，这时表情就起到了信息交流的作用。其中，面部表情和体态表情更能突破一些距离和场合的限制，发挥独特的沟通作用。在许多影视作品中，人们用情绪的表露代替了语言的表达，具有"此时无声胜有声"的效果，更具感染力。

（2）心理组织功能

情绪对其他心理活动具有组织的作用，表现为积极的情绪对活动起着协调和促进作用，消极的情绪对活动起着瓦解和破坏作用。情绪对记忆会产生影响，在愉快的情绪状态下，人容易记住带有愉快色彩的内容。在某种情绪状态下记住的内容，在同样的情绪状态下也容易回忆起来。情绪对人的行为也有影响，当人处于积极的情绪状态时，容易注意美好的事物，态度变得和善，乐于助人，勇于承担责任，从而促进与他人关系的和谐；在消极情绪状态下，人看问题容易悲观，不愿去追求，更容易出现攻击性行为。

（3）调理身心功能

人对社会的适应是通过调节情绪来进行的，情绪调控的好坏会直接影响到身心健康。积极的情绪有助于身心健康，消极的情绪会引起人的各种疾病。我国古代医书《内经》中就有"怒伤肝，喜伤心，思伤脾，忧伤肺，恐伤肾"的记载。现代医学研究表明，癌症、冠心病、高血压病、溃疡、神经官能症、甲亢、偏头痛、糖尿病都与心理因素有关，而其中最主要的心理因素就是不良情绪状态。许多研究证明，紧张和焦虑、恐惧等不良情绪是健康的大敌。一项长达30年的关于情绪与健康关系的追踪研究发现，年轻时性情压抑、焦虑和愤怒的人患结核病、心脏病和癌症的比例是性情沉稳的人的4倍。

心理小卡片3-2

致命杀手"生气水"

最近，美国一些心理学家做了一项实验，他们把正在生气的人的血液中所含物质注射到小老鼠身上，并观察其反应。初期，这些小老鼠表现呆滞，整天不思饮食。几天后，它们就默默地死掉了。美国生理学家爱尔玛为了研究情绪状态对健康的影响，设计了一个很简单的实验：他把一支支玻璃管插在正好是0℃的冰水混合物容器里，然后分别注入人们在不同情况下的"气水"，即用人们在悲痛、悔恨、生气时呼出的水汽和他们在心平气和时呼出的水汽作对比实验。结果表明，当一个人心平气和时呼出的水汽冷凝成水后，水是澄清透明、无杂质的；悲痛时呼出的水汽冷凝后则有白色沉淀；悔恨时呼出的水汽沉淀物为乳白色；而生气时呼出的"生气水"沉淀物为紫色。他把"生气水"注射到大白鼠身上，几十分钟后，大白鼠就死了。由此可见，生气对健康的危害非同一般。

有分析表明：人生气10分钟会耗费大量精力，其程度不亚于参加一次3000米的赛跑；而且生气时的生理反应也十分剧烈，分泌物比其他任何情绪状态下的分泌物都复杂，且更具毒性。生气发怒会伤心损肺：气愤必然引起心跳加快，心律失常，使心脏受到邪气的侵袭，诱发心慌心痛，呼吸急促，引发胸闷、肺胀、咳嗽及哮喘。

（4）动力供给功能

情绪具有激励作用。情绪能够以一种与生理性动机或社会性动机相同的方式激发和引导行为。有时我们会努力去做某件事，只因为这件事能够给我们带来愉快与喜悦。从情绪的动力性特征看，情绪分为积极增力的情绪和消极减力的情绪。快乐、热爱、自信等积极增力的情绪会提高人们的活动能力，而恐惧、痛苦、自卑等消极减力的情绪则会降低人们活动的积极性。有些情绪同时兼具增力和减力两种动力性质，如悲痛可以使人消沉，也可以使人化悲痛为力量。

（5）社会适应功能

情绪能够使个体针对不同的刺激事件产生灵活自如的适应性反应，并调节或保持个体与环境间的关系。情绪之所以具有灵活性的特征，是因为情绪的机能不仅可以来源于个体全部的先天机能，而且还来源于学习及认知活动。许多种情绪都具有调控群体间的互动的功能。譬如，羞怯感可以加强个体与社会习俗的一致性；当个体对他人造成伤害时，内疚感可激发社会公平重建。其他的情绪，诸如同情、喜欢、友爱等，也能起到构建和保持社会关系的作用。它们可以增强群体内的凝聚力，而且有提高个体的社会适应能力的作用。

● 3.1.4 情绪与情商

情商即EQ，是英文"情绪智力商数"（emotional intelligence quotient）的缩写，是测定和描述人的"情绪情感"的一种指标。它是由美国耶鲁大学的沙洛维教授和新罕布什尔大学的梅耶教授在1990年正式提出的。1995年，美国哈佛大学的戈尔曼教授接受了沙洛维的观点，并系统、

全面地阐述了情商的内容以及它对一个人的发展的重大意义。

情商是指个体对自己情绪的把握和控制、对他人情绪的揣摩和驾驭以及对人生的乐观程度和面临挫折的承受能力。戈尔曼教授将情商分为5个方面。

（1）认知自身情绪的能力。在某种情绪刚一出现时，便能察觉到并能对其进行理性的审视，这是情商的核心。这种及时认知情绪变化的能力是了解自己和把握自己的基础。不能认识自身真实感受的人，常常沦为情绪的奴隶；反之，只有把握住自我情绪的人，才能成为生活的主人。

（2）妥善管理情绪。也就是能有效地调控自我情绪，使其表达适时、适地又适度，会化解不良情绪。例如，如何自我安慰，如何摆脱焦虑、沮丧、激怒、烦恼等消极情绪。这种能力的低下将使人时常陷于痛苦情绪的漩涡之中；反之，则能使人迅速走出生命的低潮，重新投入战斗。

（3）善于自我激励。自我激励是指为了实现某一目标而调动、指挥自我情绪的能力。一个人要想集中注意力，激励自我，发挥创造性，就必须具备这种能力。成就任何事业都需要对情绪加以控制，如推迟欲望的满足、抑制冲动的情绪、保持高度的热忱等。具备此种能力的人做任何事情都更有效率，更易成功。

（4）认知他人情绪的能力。这是最基本的人际关系能力，叫做"移情（同情心）"，它是在情绪情感自我认知的基础上发展起来的一种能力。具有移情能力的人，能通过细微的社会信息感受到他人的需求和欲望。

（5）善于管理人际关系。人际关系管理是调控他人情绪的一种艺术。一个人的人缘、领导能力、人际和谐程度等都与此项能力有关，擅长处理人际关系者，凭借与他人的和谐关系即可事事顺利，使之成为社会上的佼佼者。

戈尔曼认为，一个人在社会上能够获得成功，起主要作用的不是智力因素，而是情商，前者占20%，后者占80%。他指出："婚姻、家庭关系，尤其是职业生涯，凡此种种人生大事的成功与否，均取决于情商的高低。"

智商和情商对人生的成败有这样的关系：智商高、情商高，春风得意；智商高、情商低，怀才不遇；智商低、情商高，贵人相助；智商低、情商低，一事无成。智商无疑是一个人获得成功、幸福的重要因素，但更重要的因素则是情商。情商是一种心灵的力量，是一种为人的涵养，是一种性格的魅力，也是一种精神的境界。可见，情商在一定程度上可以弥补智商的不足，而智商永远无法弥补情商的不足。

【案例】

软糖实验

1960年著名的心理学家瓦特·米歇尔做了一个软糖实验。在斯坦福大学的附属幼儿园，他召集了一群四岁的小孩，把他们带进一个大厅里，并给每个小孩面前放了一个软糖，对他们说："小朋友们，老师要出去一会儿，你们不要吃面前的软糖，如果谁控制住自己不吃这个软糖，老师回来会再奖励你一个软糖。"老师走了，在外面窥视。有的小孩等老师一走就把软糖吃掉了；有的把手伸出去了，缩回来，又出去了，又缩回来，后来还是把糖吃掉了。但是有的小孩数自己的手指头，不去看软糖；有的把脑袋放在手臂上，努力使自己睡觉，坚持没有吃软糖。老师回来后，就给坚持住的、没有吃软糖的再奖励了一个。14年后，再对他们观察发现，能控制住自己不去吃软糖的，学习成绩都比较好，有毅力，做事专心，面对挫折也显示出较强的自控力。而控制不住自己把软糖吃掉的，学习成绩不好，追求目标时抵制不住诱惑，认知能力比较差。

第 3 章 我的情绪我做主

清华大学的一名校长曾经赠给他的学生这样五句话：未来的世界，方向比努力重要；能力比知识重要；健康比成绩重要；生活比文凭重要；情商比智商重要。

心理小卡片3-3

提高情商的八种方法

（1）学会划定恰当的心理界限，这对每个人都有好处。

要明白什么是别人可以和不可以对你做的。当别人侵犯了你的心理界限，告诉他，以求得改正。

（2）找一个适合自己的方法，在感觉快要失去理智时使自己平静下来，从而使血液留在大脑里，做出理智的行动。

（3）想抱怨时，停一下先自问："我是想继续忍受这看起来无法改变的情形呢，还是想改变它呢？"抱怨只会消耗力量而又不会有任何结果。

（4）扫除一切浪费精力的事物。

（5）找一个生活中鲜活的榜样。在周围的人中找出你学习的榜样吧！他们可能比你聪明、所受教育更好、层次更高、比你更有毅力。你会在追赶他们的过程中自然地提高自己的情商。

（6）为人父母。养育孩子是一个双赢的结局。在养育孩子的过程中，孩子学会了如何与还不算成熟的年轻父母相处。作为父母的我们，则在抑制我们的需求来满足孩子的需求的过程中磨平了棱角。

（7）从难以相处的人身上学到东西。你可以从多嘴多舌的人身上学会沉默，从脾气暴躁的人身上学会忍耐，从恶人身上学到善良，而且你不用对这些老师感激涕零。

（8）时不时尝试另一种完全不同的方式，你会拓宽视野，提高情商。如果你总是热衷于做聚会中的中心人物，这次改改吧，试着让那些平日毫不起眼的人出出风头。如果你总是被动地等待别人和你搭讪，不妨主动上前向对方问个好。

 3.2 大学生情绪特点及其影响

大学时期是青年人心理成熟的重要时期，也是情绪丰富多变、相对不稳定的时期。随着社会地位、知识素养的提高以及所处特定年龄阶段的影响，大学生的情绪带有鲜明的特征。情绪伴随在大学生的学习、生活、交往中，对大学生的身心产生着影响。

3.2.1 大学生的情绪特点

大学生情绪和情感的鲜明特点具体表现为以下几个方面。

（1）丰富性和复杂性

从生理发展分段来看，大学生正处于多梦的年龄阶段，几乎人类所具有的各种情绪，都可在大学生身上体现出来，并且各类情绪的强度不一。例如，有悲哀、遗憾、失望、难过、悲伤、哀痛、绝望之分。从自我意识的发展来看，大学生表现出较多的自我体验，自我尊重的需要强烈，易产生自卑、自负等情绪体验；从社交方面来看，大学生的交际范围日益扩大，与同学、朋友及师长之间的交往更细腻、更复杂，一些大学生的恋爱行为往往又伴随着深刻的情绪体验，这种特殊的体验对大学生有十分重要的影响；在情绪体验的内容上，大学生的情绪呈现出相当丰富多彩的特征，以惧怕的情绪来说，大学生所怕的事物，主要与社会的、文化的、想象的、抽象复杂的事物和情势有关，诸如怕考试、怕陌生人、怕惩罚、怕寂寞等。

（2）冲动性与爆发性

由于知识水平和认知能力的提高，大学生对自己的情绪能够有所控制，但由于兴趣广泛，对外界事物较为敏感，加之年轻气盛和从众心理，因而在许多情况下，其情绪易被激发，犹如急风暴雨不计后果，带有很大的冲动性，对符合自己信念、观点和理想的事件或行为迅速发生热烈的情绪，而对于不符合自己信念、观点和理想的事件或行为，则迅速出现否定情绪。个别的年轻人有时甚至会盲目的狂热，而一旦遇到挫折或失败又会灰心丧气，情绪来得快，平息也快。大学生情绪的冲动性常常与爆发性相连。大学生的自制力较弱，一旦出现某种外部强烈的刺激，情绪便会突然爆发，借助于冲动的力量驱使，以至于在语言、神态及动作等方面失去理智的控制，忘却其他任何事物的存在，极易产生破坏性的行为和后果。

（3）波动性和两极性

大学时期是人生面临多种选择的时期，学习、交友、恋爱等人生大事基本在这一阶段完成。社会、家庭、学校及生活事件，都会对大学生的情绪产生影响。尽管大学生的认识水平有了一定的提高，对自己的情绪已有了一定的控制能力，情绪亦趋于稳定，但同成年人相比，大学生相对敏感，情绪带有明显的波动性，一句善意的话语、一个感人的故事、一支动听的歌曲、一首情理交融的诗歌，都可以致使青年情绪发生骤然变化。特别是在社会转型过程中，社会的变迁、体制的变革、新旧价值观的更替，种种复杂的社会现象更容易使大学生产生困惑和迷茫，产生情绪的困扰与波动。同时，由于大学生正处于情绪表现的"动荡"时期，自我认知、生涯发展及心理发展还未成熟等原因，他们的情绪起伏较大，带有明显的两极化特征：胜利时得意忘形，挫折时垂头丧气；喜欢时花草皆笑，悲伤时草木流泪，情绪的反应摇摆不定、跌宕起伏。有人对大学生进行调查，发现70%的人的情绪都是经常两极波动的，也就是像"波动曲线一样，忽高忽低，忽愉快忽愁闷"。

（4）阶段性和层次性

大学阶段由于不同年级培养目标和培养重点不同，教育方式和课程设置有所区别，各个年级面临的问题不同，大学生的情绪特点也不同，呈现出阶段性和层次性特点。大学一年级所面临的是环境的适应、学习方法的改变、对新的交往对象的熟悉、了解以及新的目标确立等问题，表现为自豪感和自卑感混杂，放松感和压力感并存，新鲜感和恋旧感交替，出现孤独、寂寞、抱怨等情绪问题；二三年级主要是交友和学习中的问题，包括人际关系、恋爱、兴趣爱好、学习效率、网络依赖等方面，表现出焦虑、抑郁、冷漠等情绪问题；四年级主要是求职择业及毕业论文（毕业设计）方面的问题，由于压力大造成自我认识偏差、面试紧张、恐惧、消极等情绪问题。另外，由于社会、家庭及自身要求、期望不同，能力、心理素质的差别，大学生也会体现着不同的情绪状态。

（5）外显性与内隐性

大学生对外界刺激反应迅速敏感，喜、怒、哀、乐常形于色，比起成年人比较外露和直接；但比起中小学生，大学生会文饰、隐藏或抑制自己的真实情感，表现出内隐、含蓄的特点。一般而言，大学生的很多情绪是一眼就能看出的，如考试第一名或赢得一场球赛，马上就能喜形于色。但由于自制力的逐渐增强，以及思维的独立性和自尊心的发展，大学生情绪的外在表现和内心体验并不总是一致的,在某些场合和特定问题上,有些大学生会隐藏或抑制自己的真实情感,有时会表现出内隐、含蓄的特点。例如,对学习、交友、恋爱和择业等具体问题,大学生往往深藏不露,具有很大的内隐性。

3.2.2 情绪对大学生的影响

现代医学研究发现,人类疾病中,由心理因素、身心失调引起的心因性疾病占50%～80%。紧张、悲哀、抑郁等不良情绪会激活体内有害物质,击溃机体保护机制,破坏人体免疫功能,因此致病。情绪不仅与大学生的身心健康有关,而且对大学生的学习、人际关系以及行为目标等都有重要影响。

(1) 情绪对大学生身心健康的影响

情绪对人的身心健康具有直接影响。若能保持愉快的心境,为人开朗乐观,积极向上,则人体免疫功能活跃旺盛,可以减少患病的机会,有益健康。不仅如此,良好的情绪不仅使大学生对生活充满希望,对自己满怀自信,而且能够使他们的求知欲增强、思维敏捷、富于创造力、爱好广泛、建立良好的人际关系,促进他们的全方位发展。与此相反,消极的情绪对人的身心健康危害极大,在压抑、紧张、焦虑、恐惧等消极情绪的长期作用下,人的免疫能力下降,容易患各种传染性疾病,内脏功能也会受到伤害。许多研究表明,消极情绪是健康的大敌。突然而强烈的紧张情绪会抑制大脑皮层高度心智活动,破坏大脑皮层的兴奋和抑制的平衡,使人的意识范围狭窄、判断力减弱,失去理智和自制力。调查发现,大学生中常见的消化性溃疡、紧张性头痛和偏头痛、心律失常、月经失调、神经性皮炎等,都与消极情绪有关。因此,保持良好的情绪状态,是大学生心理健康的重要标志。

(2) 情绪对大学生学业的影响

对于大学生来讲,情绪状态对于学业有着举足轻重的影响。良好的情绪有助于开阔思路,注意力集中,富有创造性,提高学习效率。在大学生当中常常存在这种现象:有人因考前过分紧张,导致考试发挥失常;也有人对考试抱有不以为然的态度,结果考试成绩也不理想。心理学家用实验方法研究情绪与学习成绩的关系,结果表明:适度的焦虑能使大学生取得最好的学习效率,焦虑程度过高或过低均难以取得优异的学习成绩。所以说,一个人再聪明,如果没有一个好的心态,他的能力也无法发挥。良好的心态,是一个人最大限度地发挥自己的能力的基础和前提。

(3) 情绪对大学生人际关系的影响

良好的情绪特征,例如乐观、热情、自尊、自信,是人际间产生相互吸引的重要条件,具有良好情绪特征的人能使彼此间心理距离缩短、情感融洽。而自卑、情绪压抑、爱发怒的人,往往不能与他人正常相处,难沟通、易疏远,使人与人之间疏远。

由于情绪具有感染性与传染性,因而具有良好的、积极而稳定的、适度的情绪反应,正性情绪大于负性情绪的人,在人群中更受欢迎,更容易获得别人的赞赏,容易形成良好的人际关系。因此,大学生在人际交往中,要注重提高自身的修养,学会控制和调节自己的情绪,做情绪的主人。

3.2.3 大学生常见的情绪困扰

适度的、情境性的负面情绪反应是正常的,也是无害的;而持久的情绪困扰与烦恼,陷于不良情绪中不能自拔,甚至出现心理障碍,如抑郁症、焦虑症、恐惧症等,会严重妨碍学习和生活,需要及时有效地调节。

（1）自卑

自卑是缺乏自信心造成的。自卑的人对自己的能力或品质评价过低，轻视或看不起自己，认为自己的能力、外貌、个性、品质、自我评价等达不到理想自我的标准，因而丧失了实现理想自我的信心，总感到自己这也不如别人，那也不如别人。自卑的人总是以别人为参照系罗列理由，说明自己的无知和无能。

大学生的自卑心理主要表现在：其一，在诸多竞争活动中退缩，甚至明明能成功也放弃机会。遇事害羞、胆怯、不自信、感到焦虑、害怕失败，甚至还有某些胜利症状，如失眠、盗汗、心悸等。其二，不承认自己的不足并竭力掩饰，以使他人觉察不到自己的自卑，为此常常夸张自己的作为，故作炫耀，总想一鸣惊人，有时还表现出较强的虚荣心，对自己的不足和别人评价很敏感，这一切都是为了掩饰自卑并由此而获得一种补偿。

（2）冷漠

冷漠是一种对人对事漠不关心的消极情绪体验。情绪冷漠的大学生，在行为上常表现为对生活缺乏热情，对集体活动漠不关心，对周围同学怀有戒备之心，不与他人交流，态度冷淡，对学习应付了事、缺乏兴趣，大多独来独往，十分孤僻。日本心理学家松原达哉教授形容这一类大学生是无欲望、无关心、无力气的"三无"学生。

冷漠往往是因为努力却得不到承认或屡遭挫折所致。此外，缺乏家庭的温暖，缺乏安全、信任、尊重的社会环境，也会造成性格孤僻、情绪冷漠。冷漠的人表面看起来很清高，其实内心往往很痛苦和孤寂。没有宣泄的途径，巨大的心理压力无法释放，导致产生了这种不良情绪。冷漠严重阻碍了个体的心理健康和自我发展。

【案例】

小丽是家中的独女，父母对其管教较严格，尤其对学习要求很高。到大学后，没有了母亲在身旁督促学习，没有了高中的紧张氛围，小丽突然感到不知道要做什么了，除了学习吃饭外，大部分的课余时间都用来睡觉了。小丽认为，睡觉既可以恢复精力，又可以放松心情，尤其是不开心的时候，她感到睡一觉，坏情绪就会过去。但是时间久了，小丽感到没有融入宿舍同学的生活。每当同宿舍的姐妹出去集体游玩时，她就独自一人留在宿舍里享用自己买来的大量零食，狼吞虎咽地吃到肚子里，然后因担心发胖再抠吐出来。

小丽属于情绪自我表达不良，没有清晰地意识到自己孤独情绪的形成原因，采取睡觉的方式逃避心中的空虚，以暴食行为对抗孤独情绪。小丽可以尝试做一些改变，确立新的目标，接纳自己的孤独情绪，并通过向室友表达，让室友了解自己的情绪状态，学习新的沟通方式，改善人际关系，从而有效调节情绪与行为。

（3）愤怒

愤怒是由于外界干扰，愿望实现受到压抑，目的受到阻碍，从而逐渐积累紧张而产生的情绪体验。程度上可分为不满、气恼、愤怒、暴怒、狂怒等。愤怒不利于身心健康。愤怒时，人体内肾上腺素和肾上腺皮质激素增加，造成心跳加快、血管收缩、血压升高、呼吸加深、胃肠蠕动减慢等。同时愤怒还会使人情绪急躁、言辞过激、不顾及别人的尊严、自制力减弱，甚至思维受阻、行为冲动，不能意识到自己行为的意义和后果，易做出不理智的事情来，造成严重的社会危害。

另外，易怒的人使人不敢接近，会影响到人际关系。

在相当一部分易怒的大学生中，常常有一些错误的认识，认为发怒可以挽回面子，维护自尊；可以威慑他人，树立威信；可以满足愿望，等等。其实不然，事实上发怒的结果是事与愿违的，得到的不是尊严和威信，而是引发他人的愤怒、厌恶等更恶劣的后果。我们自己的情绪不但不能被抚平，反而会更加气愤。因此，怒气看起来是对外的，实际上受伤害的却是自己，心理上咀嚼不愉快的也是自己。正如古希腊学者毕达哥拉斯所言："愤怒以愚蠢开始，以后悔告终。"

（4）焦虑

焦虑是个体主观上预料将会有某种不良后果或模糊地感到有威胁性情境出现时所产生的一种不安情绪，同时伴有忧虑、烦恼、害怕、紧张等混合情绪体验。其表现是：提心吊胆、惶惶不安、忧心忡忡，似乎是大祸临头，却又不说出究竟怕什么或究竟会发生什么样的灾难和不幸。焦虑情绪突出表现在焦虑性神经症中，主要包括：一是意识精神性焦虑，常常表现为无原因、无对象的烦躁，易激怒，注意力不集中，记忆力下降，经常处于惊觉状态；二是躯体性脚炉，如颤抖、坐立不安、来回走动，经常变换姿势等；三是植物神经功能紊乱，如心跳加快、呼吸紧迫、胸闷、心悸、心慌、多汗等症状。

大学生常见焦虑有四种：考试焦虑，即由于担心考试失败或渴望获得更好的成绩而产生的一种忧虑、紧张的心理状态；身体焦虑，即由于对身体疾病或自我形象一般而产生的焦虑不安，并伴有失眠、疲倦等症状；交往焦虑，即由于缺乏自信和交往经验，自尊心过强，个体心灵闭锁，感到孤独、寂寞从而导致的焦虑；就业焦虑，即由于过度地担忧自己未来的职业选择和就业前景而坐卧不安、心烦意乱。

（5）抑郁

抑郁是每个人一生中或多或少都会有的，最常体验到的负性情绪之一。抑郁是一种感到无力应付外界压力而产生的低落、悲哀、消沉的情绪体验。抑郁者会表现出对生活的无望感和强烈的无助感。出现情绪抑郁的大学生经常愁眉不展，唉声叹气；兴趣显著减退，对什么事都提不起兴趣，体验不到快乐；精神不振，对前途悲观失望；思维迟缓，脑力迟钝，反应缓慢；不愿参加社交活动，故意回避熟人；对生活缺乏勇气和热情，甚至把自己封闭和孤立起来。同时还会伴随着身体方面的症状，如常常感到乏力、疲惫、软弱、周身不舒服；睡眠不良，习惯的睡眠时间和方式被打乱；食欲不振，进食时缺乏正常的享受感，觉得吃饭是一件枯燥而无奈的事。比较严重的抑郁情绪会对正常的学习、工作和生活产生明显的影响，更为严重的还可能导致多种身心疾病，甚至出现自杀的念头或行为。

导致大学生压抑苦闷的原因很多。自我的冲突、人际关系紧张、生活枯燥、成绩下降、失恋、性冲动、情感丰富而无所寄托的孤独寂寞、对现实社会的困惑、竞争的压力等，这些都容易使大学生产生苦闷，如果长期无法宣泄便形成压抑。

（6）嫉妒

嫉妒是他人在某些方面胜过自己引起的不快甚至是痛苦的情绪体验，是因为自己的社会尊重需要未得到满足而产生的不良情绪，是一种企图缩小和消除与他人的差距、恢复原有平衡关系的消极手段。大学生常见的嫉妒表现在对别人的才华、能力、荣誉、衣着和相貌等比自己强时，就产生痛苦和恼怒；当别人遭遇困难和不幸时，则幸灾乐祸。对于这类大学生，可以从以下方面入手加以调适。

① 清醒准确地了解自己。了解自己是一个一生不断的过程。到大学阶段，就到了对自己做一

个评价的时候了。在此基础上，对自己的优点和缺点有一个清醒的认识。

② 合理转化。嫉妒别人是一种不服输、不甘心落后的消极情绪。将消极情绪转化为奋发进取、积极向上的动力。应善于发现别人身上的优点，经过自己的努力，逐步缩小差距，化消极情绪为积极动力。

③ 充实生活。大学生应把主要精力集中在专业知识和技能的学习培养上。同时积极参加各类有益身心健康的活动，如体育比赛、文艺演出、集邮、旅游、摄影、钓鱼等，使自己在活动过程中不断丰富知识、发展能力、完善个性、陶冶情操，摆脱嫉妒心理的困扰。

心理小卡片3-4

艾利斯的 ABC 理论

美国心理学家艾利斯提出了著名的情绪产生的ABC理论。在ABC理论模式中，A是指诱发性事件；B是指个体在遇到诱发事件之后相应而生的信念，即他对这一事件的看法、解释和评价；C是指特定情景下，个体的情绪及行为结果。通常人们认为，人的情绪的行为反应是直接由诱发性事件A引起的，即A引起了C。ABC理论指出，诱发性事件A只是引起情绪及行为反应的间接原因，而人们对诱发性事件所持的信念、看法、理解B，才是引起人的情绪及行为反应的更直接的原因。人们的情绪及行为反应与人们对事物的想法、看法有关。情绪是由人的思维、人的信念所引起的，每个人都要对自己的情绪负责。他认为当人们陷入情绪障碍之中时，是他们自己使自己感到不快的，是他们自己选择了这样的情绪取向的。

例如：两个同事一起上街，碰到他们的总经理，但对方没有与他们打招呼，径直过去了。这两个同事中的一个认为："他可能正在想别的事情，没有注意到我们。即使是看到我们而没理睬，也可能有什么特殊的原因。"而另一个却可能有不同的想法："是不是上次顶撞了老总一句，他就故意不理我了，下一步可能就要故意找我的岔子了。"两种不同的想法就会导致两种不同的情绪和行为反应。前者可能觉得无所谓；而后者可能忧心忡忡，以至无法平静下来干好自己的工作。从这个简单的例子中可以看出，人的情绪及行为反应与人们对事物的想法、看法有直接的关系。

3.3 大学生健康情绪的培养

情绪是心理因素中对健康影响最大，作用最强烈的因素，强烈的负性情绪会影响到大学生的学习、生活和健康。现代医学证明，精神状态不佳、情绪不稳定，可能导致不少疾病。情绪问题不仅会使大学生身体上会出现病症反映，还会导致学习能力降低。对于大学生来讲，管理情绪、调节情绪、驾驭情绪、做情绪的主人，不仅是维护身心健康的需要，也是大学生自我发展和人格成熟的前提条件。

3.3.1 健康情绪的标准

情绪健康是心理健康的关键，它在很大程度上反映了心理健康水平。情绪健康的基本标准包括以下五个方面。

（1）情绪的目的性明确，表达方式恰当

一个人的喜、怒、哀、乐等情绪反应，都应该由适当的原因引起，即可以由外界环境或身体内部的变化引起，所引起的情绪反应的程度应该和原因是相对应的，如愉快的情绪是因高兴的事情而引起；悲哀的情绪是因不愉快的或不幸的事件而引起，愤怒的情绪是因受到挫折或屈辱而引起等。而且能以社会允许的方式表达或发泄情绪。如果一个人常常无缘无故地兴高采烈，或情绪低落、伤心流泪，或紧张、恐惧、焦虑不安，或独自发笑、怡然自得，或因一点小事而勃然大怒、暴跳如雷，等等，都属于异常。

（2）情绪反应适时、适度

一个健康的人，情绪反应会随着时间、环境的变化而变化，一般情况下，一旦引起情绪反应的因素消失，情绪反应就消失了。情绪健康的人，能控制自己的情绪，能在适当的时间、场合，适度表达情绪。情绪反应的强度与引起该情绪的情境相符合，反应发生和持续的时间与反应的强度相适应。

（3）心情愉快

以愉快的心境为主，积极情绪多于消极情绪。每个人都可能有不愉快的时候，情绪健康的人出现不愉快的情绪次数较少、时间较短、程度较轻，而且是有原因的。如果经常心情愉快，则反映出一个人的心理和生理活动和谐与满意，处于一种积极的健康状态。如果经常情绪低落、愁眉苦脸、烦恼郁闷、紧张不安、怒气冲冲，则是情绪不健康的表现。情绪健康的人，情绪相对稳定，如果情绪不稳定，时而喜、时而愁、时而怒，变化莫测，则是情绪不健康的表现。

（4）情绪稳定

情绪稳定表明一个人的中枢神经系统活动处于相对的平衡状态，也反映了中枢神经系统活动的协调。一般来说，情绪反应开始时比较强烈，随着时间的推移，反应逐渐减弱。如果反应时强时弱，变化莫测，经常处于不稳定状态，则是情绪不健康的表现。

（5）能自我控制

健康的情绪是受自我调节和控制的。情绪健康的人，应是情绪的主人，可把消极的情绪转化为积极的情绪，也可把激情转化为冷静。

研究表明，积极的情绪调节能提高大学生心理健康水平，而消极调节则会降低大学生的心理健康水平，且消极调节对心理健康的消极影响更为显著。对于大学生来说，情绪健康表现为开朗、豁达，遇事不斤斤计较；能及时、准确、适当地表达自己的主观感受；情绪正常、稳定，能承受快乐与痛苦的考验；充满爱心、同情心，乐于助人；能正确认识自己和他人的人际关系；对前途充满信心，富有朝气，勇于进取，坚韧不拔；善于寻找快乐，创造快乐；能面对现实、承认现实、接受现实。所以在大学生心理健康教育中，应引导大学生认识自己的情绪特点，尝试进行情绪自我调节。

3.3.2 大学生健康情绪的培养途径

（1）认识自己的情绪[1]

伴随着情绪的产生，人体在心理和生理上会慢慢积蓄起一定的能量，给人的心理和行为提供动力。同时，伴随情绪产生的能量也必然会寻找发泄的途径。我们日常生活中，会自觉或不自觉地发泄着这种能量，如快乐时的手舞足蹈，失去亲人时的失声痛哭，愤怒时的暴跳如雷等。当我们经历巨大的情绪变化时，犹如积蓄了能量的气球，如果不加调整就会出现失控的现象。因此，

---

[1] 蔺桂瑞，杨芷英. 大学生心理健康与人生发展：成长，从关爱心灵开始. 北京：高等教育出版社，2010：104-110.

认识自己的主导情绪是情绪管理的第一步。

① 了解自己的个性特征

一个人的情绪特点，往往与其气质和性格特征密切相关。因此，了解自己的气质与个性，对于认识和把握自己的情绪特点有着重要的意义。例如，我们可以看到每个人的情绪表现都是不尽相同的，有的人脾气急，有的人则是慢性子，有的人风风火火，也有的人多愁善感，这些都与一个人的个性心理特征有直接的关系。

② 了解自己的情绪年龄

人的情绪表现与其情绪年龄相关。所谓情绪年龄是一个人情绪发展水平的一种衡量标志。心理学研究表明，不同年龄的人在其情绪的各方面具有不同的发展水平和特点。人的情绪年龄水平有两种表现：其一是是否符合该年龄段的认知逻辑水平，其二是是否符合该年龄段的表现和调节情绪的方式。例如，一些独生子女大学生，由于父母长期的过度照顾，情绪的自我控制能力方面滞后于他们实际的年龄。

③ 善于识别不良情绪

不良情绪是指不良的情绪反应会对自己及他人带来不良影响甚至伤害的消极情绪状态。如：负性情绪持续时间过长；负性情绪超过了自己所能承受的强度；情绪状态已经构成了对自己及他人的影响或伤害；由情绪适应不良导致严重的情感障碍、人格障碍等心理疾患。

个体的情绪状态受多方面因素的影响，既有客观环境的影响也有自身特点的影响。遇到相同的事件，不同个体会有不同的情绪表现；而同一个人，在不同的阶段遇到相同的事件，表现亦不相同。如：考试成绩刚到60分，有的同学会长松一口气认为自己终于没挂科，而有的同学会因自己没达到预期目标而沮丧不已。

察觉自己的情绪状态的一个基本方法就是进行横向与纵向比较。横向比较即与自己情况相近的人比："若相同情况发生在和自己同龄、情况相近的同学身上，同学会有怎样的反应，我的反应与之有何异同？"如果情绪反应相近，会帮助我们认识自己的正常的情绪过程，接纳自己的情绪；如果情绪反应明显不同，便提示我们需要积极调整情绪状态，必要时应寻求心理帮助。纵向比较即与自己之前的情绪经验相比："我之前也遇到过这种情况，当时的情绪是怎样的，和这次有什么不一样吗？"如果与之前的情绪相近，可以帮我们更多地认识自己的情绪特点，如果有很大的不同，便要分析不同的原因，以便更加有效地调整情绪。

心理小卡片3-5

情绪实验

古代阿拉伯学者阿维森纳，曾把一胎所生的两只羊羔置于不同的外界环境中生活：一只小羊羔随羊群在水草地快乐地生活；而在另一只羊羔旁拴了一只狼，它总是受到自己面前那只野兽的威胁，在极度惊恐的状态下，根本吃不下东西，不久就因恐慌而死去。

后来，医学心理学家还用狗做嫉妒情绪实验：把一只饥饿的狗关在一个铁笼子里，让笼子外面另一只狗当着它的面吃肉骨头，笼内的狗在急躁、气愤和嫉妒的负性情绪状态下，产生了神经症性的病态反应。实验告诉我们：恐惧、焦虑、抑郁、嫉妒、敌意、冲动等负性情绪，是一种破坏性的情感，长期被这些心理问题困扰就会导致身心疾病的发生。

（2）正确表达情绪

情绪表达指的是人们用来表现情绪的各种方式。情绪的产生伴随着能量的蓄积，情绪的表达也是能量发泄的过程。情绪表达方式包括两个方面，一方面为心理表达，另一方面为生理表达。心理表达是指在心理层面将情绪表达出来，如通过认知、体验、表情、言语、行动等方式。生理表达方式包括心率、血压、呼吸、平滑肌收缩、内分泌改变等。一般情况下，两种表达相互伴随。若情绪的心理表达不足，生理表达则增加。而我们可以主观调节的是心理表达。一般来说，情绪的心理表达包含以下四个层次。

① 向自我表达

向自我表达是让自我意识到情绪产生的性质、特点及原因等，增加对自我情绪的识别，既要认识到自己情绪的变化，又要觉察到当时情绪的起因、性质等，这样，便可适时调整情绪。如，若对自己的愤怒情绪不管不顾，便很可能在激动情绪的影响下采取过激行为，也可能无意识地将愤怒情绪传递给周围的人。可以想象，一位因家务事隐隐不快的公交售票员，如果意识不到自己的情绪，难免会将莫名的怒火对乘客发泄。情绪的自我表达是情绪表达的关键。

② 向他人表达

情绪心理表达的第二个层次是向他人表达。"快乐通过分享便成为双份，而悲伤经过分担便减半"便是向他人表达的典型例子。向周围人表达我们的情绪，既能增加相互理解，又能增加情绪的自我认识。表达方式可以是语言表达，也可以是非语言的表达。如对父母深深的爱意，既可以通过直接的语言——"爸妈，我爱你们"表达出来，也可以通过关心的眼神、回家勤于分担家务来表达。

③ 向自我及他人以外的客观环境表达

情绪心理表达的第三个层次是向自我及他人之外的客观环境表达，如摔东西，击沙袋，在无人处高喊、哭泣、歇斯底里发作，或者跑步等。这种表达方法对于那些不善与人交往者尤其显得重要。

④ 升华表达

情绪心理表达的第四个层次是升华表达，即超越所有表达对象，将情绪的能量指向其他的、更高层次的需要，从而为那些高层次需要的满足提供能量。这是最艰难的，也是最佳的情绪表达方式，即把受挫而产生的不良情绪引向崇高的境界，对强大的心理能量加以疏导，凝聚到学习、工作或生活中。如著名大文豪歌德在失恋之后，把失恋的情绪能量升华到文学写作中，写出了名著的《少年维特之烦恼》。"化悲痛为力量"，是典型的情绪升华的表达。

在心理表达的四个层次中，自我表达是基础和关键，升华表达是最具创造性的方式，可以根据自己的情况加以选择。

（3）有效调控情绪❶

情绪不仅与身心健康密切相关，而且与一个人能否适应社会、获得事业成功等因素直接相关。一个人能否把握与控制自己的情绪，往往决定个人事业的得失成败以至人生命运。大学生活虽然充满着七色阳光，然而却不可能事事称心如意。人人都会有不顺心的时候，如何积极有效地排解不快的情绪呢？

---

❶ 陈桂香，王凤兰. 大学生心理健康教育. 北京：中国农业出版社，2010：55-57.

① 自主训练法

精神病学家、德国柏林大学的舒尔兹教授，经过20多年研究，得出一条基本原理：每个人都可以控制自己！并据此创建了自主训练法。

自主训练法的步骤是：第一步，静坐在凳子上，背部轻轻靠在后面的桌子上，头摆正，稍稍前倾，两眼正视前方，两手平放在大腿上，两脚与肩同宽，全脚掌落地，脚心紧贴地面。第二步，两眼轻轻闭合，慢慢地深呼吸3次，静下心来，排除杂念，把注意力放在两手和大腿边缘部位，然后集中到手心。心里默念："静下心来，静下心来，两手暖和起来了。"第三步，根据以上要领，逐渐将意念导向脚心，脚心处也会感到温暖。一旦两只手、两只脚都产生温暖感觉后，身体就会有一种飘然的感觉，此时头部也会感到很清爽。这种训练法既可以调节情绪，又能消除心理压力、减轻烦恼，使心情舒畅。建议情绪不好时，每天可做3次。

② 合理宣泄法

宣泄是指把积存在心里的郁闷清理干净，使神经通路畅通无阻。"郁则发之"，当情绪不佳时，不要闷在心里，一定要发泄出来。发泄不良情绪不等于放纵自己的感情，不等于任性和胡闹，如果不分时间、场合、地点地随意发泄，不但不能调控好不良情绪，还会造成不良结果。合理宣泄可以从"身""心"两个方面进行，尝试以下几种方法。

a. 诉。找一个热情、善良、智慧的听众，说出你的焦虑或苦闷。

b. 哭。到一个无人的寂静地方，放声大哭一场，让烦恼随眼泪一起流走。

c. 笑。放声大笑。笑是医治信心不足的良药，能使健康的情绪得到渲染，不良情绪得到释放。

d. 喊。到一个空旷无人的地方大喊，把心里郁积的能量释放出来。

e. 走。一个人静静地走，感受一下优美的景色，会使心中的阴霾渐渐淡去，冷静下来的大脑也会告诉你一个万全之策。

f. 跑。奔跑会释放愤怒，也会振作精神。

g. 换。换件衣服，换个发型，创造快乐，摆脱郁闷，让自己的心情有份寄托。

h. 洗。洗一个舒适的温水澡，慢慢地洗去身心的疲惫。

i. 写。给某人或自己写封信，或写日记，把自己的烦恼描述出来。

③ 格式塔疗法

a. 你生活在今天。不要老是惦念明天的事，也不要总是懊悔昨天的事，要把精神集中在今天要做的事上。

b. 你生活在这里。对于远方的事，我们无能为力，要顺其自然，不要为力不能及的事而烦恼。

c. 停止猜想，面对实际。有时，我们为一件事猜想半天，甚至为此耿耿于怀，最后发现，事情根本不是我们想象的样子。为此，可能还闹出笑话来。所以，要停止猜想，面对实际。

d. 暂停思考，多多感受。在现代社会，人们每天都忙于工作、计划，似乎变成了一台没有情感的机器。我们如果暂时放下这些，去欣赏美景、去听听大自然的声音、去接触一下大自然的气息、去感受一下自己的感觉，我们会重新发现自己，情绪也会得到良好的管理。

e. 也要输进不愉快情绪。通常人们都不愿接受不愉快的情绪，只愿意接受愉快的情绪。其实，愉快与不愉快是相对的。辩证地看，不愉快的情绪也能起到刺激自我、提高自我觉察力、促进自我认识的目的。

f. 不要先判断，而要先发表意见。人们往往容易在别人稍有差错或失败时就下结论或责备别人，从而引起更大的矛盾和冲突。其实，不如先谈谈自己的感受，在一定程度上达到与他人共同分享心情的目的。

g. 不要盲目崇拜偶像和权威。在现代社会，有许多变相的权威和偶像，如学历、金钱等，禁锢了人的头脑，束缚了人的手脚。我们不要盲目地崇拜权威，从而丧失独立思考的能力，丧失自我。

h. 我就是我。不要说如果我是某某，将会成功。要从自身做起，从起点做起，不怨天尤人，充分发挥自己的潜能。

i. 要对自己负责。人们往往会逃避责任，遇到失误或失败，就归因于外在、客观因素，格式塔疗法要求自己做的事自己承担。

④ PAC自我写照法

1959年，美国医生埃里克·巴恩创立了PAC自我写照法。

a. P(parents)：要保持慈爱。要像父母双亲关心子女那样体谅别人，关心别人，有一颗慈爱的心。

b. A(adult)：要保持理智。要有成人般的成熟心理，遇事冷静，能够理智地、正确地观察现实，适应现实生活。

c. C(child)：要保持"童心"。不要强行压抑自己的本能需要。人的一生要有孩子般自然、朴素的情感。

⑤ 合理情绪疗法（RET）

合理情绪疗法是美国临床心理学家艾尔伯特·艾里斯在20世纪50年代提出的，又称ABC理论。完整的合理情绪疗法由ABCDEF 6个部分组成。

A：activating events，指发生的事件。

B：belief，指人们对事件所持的观念或信念。

C：emotional and behavioral consequences，指观念或信念所引起的情绪及行为后果。

D：disputing irrational beliefs，指劝导干预。

E：effect，指咨询效果。

F：new feeling，指咨询后的新感觉。

艾里斯强调认知的重要性，认为事件A本身并非引起情绪反应或行为后果C的直接原因，人们对事件的不合理信念B（想法、看法或解释）才是真正原因所在。因此，要改善人们的不良情绪及行为，就要劝导干预D非理性观念的发生与存在，而代之以理性的观念。等到劝导干预产生了效果E，人们就会产生积极的情绪及行为，心理的困扰因此消除或减弱，人也就会有愉悦充实的新感觉F产生。研究表明，受教育程度较高，领悟能力较强的大学生，比较适合运用合理情绪疗法进行心理自我调节。

其具体操作模式如下。

a. 找出使自己产生异常紧张情绪的诱发事件A，例如当众讲话、考试、工作压力、人际关系等。

b. 分析挖掘自己对诱发事件的解释、评价和看法，即由它引起的信念B，从理性的角度去审视这些信念，并且探讨这些信念与所产生的紧张情绪C之间的关系，从而认识到异常的紧张情绪之所以产生，是由于自己存在不合理的信念，这种失之偏颇的思维方式应当由自己负责。

c. 扩展自己的思维角度，与自己的不合理信念进行辩论D，动摇并最终放弃不合理信念，学会用合理的思维方式代替不合理的思维方式E。还可以通过与他人讨论或实际验证的方法来辅助自己转变思维方式。

d. 随着不合理信念的消除，异常的紧张情绪开始减少或消除，并产生出更为合理、积极的行为方式F。行为所带来的积极效果，又促进着合理信念的巩固与情绪的轻松愉快。最后，个人通过情绪与行为的成功转变，从根本上树立起合理的思维方式，不再受异常的紧张情绪的困扰。

（4）创造快乐情绪❶

真正成为情绪的主人，不仅要认识自己的情绪，正确表达情绪，学会调控情绪，还应懂得创造快乐情绪。

① 知足常乐

知足常乐并非自我满足或不思进取，而是要实事求是地认识自我，其秘诀在于将个人理想和需求与客观实际相结合，增加获取成功体验的机会。要根据自己的实际情况来确定具体可行的奋斗目标，注意保持适中的自我期望水平。要学会珍惜现在已经拥有的机遇与生活条件，珍惜把握好每一次机会。

② 学会宽容

古人云："海纳百川，有容乃大。"大学生要学会对人对己多点宽容，少点责备。如果对人对己要求过于苛刻，就会给他人和自己的身心带来不良影响。因此，宽容有助于保持快乐的情绪。

③ 增强自信心

拥有自信心，才能获取成功，才能体验快乐。增强自信心是获取快乐情绪的基本条件。

④ 交友

俗话说："在家靠父母，在外靠朋友。""多个朋友多条路。"多与朋友交流有助于宣泄不良情绪，消除烦恼，增加快乐。培根曾说，如果你把快乐告诉一个朋友，将有两个人分享快乐；你把忧虑向一个朋友倾诉，你将被分掉一半忧愁。

⑤ 培养良好的兴趣与爱好

缺乏必要的兴趣与爱好，将使人的生活变得机械单调，使人感到乏味、疲累。良好的兴趣与爱好能带来快乐，帮我们放松心情，放松身体。

> **心理小卡片 3-6**
>
> **智者的快乐法则**
>
> 一位青年人拜访年长的智者，青年问："我怎样才能成为一个自己愉快，也能使别人快乐的人呢？"智者说："我送你四句话，第一句是：把自己当成别人，即当你感到痛苦忧伤时，就把自己当成别人，这样痛苦就自然减轻了。当你欣喜若狂时，把自己当成别人，那些狂喜也会变得平和些。第二句是：把别人当成自己，这样就可以真正同情别人的不幸，理解别人的需要，在别人需要帮助的时候给予恰当的帮助。第三句是：把别人当成别人，要充分尊重每个人的独立性，在任何情况下都不能侵犯他人的核心领地。第四句是：把自己当成自己。"青年问道："如何理解把自己当自己，如何将四句话统一起来？"智者说："用一生时间，用心去理解。"

---

❶ 季丹丹，曹迪. 青春导航 大学生心理健康. 沈阳：辽宁大学出版社，2006：171-172.

心理小游戏

理性情绪训练

活动目的：让学生意识到我们的情绪不是由事件本身决定的，而是由自己的想法决定的。通过改变自己的想法，来达到调控情绪的目的。

活动要求：根据下面的事件，尽可能多地写出你的想法，并注明每一种想法下的情绪。

事件：你在街上闲逛，迎面碰到你的同学或同事，但对方没有与你打招呼，径直走过去了。

想法1：_____ 情绪1：_____
想法2：_____ 情绪2：_____
想法3：_____ 情绪3：_____
想法4：_____ 情绪4：_____
想法5：_____ 情绪5：_____

讨论：

（1）你在填写时有何感受？

（2）你认为自己的情绪控制能力如何？消极情绪出现时你是怎么处理的？

心理测试

1. 情绪类型测试

指导语：我们在多大程度上受理智的控制，又在多大程度上受"本能"情绪的控制？在这方面，人与人之间很不相同，一是因为气质(主要是遗传的)；二是因为心理学家称之为"觉醒水平"的现象；三是因为素养；四是因为经历。你必须认清自己情绪的力量并发挥理性的控制，才能达到情绪均衡，确保你的情绪与环境变化相匹配。本测试将帮助你在这方面确定自己的位置。将每题分值相加的总和与结果对照，就可以确定你的情绪状态与类型。

（1）如果要你选择，你更愿意：
    A. 和许多人一道工作，亲密接触　　B. 和一些人一起工作　　C. 独自工作

（2）当你为了解闷而读书时，你喜欢：
    A. 选择真实的书：史书、秘闻、传记及纪实文学
    B. 纪实加虚构的读物，如历史小说或带有社会背景细节的小说
    C. 最喜欢幻想读物，如浪漫的或荒诞小说

（3）你对恐怖影片反应如何：
    A. 不能忍受　　B. 害怕　　C. 很喜欢

（4）哪种情况最符合你：
    A. 对他人的事很少关心
    B. 对熟人的生活关心
    C. 对别人的生活细节很有兴趣，而且爱听有关的新闻

（5）在你去外地时，你会：
    A. 为亲戚们的平安感到高兴　　B. 陶醉于自然风光　　C. 希望去更多的地方

（6）你看电影时哭或觉得要哭吗：
    A. 经常　　B. 有时　　C. 从不

（7）你遇见朋友时，通常是：

　　A. 点头问好　　B. 微笑，握手和问候　　C. 拥抱他们

（8）如果在车上有个烦人的陌生人要你听他讲自己的经历，你会怎样：

　　A. 显出你颇有同感　　B. 真的很感兴趣　　C. 打断他，看你自己的书

（9）你是否想过给报纸的问题专栏投稿：

　　A. 绝对不想　　B. 有可能想　　C. 想过

（10）在一次工作会见中，你被问及私人问题，你会怎样：

　　A. 感到不快和气愤，拒绝回答　　B. 平静地说出你认为适当的话

　　C. 虽然不快，但还是回答

（11）你在咖啡店里要了杯咖啡，这时你发现邻座有一位姑娘在哭泣，你会怎样：

　　A. 想说些安慰的话，但却羞于启口　　B. 问她一下，你能帮助她吗　　C. 移开你的座位

（12）你在一对夫妇家参加了聚餐之后，那一对和你很好的夫妻激烈地吵了起来，你会怎样：

　　A. 觉得不快但却无能为力　　B. 赶快离开　　C. 尽力为他们排解

（13）你送朋友礼物：

　　A. 仅仅在圣诞节和生日　　B. 全凭感情，只要你感到对他们特别亲切就送

　　C. 在你觉得愧疚时或忽视了他们时

（14）某个你刚认识的人对你说了些恭维话，你会怎样：

　　A. 感到窘迫　　B. 谨慎地观察他或她　　C. 非常喜欢听，并开始喜欢他或她

（15）如果你因为在家里不顺心而带着不快的情绪去上班，你会：

　　A. 继续不快，并显露出来　　B. 工作起来，把烦恼丢在一边

　　C. 尽力想理智些，可是却压不住地发脾气

（16）你生活里的一个重要关系破裂了，你会：

　　A. 感到伤心，但尽可能正常地继续你的生活　　B. 至少在短时间内感到痛心

　　C. 耸耸肩摆脱忧伤之情

（17）你家里闯进一只迷路的小猫，你会：

　　A. 收养并照顾它　　B. 扔出去

　　C. 想给它找个主人，找不到时，便把它无痛苦地弄死

（18）你是否因内疚或后悔而痛苦：

　　A. 是的，甚至为了很久以前的事　　B. 偶尔是这样　　C. 不，我从来不后悔

（19）当你必须同一个显然很羞怯或紧张的人谈话时，你会：

　　A. 感到不安，多少也受到他的影响　　B. 觉得有意思，并且逗他讲话

　　C. 稍微有点生气

（20）你喜欢孩子们：

　　A. 在他们小的时候，而且有点可怜巴巴　　B. 在他们长大了的时候

　　C. 在他们能与你谈话，并且形成了自己的个性时

（21）你的配偶抱怨你花在工作上的时间太多了，你会怎样：

　　A. 解释说这是为了你们两人的共同利益，然后仍像以前那样去做

　　B. 试图把时间更多地花在家庭上

　　C. 对两方面的要求感到矛盾，试图使两方都令人满意

（22）在一次特别好的剧场演出看完之后，你会：

　　A. 用力鼓掌　　B. 勉强地鼓掌　　C. 加入鼓掌，可是觉得很不自在

（23）当你拿到一份母校出的刊物时，你会：

　　A. 扔掉之前通读一遍　　B. 仔细阅读，并保存起来　　C. 还没有读就丢进了垃圾桶

（24）你在马路对面看到一个熟人，你会：
　　　A. 走开　　B. 穿过马路和他问好　　C. 招手，如果没反应，便走开
（25）你听人说一位朋友误解了你的行为，并且在生你的气，你会怎样：
　　　A. 尽快和他联系，作出解释　　B. 让他自己清醒过来
　　　C. 等待一个比较自然的时机与他联系，但对误解的事不说什么
（26）你怎样处置不喜欢的礼物：
　　　A. 马上扔掉　　B. 热情地保存起来
　　　C. 把它们藏起来，仅仅是赠送者来的时候才摆出来
（27）你对示威游行、爱国主义活动、宗教仪式的态度如何：
　　　A. 冷淡　　B. 感动得流泪　　C. 使你窘迫
（28）你有没有毫无理由地觉得害怕：
　　　A. 经常　　B. 偶尔　　C. 从不
（29）哪种情况最与你相符：
　　　A. 我十分留心自己的感情　　B. 我总是凭感情办事
　　　C. 感情没什么要紧，结局才是重要的
（30）对于信件或纪念品，你会：
　　　A. 刚收到时便无情地扔掉　　B. 保存多年　　C. 两年清理一次

结果与解析

题号	1	2	3	4	5	6	7	8	9	10	11	12	13	14	15
A	2	1	1	1	1	3	3	2	1	3	2	2	1	2	3
B	2	2	2	2	3	2	2	3	2	1	3	1	3	1	1
C	1	3	3	3	2	1	1	1	3	2	1	3	2	3	2

题号	16	17	18	19	20	21	22	23	24	25	26	27	28	29	30
A	2	3	1	3	2	3	1	3	2	1	3	1	1	3	2
B	3	1	3	2	3	1	3	1	3	2	1	3	3	2	3
C	1	2	2	1	1	2	2	2	1	3	2	2	2	1	1

30～50分：理智型情绪。很少为什么事而激动，即使生气，也表现得很有克制力。主要弱点是对他人的情绪缺少反应。爱情生活很有局限，而且可能会听到人们在背后说你"冷血动物"。目前需要松弛自己。

51～69分：平衡型情绪。时而感情用事，时而十分克制。即使在很恶劣的环境下握起了拳头，但仍能从情绪中摆脱出来。因此，很少与人争吵，爱情生活十分愉快、轻松。即使偶尔陷入情感纠纷，也能不自觉地处理得妥帖。

70～90分：冲动型情绪。是个非常重感情的人。如果是女人，一定是眼泪的俘房。如果是男人，可能非常随和，但好强，且喜欢自我炫耀。可能经常陷入那种短暂的风暴式的爱情纠纷，因此麻烦百出，想劝你冷静，简直是不可能的事情。这里有必要提醒你：限制自己。

2. 情商自我测验❶

下面是一组测试指标，你不妨试试，自测一下自己的情商有多高。对下列问题，请回答"是"或"否"。
（1）对自己的性格类型有比较清晰的了解
（2）知道自己在什么样的情况下容易发生情绪波动
（3）懂得从他人的言谈与表情中发现自己的情绪变化

---

❶ 季丹丹，曹迪. 青春导航——大学生心理健康. 沈阳：辽宁大学出版社，2006：176-177.

（4）有扪心自问的反思习惯

（5）遇事三思而后行，不赞同"跟着感觉走"

（6）遇有不顺心的事能够抑制自己的烦恼

（7）遇到意想不到的突发事件，能够冷静应对

（8）受到挫折或委屈，能够保持能屈能伸的乐观心态

（9）出现感情冲动或发怒时，能够较快地"自我熄火"

（10）听到批评意见包括与实际情况不符的意见时，没有耿耿于怀

（11）在人生道路上的拼搏中，相信自己能够成功

（12）决定了要做的事不轻言放弃

（13）工作或学习上遇到困难，能够自我鼓劲克服困难

（14）相信"失败乃成功之母"

（15）办事出了差错自己总结经验教训，不怨天尤人

（16）对同学、同事们的脾气性格有一定的了解

（17）经常留意自己周围人们的情绪变化

（18）与人交往知道要了解和尊重他人的情感

（19）能够说出亲人和朋友各自的一些优点和长处

（20）不认为参加社交活动是浪费时间

（21）没有不愿同他人合作的心态

（22）见到他人的进步和成就没有不高兴的心情

（23）与人共事懂得不能"争功于己，诿过于人"

（24）朋友相处能够"严于律己，宽以待人"

（25）知道失信和欺骗是友谊的大敌

上述25个题，测量的是情商所包含的五个方面的内容。如果你在第（1）～（4）题中答"是"的达3个以上，则表明你对自身的情绪有较高的认知。如果你在第（5）～（10）题中答"是"达到4个以上，则表明你对自身的情绪有较高的控制力。如果你在第（11）～（15）题中答"是"达4个以上，则表明你善于自我激励。如果你在第（16）～（18）题中答"是"达3个，则表明你能够了解他人的情绪。如果你在第（19）～（25）题中答"是"达5个以上，则表明你擅长于人际关系管理。

总体衡量，25个题中答"是"达到20个以上者属高情商，答"是"在14～19个之间者情商属中等，答"是"在13个以下者情商则偏低。倘若发现你的情商偏低，也无须恐惧，找准欠缺点，有针对性地加强自我修养和锻炼，是可以提高的。

心理思考

（1）什么是情绪？什么是情商？

（2）大学生情绪活动有什么特点？

（3）对你来说，最有效的管理情绪方法是哪些？

第4章 应对挫折与压力

> 天将降大任于斯人也,必先苦其心志,劳其筋骨,饿其体肤,空乏其身。行拂乱其所为,所以动心忍性,增益其所不能。
>
> ——孟子

知识导航

◆ 了解大学生挫折形成的原因;
◆ 理解挫折的含义和对大学生产生的影响,掌握应对挫折的方法和技巧;
◆ 掌握压力管理与挫折应对的方法和策略。

心理小故事

古时候，有两个商人，他们多年经商成功，一帆风顺，但都不知道狗是什么样子的。

第一个商人胆子十分小。一天，他在街上看到有人卖"挫折"，就跑去问："这小东西满可爱的，叫什么呀？"卖狗的人说："它叫'挫折'，你要吗？"商人迫不及待地回答："要、要、要！"他付了钱，并要求卖狗的人把"挫折"送到家里去。卖狗的人走了，他上前抚摸挫折，而挫折凶狠地叫了一声："汪！"吓得他浑身发抖。他以为自己太高，令挫折不满意，便伏下身子爬到挫折面前，刚伸出手要抚摸它，挫折便咬断了他两根手指头，商人跑出房屋，满山坡奔跑，挫折追在后面，商人一慌坠落进河沟。

挫折还不依不饶地叫了数声才离开。商人被救上岸时，差点儿断了气。另一个商人在路上碰见了挫折，他也不知道它是什么动物。便小心翼翼地上前，想抚摸它那光滑的皮毛，可挫折凶狠地叫了一声"汪！"还要扑上来撕咬他，勇敢的商人拿起马鞭向它狠狠地抽了两下，它便老实了，从此对商人服服帖帖。

一天，这两个商人一同去庙里进香拜佛，他们要告辞时，商人问老和尚："老师父，拴在树边的那小动物叫挫折，它到底是什么动物？"老和尚回答："人的一生有许多挫折，其实，挫折是一条狗！你要怕它，它就凶狠；你要不怕它，它就驯服。"

4.1 挫折及其应对

人生不如意事十之八九。每个人在一生中不可能永远地一帆风顺、事事顺心，难免会遭遇困难和挫折。巴尔扎克说："挫折和不幸，是天才的晋身之阶；信徒的洗礼之水；能人的无价之宝，弱者的无底深渊。"正是在经历挫折中，个体才能够坚强地成长；也正是在经历挫折后，人们才发现人生的魅力之所在。

4.1.1 挫折概述

在日常生活中，挫折就是俗话说的"碰钉子"，是挫败、阻挠、障碍的意思。从心理学角度讲，挫折是指个体动机、愿望、需要和行为受到内外因素阻碍的情境和相应的情感状态。这里包含两种含义：其一，是指对个体的动机性行为造成障碍或干扰的外在刺激情境；其二，是指个体在挫折情境下所产生的烦恼、困惑、焦虑、愤怒等各种负面情绪和心理感受。两种含义合在一起看，前者是刺激，后者是反应。

构成挫折的要素包含三个方面。

（1）挫折情境

这是指人们在有目的的活动中，使需要不能获得满足的内外障碍或干扰所实际呈现的情境状态或情境条件。如考试不及格、讲话被嘲笑、恋爱遭拒绝等，都属于造成挫折的情境因素。

（2）挫折认知

这是指对挫折情境的感知、认识和评价。挫折认知既包含对实际遭遇的挫折情境的认知，又包含对想象中可能出现的挫折情境的认知，也包含对隐含的挫折情境的认知。此外，不同个体对相同情境的主观感受也不尽相同，个人的知识结构也会影响其对挫折情境的知觉判断，面对逆境，有人摇头叹息，有人勇敢前行。

（3）挫折反应

这是指个体伴随挫折认知，对于自己的需要不能得到满足而产生的情绪和行为反应，如愤怒、焦虑、紧张、躲避、敌对和攻击等。如体育拳击比赛中，双方选手在受到攻击后产生愤怒的情绪体验，进而猛烈攻击对方，这属于经典的挫折反应。

一般来说，挫折情境越严重，挫折反应就越强烈；反之，挫折反应就轻微。但是，只有当挫折情境被主体所感知时，才会在个体心理上产生挫折反应。如果出现了挫折情境，而个体没有意识到，或者虽然意识到了但并不认为很严重，那么，也不会产生挫折反应，或者只产生轻微的挫折反应。因此，挫折反应的性质、程度主要取决于个体对挫折情境的认知。

挫折反应和感受是形成挫折的重要方面，个体受挫与否，是由当事人对自己的动机、目标与结果之间关系的认识、评价和感受来判断的。对某人构成挫折的情境和事件，对另一人不一定构成挫折，这就是个体感受的差异。正如巴尔扎克所说："世上的事情，永远不是绝对的，结果完全因人而异。苦难对于天才来说是一块垫脚石，对于能干的人是一笔财富，而对于弱者是一个万丈深渊。"

上述三个要素同时存在，构成典型的心理挫折，即挫折情境引起挫折认知进而产生挫折反应。

【案例】

2006年2月，华南农业大学在新学期开学一周内，就接连发生学生坠楼自杀事件。开学第一天，大一新生由于上学期7门课有3门课需重修，还有一门缺考，学校要求其退学，不堪耻辱，跳楼身亡。事实上，该校重修学分不要钱，而且要累计很多学分修不满才会被开除，他却想不开。第二起，农场工人，怀疑患有轻度精神分裂症。第三起，三年级的女研究生。恋爱家人反对，学业繁重，无法面对家庭对她的高期望，选择自杀。第四起，如果前面的几个自杀者，还能找到自杀的理由的话，这个就根本没有：该女生是公认的佼佼者。漂亮、开朗、家境好，又是研究生。同时，她还负责参与了多个项目的规划设计，并先后在广东省××设计院、华南农业大学××研究院、××科研所等多家设计单位实习，在公务员考试中，她的成绩排名第三……这些学生怎么了？什么问题值得他们下决心结束自己的人生？因为学业挫折，因为恋爱失败，这些能构成寻死的理由吗？为何会有如此强烈的挫折反应呢？在悲叹他们的同时，只能说，他们的抗逆耐挫能力太低了。

4.1.2 关于挫折的理论

（1）挫折的本能学说

美国心理学家麦独孤认为，个体受挫而产生的种种行为，均起源于本能。在《社会心理学引论》一书中，他认为"本能"是一种在长期进化过程中由自然选择所提供的遗传的心——物倾向。它决定了具有此倾向者，感知和注意某类客观事物，在感知时会体验到某种特殊的激动的情绪，还会对它做出某种特殊样式的动作，或者至少体验着这种动作的冲动。麦独孤认为人和动物的行为都是有目的性的，一切行为都是为达到一定的目的，只是目的性的程度有所不同。而策动和维持这些行为的动力是本能。麦独孤特别重视本能和情绪之间的联系。他把情绪视为本能的核心，认为每种本能都有相对应的情绪，如"逃避本能"对应"恐惧情绪"；"搏斗本能"对应"愤怒情绪"等。每个人出于一种本能，在日常活动中遭受挫折后，就会产生各种情绪和挫折行为反应。

（2）挫折——攻击理论

1939年，米勒和多拉德在《挫折和攻击》一书中指出，挫折是一种目的性行为遭受阻碍时的伴随状态。目的行为受到阻碍就会引起挫折感，挫折感导致个体产生对阻碍目标实现的人或其他对象的攻击行为。

1969年，伯科威茨对"挫折——攻击"理论进行了完善和发展。他认为应该区分"挫折"和"被剥夺"这两个不同的概念。一个人不会仅仅因为缺少某样东西（即该东西被剥夺）就遭受到挫折。只有当一个人在既定环境中认为他应该获得某样东西（如身体的健康、正常的生活），此时却无法获得时，才容易产生挫折，从而产生攻击行为。

（3）"挫折——倒退"与"挫折——奋进"理论

20世纪40年代，巴克等人以及后来的蔡尔德和沃特豪斯等，基于他们的实验研究，提出了与"挫折——攻击"理论类似的"挫折——倒退"理论。他们认为，挫折会引发行为的倒退，出现与其年龄不相称的幼稚行为，挫折反应也会干扰正在进行的活动，或者导致动机的变化，而使得个体的目的性行为受到阻碍，无法进行。

与"挫折——倒退"相对的是"挫折——奋进"理论，又称"挫折效应"理论，是由美国心理学家阿姆塞尔基于儿童的行为实验研究提出的。阿姆塞尔认为一个人在受到挫折后，把挫折当做行动的动力，可以出现努力奋进的结果。

4.1.3 挫折对大学生的影响

挫折对大学生的影响是客观存在的，但影响的性质却因人而异。也就是说，挫折具有两重性。对于心理健康、认识正确、自我调节能力较强的大学生来说，挫折会成为人生路上的动力，相反，对于那些心理素质较差、认知误区较多、自我调节能力不足的大学生，挫折往往会成为人生路上的绊脚石。

（1）挫折的积极影响

① 挫折可以驱走惰性，使人进步，催人奋进。培根曾说过："超越自然的奇迹多是在对逆境的征服中出现的。"对于有志向的大学生，挫折可以唤起他的斗志，激发他的进取精神。

> **心理小卡片4-1**
>
> **逆境商决定成败**
>
> 为什么有的人无论道路如何艰难崎岖，仍能奋斗不息，而另外一些人则会被所遭遇到的小小挫折而折断了梦想的翅膀呢？为什么在相同的智力、资本和机遇的条件下，有的人能够克服困难，把握机会，获得成功，而有的人却一无所成？是天生的禀赋造就的，还是后天环境所致呢？其实与个人的逆境商关系密切，什么是逆境商呢？逆境商又称挫折商，即人们应付逆境的能力(adversity quotient, AQ)。最近，心理学家已经得出结论认为：智商(IQ)绝不是制胜的最重要因素，情绪控制(EQ)和逆境的应付(AQ)才起决定性的作用。雷斯勒理工学院所作的一项研究指出创业家的AQ和收入有显著的关系，AQ高的人可以获取更多的报酬。SBC电信公司提供的销售数据亦显示，其AQ高的员工比AQ低的员工的销售额平均高出141%。

② 磨炼大学生的意志和毅力。俗话说："宝剑锋从磨砺出，梅花香自苦寒来。"坚强的意志和优秀的品格不是天然成就的，而是生活的磨炼造就的。经受挫折的过程也是人的能力和心智接受磨炼和考验的过程。从某种意义上说，经过挫折的磨难，会使人开阔眼界、增长智慧，提高勇气和信心。

③ 提升能力和智慧。挫折可以丰富学生的阅历，推进大学生的坚强成熟，使大学生学会独立思考、独立面对现实生活，提高分析问题、解决问题的能力。为了战胜困难，总要自我反省，探究失败的原因，认真总结经验教训，寻找摆脱困境的最佳途径。因此，挫折可以使人学会反省、思考和创新，不断提升自我认识并增长才智。

（2）挫折的消极影响

① 降低学习效率。学习是一种复杂的心理活动。学习效率除受个体智力水平的制约外，还与学习者的情绪状态、自信心等因素密切相关。有些大学生在经受挫折后，一方面，自信心会降低，

出现自卑无能的感觉；另一方面，情绪状态长期处于焦虑不安中，使原有的学习能力受到影响，从而极大地降低了学习效率。

② 损害身心健康。有些大学生在受挫后心态受到了严重影响，长时间处在痛苦之中，使身心一直处在一种紧张压抑或焦虑不安的状态，这种消极的心理如果延续很长时间得不到释放，就可能成为精神疾病的发病诱因，有时还会造成身体上的疾病。

③ 导致性格与行为的偏差。有些大学生面对重大挫折无法做出相应的调整时，往往会使某些行为反应变成相应的习惯模式或个性特征。如一个原本热情开朗的人，会因为在人际交往中屡屡受挫而变得孤僻内向；一个对爱情有着美好憧憬的人，会因为失恋而变得心灰意冷，甚至害怕异性。同时，由于受挫的大学生处在应激状态下，感情易冲动，自控能力较差，不能正确评价自己的行为及其后果，可能会做出既损害他人又对自己不利的行为，甚至走上犯罪的道路。

4.1.4 大学生常见的挫折

人有各种愿望、需要和行为，有各种目标，但通常会遇到阻碍。这些阻碍有自身方面的因素，如生理缺陷、能力不足、内心冲突和压抑，或抱负水平过高等，还有来自外部的环境因素，如不良环境、不利条件、社会规范和父母的约束等。这些因素使需要不能满足，愿望不能实现，行为受到阻挠，使个体产生愤怒不满、失望和痛苦的体验，即挫折感[1]。大学生在成长的过程中，不可避免地会遇到各种各样的人生挫折。

（1）家庭挫折

家庭是大学生学习生活的经济支柱和精神支柱。大学生虽离家异地求学，但与家庭仍紧密相连。一方面，成长过程中家庭对大学生的影响持续伴随，例如，父母间的矛盾冲突以及行为反应等都会影响其子女日后的行为方式；另一方面，家庭的经济状况、重大变故、重大生活事件都会给学生造成极大的精神压力和难以承受的打击。比如，来自下岗人员和农村贫困家庭的学生容易产生自卑心理，影响正常的人际交往。另外，亲人故去或患严重疾病、父母离异、生意失败破产等，会严重影响大学生的生活，使一些学生背上沉重的心理负担。

（2）学业挫折

多数学生都曾在学业上遭受过挫折。学业挫折表现在许多方面，例如有的同学学习困难，学习方法不当，事倍功半，学得很吃力；有的同学缺乏学习兴趣，对所在学校或所学专业不满，出现厌学情绪；有的同学学习压力过大，造成注意力不集中、考试焦虑、睡眠障碍等困扰；有的同学学习动力不足，学习目标盲目，不能合理分配学习时间，忙于社会活动，或沉溺在网吧、游戏室，学习成绩大面积滑坡。

（3）交往挫折

大学人际关系较中学时代复杂。大学生来自全国各地，性格、习惯、语言各不相同，如果缺乏有效的沟通了解，就容易出现矛盾、误解，造成人际关系紧张。另外，一些大学生在人际交往中的认知障碍，如"自我中心主义""完美主义"及"理想化认知"等，使大学生在人际交往中不能客观地认识自我，理性地分析与自己有关的人和事，容易造成人际交往中的偏差和失误，产生挫折感。

（4）恋爱挫折

随着性意识的觉醒，大学生开始关注两性之间的关系，渴望接触异性，向往美好爱情。但由于多种因素的制约，在追求爱情的过程中，或多或少会遇到种种波折。有的学生倾心于一个异性，

---

[1] 林崇德，杨治良，黄希庭．心理学大辞典．上海：上海教育出版社，2003．172．

好不容易鼓足勇气去追求，却被对方冷冷地拒绝；有的学生在恋爱过程中因为某个观点的不一致，发生激烈的争吵；有的是双方情投意合，可一方的父母却横加阻拦；有的是相爱已久的男（女）友突然移情别恋，无情地提出分手……失恋的学生往往认为失恋就是自己不被喜欢，没有魅力，于是变得情绪低落，行为上极端化，自卑感强烈，不能集中注意力而无法学习，其痛苦深沉而剧烈，如果得不到合理的情绪疏导，极有可能造成不良后果，如由失恋转变为失志、失德，行为上表现为报复、自杀或杀人者不乏其人。

（5）就业挫折

随着高校毕业生的日益增加，相当多的大学生在就业过程中体验到了就业挫折。有的大学生自我评价和自我效能感较低、缺乏自信，与就业机会失之交臂；有的大学生则盲目自大，过分夸张了自己的实力，被用人单位拒之门外；还有的大学生盲目冲动，片面追求高薪、高职、高待遇，陷入失败的泥潭。无论是对于顺利就业的大学生来说，还是对于没有找到签约单位的大学生来说，在就业过程中都会体验到压力、紧张、焦虑等情绪。

（6）病残挫折

健康的身体是人们从事学习、工作的基础。有的大学生由于体弱多病或身体有某种残疾，自卑感强烈。他们总担心别人瞧不起自己，同学间不经意的一个玩笑或行为都会深深刺伤他们的心灵。他们害怕受到歧视，于是自我封闭，不敢进行正常的人际交往，给学习生活造成了诸多困难，内心经受巨大的痛苦，久而久之对现实感到无能为力，失去了青年应有的朝气和活力。

（7）生活挫折

很多学生在上大学前，对大学生活充满了美好的期望，幻想着优雅、舒适的生活环境。然而，大学校园毕竟不是世外桃源，集体生活的环境有很多不尽如人意的地方，如熄灯睡觉时，偏有人说话，或是进进出出、打电话、发短信，让自己困极了却睡不着；睡觉睡得正香时，突然有人在梦中尖叫、说梦话，或是磨牙齿，嘎吱嘎吱地响，烦得自己半天不能重新入睡；自己早上打了一瓶开水还没用，晚上回来却发现水已被别人用掉了大半；自己刚把宿舍的垃圾倒了，不知谁又丢进去一些果皮，等等，这一切都会使不少学生体会到深刻的挫折感受。

4.1.5 大学生挫折产生的原因

构成挫折的因素无外乎外界因素和个人因素两个方面。个人因素是指个体生理、认知、个性等身心特征所带来的某些限制，导致活动失败或目标无法实现。外界因素是指个人自身因素以外的自然环境等因素给人带来的限制与阻碍，使人的需要、目标不能满足和实现进而产生挫折。

（1）外界因素

① 自然环境。自然因素是指个人不能预料和控制的一切客观因素，如自然灾害、地震、洪水、交通事故、疾病、死亡等。

② 社会环境。社会因素是指个人在社会生活中受到的各种人为因素的限制与阻碍，包括政治、经济、军事、宗教、风俗习惯、道德观念等方面。随着科学技术的飞速发展，社会生活节奏不断加快，生存竞争日益加剧，使人们的紧张感和心理压力大大增加，挫折感不断增强。

③ 家庭环境。发展心理学研究表明，家庭环境对青少年的人格形成、心理健康都有十分重要的影响。除父母教养方式外，其他早期的不良境遇直到个体成年后对其依然存在负面影响。因此，家庭的自然结构、成员关系、抚养方式、家长自身素质等对大学生产生心理挫折都有直接或间接影响。过分受到溺爱的孩子，面对困难更易产生挫折感；父母过分管制或放任不管的孩子，部分表现为蛮横无理或漠视社会规范，部分表现出内向、孤僻的性格，不善与人交往，这些也容易产生心理挫折；此外，贫困大学生面对生活和经济双重压力，对其学业和个人发展也会形成一定影

响，从而导致更多的心理冲突，产生挫折感。

④ 学校环境。学校环境对大学生的心理影响主要表现为以下两个方面。

a. 因校园环境设施陈旧产生的失望感。在迈入大学校门前，每个人心中都描绘了一幅美好的图画，憧憬美好的大学生活。但现实往往并不令人满意，很多新生抱怨："这哪里是大学，还不如高中的环境。"校园设施落后，住宿、进餐、洗澡等后勤保障不能满足大学生的需求，增加了他们的不满情绪。

b. 教学内容与管理方式滞后。大学生具有强烈的成就动机和求知欲望，在选定专业时希望自己能够学习最新的知识技能，成为实用型人才。但是由于多种因素，部分高校的教学内容滞后于现代社会的变化与发展，知识观念陈旧，教学方法和手段落后于现行人才培养的需求，使大学生产生强烈的不满和受挫情绪。

（2）个人因素

① 生理因素。生理因素是指个体与生俱来的身体、容貌、健康状况等先天素质的限制。例如，其貌不扬的同学很在意别人对自己容貌的负面评价；身高矮小的男生不愿与高个子女生交往；身体素质较差的学生选修体育课很难达标；长期生病缺课的同学面对考前复习更加紧张焦虑。对自身生理因素不满的同学，容易产生自卑情绪，在人际交往、学业、情感、就业等方面更容易产生挫折感。

② 自我认知偏差。大学生自我意识发展很快，但是由于缺乏社会经验往往不能正确认识自我。取得一点成功就会过高评价自己；相反，遇到失败或挫折，就会低估甚至怀疑、否定自我。例如，一位漂亮的大一女生，在高中时成绩优异，经常受到老师和同学的赞赏，自我感觉良好，进入大学以后，突然发现很多同学都有特长，而自己的优越感荡然无存，非常失落，产生挫败感。

③ 个性因素。个性是一个人所具有的意识倾向性和较稳定的心理特征的总和。性格开朗、乐观、坚强、自信的人挫折耐受力强；性格孤僻、懦弱、内向、心胸狭窄的人挫折耐受力低。

此外，个人的兴趣、爱好、气质、态度、适应能力、意志品质、人生观、价值观等都与挫折感的形成有直接关系。

4.1.6 大学生常见的挫折反应

个体在受到挫折后，无论挫折情境是由客观因素还是由主观因素造成的，都会对个体的生理、心理与行为带来一些影响。

（1）受挫后的生理反应

心理挫折不可避免地引起生理上的变化。因为在强烈的或持续的消极情绪作用下，个体的神经系统、血液循环系统、消化系统和内分泌系统等会发生一系列的不同程度的反应，这些反应的实质，就是精神状态的紊乱导致生理状态的紊乱。然而，以不平衡适应不平衡，将直接危及个体的身心健康。

（2）受挫后的心理反应

由于个体的心理承受能力不同，自我调适能力不同，大学生遇到挫折后，会有不同的行为表现。总体上可以分为两种：一种是积极的心理行为表现，指个体在遭受挫折后能够审时度势，不失常态地、有控制地、转向摆脱挫折情境为目标的理智性行为。另一种是消极的心理行为表现，指失常的、失控的、没有目标导向的非理智性行为。

① 理智性反应

a. 坚持目标，继续努力。当个体受挫后，根据自己的知识、经验，通过分析，发现自己追求的目标是现实的，那么即使暂时遇到了挫折，也应克服困难，找到摆脱挫折情境的办法，毫不动摇地朝既定目标迈进，最终实现自己的愿望，达到预定的目标。

b. 降低目标，改变行为。当既定目标经一再尝试仍不能成功时，个体应调整目标，变换方式，通过别的方法和途径实现目标，或者把原来制定的太高而不切实际的目标往下调整，改变行为方向，则有可能成功，满足某种需要。这种目标的重新审定和转移，不是惧怕困难，而是实事求是的表现；同时也有利于避免由于目标不当、难以达成而可能产生的焦虑情绪和挫折心理。

c. 改换目标，取而代之。在个体确定的目标由于自身条件或社会因素的限制，不能实现并受到挫折时，可以改变目标，用另一目标来代替，以使需要得到满足；或通过另一种活动来弥补心理的创伤，驱散由于失败而造成的内心忧愁和痛苦，增强前进的信心和勇气。

d. 寻求支持。在挫折的打击下，有些人往往感到自己势单力薄，力量有限，从而将注意力转向寻求他人和社会的支持，或找亲朋好友倾诉衷肠，或找组织、团体要求得到帮助和关心，以此来减轻挫折感和烦恼程度。这也是一种理智性的挫折反应。

② 非理智性反应

a. 焦虑。焦虑是大学生受挫后常见的一种心理反应。适度焦虑，可唤醒大脑皮质的觉醒状态，如考试前适度紧张，可增强注意力，提高记忆水平，对提高学习效率、发挥潜能等有一定的积极作用。而过度焦虑则会使注意力不能集中，记忆力下降，思维紊乱，辨别能力降低等，是一种有害的情绪反应，严重的会导致心理疾病，发展成焦虑症。

b. 攻击。攻击可分为直接攻击和转向攻击。直接攻击是指受挫者将愤怒的情绪直接发泄到对自己构成挫折的人或物上，多以动作、表情、言语、文字等方式表现出来。如采取打斗、辱骂、讽刺、漫画等形式，以侮辱对方人格发泄自己内心的不满。而转向攻击不是直接攻击造成挫折的一方，而是将其他人或物作为发泄的对象。在大学校园，有的学生因考试不及格、受到处分或对学校管理不满而又无法改变现实时，会采取破坏学校公物等行为，便为转向攻击。

c. 冷漠。冷漠是一种受压抑的反应。当个人遭遇挫折时表现出无动于衷、漠不关心的态度，似乎毫无情绪反应。其实，冷漠并非不包含愤怒的情绪成分，只是个体把愤怒暂时压抑，以间接方式表现出来而已。这种现象表面冷漠退让，内心深处则往往隐藏着很深的痛苦，是一种受压抑极深的反应。

d. 退化。退化是指个体遇到挫折时表现出与自己的年龄、身份极不相称的幼稚行为。当一个人遭到挫折时，可能会以简单、幼稚的方式应付挫折，以求得到别人的同情和照顾。退化是一种由成熟向幼稚倒退的反常现象，而且其本人对此并非能清醒地意识到。如有些学生遇到挫折或一些不顺心的事情后，或暴跳如雷，或蒙头大睡，装病不起，甚至幼稚得像小孩一样哭闹。退化的另一种表现是受暗示性增高，受挫折后降低了明辨是非的能力，盲目地相信别人，盲目地顺从别人和盲目地执行别人的暗示。

e. 固执。个体在受到挫折后，采取刻板的方式，盲目重复某种无效的行为，以不变应万变的现象叫固执。一般而言，个体受挫折后需要有一种随机应变的能力来摆脱所遭遇的困境。但是有人在反复碰到类似的困境后，依旧用先前的方法，盲目地解决已经变化了的问题。尽管他们知道这些动作对目标的达成、需要的满足并无帮助。如"碰鼻子后还不知转变"便是固执的最好注释。

f. 逃避。逃避是指有些人遭受挫折后，往往不敢面对现实、正视现实，而是躲开受挫的现实，放弃原来所追求的目标，撤退到比较安全的地方去。如有的人在生活中碰钉子，或者所追求的目标、理想一时不能实现时，便心灰意冷；还有的人在学习、工作开始的时候积极性很高，但对困难估计不足，结果一遇挫折便退却下来。逃避的显著特点是"一朝被蛇咬，十年怕井绳"。遇到挫折后便意志消沉、一蹶不振。逃避虽然能使心理紧张得到暂时的缓解，但问题并没有解决，长期下去会形成不良适应，使人们害怕困难和挫折，因而不求进取。

心理小卡片4-2

当狐狸遭受挫折

在一位农夫的果园里,紫红色的葡萄挂满了枝头,令人垂涎欲滴。当然,这种美味逃不过附近狐狸们的眼睛,它们早就想享受一下了。然而,葡萄架要远远高于狐狸的身高,于是……

第一只狐狸来到了葡萄架下,它不愿就此放弃,机会难得啊!它发现了葡萄架旁边的梯子,突然灵机一动,学着以前农夫摘葡萄的样子爬上去,顺利地摘到了葡萄。(这只狐狸采用的是问题解决方式,它没有逃避,而是直接面对问题,最后解决了问题。)

第二只狐狸在葡萄架下转了几圈,自言自语地说:"这个葡萄肯定是酸的,吃了也很难受,还不如不吃。"于是,它心情愉快地离开了。(这只狐狸运用了心理学中的"酸葡萄效应",即合理化,当个人需要在现实中难以获得满足,为了不使自尊心遭受打击,就弱化自己的期待或目标对自身的价值,以避免精神上的痛苦和不安。)

第三只狐狸禁不住葡萄的诱惑,下决心要吃到葡萄。它想:我可以向上跳,只要我努力,我就一定能够得到。可是事与愿违,它最后累死在了葡萄架下,献身做了肥料。(这只狐狸的行为说明,不是只要付出努力就一定会达到目标,还要看环境、努力的方向及能力等多种因素。)

第四只狐狸一看到葡萄架比自己高,便破口大骂,到处撕咬葡萄藤,正巧被农夫发现,一铁锹把它拍死了。(这只狐狸应对挫折的方式为"攻击",这是一种不可取的应对方式,于人于己都是有害无利的。)

第五只狐狸在葡萄架下号啕大哭。它伤心为什么自己如此矮小,如果像大象那样,不是想吃什么就吃什么吗?它哭喊着:"如果吃不到葡萄,我就不回家了!"(这种表现称为"退行",即当欲望遇到挫折时,个体会放弃成熟的态度和行为模式,而使用以往较幼稚的方式来满足自己的欲望。)

第六只狐狸想,既然我吃不到葡萄,别的狐狸肯定也吃不到,如果这样的话,我也没什么好遗憾的了,反正大家都一样。(这种方式称为"投射",即把自己的愿望与动机归于他人,断言他人有此动机和愿望。正常人的投射虽然可以保护自己内心的安宁,但是会影响对事物的正常观察和判断。)

第七只狐狸站在高高的葡萄架下,心情非常不好,它想为什么我吃不到呢,我的命运怎么这么悲惨啊?越想它越郁闷,最后郁郁而归。(这只狐狸因处于持久的心境低落状态而患上抑郁症。)

第八只狐狸尝试了很多办法也没有见效,它听说有别的狐狸吃到了葡萄,心情更加不好,最后一头撞死在葡萄架下。(这只狐狸"不患无,患不均",由于心理极度不平衡选择了不适当的应对方式。)

第九只狐狸心想,听说柠檬的味道和葡萄差不多,既然我吃不到葡萄,何不尝一尝柠檬呢,总不能在一棵树上吊死吧!因此,它心满意足地离开去寻找柠檬了。(这种行为称为"替代",即以一种自己可以达到的方式来代替自己不能满足的愿望。)

第十只狐狸每天都去葡萄架下徘徊,渴望着有一天能独占所有的葡萄。然而,残酷的现实不能满足它内心的欲望,它感到非常痛苦。终于有一天,它振作起来,开始奋笔疾书,在诗歌的领域努力耕耘,唱响了对大自然的赞歌。从此,诗坛上升起了一颗闪亮的新星……(这在心理学上被称为"升华",指改变原来的冲动或欲望,用社会许可的思想和行为方式表达出来,从而创造性地施展自己的才华。"升华"是一种积极的挫折应对机制。)

狐狸的故事都是我们生活的原型,你是否从中发现了自己的影子呢?或者,您还可以根据自己对挫折应对方式的理解,续写狐狸的寓言故事。

g. 自杀。自杀是遭遇挫折后的极端反应。如果挫折的打击来得突然而沉重，受挫者对挫折的承受力又很低，就会深陷于万念俱灰的泥潭而不能自拔。此时，如果得不到外力的帮助，受挫者又把受挫的原因归结为自己，就可能会自暴自弃，伤害自己的身体，甚至产生轻生厌世的思想。

h. 推诿。有些大学生否认自己处在挫折情境之中，摆出许多牵强的理由为自己辩护，以求得心理安慰。如，有的学生评优中落选，把责任归结为老师评比的不公平；犯了错误，把责任完全推给别人，以求得精神上的慰藉。

4.1.7 提高挫折承受力

挫折是人生的必修课，没有人能够躲开它。既然必须面对挫折，那与其痛苦不堪地面对，不如面带微笑，把挫折的好处发挥得淋漓尽致，让自己在挫折中坚强成长，这种能力需要通过后天学习、实践、锻炼。

（1）认识挫折

挫折具有普遍性，是生活的组成部分，每个人都会遇到。法国著名作家巴尔扎克根据自己丰富的人生体验，形象地把挫折比作一块石头。石头本身是中性的，无所谓好坏，但对于不同的人就会产生不同的影响。对于强者它可以成为垫脚石，让人站得更高；对于弱者它可以成为绊脚石，使人倒下。因此，正确认识挫折是战胜挫折的第一步。

① 挫折是不可避免的人生经历。大学生初涉社会，许多工作不可能一蹴而就、圆满完成，常常需经过多次尝试、不断努力。没有挫折的尝试，就不能排除错误的路线，就没有成功。挫折的经历对大学生是十分可贵的，可使大学生"吃一堑，长一智"，学会反省、思考、总结、探索、创造，使大学生不断提高认识、增长才智，变得更加聪明。

② 挫折是一种机遇。"疾风知劲草"，挫折造精英。对于强者来说，每次挫折不仅是一次很好的锤炼，而且是一次有价值的发现，是一种转败为胜的契机。正如美国著名心理学家马斯洛所说的："一个人面临危机的时候，如果你把握住这个机会，你就成长。如果你放弃了这个机会，你就退化。""失败也是我所需要的，它和成功对我一样有价值"，"我的成功乃是从一路失败中获得的"这是爱迪生一生奋斗的经验总结。每一个人的成功都是在总结了无数次失败的经验基础上取得的。

（2）提升自信

自信心是战胜挫折的首要因素。每个人都有无限的潜能，都有战胜困难的资源。当你对自己充满信心时，你就能充分调动自己的潜能和资源，战胜挫折。但如果你对自己没有信心，自卑、紧张、焦虑、恐惧、绝望等情绪会充满你的大脑，就耗费了你的心理能量，压抑了你的智慧和潜能，使你无法战胜挫折。爱迪生说："最可怕的敌人，就是没有坚强的信念。"感动中国十大人物之一——家境贫寒、带着妹妹上大学的优秀大学生洪战辉说："只要脊梁不弯，就没有扛不起的山。"他们的经历都说明了一点，只要自信，就能战胜挫折，走向成功。

（3）合理归因

生活中的挫折，同样的情景，不同的看法，会产生截然不同的效果和心情。不同的归因倾向，会给人们的心理和行为带来积极或消极的影响。

一般情况下，失败由客观因素（包括任务难度和机遇）和主观因素（人的能力与努力）综合决定。有的学生总是把自己学习的成败，归因于外在因素，如运气不好，或没能猜中题目或老师的命题和评分有问题等，也有的学生把失败归因于自身的能力、技能和努力的程度过低，过多地责备自己。这两种习惯性归因，都有碍于分析造成挫折的真实原因，无助于战胜挫折。

归因时做到"三要与三不要"。

① 要先从自己内部找原因，激发自我责任感，不要一味埋怨环境，也不要一味自责。

② 要客观分析影响成败的原因，不要主观臆断。

③ 要尽量找自己可以改变的因素，不要过多归因于不可改变或太难改变的因素。

（4）转换视角

任何事物都是发展变化的，在实施目标的过程中，由于受到主客观原因的影响，原来制定的目标无法实现；或原来的目标已不适合目前形式的要求，如果按原计划进行，势必受到环境的阻碍。此时，需要考虑制定新目标。首先要学会适时调整策略，近处着手，脚踏实地。当努力尝试仍无法达到预定目标时，个体需要调整目标，使目标与自己现有的条件差距小一些，并且经过努力能实现，这样会减少挫折的产生。其次要学会变通。在实现目标的过程中，个人的奋斗目标、社会环境、人际环境等各种要素都处在不断变化之中。因此，大学生要学会变通，进而选择适合自己的最佳行动路线和策略。寓言《驴子的故事》说明，当遇到挫折时，转变心态就可以走出困境。

（5）合理运用好排解方法

① 幽默法。当你遭遇挫折，或身处逆境，或面临尴尬局面时，可以使用比喻、夸张、寓意、双关语、谐音等手段，以机智、婉转、风趣的方式来表达自己的意图或意见。

幽默是风度、魅力、美德和智慧的结晶，更是个人良好修养的表现。

② 回避法。把注意力转移到其他事情；或暂时离开现场；或换一个话题。回避可以暂时缓解心理冲突，但现实的挫折不会因为回避而消失。

③ 激励法。在遭遇挫折后，寻找自己美好的一面，增强自信，有利于保持乐观的心境，激励自己去解决问题。如正面的"誓言"激励，能在不知不觉中改变心态，影响行为，开发潜能。

④ 宣泄法。将心中的悲伤、烦恼向同学、朋友、老师、父母倾诉；或者把心中的郁积通过写日记、听音乐、读书等形式宣泄出来。"一份快乐由两个人分享会变成两份快乐；一份痛苦由两个人分担就只有半份痛苦。"

⑤ 名言警句调节法。在书本扉页、床边、墙上等自己经常能看到的、较显眼的地方，贴上有针对性的名言、警句、格言，以提醒自己，控制过激情绪，并激励自己上进。

⑥ 比较法。善于纵向比较自己的过去和现在，只要有进步，哪怕慢，也不要自卑和气馁，不要痛恨自己，永远不要自暴自弃，要不断鼓励自己，正确认识自己的短处，并能和自己的短处和平共处，心理压力减轻了，耐挫能力也就增强了。

（6）磨炼意志

雏鹰因接受风雨的洗礼，才拥有翱翔蓝天的力量；河蚌因忍受沙石的磨砺，才孕育出闪耀晶莹的珍珠；一个人，只有经历挫折与苦难的洗礼，才能成长，才能铸就辉煌的一生。

一个人的意志力是战胜挫折的最宝贵的心理品质。一般来说，经历过艰难困苦的人，意志品质会更强，对挫折的承受力也相对较强。日本学者田口英子研究168位科学家发现：优秀的意志品质是助他们走向人生峰巅的关键因素。大学生要以百折不挠的精神，培养自己顽强的意志品质，在战胜挫折中获得快乐。

意志对一个人能否成才有着非常重要的意义。成才与否最明显的差别不在于智力的高低，而在于个性意志品质的不同。成就大的人都对自己所从事的研究工作有充分的信心、具有不屈不挠的顽强精神和坚持到底的耐性和自制力。良好的意志品质，是一个人成才不可缺少的重要因素，大学生要重视自身意志品格的培养。

心理小卡片 4-3

培养意志力的十种方法

意志力是可以培养的，而且要终生培养。

第一，每天都要让自己做一件自己不愿意做的事。只有先做自己不愿意做的事，才有资格做自己愿意做的事。

第二，把每一件小事做好做完美。只有这样的人才可能把大事做好，做完美。比如说，扫地就要把桌子底下、窗底下也打扫得干干净净！

第三，刷牙一定要刷够三分钟。小时候换了牙之后，牙一生只有一副。中国人的牙齿健康是全世界倒数的。牙齿的疾病会导致全身的疾病。

第四，每天要坚持读一篇难文章。读难文章不仅对智商有很大的提高，对情商也有巨大的提升。

第五，每天坚持爬100级楼梯。你一定会心情好、精神爽、身体棒。

第六，美国人饭前祈祷，那我们就要饭前、饭后快速读一篇文章，可以是中文，也可以是英文。因为饥饿、因为别人都在看着你，所以你的阅读速度会非常快。用不了一年的时间，你吸收知识的速度会远远超过别人。

第七，每天坚持用冷热水交替洗澡。你会发现自己的梦想会更远大、精神会更集中、能量会更强大。

第八，每天坚持向十个人以上微笑和赞扬。微笑和赞扬才是全世界最有威力的武器。

第九，每天坚持做一件不求回报的善事。如果你能坚持日行一善，那你的意志会有巨大的提升。如果13亿人民都能日行一善，那中国的力量将会十倍、百倍地增长。

第十，自我肯定也非常重要。要经常对自己说：我是一个有意志力的人！我能圆满地完成自己每天的任务，获得应有的成长。我能控制我的情绪和欲望，让它们朝着积极的方向发展！

4.2 心理压力及其应对

【案例】

以下是一位前来咨询学生的自述：我是一名来自南方的大学生，现在在大连。我一直都很有自信，在高中的时候我的成绩也很不错，老师们都挺欣赏我，大家也觉得我很有实力。所以我一直很自信，很高傲，但这并不令别人感到讨厌，大家都喜欢跟我闹着玩。一切的一切都在高考后发生了巨变。我的高考成绩不理想，进入一所二本学校，现在都大二了，还是难以释怀。这还不是最主要的，一进大学，我就很高傲，觉得他们都不如我厉害。原以为我能很好地维护人际关系，但我错了，我发现南北方说话口音差异大，和他们交流时总是不太顺利。于是我开始非常非常自卑，说话竟然结结巴巴起来，苦不堪言。很多时候，我在竞争中都处在弱势地位，就这样，原竞选班委，却退缩了，原本想开口说话，却欲言又止。我一次次在想，我的能力真的很差吗？我感到非常恐慌和迷茫，似乎噩梦还在继续，而且是恶性循环。这种绝望和压力是前所未有的，我真的很累，我已经感觉不能再做什么了。我无法摆脱这些阴影，难以入睡，四肢发麻，压力很大，缺乏安全感，特别抑郁。现在，我的人际关系非常差，因为已经完全失去信心了，班里的女生都不愿和我说话，简直就是无可救药。一次次振作，又一次次失败，我慌了神，乱了心，再也找不回原来的自己了。

这位同学因为口音问题而交流困难，进而产生了巨大的心理压力，这份压力又导致他人际关系紧张、情绪抑郁。所以，大学生学习和掌握一定应对心理压力的知识是非常重要的。

（资料来源：东城教研．）

4.2.1 心理压力概述

心理压力即精神压力，现代生活中每个人都有所体验，人生旅途中，压力好像影子一样，总是如影随形，不离不弃。现代社会生活节奏越来越快，给人们带来的心理压力也愈来愈大，以往那种"采菊东篱下，悠然见南山"，"日出而作，日落而息"的生活意境已不常见。现代医学证明，心理压力会削弱人体免疫系统，从而使外界致病因素引起肌体患病。据统计资料表明，平均每四个人之中就有一个人感受压力，而感受压力的人当中呈现生理疾病（如胃溃疡、高血压）或心理疾病（焦虑症、紧张症、自闭症）的比率可达4/5，也就是说，每5个感受压力的人之中就有4个人因为压力困扰而产生疾病。

心理压力是个体在生活适应过程中的一种身心紧张状态，源于环境要求与自身应对能力不平衡；这种紧张状态倾向于通过非特异的心理和生理反应表现出来。

完全没有心理压力的情况是不存在的。我们假定有这样的情形，那一定比有巨大心理压力的情景更可怕。换一种说法就是，没有压力本身就是一种压力，它的名字叫作空虚。无数的文学艺术作品描述过这种空虚感。那是一种比死亡更没有生气的状况，一种活着却感觉不到自己在活着的巨大悲哀。

为了消除这种空虚感，很多人选择了极端的举措来寻找压力或者说刺激，一部分人找到了，在工作、生活、友谊或者爱情之中。

另一些人，他们在寻找的过程中甚至付出了生命的代价。比如有一部分吸毒者，在最开始就是被空虚推上绝路的。

4.2.2 大学生常见的心理压力

大学生是承载社会、家长高期望值的特殊群体，成才的欲望非常强烈，但心理发展尚未完全成熟、稳定。社会的发展、涉及大学生切身利益的各项改革实施、生活环境的变化、求职择业的竞争、成长过程中的问题等，都会使大学生面临诸多压力的挑战。如果能正确面对，则可能变成动力；如果不善应对，则会变成阻力。

（1）学业压力

大学生课程专业性较强，专业课占重要地位，这需要的不仅仅是单纯的理解和记忆，而需要将所学的知识加以应用与实践，把它运用到实践当中去，真正做到理论联系实际。这就要求大学生在学习的深度与广度上有更进一步的发展，增强了学习难度难题。考试方面，学生一方面要应对学校各门学科的期末检测，拿到相应的学分，修够学分才能毕业。另一方面，学生为了在今后的就业过程中给自己增加就业砝码，还要努力地参加各种证书考试，如英语四、六级考试、计算机等级考试、专业技能证书考试等。到了大三，许多学生为了提高自己的学历层次，开始着手准备大四阶段的考研，背负更重的学习压力。

（2）就业压力

寒窗苦读十几载的学子们都希望在毕业后找到称心的工作，可面对我国每年庞大的就业大军和严峻的就业形势，大学生们对就业前景不免忧心。据调查，78.7%的大学生认为就业问题是使大学生产生心理压力的最大因素，主要表现在担心学校名气不够，与其他高校相比没有竞争优势；毕业生多，就业岗位少；成绩不好，怕吃闭门羹；家在农村没有良好的社会关系和相应的经济实力；父母对自己就业期望过高；所学专业不能对口；怀疑自己的社会适应能力等。重点大学的学生虽说就业并不困难，但他们对工作的期望和要求更高。此外，由于大学生对社会了解不够，不能正确认识自己、认识社会，不能选择适合自身发展的择业目标。不少大学生面临愈来愈严峻的就业形势，忧心忡忡，倍感压力。

（3）交往压力

当前的大学生多为独生子女，从小习惯于在家人百般的呵护中生活，心理承受能力弱，盲目自信，考虑问题多是以自我为中心，缺乏对别人的爱心。进入大学后，来自四面八方的学生在一起学习生活，生活习惯、个性各异，特别是遇到冲突不知如何处理，造成人际关系紧张。人际关系问题是困扰大学生最多的问题。青岛农业大学心理健康教育中心的老师张丽萍说："我们曾经做了一个调查，在人际关系、情感恋爱、自我发展、职业生涯规划这几个方面中，人际关系问题占的比例最大，约为40%。"

心理小卡片4-4

2019年10月，岭南师范学院对广东省10所高校1200名本科在校大学生的心理压力现状和来源进行了调查。

问卷调查结果显示：53.42%的学生认为大学期间面临的第一压力是学习考试压力，19.86%的学生认为大学期间面临的第一压力是就业压力，8.41%的学生认为大学期间面临的第一压力是来自家庭的压力；24.36%的学生认为大学期间面临的第二压力是就业压力，22.41%的学生认为大学期间面临的第二压力是学习考试压力，16.34%的学生认为大学期间面临的第二压力是来自家庭的压力；21.62%的学生认为大学期间面临的第三压力是人际关系压力，20.55%的学生认为大学期间面临的第三压力是性格不被他人或自己认同产生的压力。

［资料来源：陈琳琳，张剑伟，吴春凤.老子思想与大学生心理压力调适探微.岭南师范学院学报，2020，41（3）.］

（4）自理压力

在生活上，90后大学生多数是第一次远离父母过完全自理的生活，生活琐事大到每学期的经济安排、开销支配，小到吃什么饭、穿什么衣，怎样洗衣服，事无巨细都得自己费心和操持，对于缺乏生活自理能力的人无不是一个不小的挑战。在异地读大学的学生还需要面临生活环境的变化，适应当地的气候特点、饮食习惯。例如，北方人觉得南方的冬天太潮湿、阴冷，南方人觉得北方气候太干燥，这些都可能给大学生造成压力。由于生活长期完全依赖家庭，生活适应能力较弱。突然面对一切完全需要自理的大学生活，许多大学生无法适应，从而产生心理压力。

（5）经济压力

感到有经济压力的主要是来自贫困家庭的学生，甚至有些偏远山区农村的家庭往往因为供一个孩子上学而负债累累，这样的孩子上学时，更多的是考虑自己如何生存，如何筹集学费。所有的课余时间也都用在了打工挣钱上。虽然助学贷款能解决一些问题，可还贷的压力又成了新的生活压力，刚出校门的学生能找到工作养活了自己就不错了，哪里还有剩余的钱去还贷款还外债呢？因教育致贫的家庭又成了现在社会扶贫的对象。另一方面，许多学生谈恋爱、过生日、朋友聚会、吃穿用度相互攀比等也增加了他们的经济开销。

（6）恋爱方面的压力

正值青春期的大学生，都有着对爱情的美好期待，希望大学期间谈场恋爱。尽管高校对大学生恋爱采取了默许的态度，但并不是每个学生都能找到心仪的对象或得到对方的青睐，相比于身边同学好友成双入对，而自己仍形影单只，心理难免产生压力。

4.2.3 大学生心理压力产生的原因❶

教育误区、家庭期望、校园环境、个人自身等方面存在问题是造成大学生心理压力的主要原因。

(1)"成人"与"成才"认识上的误区给大学生带来的思想压力

传统教育存在的突出的缺点是重教有余，重学不足，在处理"成才"教育和"成人"教育的关系上有失偏颇，过于强调大学教育是一种"成才"教育，却忽视了对学生的"做人"教育，把"做人"与"做事"教育割裂开来，对立起来。有相当一部分学生缺乏艰苦奋斗的精神和受挫折的能力，缺乏适应能力和自立能力，缺乏合作精神和协调能力，缺乏自信心和社会责任感。一旦遭遇挫折，不如愿就感到委屈、苦恼，并把这种自己能力上的弱点归结为社会、家庭没有为自己创造一个良好的环境，产生一种对社会、家庭的抱怨和不满，从而造成严重的心理障碍。

(2)社会和家庭的期望值太高给大学生带来的精神压力

在计划经济体制下，大学毕业生的身份是和国家干部画等号的。尤其是在偏僻的乡村，人们认为考上大学就意味着由"农门"跳进了"龙门"，"永远离开了锄头把"。家长都认为子女大学毕业后肯定有一份舒适稳定的工作，能"当大官""挣大钱"、光宗耀祖；学生也以为只有这样才对得起父母和自己十多年的寒窗苦读。

然而，近几年来，随着高校的扩招和毕业生分配制度的改革，大学生没有了旱涝保收的"铁饭碗"，派遣证改成了报到证，彻底打破了高等教育是"户口"教育、"身份"教育的陈旧人才观念。于是，在一些学生看来，家长的期望落空了，自己也认为十几年的书白读了。加之社会上还存在着不正之风，一些位高权重的父母利用手中的权力为子女安排了比较舒适的工作，虽然他们并不一定胜任这份工作。这对来自农村毫无"关系"的大学生来说，严重挫伤了他们的进取心和自信心，使他们逐渐由失望、灰心、沮丧转到埋怨社会和家庭，在心理上产生强烈的压抑感，形成沉重的心理压力。更重要的是，中国人的传统心理就是无论如何也要让自己的下一代比自己强。因此，中国的父母往往比其他国家的父母活得更加辛苦，他们给了下一代太多太多的爱，有时这些爱甚至让他们的下一代感到一种难以承受的压力。

(3)缴费上学与校园消费给大学生带来的经济压力

一方面，大学四年的学费、生活费，对贫困生与其家庭来说，无疑是一项相当重的经济负担。因此，他们只有靠发愤图强，加倍的努力，以优秀的学业换得良好的前程，才能对得起父母。而这种责任感也往往是父母向子女们反复灌输的。所以，大学生初入校园时所怀有的雄心壮志也往往与由此带来的巨大的经济压力不无关系。

另一方面，受社会上攀比风、吃喝风的影响，当今的大学校园还存在一种为追求虚荣而产生的竞相消费现象。竞相消费现象强烈地刺激了部分贫困大学生的心理。有限的经济来源和实际的高消费欲望造成尖锐的矛盾冲突，成为大学生经济生活的一个重要心理障碍。对这部分学生来说，因贫穷造成的心理创伤大大超过贫穷窘迫的生活本身带来的压力。他们虽然家庭经济条件并不好，但为了"面子"，又不得不"大大方方"地花父母的血汗钱。富有与贫穷二者形成的不和谐组合，使一部分学生产生了强烈的自卑感，良心、面子和心理之间的冲突日益加剧。

(4)知识结构单一、择业观念落后给大学生带来的就业压力

① 知识结构单一，缺乏创新意识，不能充分适应社会需求。知识经济时代呼唤复合型的创新

---

❶ 周春明，徐萍．大学生心理健康．北京：北京理工大学出版社，2009：229-233．

人才，但高等教育的改革却滞后于社会的需要。专业划分过细，教材内容陈旧，教学方法落后，重知识传授、轻能力培养，忽视学生全面素质的提高。由于没有建立起培养学生创新能力、实践能力和创业精神的新机制，学生的创新能力、实践能力和创业精神就得不到培养和发挥。而随着市场经济的发展，用人单位对毕业生的动手能力和创新能力却有着较高的要求，传统教育模式下培养出来的毕业生，往往满足不了他们的需要。

② 一方面受社会或家长的影响，不少大学生希望毕业后找到一份有固定收入且比较安逸的"铁饭碗"；另一方面，又希望自己能顺应潮流，到市场经济大潮中找到适合自己位置，成为现代开拓型人才。新旧两种人才价值观交相影响着大学生的心理，使其经常处于摇摆不定的茫然之中。

③ 择业动机的盲目性和功利性也影响大学生顺利就业。许多毕业生选择职业时缺乏必要的心理准备，带有很大的盲目性和虚荣心理。有的以待遇高低确定择业目标，有的则以地域确定就业单位，把注意力集中在社会知名度高、经济上实惠的职位上。首先关心的是"收入如何""待遇如何"，而不是考虑自己的竞争能力和专业特长，不愿到急需人才的基层、农村或经济落后的地区工作。由于社会不可能充分满足每个大学生的职业理想要求，所以就业选择的心理冲突总是造成大学生心理上的压力。结果一旦求职未成，立即陷入苦闷、焦虑、失望等多种复杂的情绪体验，而且通常是期望值越高，挫折感越重，由此引起内心世界的负荷也就更为沉重。

● **4.2.4 疏解压力的策略和方法**

压力是生活的一部分，是不可避免的。竞争越激烈、社会越进步，压力越大，生活的过程就是面对一个又一个压力、解决一个又一个困难的过程。面对压力时要认同、冷静、乐观，要想办法缓解压力，使自己不要被它压垮，然后，是想办法解除压力，将压力转化为动力。

（1）正确认识压力

大学生要认识到大学生活并不总是一帆风顺的，困难是不可避免客观存在的。因此，当遇到困难时，不应该退缩，要无畏地去正视它，解决它。应采取积极态度看待压力，那就是压力可以磨炼人的意志，激发人的智慧和潜能，把压力看成是生活的挑战、成长的机会。巴尔扎克说过："世界上的事情永远不是绝对的，结果完全因人而异。苦难对于人才是一块垫脚石，对于能干的人是一笔财富，对于弱者则是万丈深渊。"

在压力面前要保持勇气和信心，有心理准备去勇敢迎接各种各样的任务和挑战。自信是成功的基石，有了自信才会有克服困难的勇气和力量。要树立正确的奋斗目标，目标确定后，要用自己的毅力和坚强的意志去实现，不能好高骛远，也不能半途而废。特别是在学习方面，不能用经济价值和立竿见影的效益去衡量，知识是长远的利益和效益，不能简单地认为学习理论知识立刻就会在能力上有很大的提高。一些急功近利的思想永远都不利于我们意志的磨炼与健康心理的形成。

（2）加强自我分析

自我分析就是充分认识自己的优点和弱点，通过有效的自我分析，全面、客观地认识和评价自己。一个人只有正视自己，既承认自己的价值，又能坦然面对和接受自己的不足，才能变得成熟、自信，避免因过低的自我评价所带来的自卑和过高自我评价所产生的失落和抑郁。

对于大学生来说，自我规划就是在自我分析的基础上，充分考虑自我和外在因素，对自己的未来做出可行性设计，并制订行动计划。一个能自觉进行自我规划并成功执行计划的大学生会表现得充实、自信，使压力感较轻。

(3) 积极行动

"好心情来自好行动",这句话至少为我们应对压力提供两点启示:第一,面临困境时,积极行动;第二,要进行有效行动。实际上,大学生的心理压力得不到缓解,大多是只想不做,缺少行动。由于缺少行动,许多并不难于解决的问题又累积成新的困扰。因此,行动是摆脱压力最好的办法。但是,也应注意到,不能盲目行动,而是要进行有效行动。为了确保每一次的行动都成功,就要使行动分步进行,以部分缓解压力,增加信心,最终实现摆脱压力的目标。

(4) 寻求社会支持

社会支持是指来自家庭、亲友和社会其他方面(同学、老师、组织、团体和社区等)对个体的精神上和物质上的慰藉、关怀、尊重和帮助。

社会支持可以对处于压力情境下的大学生给予一定的心理保护和援助。首先,社会支持可以提供情感支持。当大学生面临困境时,如果能及时得到父母、朋友、同学和老师有效的安慰和鼓励,就会减少压力感,减少负性情绪的产生,降低压力对个体身心健康的危害性。其次,社会支持可以提供工具支持。当大学生面临压力情境时,社会支持良好的大学生可以从他人那里获得必要的指导,或应对压力的策略。

(5) 开展放松训练[1]

① 运动。这是一种最为积极的减压方式,也是脑力劳动者最有效的休息和娱乐,运动时体会到的乐趣可以使人们从各类烦恼中解脱出来,并以较好的态度面对挑战。

例如周末时适当骑单车到郊外,既可欣赏沿途的美丽风景,又可彻底放松身心压力。骑单车是一项有氧运动,有一定的负荷与强度,当运动量超过某一阶段时,体内便会分泌脑内啡(endorphin)和儿茶酚胺(catecholamine)。不同的研究指出,脑内啡和儿茶酚胺的增加能提高身体应付日常生活中面对压力的能力,加强主观心理的良好感觉。甚至有一些研究发现当体内缺乏儿茶酚胺时,就会引起一些负面的情绪,甚至导致抑郁。

② 聊天。找一位朋友随心所欲的聊天,可以有效地缓解心理压力。

③ 玩游戏。人性中的游戏本能,不管是少年还是成年,都同样存在,处于游戏状态,可以放松思想、缓解压力、解除心理疲劳。

④ 深呼吸。面对纷杂的环境,深呼吸最有帮助,既能镇静,又能恢复精神。

⑤ 闭目养神。尽量放松神经和肌肉,在内心构想美好的图画。

⑥ 着眼当前。集中精力做好当前的工作,不要花时间追忆过去。

⑦ 尽情发泄。烦恼、忧虑不要积在心中,设法通过不损害别人、不伤害他人的途径及时宣泄。

⑧ 学会幽默。幽默是精神健康的调解剂,学会幽默可以让自己以良好的心境应付周围的一切。

⑨ 乐于助人。在帮助别人的同时忘掉烦恼,与别人同乐,同时自己也会有可信赖的朋友。

⑩ 进行分解。把学习生活中的压力罗列出来,区分哪个先做、哪个后做,这样就容易各个击破,逐渐化解压力。

⑪ 读书。找一本自己感兴趣的书,以陶冶情操,忘却烦恼。

⑫ 换一个角度。同一个事物或问题,不同的角度会产生不同的认识,从这个角度看,可能会引起消极的情绪体验,产生心理压力。这时只要能够转换一个视角,常会看到另一番景象,心理压力也就迎刃而解。

---

[1] 陈桂香,王凤兰. 大学生心理健康教育. 北京:中国农业出版社,2010:103-104.

【案例】

一位老太太有两个儿子,大儿子卖伞,二儿子晒盐。为两个儿子,老太太差不多天天愁,愁什么?每逢晴天,老太太叹息:这大晴天,伞可不好卖哟!于是为大儿子忧。每逢阴天,老太太又嘀咕:这阴天下雨的,盐可咋晒?于是为二儿子愁。终于积忧成疾,病卧在床,真是"可怜天下父母心"。两个儿子倒也孝顺,四处访医问药,幸访得一智者,口授一计曰:"晴天好晒盐,老太太应为二儿子高兴;阴天好卖伞,老太太该为大儿子高兴,这么转念一想,保你没愁发喽!"老太太依计而行,果真变愁苦为欢乐,日渐心宽体健起来。

⑬ 听音乐。各种声音通过耳朵被人感受,如他人的赞扬声、指责声、议论声等都会影响你的心态,因此,你可以多听些优美的音乐,缓解不愉快的心情。

⑭ 确立合理预期。 建立合理的、客观的自我期望值,奋斗目标要合理,有时做事可往最坏处着想,但向最好处努力。

⑮ 学会忘记。时间是解决问题的最好办法,积极忘记过去的、眼前的不愉快,随时修正自己的认知观念,不要让痛苦的过去牵制住你的未来。

心理小卡片4-5

摆脱心理压力20招

1.一吐为快。2.开怀大笑。3.听听音乐。4.阅读书报。5.重新评价。
6.大喊大叫。7.与人为善。8.不要挑剔。9.留有余地。10.学会躲避。
11.免当超人。12.放慢节奏。13.做些让步。14.遇事沉着。15.逐一解决。
16.熄灭怒火。17.做点好事。18.眺望远方。19.换个环境。20.外出旅游。

心理小游戏

挫折排排队

活动目的:了解挫折对自己的影响,探讨积极的应对方式。

活动方法:请填写表格(表4-1),找出近一年来遇到对自己影响最大的五次挫折,并标明当时的反应方式,然后按反应强度和持续时间长短排序,客观分析这些反应方式在应对挫折时的积极影响和消极影响。与其他人讨论,探讨应对挫折的最佳方式。

表4-1 挫折排排队

发生时间	挫折事件	反应方式	排序	积极影响	消极影响	最佳应对方式

心理测试

1.挫折承受能力测试

指导语:请勾选符合自己实际情况的选项。

(1)碰到令人担心的事:
    A. 无法着手工作   B. 照干不误   C. 两者之间

(2)碰到讨厌的对手时:
    A. 感情用事,无法应付   B. 能控制感情,应付自如   C. 两者之间

（3）失败时：
    A. 不想再干了   B. 努力寻找成功的机会   C. 两者之间
（4）工作进展不快时：
    A. 焦躁万分，无法思考   B. 可以冷静地思考办法   C. 两者之间
（5）工作中感到疲劳时：
    A. 脑子不好使了   B. 耐住疲劳继续工作   C. 两者之间
（6）工作条件恶劣时：
    A. 无法干好工作   B. 克服困难创造条件   C. 两者之间
（7）在绝望的情况下：
    A. 听任命运的摆布   B. 力挽狂澜   C. 两者之间
（8）碰到困难时：
    A. 失去信心   B. 开动脑筋   C. 两者之间
（9）接到很难完成的任务或很难完成的工作时：
    A. 顶回去   B. 千方百计干好它   C. 两者之间
（10）困难落到自己的头上时：
    A. 厌恶之极   B. 欣然努力克服   C. 两者之间

结果与解析：A＝0分；B＝2分；C＝1分；总分在17分以上说明受挫能力很强；在10～16分之间，说明对某些特定挫折的承受能力比较强；在9分以下的，说明承受能力比较弱。

2. 心理压力测试

核心提示：你有心理压力吗，你想知道你在生活中处理心理压力的能力吗？在下面的测验中找出最接近你实际生活的一种情况，如果没有经历过这类事情，可选择最接近你的想法的一种。

（1）生日，婚礼……，免不了花钱。
    A. 你不想在这类场合出现，以免花钱买礼物
    B. 尽管不少花钱，可在各种场合，你还是乐于选择小巧而特别的礼物
    C. 只在对你很重要的场合送礼

（2）你的自行车与别人的车相撞，你不得不与对方约个时间解决这个问题。
    A. 这件事引起的焦虑和不安使你失眠
    B. 这并非重要的事情，只是生活中发生的许多事情中的一件，你会在问题解决后，做点自己喜欢的事情，以便尽快忘掉那不愉快的事
    C. 开始时你不去管它，只要在解决问题的那一天到来时再想办法应付它

（3）你的家具或电器由于水管破裂被损坏了，而且发现你的财产保险不能完全弥补损失。
    A. 你很失望，痛苦地抱怨保险公司
    B. 开始自己修复家具
    C. 考虑撤销保险，并向有关事务机关投诉

（4）你由于某件生活中的小事和邻居发生了争执，却没能解决任何问题。
    A. 回到家，你拼命喝酒，想轻松一下，忘掉这件事
    B. 准备到对方单位告他
    C. 通过散步或看一场电影来平息怒气

（5）当今日常生活中的压力使你和你妻子(或丈夫)经常发生口角。
    A. 每当这个时候，你尽力放松自己，保持沉默，不去争执
    B. 你和朋友谈论这事，使你的观点和感情得到理解
    C. 寻求机会，心平气和地与自己的妻子(或丈夫)谈心，看如何摆脱由于日常生活压力而引起的争吵

（6）一个你所爱的亲密朋友准备与别人结婚了，对你来说这是个巨大的不幸。

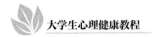

A. 你逃避现实，使自己相信这不可能发生，因此没必要担心，于是仍然乐观地抱希望
B. 决定不去担忧，因为还有时间去改变这个"事实"
C. 决定向你所爱的人提出你的观点，表明你的态度，严肃地向她(他)说明不该这样的理由

（7）每个人都承受物价上涨所带来的心理上和生活上的压力，你更担心食品价格上涨。
A. 尽管价格上涨，你仍拒绝改变饮食习惯，因此不得不花更多的钱
B. 每看到物价上涨，你怒气会大增，但不管怎么样还要买，甚至拼命抢购，担心还会再涨
C. 设法少花钱，制定出一个营养而又实惠的新食谱

（8）终于有一天你的能力被人们认识并被赋予一项重要工作。
A. 你考虑放弃这次机会，因为工作量太大
B. 你开始怀疑自己能否承担这个重任
C. 分析这项工作对你的要求，并为从事这一工作做各方面的准备

（9）你猜想你的房租或一些其他的月支付会增加。
A. 每天急于收信，以便从朋友那里早点确认上涨的信息，只有没信时才有所放松
B. 决定不被这次涨价吓倒，你计划怎么样应付这种情况，如换房、采取节约措施等
C. 你觉得每个人都处在同样的状态中，因此逃避现实，被动等待，认为自己总会应付得了

（10）你的一个非常亲近的人在一场事故中受了重伤，你从电话里得到了这个消息。
A. 努力压抑自己的感情，因为你还要把这一消息告诉其他朋友和亲戚
B. 你挂断电话，哭起来，让悲痛尽情发泄出来，使心里好受一些
C. 去医务室向医生要一些镇静剂，帮助你度过以后几小时

（11）每个节假日，家里总为去探望双方的父母而发生激烈争吵。
A. 你制定了一个严格的5年计划，要求在节假日轮流探望双方父母
B. 决定在重要的假期与自己最喜欢的家庭成员一起度过，而在不太重要的假期邀请其他人
C. 决定做最"公平"的事，根本不与家里老人、亲戚一起度假，这样麻烦最少

（12）有一天你突然感觉不舒服。
A. 读一些有关医学的书，进行自我诊断，自我治疗
B. 鼓起勇气，告诉家里人，并去医院看病，希望得到医生帮助
C. 拖着不去看病，认为自己最终会好起来

（13）你最小的孩子离开家走入社会，这意味着家里只剩下你和你丈夫(或妻子)。
A. 与朋友谈论家中的这一变化，看他们是怎么应付这一变化所带来的各种不适应的状况
B. 尽可能地帮助别人并为自己寻求新的兴趣爱好
C. 想告诉孩子们，希望他们多在家里待一段时间陪陪自己

结果与解析：

问题（1）~（3）：A=3，B=1，C=2；
问题（4）~（8）：A=3，B=2，C=1；
问题（9）~（13）：A=2，B=1，C=3。

总分越低，说明你处理问题的能力越强。如果得分为21分或更少，那么你很会处理问题，心理压力不大，或许还可教其他人如何平静下来，减少心理压力，如果21分以上，说明心理压力过大。

 心理思考

（1）压力和挫折对大学生有哪些影响？
（2）大学生受挫后有哪些行为表现？你常用的应对方式有哪些？哪种更有效？
（3）大学生如何有效消解压力？

第 5 章 拥有和谐交往

> 一个人事业的成功，15%取决于他的专业技能，85%依靠人际关系和处世技巧。
>
> ——卡耐基

知识导航

◆ 认识大学生人际关系的含义，了解大学生人际交往的影响因素；
◆ 解析大学生人际交往的心理问题；
◆ 把握建立和谐人际关系的策略。

心理小故事

一把坚实的大锁挂在门上，一根铁杆费了九牛二虎之力还是无法将它撬开。钥匙来了，只见他瘦小的身子钻进锁孔，只轻轻一转，大锁就"啪"的一声开了。铁杆奇怪地问："为什么我费了那么大的力气也打不开，而你却轻而易举地就打开了呢？"钥匙说："因为我最了解他的心。"

俗话说，一把钥匙开一把锁。与人交往时，也要注意了解别人内心的想法，才能解开别人的心锁。要想轻松到达别人的内心，就需要了解一定的心理知识和交际技巧。

5.1 大学生人际关系概述

我国著名心理学家丁瓒先生曾指出：人类的心理适应，最主要的就是对于人际关系的适应。所以，人类的心理病态主要是由于人际关系的失调而来的。在竞争日益激烈的今天，人们承受着巨大的心理压力，与人沟通显得尤为重要。据统计，大学生每天除了睡眠外，其余时间有70%左右用于人际交往。从健康心理学的角度讲，良好的人际关系不仅是大学生心理健康水平及社会适应能力的重要指标，也是其今后事业发展与人生幸福的基石。良好的人际关系能使人获得安全感和归属感，给人精神上的愉悦和满足。同时，和谐的人际关系，良好的交往能力、观察能力以及表达能力，也是个体良好心理素质的展示。因此，大学生积极与人交往，处理好人际关系，有着十分重要的现实意义。

5.1.1 人际交往与人际关系

培根曾说过："人类在相互交往中寻求安慰、价值和保护。"人际交往作为人类特有的心理和社会现象，涵盖了人与人之间一切直接的和间接的互动过程，是人们社会生活的重要内容，也是大学校园生活的主题之一，那么，请问你知道什么是人际交往吗？了解人际关系吗？

（1）人际交往与人际关系概念

人是社会性的动物，在社会生活中我们几乎每天都要和他人打交道。从动机上来说，人们也会寻求与他人的关联，每个人都希望得到它所关心和重视的个人和集体的支持、喜爱和接纳。没有人际交往，也就没有人类的今天。人际交往是指人与人之间通过一定方式和手段进行接触，从而在心理和行为上发生相互影响的过程，也是人与人之间的信息交流过程。人际交往是人类最基本的社会活动，也是人类必然出现的社会活动，它是由人对生存、安全、归属的需要所决定的。在交往过程中，交往双方实现着信息和感情的交流以及行为上的互动。双方通过语言、行为、思想、感情的作用，彼此影响对方。人际交往的目的是达成沟通、协调和建立一定的人际关系。

广义的人际关系是指人与人之间的各种关系，包括经济关系、政治关系、法律关系、角色关系、文化关系、心理关系等一切方面。狭义的人际关系，是指人们在交往过程所形成的心理关系。人与人之间的心理关系，通过认知、情感、行为三个方面表现出来。认知是互相了解的程度，它是建立人际关系的基础和前提；感情是相互亲近、友好或者疏远、敌对的心理距离。它影响个体对交往对象所产生的趋避倾向和行动，鲜明地反映出个体与交往对象之间的关系；行为指相互合作、支持或排斥、反对的实际行动，它是认知、情感的综合体现。

人从诞生之日起，就处于一定的人际关系中，不论你愿意与否、自觉与否都得与人进行无休止的来往。

（2）人际交往及其心理因素

人际交往是指人们运用语言或非语言符号交换意见、交流思想、沟通感情、传递信息和表达需要等的互动过程。它是一个由浅入深、由表及里的渐进发展过程。

人际交往的心理因素包括认知、动机、情感、态度与行为等。

① 认知是个体对人际关系的知觉状态，是人际交往的前提。人与人的交往首先是从感知、识别、理解开始的，彼此之间不相识、不相知，就不可能进行人际交往。认知包括个体对自己与他人、他人与自己关系的了解与把握，它使个体能够在交往中更好地、有针对性地调节与他人的关系。

② 动机在人际交往中有着引发、指向和强化功能。人与人的交往总是缘于某种需要、愿望与诱因。

③ 情感是人际交往的重要调节因素，人们在交往过程中，总是伴随着一定的情感体验，如满意与不满意、喜爱与厌恶等，人们正是根据自身情感体验不断调整人际关系。情感直接关系着交往双方在情感需要方面的满足程度和亲疏关系。

④ 态度是人际交往的重要变量，每时每刻都在表现某种态度，态度直接影响着人际关系的建立、形成与发展，例如偏见、歧视的相关态度直接影响着人们的人际交往。

⑤ 行为是双方交往的外在表现和结果，包括行为举止、语言、表情、手势等。

（3）人际交往的意义

① 满足交往的需要

交往是人们健康成长的基本条件。马斯洛认为，人人都具有这样一种基本需要：需要归属于一定的社会团体（见图5-1），需要得到他人的爱与尊重。这些社会需要是与吃饭、穿衣等生理需要同等重要的不可或缺的需要，否则，将使人丧失安全感，进而影响心理健康。

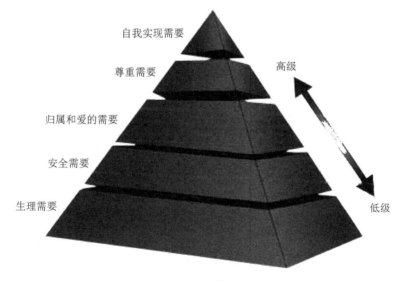

图5-1 马斯洛的需要层次模型

② 满足自我认识的需要

个体对自己的认识是先从认识别人的评价开始的。别人对个体的评价、态度，包括对待他们的行为方式就像一面镜子，使个体从中了解了自己，界定了自己，并形成了相应的自我概念。换句话说，人对自己的认识总是以他人为镜，需要通过与他人进行交流、比较，把自己的形象反射出来而加以认识。大学生在交往过程中,往往以同龄人作为参照系,从他人对自己的反应、态度和评价中发现自己的长处和短处,找到自己恰当的社会位置,从而选择更为恰当的行为。

③ 促进个体的社会化进程

人的社会化进程,不是仅靠个人努力就能完成的,只有在与他人的交往之中才能完成。在与他人的交往中,通过观察、学习、模仿等,接受社会规范,掌握社会生活技能,培养自己的社会角色,从而取得社会成员的资格,成为社会的人。积极的人际交往有助于个人获得更丰富的信息,保持与社会的联系,明确和承担社会责任,从而促进个人社会化的成熟。

④ 交流信息,沟通感情,发展个性

人们之间的交往就是信息交流的过程,所以交往可以使人获得大量的信息资料。任何一个人,他所掌握的知识、技能和他所获得的直接经验都是有限的,人要想适应无穷无尽不断变化的外部世界,就必须凭借交往、沟通来获得别人的宝贵经验。人与人之间的情感联结,是通过人际沟通来实现的。人们需要交往,如同生物体需要空气、阳光和水分一样。如果阻断同一切人交往的可能性,人就会产生孤独和恐惧,感到似乎被这个世界所遗弃,非常痛苦。只有在广泛的、不拘一格的交往中,彼此产生情绪互动作用,人们的郁闷才能得到排遣,感情才能得到宣泄,思想才会感到充实,精神才能得到满足。

> **心理小卡片5-1**
>
> **仰巴脚效应**
>
> 心理学家阿龙森等人的经典研究:请被试根据主观感觉评价对录像中被访者喜欢的程度。被访者是大学生,访谈的内容是一样的,分四种情形:第一位被访者才能杰出,完美无缺;第二位被访者与第一位大同小异,只是有点紧张打翻了咖啡杯;第三位被访者表现平平;第四位被访者与第三位大同小异,又像第二位那样打翻了咖啡杯。结果发现:大家最喜欢才能出众而且犯了错误的人,其次是才能出众完美无缺的人,最不喜欢才能平庸而又犯了错误的人。
>
> 仰巴脚效应,也称出丑效应或犯错误效应:指精明人不经意中犯点小错误,不仅瑕不掩瑜,反而使人觉得他具有和别人一样会犯错的缺点,也具有平凡一面而使自己感到安全。

(4) 人际关系及其特点

人际关系指人与人在相互交往基础上形成的一种心理关系,表现为人与人之间亲近、疏远、友好、敌对等心理距离,反映着人们寻求爱与归宿等需要满足的心理状态。它具有如下特点。[1]

① 人际关系是社会关系的一个侧面。人存在于诸多的社会关系之中,人的社会关系可以分为两类:一类是社会的生产关系,以及在此基础上形成的经济、政治和文化的关系;另一类是人与人之间的心理关系,也就是人际关系。社会关系是社会角色之间的关系,是不以人的意志为转移的客观关系,如辅导员老师与学生干部之间以身份地位为基础而形成的领导与被领导之间的关系,而人际关系的实质是情感上的关系,如师生关系。人际关系只是社会关系的一个侧面,不能简单地等同于社会关系。

② 人际关系以情感为纽带。人际关系总是带有鲜明的情绪与情感色彩,是以情感为纽带的。人们相处中呈现出来的喜欢、亲近或疏远、冷漠的情绪状态是人际关系好坏的基本评价指标。人

---

[1] 陈国梁. 大学生心理健康教育. 广州:华南理工大学出版社, 2009:172-173.

际关系所具有的这种情绪性，使人与人之间的心理距离成为可以直接观察的心理关系。

③ 人际关系以人们的需要为基础。需要是建立人际关系的动力，人际关系主要反映了人们在相互交往中需要能否得到满足的心理状态。人际关系的亲疏、友好或敌对等取决于人们心理需求是否得到满足。如果交往双方的需要能够得到一定程度的满足，就会产生喜欢、亲近的情绪反应，人们的心理距离就会缩短；反之，就会产生厌恶、憎恨等情绪反应，心理距离就会加大。因此，需要的满足是建立人际关系的心理基础。

④ 人际关系以交往为手段。人际关系是人们借助于交往，努力消除陌生感、缩短心理距离的结果。之所以如此，是因为交往是人们交流信息、消除生疏、加深了解、获得肯定或否定体验的途径。不仅如此，交往的频率还是人际关系亲疏的调节器。一般来说，交往的频率越高，人际关系越亲密；交往频率越低，人际关系越趋于淡化。当交往完全不存在的时候，原有的人际关系也会名存实亡，多年分散而中断交往的老同学就是这样。

⑤ 自我暴露是人际关系深度的标志。人际关系是在人们逐渐自我暴露的过程中发展起来的。随着我们对一个人接纳程度和信任感的增强，自我暴露也会越来越多，同时也要求别人越来越多地暴露他们自己。通过了解别人自我暴露的程度，可以很好地了解别人对我们的信任和接纳程度，了解同别人的人际关系状况。自己对别人的信任和接纳程度也可以通过自我的暴露程度来了解。因此，交往双方的自我暴露程度实际上标志着他们人际关系的程度。

（5）人际关系与人际交往的联系与区别

人际关系与人际交往是两个既有联系又有区别的概念。人际交往是人际关系实现的根本前提和基础，而人际关系则是人际交往的表现和结果。两者的区别是：人际关系指向人的心理，人际交往指向人的行为；人际交往侧重于人与人之间联系与接触的过程、行为方式、程度等；人际关系侧重于在交往基础上所形成的心理和结果状态。从时间上看，人际交往在前，人际关系在后，人际交往是一个动态的过程，而人际关系则具有相对的稳定性❶。

5.1.2 大学生人际交往特点

大学生渴望友谊，渴望结交更多的朋友，交流更多的信息，接受更多的新思想。在这种心理的作用下，大学生的人际交往呈现出前所未有的开放与多元交往趋势，表现在以下方面。

（1）交往范围扩大

大学生人际交往范围的扩大表现如下：他们已不满足于同班同学的人际交往，扩展到不同系科、不同院校、不同地区甚至不同国度之间的信息交流和友好往来，由于不同交往活动而聚集在一起形成了学习圈、娱乐圈、社团圈、老乡圈、合租圈等。

（2）交往频率提高

交往由偶尔的相聚、互访发展到较为经常的聊天、社团活动、举行聚会、体育活动、娱乐、结伴出游以及其他一些集体活动。

（3）交往方式多元

手机和网络的发展，使大学生的人际交往变得更方便、更快捷，交往距离更远，交往范围更广。特别是网络交往的非直面性、身份的隐蔽性、思想表达的随意性、自由性和超时空性的特点，使网络交往成为大学生时髦的、新型的人际交往方式。

---

❶ 倪亚红，杨雪花. 大学生心理健康教程. 南京：东南大学出版社，2006：210.

(4) 交往目的复杂

随着社会的发展变化，大学生在社交目的上也趋于"理性化"，选择什么样的人交朋友，并不纯粹是出于情感和志同道合，交往的动机已变得很复杂。可以说，大学生的人际交往在注重情感交流的同时，越来越注重与自身社会利益相关的务实性，呈现出情感型交往与功利型交往并重的趋势。

(5) 交往主体平等

大学生随着生理和心理的成熟，自我认识逐渐增强，对独立和自尊的要求增加，他们希望在交往中平等对待，双方彼此尊重、相互容纳。从客观上说他们具有相似的个人经历、生活特点及知识水平，年龄也相差不多，因而，大学生在交往中较容易产生平等的心理意识。

平等的交往可以使大学生之间的信息传递、思想交流和感情沟通等在轻松自如的环境下进行，从而人际交往的各项功能也能充分地发挥。

(6) 交往能力不平衡

大学生虽然对人际交往有迫切的需求，但由于他们的人际交往能力以及个性的差异，其交往对象的范围有很大的不同。有的学生与人交往积极主动，人际面较广；有的学生平日沉默寡言，不善交往，在人际冲突中自我调节能力差。

● 5.1.3 大学生人际交往的作用

一个人的成长、发展、成功、成才都是在人际交往中完成的。一个人的喜怒哀乐也都与人际关系有关。对于大学生来说，应对人际交往的作用有一个充分的认识，以便积极地创造良好的人际关系，避免人际关系的淡薄和恶化。人际交往对大学生的作用主要表现在以下几个方面。

(1) 良好的人际交往可以促进大学生社会化进程

人从自然人（生物学意义的人）转变成社会人是在人际交往中实现的。刚出生的儿童，还不能称之为社会学意义的人，他只有通过与周围人的接触、受父母或其他人的影响，才能掌握社会生活准则，并逐渐使自己的行为符合周围的环境。所以说，人际交往是个体社会的起点。而个体社会化又是一个持续终生的过程，他的每一阶段都依赖于人际交往，如果一个人长期被剥夺与人交往的权利，不论大小和小孩都将失去人的本质。例如，印度的狼孩卡玛拉，从小被狼叼走，以狼为母亲，4～5岁之前一直和狼生活在一起，失去了人际交往的机会。当他刚刚回到人类社会之时，不会说话，不会站立，不会用手吃饭，只会跪在地上舔食。目光呆滞，白天像狼一样蜷缩在墙角落里睡觉，夜间像狼一样嚎叫，没有羞耻心，不穿衣服，这一切都表现出狼的习性。再如：中国山东的农民刘连仁被日本侵略者抓去，送到北海道做苦工，由于不堪忍受欺辱而逃进深山老林，过了13年的穴居野人生活，1958年被发现时已丧失说话能力。由此可见，人际交往是人社会化的必要条件。

对于大学生而言，与同伴交往尤为重要，这种交往是以双方平等为基础，青春期同伴的影响甚至超过父母、老师的影响。通过与同伴的交往，可逐渐调整自己的行为，逐渐摆脱以自我为中心的倾向，意识到集体的存在、意识到自我在集体中的责任和地位，学会与人平等相处和竞争，从而成为适应社会的人。因此，良好的人际交往有助于大学生个体社会化过程，可以加速大学生的社会成熟。

(2) 良好的人际交往有助于大学生的身心健康

我国心理学家丁瓒说过："人类的心理适应，最主要的就是对于人际关系的适应，所以人类的心理变态，主要是由人际关系失调而来"。

通过与人良好的交往，可以获得友谊、支持、帮助、缓解内心孤独与压抑，宣泄焦虑和烦恼，增加自信心和自尊心，增强自我价值感、精神上的充实感和幸福感，有益于身心健康；反之，如果我们把自己封闭起来、不与他人来往，就会产生孤独、空虚、惆怅等不良的内心体验，这些消极的体验又成为各种疾病的催化剂，削弱人的抵抗能力，影响人的生理机能。可见，良好的人际关系是大学生维持身心健康的保障。

美国伊利诺伊大学的心理学家塞里格曼教授对其所在学校的大学生做过一项"感受幸福程度"的调查研究。结果发现，自我感觉最幸福的学生共同并且最特殊的一点就是他们都有非常好的人际关系。他们很少独处，和家人、朋友、恋人之间的关系非常稳固，他们和自我感觉一般或不幸福的学生相比，更为开朗，更为和善，感到的压力少，对生活比较满意，生活中积极体验多于消极体验。塞里格曼教授通过研究认为，影响大学生幸福感的决定因素是其内心最深层的归属感以及与他人交流的需要。

每个人都有强烈的交往需求，都害怕孤独，害怕离群索居。美国一位心理学家曾做过这样一个试验，他以每小时15美元的酬金请人到一个小房间去住。每个小房间与外界完全隔绝，没有电话、没有报纸，不准写信，也不让其他人进来。最后有5个人参加试验，结果，有一个人只在小房间待了两个小时就出来了，有三个人待了两天，另一个人待了八天，他出来后说："如果让我在里面再多待一分钟，我就要发疯。"

大学生自我意识的发展，不是自然形成的，而是通过相互学习、互相帮助、互相鼓励、相互影响而成熟起来，别人对自己的尊重和轻蔑、亲近和疏远、喜爱和厌恶、热情和冷淡、赞扬和批评等都会影响大学生的自我评价。

良好的人际关系是对一个人基本品质的肯定，是对一个人做人原则的认可。大学生可以从中受到启发，如果你的寝室、班级所有的人对你都很冷淡，都有意躲避你，那么你就要认真反省，或者同他们进行真诚地交流，找自己的缺点和不足，以便形成良好的人际交往。

（3）良好的人际交往是大学生获得信息的手段

人际交往的过程常伴随着信息、知识、经验、思想、情感的交流。在科学技术飞速发展的今天，知识需要不断的补充和更新。而一个人的经历是有限的，他获得的知识也是有限的。因而通过因特网、电话、书信、或与他人面对面的交流已成为人类获得信息的重要途径。

在创新活动中，更应注意同学间的交流，一个人的思维有时会陷入某种定势中，如果几个朋友、同学能在一起进行切磋，可能会产生"智力共振"，从而开拓自己的思维。正如萧伯纳所说："你我是朋友，各拿一个苹果彼此交换，交换后仍然各有一个苹果；倘若你有一种思想，我也有一种思想，彼此交换，我们每个人就有两种思想，甚至多于两种思想。"

孔子说过："独学而无友，则孤陋寡闻。"大学生在学习过程遇到困难时，要放开架子虚心向别人请教，要树立"三人行必有我师"的观念。

5.2 影响大学生人际交往的因素

人为什么喜欢别人或被别人喜欢呢？心理学家阿伦森通过调查得出以下几点：一是信仰与利益与自己相同；二是有技术，有能力，有成就；三是具有令人愉快或崇敬的品质；四是自我悦纳。总之，人际交往的亲疏远近受到多种主客观因素的影响。具体有以下几个方面。

5.2.1 影响大学生人际交往的外界因素

（1）时空因素

在人际交往过程中，时间和空间的距离是形成密切人际关系的一个重要条件。俗话说"近水楼台先得月""远亲不如近邻"就是这个道理。因接近机会多而相识，因相识而彼此吸引，最终建立友谊，甚至彼此相爱，是很常见的情况。例如，同学们由于同在一个教室上课，或同住一个宿舍，或是同乡，或同在某一个社团工作，或经常一起去图书馆学习等原因，接触频繁，容易具有共同的话题，从而容易建立较为密切的人际关系。大学生进入大学后，最初的人际关系都是从宿舍与老乡开始的。由于安排在一个屋檐下，彼此的接触频率显然高于非本宿舍成员，大学生最好的朋友往往都在同一宿舍；而老乡由于地缘关系，在陌生环境会产生心理上的亲近感。入学之初，时空因素是影响人际交往的重要因素，但随着年级的升高，时空因素的影响会减弱，更多地取决于彼此间态度、价值观和个性特征的相似性。

（2）态度相似

在日常生活中，共同的态度、信仰、价值观与兴趣，共同的语言、种族、国籍、出生地，共同的文化、宗教背景，共同的教育水平、年龄、职业、社会阶层，乃至共同的遭遇、共同的疾病等都能在一定条件下，不同程度地增加人们的相互吸引，正所谓"物以类聚，人以群分"。态度相似性之所以能密切人际关系，是由于彼此观点一致，争辩机会较少，矛盾冲突少，比较容易得到认同和支持，从而使友谊得到发展。

（3）需要互补

在大学的日常生活中，我们经常发现不仅具有态度相似性的人们之间会形成友好关系，而且需要、性格等完全相反的人之间也会形成友谊关系。如脾气暴躁的人与脾气温和的人、独断专行的人与优柔寡断的人、活泼健谈的人与沉默寡言的人也能建立良好的人际关系。这正是因为在交往的过程中，双方在气质、性格上有不同于对方的优点和缺点，为了共同的目标，彼此之间可以取长补短，互相满足对方的需要。大学生在追寻成长的过程中，不可能发展得面面俱到，总难免有顾此失彼的遗憾。因此，当自身所缺而恰为对方所擅长时，就会情不自禁地对其表示好感。例如，学理工的同学，可能爱好人文社科但失去学习的机会，如交到长于人文社科的朋友，分享其在人文社科领域的心得与快乐，就可使他对失去的缺憾得到某种补偿，自然也密切了彼此的关系。

相似与互补看似矛盾，其实是针对不同的方面；前者多含有价值取向的意味，后者则多表现为现实的需求。总之，大学生们长期地在一起生活、学习和工作，不可避免地会产生这样或那样的矛盾。但是，如果一方所表现出来的行为，正好能满足另一方的心理需求，则彼此间将产生强烈的吸引力，从而能密切他们之间的人际关系。相反，如果其中一方对另一方表示不友好或不利于另一方的时候，就会引起另一方的不安，双方的友好关系可能中断，甚至会使矛盾加剧。

（4）个人才华

表面上，似乎在其他条件相等的情况下，一个人能力越强，才华越出众，就越能受到欢迎。但研究结果发现，在一个群体中最有能力、最能出好主意的人往往不是最受喜爱的人。在生活实践中，我们常常遇到这样的学生，因为他的出类拔萃反而失去了同学的喜欢与信任。这是因为，一方面每人都希望自己周围的人有才华，有一个令人愉快的人际关系圈，但如果别人的才华使人们可望而不可及时，则会产生心理压力。这就是人们常说的"木秀于林，风必摧之"。显然，才华与被人喜欢的程度在一定范围内成正比，超出这个范围，可能会产生逃避或拒绝，任何一个人，都不愿意选择一个总是彰显自己无能或低劣的对象去喜欢。因此，一个才华出众但偶尔有点小错误的人在一定程度上比没有错误的人更受欢迎。

(5) 外表相悦

美丽的外貌是人际吸引的最初动力。大量的研究表明，外貌魅力会引发明显的"辐射效应"，使人们对高魅力者的判断具有明显的倾向性。有些大学生外表相貌悦人，使人情不自禁地多看几眼；有些学生长相一般甚至有点不大好看，自然不易引起别人注意，有的学生会因此产生自卑、敏感心理，进而逃避人际交往。

研究表明：外貌美的人，有很强的刻板印象，即"美就是好"。戴恩及其同事在实验室向被试大学生出示三张外表吸引力不同的照片，分别是外貌有吸引力、相貌一般和无吸引力，并请他们对照片上的三个人在27项特质上打分，并预测未来的幸福程度。结果表明：大多数被试者对外貌好的给予较高的评价与预测，人们一般觉得外貌好的人聪明、有趣、独立、会交际、能干等。无论男性评价男性、男性评价女性、女性评价男性，或女性评价女性，结果都是如此。这说明，人们喜爱漂亮、英俊帅气的人胜过喜爱相貌不好看的人，而且往往把一切好的特性都安在外貌有吸引力的人身上。

(6) 个性品质❶

表5-1为美国心理学家安德森1968年所做的一项调查中得出的。由此可见，排在序列最前面、受喜爱程度最高的6项个性品质包括真诚、诚实、理解、忠诚、真实、可信。而排在序列最后的受喜欢程度低的几项品质包括说谎、装假、邪恶、冷酷、不老实。真诚受人欢迎，虚伪令人讨厌。一个人要想赢得别人，与别人保持良好的交往，真诚是必须有的品质。因此，建立良好的人际关系，真诚是必不可少的。

表5-1 影响人际关系的主要个性品质

最积极的品质	中间品质	最消极的品质
真诚	固执	古怪
诚实	刻板	不友好
理解	大胆	敌意
忠诚	谨慎	饶舌
真实	易激动	自私
可信	文静	粗鲁
智慧	冲动	自负
可信赖	好斗	贪婪
有思想	腼腆	不真诚
体贴	易动情	不善良
热情	羞怯	不可信
善良	天真	恶毒
友好	不明朗	虚假

---

❶ 胡华北，孙晓峰. 大学生心理健康指导. 合肥：合肥工业大学出版社，2009：156-157.

最积极的品质	中间品质	最消极的品质
快乐	好动	令人讨厌
不自私	空想	不老实
幽默	追求物欲	冷酷
负责	反叛	邪恶
开朗	孤独	装假
信任	依赖别人	说谎

（7）人际期望

简单地说，人际期望就是个体对人际交往的双方在一定条件下心理、行为的预期和愿望。这些预期纯粹是个体的主观意愿，实际上是一种投射心理。虽然人际期望常常是自发的、内在的和无意识的，但在不同的人际关系中却有不同内容、不同价值。人际期望和个体的人际关系密切相关，甚至可以说，几乎所有的不良人际关系都是个体错误的人际期望造成的。

（8）人际安全

大学生在日常生活中的人际关系能否适应，关键在于个体感受到的人际安全的程度。所谓人际安全是指个体在人际相处和交往中对自身状况保持有利地位的肯定性体验。诉说人际关系不好的大学生往往是人际安全得不到保障，感到自己被别人欺负、愚弄或嘲笑，或担心自己的弱点和劣势会暴露出来。因此，在特定的环境及人际关系中，这类大学生会条件反射性地局促不安，担心别人询问自己，也不敢主动与别人交往。也就是说，大学生在感觉不到人际安全的情境中，将会自我防御性地退缩或回避。

（9）人际张力

人际张力或称人际应激是指个体在特定人际关系中所体验到的一种心理紧张状态。只要处于这种人际情境之中，个体就强迫性地感觉到紧张、压抑、无奈、无能为力或表现为冲动、偏激、难以克制。人际张力越大，个体越难适应人际关系。一旦脱离某种人际情境，相应的人际张力就自行解除了。然而，大学的同学关系、师生关系不是随便就能摆脱的，所以有些个体深受人际张力之苦。从某种意义上说，人际安全、人际期望、人际张力都是个体对特定人际情境的主观体验，三者是互相关联的。人际张力和人际安全是相对的，人际安全是个体人际适应的条件，人际张力是个体人际障碍的诱因，而人际期望是人际安全、人际张力的基础，或者说是内在机制。

（10）人际报复

在大学生的人际关系中，还普遍存在一种微妙的人际报复现象。即如果某一个体有意或无意地贬损了另一个体，不管被贬损的个体当时反应如何，该个体往往会在以后的某一时候遭到被贬损个体的报复。虽然这种报复可能是无意识的，并且不一定是激烈的暴力行为。但这种人际报复会直接增大人际张力，影响人际关系。

5.2.2 影响大学生人际交往的心理效应

我们在人际交往的过程中，往往会形成这样或那样的印象。我们形成的印象常与真实情况有所差别。是什么原因呢？其实是一些"效应"在作怪。了解人际交往的心理学知识，了解印象形成的一些"效应",我们可以学会怎样给他人一个好印象,同时也可以帮助我们克服这些效应的消极作用。

(1) 首因效应

首因效应一般指人们初次交往接触时,各自对交往对象的直觉观察和归因判断,在这种交往情景下,对他人所形成的印象就称为第一印象或最初印象。首因效应对人的印象的形成起着决定性的作用。初次见面,我们会根据对方的表情、体态、仪表、服装、谈吐、礼节等,形成对方给自己的第一印象。

第一印象一旦形成,要改变它就不那么容易,即使后来的印象与最初的印象有差距,很多时候我们也会自然地服从于最初的印象。在现实生活中,首因效应所形成的第一印象常常影响着我们对他人以后的评价和看法,因此我们应该重视与人交往时留给他人的第一印象。

但是大学生也要清醒地认识到,第一印象得之于较短时间的接触,往往带有一些主观性和片面性。古语说"路遥知马力,日久见人心",仅凭第一印象就妄加判断,"以貌取人",往往会在人际交往中带来不可弥补的错误。所以,要走出对他人认知的心理误区,不以第一印象作为取舍判断的标准,学会在长期的相处中全面、正确地认识和了解他人。

(2) 近因效应

所谓近因效应,是指在多种刺激一次出现的时候,印象的形成主要取决于后来出现的刺激,即交往过程中,我们对他人最近、最新的认识占了主体地位,掩盖了以往形成的对他人的评价,因此,也称为"新颖效应"。多年不见的朋友,在自己的脑海中的印象最深的,其实就是临别时的情景。

我们在交往过程中,常常用近因效应整饰自身的形象。例如,双方感情不和,一旦要分手的时候,主动向对方表示好感甚至歉意,会出乎意料地博得对方的好感,甚至将以往的恩怨化解。

【案例】

小菲和小玲是一对多年的好朋友。小菲比小玲大一岁,平时就像姐姐一样关心小玲。小玲从心底里感激小菲,把小菲当作知心朋友。每次小玲在学校受了同学的欺负,小菲总是挺身而出,极力维护她。大家都知道她们关系非常密切。可是最近,小菲和小玲却因为一件小事闹翻了。小玲生气地对别人说:"我把她当姐姐一样的尊重,她却这样对待我。""唉,我对她一直都很关照,却因为最近得罪了她一次,她居然就不理我了。"小菲很伤心地说道。原来,小玲因为小菲最近一次"得罪"了她,便把以往与小菲的友情全部给抹杀了。从此,两人形同陌路。

近因效应提醒大学生,在与朋友交往中,大学生对每一次的交往都要认真对待,千万不能因为自己一次出格的行为,毁了多年培养起来的深情厚谊;与朋友发生矛盾和争吵时,要等到彼此心平气和的时候,再坐到一起促膝而谈,倾听各自内心的真实想法,避免多年的友情毁于一旦。但是,与首因效应一样,近因效应使大学生仅仅根据人的一时一事去评价一个人或人际关系,割裂了历史与现实、现象与本质的关系,影响了大学生对人和事作出客观、正确的评价和判断。因此,大学生在认识他人时,不能只看一时一事,被暂时的、个别的行为所左右,要培养起全面考虑的思维方式,结合对方一贯的行为做出公允的评判,从而消除由于近因效应而产生的认知偏差。

(3) 晕轮效应

所谓晕轮效应是指我们在对别人做评价的时候,常喜欢从或好或坏的局部印象出发,扩散出全部好全部坏的整体印象，就像月晕（或光环）一样，从一个中心点逐渐向外扩散成为一个越来越大的圆圈，所以有时也称为月晕效应或光环效应。

多数情况下，晕轮效应常使人出现"以偏概全""爱屋及乌"的错误，产生一好百好的感觉。因而在与人交往时，可以采用先入为主的策略，让对方了解我们的优势，以获得肯定积极的评价。

心理小卡片5-2

"what is beautiful is also good"

德国一份调查报告显示，外貌越是有吸引力，越是容易被认为是成功的、有内涵的、友好的、聪明的、善于社交的、热情的、有创造力的，相反，外貌吸引力差的，往往与许多负面的因素相联系起来（相关系数在0.70至0.90之间）。

研究者通过建立标准条件，把人际吸引的影响范围控制在面孔因素上，从而得出了较精确的结果。以下是研究者用来测试的相貌图。

具有吸引力的女性面孔：

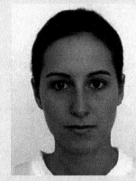 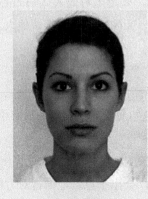 

不具有吸引力的女性面孔：

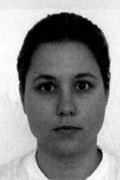 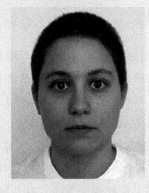

具有吸引力的男性面孔：

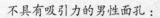
不具有吸引力的男性面孔：

这两组图其实并不是真人照片，而是利用计算机软件将人的面孔做了调整，从而使面貌的吸引力发生了很大的变化。

大学生在人际交往中，应注意不要被别人的晕轮效应所影响，陷入以偏概全的误区。在结交朋友时，大学生不要孤立地以貌取人、以某一言行取人、以某一长处或短处取人，否则会形成不正确的知觉，妨碍大学生去全面地观察、评价人，使大学生不能从消极品质突出的人身上发现其积极的品质和优点，也不能在积极品质突出的人身上看到其缺点和不足，对人作出"一无是处"或"完美无缺"的评价。

（4）刻板效应

商人常被认为奸诈，有"无商不奸"之说；教授常常被认为是白发苍苍、文质彬彬的老人；江南一带的人往往被认为是聪明伶俐、随机应变的；北方人则被认为是性情豪爽、胆大正直的……我们在认识和判断他人时，并不是把个体当作孤立的对象来认识，而总是把他看成是某一类人中的一员，使得他既有个性又有共性，很容易认为他具有某一类所有的品质。因而当我们把人笼统地划为固定、概括的类型来加以认识时，刻板印象就形成了。

刻板印象的存在，可以简化我们的认识过程。当我们知道他人的一些信息时，常根据该人所属的人群特征来推测他所有其他典型特征。这样虽然不能形成他人的正确印象，但在一定程度上可以帮助我们简化认识过程。但刻板效应也带来更多的负面效应。如种族偏见、民族偏见、性别偏见等。所以我们要"士别三日，当刮目相看"，不要一味地戴着有色眼镜来看人处事。

（5）投射效应

投射效应，即在人际认知过程中，人们常常假设他人与自己具有相同的属性、爱好或倾向等，常常认为别人理所当然地知道自己心中的想法。

"以小人之心度君子之腹"就是一种典型的投射效应。当别人的行为与我们不同时，我们习惯用自己的标准去衡量别人的行为，认为别人的行为违反常规；喜欢嫉妒的人常常将别人行为的动机归纳为嫉妒，如果别人对他稍不恭敬，他便觉得别人在嫉妒自己。

一位心理学家曾经说过，大学生往往认为自己生活的四周是晶莹剔透的玻璃，大学生能够透过这层玻璃看到外面真实的世界。事实上，每个人的周围都是一面巨大的镜子，大学生所看到的不是外面的世界，仅仅自己投射的一个影子而已。因此，为了克服投射效应所带来的认知心理偏差，大学生需要辩证地、一分为二地去对待别人和对待自己。为了克服投射效应的消极作用，我们应该正确地认识自己和他人，做到严于律己，客观待人，尽量避免以自己的标准去判断他人。

5.3　大学生人际交往中的心理障碍及其调适

5.3.1　自卑心理及其调适

自卑是由于一些条件的限制和认识上的偏差，认为自己在某个方面或某些方面都不如别人，产生轻视自己、失去自信、畏缩的一种情绪体验。自卑心理的浅层是认为别人会看不起自己，而深层的体验是自己看不起自己。自卑感人人都有，只有当自卑达到一定程度，影响到学习和工作的正常进行时，才会被认为是心理疾病。

自卑心理的外在表现主要为：一方面总认为自己样样不如别人，从而失去进取心和竞争意识，导致情绪消沉，精神萎靡，自怨自艾，怨天尤人，行为上畏首畏尾，消极处世，得过且过；另一方面又清高自负自傲，过于自尊，过于敏感，不轻易与人交往，逃避集体活动，时时处处给自己安装上一副铠甲，在处理人际关系时，表现得像一只浑身长满刺的"刺猬"，以刺来卫护自己容易受伤的自卑心。有自卑心理者多以后一种面貌出现。长期的自卑情绪会严重影响大学生的身心健康，同时也对大学生的学习和工作乃至他人和社会造成不良的影响。

【案例】

"我是个农村姑娘，我们那所乡村中学今年只有我们三个人考到城里读这所高职，可当我们兴高采烈地来到这里，却发现别人都嫌弃我土气，不愿理我，当然我也不愿加入他们的行列，看着他们高傲的样子，听他们谈几百元一件的时装，我就受不了。现在我觉得老师也瞧不起我了，我上课总是低着头，不敢吭声，几次想退学，可又觉得不可以，对不起父母。我一天天地变得格外憔悴，睡觉的时候噩梦不断；上课或者走路时总是发现同学蔑视的目光和从背后传来的嘲笑声。这样的日子我还要熬到什么时候呢，上天对我真不公平！我活着还有什么意义呢？"

从这个独白中，我们可以看出这个女孩的自卑心理，其实她的同学和老师并没有瞧不起她，也没有嘲笑她。只是她在潜意识中总和别人相比，自觉不如别人，产生自卑感，而又过于敏感，总认为别人的谈笑是针对自己。

一般来说，自卑的人容易消极地、过低地评价自己，总觉得自己在容貌、身材、知识、能力、口才、家庭条件，甚至衣着等各方面不如别人，低人一等，害怕与人交往。克服自卑心理的关键，在于必须有坚定的自信心和决心，这样就可以把自卑心理转化为自强不息的动力，使自己在生活和学习中成为一个强者。具体说来，应从认识、情绪、行为三个方面同时入手。

(1) 正确认识自己　心理学研究表明，成功者与失意者在智力上并没有显著差别，并不是智商高的人一定能成功。他们之间最主要的差异在自我评价上。俗话说"尺有所短，寸有所长""金无足赤，人无完人"。每个人都有自己的长处与短处，既比上，也比下。跟下比，看到自身的价值；跟上比，鞭策自己求进步。

(2) 调节自己交往时的情绪　学会积极的自我心理暗示、自我激励，可以暗地里用语言对自己说"我能行""别人能干的事，我也能干""有志者，事竟成""事在人为""坚持就是胜利""再试试"等，增加自己战胜困难与挫折的力量。

(3) 积极与人交往　克服交往中的自卑心理，最重要、最核心的问题是要积极主动、大胆地交往。因为交往的能力和交往的艺术只能在交往的过程中形成。故大学生可以从自己最拿手、最容易取得成功的方面入手，如一次发言、一次竞赛、一次属于你的机会，都要积极自信地去做、去尝试，只有行动才是达到成功的唯一途径，退缩与回避只能带来自责、懊悔与失意。有了一次成功，你会惊异地发现，你也行，这样自信心就随之增强。从而更积极自信地再去尝试稍难一点的事，以积累第二次成功，接着争取更多的成功。

5.3.2 自负心理及其克服

自负心理就是盲目自大，过高地估计个人的能力，失去自知之明。

大学生自负心理的典型表现有：人际关系不和谐，具有较强的孤独感。大多数自负的大学生在学习、业余爱好、个人专长等方面分别表现出某种优势，他们或者在班级自视过高，认为自己非常了不起，别人都不行。看不起别人，总认为自己比别人聪明很多，"别人都不行，只有我行"，总爱抬高自己贬低别人，把别人看得一无是处。而当别人取得一些成绩时，其嫉妒之心油然而生，极力去打击别人，排斥别人。以自我为中心，自己想干什么就干什么，想怎么干就怎样干，听不进别人的意见和建议。他们只考虑自己，不关心他人，总想让别人都围着自己转。

一般来说，缺乏自我认识的人、极力维护自尊的人、被父母过分娇宠的人和缺少生活挫折的人容易产生自负心理。其实，适当的范围内，自负可以帮助大学生树立必胜的信心，坚定战胜困难的信念，勇往直前。但是，自负必须建立在客观现实的基础上，脱离实际的自负不但不能帮助事业成功，反而影响自己的生活、学习和人际交往，严重的还会影响心理健康，所以，大学生应会理性地克服自负心理。

（1）接受批评是根治自负的最佳办法　自负者的致命弱点是不愿意改变自己的态度或接受别人的观点，接受批评即是针对这一特点提出的方法。它并不是让自负者完全服从于他人，只是要求他们能够接受别人的正确观点，通过接受别人的批评，改变过去固执己见、唯我独尊的形象。

（2）平等与人相处　自负的人往往视自己为上帝，无论在观念上还是行动上都无理地要求别人服从自己。平等相处就是要求自负者以一个普通社会成员的身份与别人平等交往。

（3）提高自我认识　自负的同学要全面地认识自我，既要看到自己的优点和长处，又要看到自己的缺点和不足，不可一叶障目，不见泰山，抓住一点不放，未免失之偏颇。认识自我不能孤立地去评价，应该放在社会中去考察，每个人生活在世上都有自己的独到之处，都有他人所不及的地方，同时又有不如人的地方，与人比较不能总拿自己的长处去比别人的不足，把别人看得一无是处。

（4）感激与赞美别人　学会发自内心地感激与赞美别人对于自我评价过高的自负者来说确实不容易，但只要肯积极学习，一定能学会的。青蛙坐在井底时，会觉得自己很大，天很小，但当它跳出井口时，就会发现天很大，自己很小。每个人都有优点和长处，承认他人并且赞美他人，这会改变自负者的人际关系，同时也会得到更多的感激和赞美。自负者的致命弱点是不能够容忍别人指出自己的缺点与不足，总是自以为是。如果能够战胜心理障碍，勇于承认自己的缺点，你就会发现：哦，我原来是这样的，我也有不足。当你对他人越来越感到满意时，当你坦然承认他人的优点并由衷赞美时，就证明你的自负心已完全纠正。

（5）要以发展的眼光看待自负　既要看到自己的过去，又要看到自己的现在和将来，辉煌的过去可能标志着你过去是个成功者，但它并不代表着现在，更不预示着将来。

5.3.3 嫉妒心理及其克服

嫉妒是对他人的成就、名望、品德、优越地位及既得利益的一种不友好的、敌视与憎恨的情感。从心理学角度来看，嫉妒是对超过自己的人感到恐惧和愤恨的混合心理，是自私自利、唯我独尊的一种异常心理表现。嫉妒心理具有破坏和憎恨的感情色彩，在交往中表现出强烈的排他性，是妨碍大学生人际交往的最卑劣的情感。

嫉妒在大学生中普遍存在。大学生时常因身边的同学在学习成绩、社交能力、生活条件、外貌形象等方面优于自己而产生嫉妒心理。调查表明，约有一半以上的同学承认自己在与人交往中产生过嫉妒心理。

嫉妒心理在程度较浅的初期，不容易被察觉，对嫉妒对象的优势地位或名誉、利益并不想施以攻击，不过每念及此，心中总会感到有一些淡淡的酸涩味。例如，有的同学嫉妒班上同学的成绩好，拿到奖学金，在其言谈举止中一副不以为然的表情，其实内心已经在无由地嫉妒。

嫉妒心理发展到程度较深的阶段，当事人的嫉妒心理不再完全潜藏，而是自觉或不自觉地显露出来，如对被嫉妒者作间接或直接的挑剔、造谣、诋毁、诬陷、脚下使绊子、设置障碍等。

嫉妒心理发展到非常强烈的阶段，行为具有报复性，嫉妒者已丧失理智，把嫉妒对象作为发泄的目标，向对方作正面的直接攻击，希望置别人于死地而后快，往往会导致毁容、伤人、杀人等极端行为。

消除大学生中的嫉妒心理，需从以下四方面入手。

（1）正确地看待人生的价值　一个志向远大、埋头于自己的事业追求的人是不会计较眼前得失，更不会花时间和精力嫉妒他人的成功。如果一个人没有理想，胸无大志，无所事事，就会挑别人的刺，寻别人的短，自己不进取，却去阻碍他人前进，唯愿众人都平庸度过一生。

（2）解放狭隘的"自我"　嫉妒的病根在于自私，如果大学生克服私心杂念，严于律己、宽以待人，心底无私地为别人的进步和优越而高兴，并且见贤思齐，凭自己的奋斗迎头赶上，那么嫉妒心理就无从滋生。

（3）培养达观的人生态度　人生就是一个大舞台，自得其所，各有归宿。要有勇气承认对方比自己更高明更优越的地方，从而重新认识、发现和创造自己。这样就能从病态的自尊心和自卑感中解放出来，从嫉妒的泥潭中拔出来。

（4）密切交往，加深理解　许多嫉妒心理是由误解产生的。嫉妒者误认为对方的优势会造成对自己的损害，从而耿耿于怀。所以要打开心扉主动接近别人，加强心理沟通，避免发生误会，即使发生了也要及时妥善地解决。

5.3.4 害羞心理及其克服

害羞又称社交焦虑，是指羞于同别人交往的一种心理反应。具有这种心理的人，在交往中由于过分焦虑和不必要的担心，就会在言语上支支吾吾，行动上手足失措。有严重害羞心理的人怯于交往，对交往采取回避态度，在交际场所或大庭广众之下，常常表现为腼腆、胆怯、拘谨、动作忸怩、不好意思、脸色绯红，说话的音量又低又小，有时动作还颤颤抖抖，很不自然。害羞这一交往心理障碍对大学生的直接危害是使交往者无法表达自己的心声与情感，常常造成交往双方的误解，使交往以失败告终，其间接危害则是会导致交往者情绪的不良变化。害羞会使人在交往失败后产生沮丧、焦虑和孤独感，让人饱尝形影相吊之苦，使人置身于孤立无援的愁苦、不安和恐惧的情绪状态中，进而导致性格上的变异、软弱、退缩和冷漠。

【案例】

一位女大学生，在高中时对同班一男同学产生了好感。有一次与他面对面对视一下，忽然觉得自己脸红了。以后便害怕别人看出自己脸红，怕被看出她喜欢那位男同学，怕被认为是"不正派"的，心里很紧张。后来见了别的男生便觉得脸红，而且感到对方已经发现了自己不自然的表情。以后见到女同学也感到脸红起来，觉得他们也看出了自己的心事。这种情况一天天严重起来，一年以后发展到无论看到熟人还是陌生人、男人和女人都感到表情尴尬，脸发热变红。因此，她尽量避开别人，不敢去食堂吃饭，一个人躲在教室角落里看书，与家人也很少交往。看到别人在谈恋爱，自己也想找个男朋友，但由于怕人知道自己的"毛病"而不敢去找，为此极为苦闷，感到难以抑制。

害羞心理往往是在家庭、学校等环境下，在接触朋友、同学等特殊条件时逐步形成的。害羞者真正缺少的是自信，是不相信自己能给别人留下好印象，担心自己说错话，干脆不说话。此外，缺少交往活动也是害羞心理产生的重要因素，故大学生可以通过四大途径调适自己的害羞心理。

（1）树立自信　相信自己有能力以恰当的方式讲述任何事，并能给别人留下良好的印象，相信自己能在交朋友方面比现在做得更好。

（2）勇于和别人交往　要丢下包袱、抛弃一切顾虑、大胆前行，不要怕做错了事，说错了话。要认识到说错了虽然不能收回，但可以改正；做错了，只要吸取教训，就能起到前车之鉴的作用；失败并不等于无能。这样，害羞者在行动之前就不会光想到失败，而能够想到羞怯并不等于失败，只是由于精神紧张，并非自己不能应付社交活动，这样就会走出自我否定和自我暗示的阴影。

（3）加强学习和模仿　有时羞怯不完全是由于过分紧张，而是由于知识领域过于狭窄，或对当前发生的事情知道得太少。假若能多读一点课外书籍、报刊，广泛地吸收各方面的知识，就会发现自己在社交场合可以毫不困难地表达意见，这将会有力地帮助自己建立自信，克服羞怯。同时，要善于观察和模仿平日里那些泰然自若、善于交际、活泼开朗的同学的言谈举止。

（4）学会情绪的自我调节　有如下方法，不妨一试：①两脚平稳站立，然后轻轻地把脚跟提起，坚持几秒钟后放下。每次反复做30下，每天这样做2～3次，可以消除心神不定的感觉。②强迫自己做数次深长而有节奏的呼吸，这可以使紧张的心情得以缓解，为建立自信心打下基础。③与别人在一起时，无论是正式场合还是非正式场合，开始时手里不妨握住一样东西，比如一本书、一块手帕或其他小东西，这会使人感到舒服而且有一种安全感。④毫无畏惧地看着别人。对于一位害羞的人来说，开始时这样做会比较困难，但非学不可，因为不能总是回避别人的视线，不能总盯着一件家具或墙角。

5.3.5　猜疑心理及其克服

猜疑是指由主观推测而产生的一种不信任的复杂情感体验。具有猜疑心理的人，往往先在主观上设定他人对自己不满，然后在生活中寻找证据。带着以邻为壑的心理，必然把无中生有的事实强加于人，甚至把别人的善意曲解为恶意。这是一种狭隘的、片面的、缺乏根据的盲目想象，是一种消极有害的心理。

生活中大学生常会碰到一些猜疑心很重的人，他们整天疑心重重、无中生有，认为人人都不可信、不可交。如果看见两个同学在窃窃私语，就以为在说自己的坏话；别人无意之中看自己一眼，以为别人不怀好意，别有用心；每当自己做错了事，即使别人不知道，也怀疑别人早就知道，好像正盯着自己似的；别人无意之中说了一句笑话也以为在讥讽自己；怀疑别人对自己的真诚，认为这些都是虚假的，整个世界都是罪恶的，自己没有一个可以谈心的朋友；总觉得别人在背后说自己坏话，或对自己使坏。喜欢猜疑的人特别注意留心外界和别人对自己的态度，对别人脱口而出的一句话很可能琢磨半天，努力发掘其中的"潜台词"，这样便不能轻松自在地与人交往，久而久之，不仅自己心情不好，也影响到人际关系。这种人心有疑惑却不愿公开，也少交心，会由怀疑别人发展到怀疑自己、失去信心，变得自卑、怯懦、消极、被动。

【案例】

某高校的男生张某性格敏感、多疑，处处防备别人，有一次钱包找不到了，就无端怀疑同寝的李某，使自己的同学遭受了不明之冤，为此两个人大打出手。结果后来在整理衣物时，发现了自己丢失的钱包。另一高校三年级女生赵某，在期末考试时笔记本不见了，自己不去积极寻找，而是怀疑同寝的同学（她们以前发生过矛盾）拿走了自己的东西，理由是她们之间一直不和，觉得对方一直在报复自己，目的是让其补考，于是破口大骂，这不但影响了自己的形象，而且使本就紧张的关系陷入僵局。

猜疑是大学生正常人际交往的拦路虎，从根本上说，要消除猜疑需努力做到四点。

（1）培养良好的性格　猜疑者往往是心胸狭窄、过分计较个人得失的人，一般表现为与朋友相处时不坦率，不暴露思想，唯恐真实动机被别人察觉到。故需培养正直、诚实、实事求是的性格，养成根据客观事实来进行推理、判断的思维习惯，克服主观武断地下结论、轻易怀疑别人的习惯。

（2）冷静思索　猜疑一般总是从某一假想目标开始，最后又回到假想目标，就像一个圆圈一样，越画越圆。

现实生活中猜疑心理的产生和发展，几乎都同这种作茧自缚的封闭性思路密切相关。如果那个农夫失斧后冷静想一想，斧头会不会是自己砍柴时忘了带回家，或者挑柴时掉在路上，那么，这种猜疑或许根本就不会产生。因此，猜疑者生疑之后，冷静思考十分重要。当发现自己开始怀疑别人时，应当立即寻找产生怀疑的原因，在没有形成思维之前，引进正反两个方面的信息。

（3）及时沟通　世界上不被别人误会的人是没有的，关键是大学生要有消除误会的能力与办法。如果误会得不到尽快地解除，就会发展为猜疑；如果猜疑不能及时解除，就可能导致不幸。所以，如果冷静思索后疑惑依然存在，那就该通过适当方式，同被猜疑者进行推心置腹的交心，开诚布公地谈一谈。若是误会，可以及时消除；若是看法不同，通过谈心，了解对方的想法，也很有好处；若真的证实了猜疑并非无端，那么，心平气和地讨论，也有可能使问题解决在冲突之前。

（4）提高抱负水平　猜疑往往和一个人抱负水平低、过分拘泥于生活琐事有关。提高自己的抱负水平，在远大目标的追求中开阔个人的胸怀，倾心于自己所追求的事业，就不会因为人际关系中的琐事而分心了。

5.3.6 孤独心理及其克服

孤独就是常言的"不合群",是指一种因经常独处或受到孤立很少与人接触而产生孤单、无助的心理体验。对于大学生来说,孤独是一种较为普遍的心理现象,大学生的自我意识逐渐成熟,需要暂时的独处,以便回味过去的言行,自我反省,确定未来的生活道路。同时,大学生也可以从暂时的孤独中寻找到快乐,享受这份心灵的宁静,塑造良好的人格。因而适当的孤独是有益的,但如果长期地沉溺于孤独,也会导致交往障碍,如孤芳自赏,自命清高,结果是水至清则无鱼,人至爱则无朋。

孤独心理是一种主观的心理感受,主要表现为沉默寡言,消极悲观,缺少知心朋友,在新的生活环境中难以适应;敏感多疑,不喜欢参加集体活动;感情脆弱,自卑感强,抗挫折能力低;与人交往紧张、抑郁,不善言辞,遇事容易冲动、发怒,甚至违法犯罪、厌世轻生等。

在交往中常见的孤独有三种类型:一是怪癖型,这些大学生有一些与众不同的特殊习惯,别人难以接纳,不愿接受他;二是清高型,这种人孤芳自赏,自命清高,总觉得别人都是低级无聊、庸俗浅薄的,不值得交往;三是内向型,这些大学生胆小怕事,敏感多疑,内心体验深刻,情感脆弱,易受伤害,因而宁愿孤独、寂寞,把烦恼深埋于心,不轻易与他人交流。

孤独感的产生主要源于个人不正确的自我感觉和评价。要克服孤独带来的危害,应从以下方面着手。

(1)开放自我,多与外界交流 独自生活并不意味着与世隔绝,虽然客观上与外界交流造成困难,但依然可以通过某些方式达到交流的目的。要主动亲近别人,关心别人,真诚相待,借此机会让别人认识、了解你。

(2)改正不良性格 由于自卑、自负、冷僻、尖酸、刻薄等性格缺陷所造成的孤独如同作茧自缚,这层茧不冲破,就难以走出孤独。大学生应认识到自身存在的人格缺陷,并加以克服和矫正,钻出自织的茧,从而克服孤独。

(3)培养广泛的兴趣、爱好 一个人活着有所爱,有所追求,就不怕寂寞,也不会感到孤独。大学生应该为自己安排好丰富多彩的业余文化生活,享受生活的乐趣。与此同时,尽量增进两代人之间的相互理解,如进一步改善与父母的关系等。

(4)大胆交往,不怕挫折 多参与社会活动,多学习社交能力,善于在交往中、挫折中总结经验,吸取教训,改进方法,增强交往能力。

5.4 建立和谐人际关系的原则与技巧

人际交往能力是现代大学生所应该具备的重要素质,也是衡量一个人能否有效适应社会的一个最关键的指标。作为国家未来和希望的青年大学生,要想在不久的将来在这个充满竞争的社会中求得自己的一席之地,必须要学会与人打交道,学会与他人合作共事。

5.4.1 遵循人际交往的原则

在人际交往中,你采取什么样的交往原则决定着你交往的成功与失败。开放的现代社会,虽然人际关系打破了自然的联结,呈现出多元交叉的人际交往目的与方式,不同的人出于不同的需要进行不同的交往,不同的人以不同的方式去建立彼此的关系,但人际交往的本质不会变,遵循的人际交往原则不会变。

（1）平等原则

生活在现实中的每一个人，无论家庭地位、经济状况、个人能力、经历、生活习惯、价值观念多有不同，但人格和精神上是平等的。因为每个人都希望得到对方的平等相待，希望得到别人的尊重和理解。有的大学生总以为自己了不起，盛气凌人，高高在上，喜欢向别人发号施令，其最终会被集体所抛弃；与此相反，有的学生总觉得自己低人一等，自卑心理严重，缺乏信心和勇气，不敢与人交往，这些人同样也无法建立良好的人际关系。同时，大学生在人际交往中，要正确评价自己，既不能只看自己的优点而高高在上，也不能只看自身弱点而盲目自卑。

大学生往往个性很强，互不服输，这种精神是值得提倡的，但绝不能高人一头，更不能因同学的出身、家庭、经历、长相等方面的客观差异而对人"另眼相看"。

（2）尊重原则

交往中的任何一方作为一个独立的个体都有自己的人格尊严，并期望在各种场合中得到尊重。尊重能够引发人的信任、坦诚等情感，缩短交往中的心理距离。一般而言，尊重包括尊重自己和尊重他人两个互相联系的方面。尊重自己就是在各种场合要自重自爱，维护自己的人格尊严；尊重他人就是尊重交往对方的人格、隐私、习惯与价值，承认或肯定他人的能力与成绩，不损伤他人的名誉和人格。这两个方面是互相联系的，不能只强调要别人尊重自己，只有尊重他人，自己才能得到他人的尊重。

（3）真诚原则

人之相识，贵在坦诚。真诚是做人之本，是人际交往得以延续和深化的保证。大学生的性格特点决定了其人际交往的基础只能是人格平等，以诚相待。"善大，莫过于诚"，热诚的赞许与诚恳的批评，都能使彼此间愿意了解、信任、倾诉、交心。大学生相处中的真诚表现在：当同学有困难时，能给予真心的帮助，给予温暖和支持；当同学有缺点时，能给予批评和劝诫；当同学犯错误时，能伸出友谊之手，给予他承认错误、改正错误的勇气、力量和信心。只有以自己一颗诚挚的心主动去靠拢和撞击对方的心，有了心的交流，才能使对方了解你、信任你，从而获得安全感，放心地与你交往，在交往中培育和发展良好的人际关系。

（4）宽容原则

大千世界，芸芸众生，每个人都有不同的个性和爱好，而且人无完人。因此，大学生与人交往时，不能用一种标准去要求他人，更不能太苛求他人，人非圣贤，孰能无过？在人际交往中常会遇到一些不愉快的人和事，要学会宽容，学会克制和忍耐，学会以德报怨。

【案例】

阿拉伯传说中有两个朋友在沙漠中旅行，在旅途中因为琐事发生了争吵，其中一人打了另外一人一记耳光，被打的觉得受辱，在沙子上写下："今天我的好朋友打了我一巴掌。"

他们继续往前走，在路途中，遇到危险，被打巴掌的那人差点死去，幸好被朋友救了。被救后，他拿了一把小剑在石头上刻了："今天我的好朋友救了我一命。"

一旁好奇的朋友问道："为什么我打了你以后你要写在沙子上，而现在要刻在石头上呢？"

另一个人笑笑回答说："当被一个朋友伤害时，要写在易忘的地方，风会负责抹去它；相反的，如果被帮助，我们要把它刻在心灵深处，那里任何风都不能抹灭它。"

朋友间相处，伤害往往是无心的，帮助却是有心的。忘记那些无心的伤害，铭记那些对你真心帮助，你会发现这世上你有很多真心朋友。

宿舍交往中生活小事的磕磕碰碰不可避免，这个时候就需要每个同学以宽容的心态对待问题。否则，小的摩擦就可能酿成严重的后果。"学会原谅别人是美德，学会宽容别人是高尚。"有了这样的心境，就会有良好的人际关系，就会使每一天都快乐，就会广交朋友，正所谓"宽则得众"。

（5）理解原则

"金玉易得，知己难寻"。所谓知己，即是能够理解和关心自己的人。相互理解是人际沟通、促进交往的条件。理解不等于知道和了解。就人际交往而言，你不仅要细心了解他人的处境、心情、特性、好恶、需求等，还要根据彼此的情况，主动调整或约束自己的行为，尽量给他人以关心、帮助和方便，多为他人着想，处处体恤别人，自己不爱听的话别送给人，自己反感的行为别强加于人。古人说："己欲立而立人，己欲达而达人，己所不欲勿施于人。"当你在交往中，善解人意，处处理解和关心他人时，相信别人也不会亏待你。

（6）互惠原则

互惠是指在人际交往中，双方都能满足各自的心理需要，同时获得一定的利益和好处。人们交往的动机在于使社会了解自己、承认自己，同时获得所需要的利益。交往所追求的目的之一就是维持一种"我为人人，人人为我"的互利关系。大量的实践证明：交往中的互惠性越高，交往关系越稳定、密切，即人际关系只有是双赢的、互利的，才是可持续发展的。若交往中只想获得而不给予，人际关系就会中断。对大学生来说，这种互助互利主要体现在精神、情感、文化方面的互相理解、支持和帮助。这种帮助可以是物质方面的，也可以是精神方面的；可以是脑力的，也可以是体力的。

美国汽车大王亨利•福特曾说过："如果成功有秘诀的话，那就是站在对方立场来考虑问题，能够站在对方的立场，了解对方心情的人，不必担心自己的前途。"

（7）信用原则

信用是无形的"名片"，关乎一个人的形象和品质。信用有两层含义：一是言必信，即说真话，不说假话。如果一个人满嘴胡言，尽说假话骗人，到头来连真话都不能使人相信了。二是行必果，即说到做到，遵守诺言，实践诺言。如果一个人到处许愿而不去做，必然会引起人们的反感和唾弃。无信不立。"言而无信非君子"。

要取信于人，首先要守信，即对自己讲的话、办的事要负责，办不到的事不胡乱许愿，做到言行一致、讲求信用。其次要信任，不仅要信任别人，而且要争取赢得别人的信任。第三不要轻易许诺，即不说大话，不做毫无把握的许诺。第四要诚实，即自己能办到的事一定要答应别人去办，办不到的事要讲清楚，以赢得对方的理解。第五要自信，即要有一种自信心，相信自己能行，给人以信赖感和安全感。

大学生只有诚信交友，在与朋友相处时抱着心诚意善的动机和态度，相互理解、接纳和信任，重信用、守信义，做到言必信、行必果，言行一致、表里如一，才能保证友谊的长久和个人的全面发展。

总之，对于在校大学生，要从各方面锻炼自己，克服各方面的心理问题，改善人际关系，使自己能够适应大学生活。大学时期是大学生心理趋于成熟的时期，特别需要别人的理解，愿意向别人倾诉自己的思想，以便通过别人的理解与安慰而对压抑的情绪进行调节，使心理压力缓解。另外，重视人际交往，掌握交往技巧，积累交往经验，不仅是大学生现实生活的需要，也是大学生成功走向社会的需要。

5.4.2 掌握人际交往的技巧

建立良好的人际关系,并非自然天成,一蹴而就,有时候光凭自己的一腔热忱并不一定就能使交往顺利进行,还需要有一定的情谊联络的技巧与手段。学习和掌握交往过程中一些相关的技巧和方法,对大学生建立良好的人际关系具有很大帮助。

(1) 树立良好的第一印象

人际交往总是从首次印象开始的,第一印象常常鲜明、强烈,它决定了个体最初的吸引力,并对以后交往产生不可忽视的影响。给人留下良好的第一印象是交往走向成功的第一步,如果第一印象不好,不仅会使对方不愿意保持交往,而且还会在以后很长时间内影响彼此的了解。一般情况下,第一印象首先来自外部特征,如仪表、言谈、举止等。

良好的仪表会增加自身的人际吸引力。"爱美之心人皆有之",在公共场合人们总是喜欢接近外表美丽、衣着合体、仪表大方的人,并且会把这些同其他良好的品质联系在一起。大学生在人际交往中需要善于用装束来展示自己,但要注意得体、适合、有新意,留下良好的印象。人际交往过程中,一个人是否有魅力,谈吐是重要因素,从谈吐中往往能反映出一个人是博学多才还是孤陋寡闻,是接受良好的教育还是浅薄无知。谈吐平淡、浅薄、粗俗会降低人们与其交往的兴趣。另外,在公共场合要落落大方、行为端庄、得体。举止得体、优雅是一个人气质和修养的自然流露。仪表、言谈及举止虽然是一个人的外露的品质特征,然而却是内心美的呈现,它是人际关系中不可忽略的因素。

(2) 记住别人的名字

名字只是一个人的代号,但心理学家发现,对于一个人来说他的名字是最亲切、最重要的声音。一般人对自己的名字极感兴趣,在交往中你能轻易地说出别人的名字,会让人觉得他在你心目中是重要的、是有位置的,这就等于你肯定了对方。

周恩来总理是记忆人名的高手,他每次会见外宾或模范人物时总能亲切称呼对方的名字。周总理在一次会见10年前曾接见过的劳动模范时,一边握手,一边叫他的名字。这位劳模非常激动地说:"周总理接见那么多人,竟然会记住我的名字。"

记住别人的名字的确重要,它能使对方产生被尊重感,从而缩短相互间的心理距离。

(3) 给人友善的微笑

美国心理学家卡耐基曾说:"你的笑容就是你好意的信差。"微笑是人际交往的基本功,它表达了对别人的友好、接纳、赞同、理解和宽容。在和陌生人交往时,自然的微笑往往可以打破僵局,成为沟通的桥梁。轻松的微笑可以淡化矛盾,坦然的微笑可以消除误解。曾有这样一个耐人寻味的故事。

在西班牙内战时,一位国际纵队的普通军官不幸被俘,并被投进了森冷的单人监牢。在即将被处死的前夜,他搜遍全身发现有半截皱巴巴的香烟,很想吸上几口,以缓解临死前的恐惧,可是他发现自己没有火。在他再三请求之下,铁窗外那个木偶似的士兵总算毫无表情地掏出火柴,划着火。当二人四目相对时,军官不由得向士兵送上一丝微笑。令人惊奇的是,那士兵只是几秒钟后的发愣后,嘴角也不太自然地上翘了,最后竟也露出了微笑。后来两人开始了交谈,谈到了各自的故乡,谈到了各自的妻子和孩子,甚至还互相传看了珍藏的与家人的合影。当曙色渐明军官苦泪纵横时,那士兵竟然动了感情,并悄悄地放走了他,微笑,不仅沟通了两颗心灵,也挽救了一条生命。

(4) 学会倾听

哲学家黑格尔说过："在有些场合，由于你说了很多话没有注意倾听，你至少做了两件对你十分有害的事。第一，尤其在同行或比你强的人在场时，你暴露了你的浅薄与无知；第二，由于你的滔滔不绝，你丢掉了向别人尤其是专家学习的机会。""倾听"是建立和维持良好人际关系的有效法宝。因为倾听本身就是褒奖对方谈话的一种方式。你能耐心倾听对方的谈话，等于告诉对方"你是一个值得我倾听你讲话的人"，这在无形之中就能提高对方的自尊心，加深彼此的感情。反之，对方还没有把要对你讲的话讲完，你就听不下去了，就容易使对方的自尊心受挫。事实也说明，越是善于倾听他人意见的人，人际关系就越融洽。要做一个好的倾听者，应该做到"五心"。

① 耐心。智者善于倾听，愚者没有耐心。人人都需要他人的倾听。即使有些普通的话题对你来讲已相当熟悉，可是对方却眉飞色舞、谈兴正浓，此时，出于礼貌，你应该保持耐心，不能表现出不耐烦的神色。

② 专心。在听他人说话时，应精神集中、表情专注，不要东张西望、心不在焉；不要看书看报、呵欠连天，更不要修指甲、剔牙、掏鼻孔、挖耳朵等，这类举止不仅是不礼貌的表现，也无疑告诉对方你不想听了。

③ 虚心。善于听取别人意见的人往往都是最快通往成功的人，当别人善意地向自己提出忠告时，一定要虚心接受，切忌得理不让人和不必要的争辩。

④ 会心。听人谈话，不只是在被动地接受，还应该主动地反馈，积极地回应。在交谈时，要注意与对方经常交流目光，可时而赞许性地点头，或不时地用"哦""是这样的"等来表示你在注意倾听，以鼓励对方继续讲下去。

⑤ 留心。在倾听的过程中，除了需要对对方的有声语言留意，还要对其无声的体态语言加以观察和解读，即要善于察言观色。通过留心观察，从对方的手势、神情中发现弦外之音。

(5) 真诚地赞美他人

希望得到别人的注意和肯定，这是人们共有的心理需求。心理学家认为，赞扬能释放一个人身上的能量，调动人的积极性。真心真意、适时适度地表达你对别人的赞扬，能够增进彼此的吸引力，收到意想不到的效果。一句真诚的赞美往往可以给别人也给自己带来好心情。但是赞扬不等于阿谀奉承，所以赞扬别人时一定要把握四个要点。

① 态度一定要真诚自然，实事求是，切莫夸大其词，给人虚假造作之感。比如，你赞扬一个相貌一般的女子，说她国色天香倾国倾城，别人只会认为你是在嘲讽她。

② 不要赞扬后马上求别人做事，那样给人的感觉就是有所企图，如果是那样的话，还不如不赞扬。

③ 不要总是赞扬别人都看得到的优点，因为那样的赞扬他已经听得麻木了。如果你赞扬一个大家都没有发现的优点，被赞扬者一般都会特别高兴，对你的好感也就倍增。

④ 把赞美的内容具体化，其中需要明确3个基本因素：你喜欢的具体行为；这种行为对你的帮助；你对这种帮助的结果有良好的感受。有了这3个基本因素，赞美语才不至于笼统空泛，才能使人产生深刻的印象。风靡全球达半世纪的喜剧泰斗卓别林，1975年3月4日，以85岁的高龄在英国白金汉宫被伊丽莎白女王封为爵士之尊荣。在封爵仪式中，女王对兴奋的卓别林说："我观赏过许多你的电影，你是一位难得的好演员。"事后，有人问卓别林受封的感想，他有点遗憾地说："女王陛下虽然说她看过我演的许多电影，并称赞我演得好，可是她没说出哪部电影的哪个地方演得最好。"由此可知，赞美必须说出具体事实，尽量针对某人做出某件事，才

会发挥宏大的效果。

(6) 巧用语言艺术

"良言一句三冬暖,恶语伤人六月寒","一样话,十样说","一句话让人笑,一句话让人跳",这些话都表明语言艺术运用得好,就能优化人际交往;相反,如果不注意语言艺术,往往在无意间就出口伤人,产生矛盾。在语言交流中,应注意以下几个方面。

① 称呼得体。称呼反映出人们之间心理关系的密切程度。恰当得体的称呼,使人能获得一种心理满足,使对方感到亲切,交往便有了良好的心理气氛。对长辈的称呼要尊敬,对同辈的称呼要亲切、友好,对关系密切的人可直呼其名,对不熟悉的要用全称。

② 说话注意技巧。语音、语调、语速要恰当,要根据谈话的内容和场合,采取相应的语音、语调和语速;讲笑话要注意对象、场合、分寸,以免笑话讲得不得体,伤害他人的自尊心;自我表露应适时,一般而言,谈自己的合适时机之一是有人邀请你谈谈自己的时候。这时,如果你能适度地展开自己会引起大家的兴趣和好感。另一种时机是当他人谈的情况和感受与你自己比较一致时,即"我也……"的技巧。人们总是喜欢那些经历和看法与自己一致的人,因为赞成自己的人实际上是在肯定大学生的价值和自信。所以,"我也一样""我也喜欢这个""我有过和你同样的经历"之类的表白往往能激发对方积极的反应,使谈话气氛热乎起来。

(7) 把握交往的度

"度"是保持物质的数量界限,达不到或者超过了这个界限,都会使该物质发生质变。人际交往中的"度",是指保持良好人际关系所需要把握的"分寸"。也就是说,与人交往,太远了不行,太近了也不行;太肤浅了不行,太深入了也不行。人际交往的艺术也就是把握"度"的艺术。因此,大学生在与人交往时,要注意掌握分寸,尽量做到恰到好处,如果失之过度,就很难交到知心的朋友。那么,怎样才能把握好交往的度呢?

① 尊重而不迎合。尊重是人际交往的前提,但有些人对别人的尊重是以丧失自我为代价的。有这么一些人,他们为了与别人搞好关系,刻意地迎合别人,讨好别人,但结果适得其反,人们不喜欢这种缺乏自尊的人。在人际交往中,既不能低声下气、丧失人格,也不能傲慢无礼、盛气凌人。态度行为要适度得体,注意礼仪,讲究场合,恰如其分,进退有据,不卑不亢,做到双方人格与尊严的平等。

② 帮助而不同情。热心帮助有困难的同学是一种美德,但有时不能得到被帮助同学的理解,反而无意间伤害了他们的自尊心。这是因为有些人内心自卑,但外在表现为非常强烈的自尊心,他们不愿意在别人面前显示弱者的形象,更不愿意接受别人的同情。所以,同学们在交往过程中,对于有困难的同学进行帮助,要讲究一定的技巧,以同学的自尊心能接受的方式来帮助。比如,对一些自尊心很强的贫困大学生来说,给他们提供一些勤工助学机会,要比单独给一些助学金要好一些。只有自认为自己是弱者的人,才会希望得到别人的同情,而很多人是不愿意被看做是弱者的,他们更希望得到尊重。

③ 往来而有距离。每个人的心灵,都需要一个独享的心理空间,这个心理空间不容别人侵犯,哪怕是挚友亲朋也不例外。中国有句极富哲理的话叫"物极必反",朋友之间的交往也是如此,过往甚密,反而容易出现裂痕。在现实生活中,大学生常常发现特别要好的朋友更易反目成仇,同寝室的同学之间更易产生摩擦。这是因为关系过于亲密,使双方发现彼此的缺点更多,会与当初的印象相悖。因此,同学们在相处时不要追求"亲密无间",因为越想"无间",越容易过

多地侵犯属于别人的个人空间。只有相互保持应有的自信和宽容,适当拉开一定的心理距离,才能让对方多一份舒心和自在,从而促进彼此间关系的融洽与和谐。

④ 坦诚而不轻率。"坦诚"是做人的起码要求和应有品质,也是人际交往的基本要求。如果一个同学处处心存芥蒂,不襟怀坦诚,那他很难得到同学们的理解和信任,更交不到知心的朋友。那种不坦诚待人的做法,只会把自己封闭起来,久而久之,使自己变成一个虚伪、孤僻的人。但坦诚也要看在什么场合、什么环境、对什么人,这里也有个"度"的问题,对于那些可能会影响同学之间团结的话还是不能轻率地坦诚,对于需要暂时保密的事也不能轻率地坦诚。只有做到坦诚而不轻率,诚实而不呆板,把握好坦诚面对的时间、地点以及对象、场合,才能在人际交往中避免不愉快的事情发生。

(8) 学会委婉拒绝

拒绝是一种勇气,拒绝是一种能力,拒绝是一种胆量,拒绝是一种智慧,拒绝更是一种良知的觉悟。如果你想成功,那么就要首先学会说"不"。怎样做才能婉转地拒绝别人呢?

① 态度要诚恳。首先应表示对对方的理解,然后再明确地告诉对方事实情况。不能草率地生硬拒绝,否则,既会使对方扫兴,还可能使对方认为你不想帮忙,进而影响到以后的交往。

② 先肯定,后拒绝。对于勉为其难的事,可以先肯定对方的意见和人格,然后再委婉地拒绝。这样可以使对方先进入良好的情绪状态,进而使用一种积极的心态看待随即到来的拒绝,而不会往不好的方面考虑。同学们应该都遇到过同学间相互请客吃饭的事情,同学的盛情实难拒绝,但对于一部分同学来讲下馆子吃饭是件十分奢侈的事情,遇到这种情况,首先,要给对方肯定的反馈,先肯定对方的提议是好的,同学们一起吃饭联络感情、交流心得很有必要。然后,再说明自己的条件并不允许这样下馆子吃喝。

③ 幽默含糊。用幽默的话语含蓄地拒绝对方的某种要求,既显示出自己的睿智、大度,又免得让对方觉得尴尬。运用幽默的手法,寓拒绝于说笑打诨之中,对方自然会在忍俊不禁的同时,对你的婉言拒绝心领神会。

5.4.3 学会处理宿舍人际关系

宿舍关系是我们大学阶段最基本的人际关系,也是我们日常最基本的活动单位。住集体宿舍,与宿舍成员搞好关系非常重要。关系融洽,心情舒畅,这不仅有利于我们学习,也有利于我们的身心健康。如果关系紧张,则会给我们的生活涂上一层阴影,带来一系列负面影响。那么,怎样才能处理好宿舍关系呢?

(1) 与舍友统一作息

一个宿舍有三四个、五六个,甚至更多的人在一起生活,宜有统一的作息时间加以调整。只有大家协调一致、共同遵守,才能减少争执,消除摩擦,维持正常的生活秩序。倘若实在有事,早起或者晚睡的成员也应尽量减少声响和灯光对舍友们的影响。

(2) 不搞"小团体"

在宿舍,应当以平等的态度对待每一个人,不要厚此薄彼,和一部分人打得火热,而对另一部分人疏远不理。有些人与同宿舍之中的某一个十分亲近,聊天做事总在一起,这样就容易引起宿舍其他成员的不悦,认为你是不屑与之交往。结果,你俩的关系也许搞好了,但却疏远了其他人。这就不利于建立和谐的宿舍关系,也是得不偿失的。我们不反对建立有深度的友谊,但决不能以牺牲友谊的宽度和广度为代价。

(3) 不触犯舍友的隐私

每个人都有自己的秘密，也有足够的好奇心。对于舍友的隐私，我们不要想方设法去探求。对方把一个领域化为隐私，对这个领域就有了特殊的敏感，任何试图闯入这个领域的话题都是不受欢迎的。尤为注意的是，未经得舍友同意，切不可擅自乱翻其衣物。另外，同住一个宿舍，有时难免知道舍友的某些隐私，我们也要守口如瓶，告诉他人不仅是对舍友的不尊重，也是不道德的。

(4) 积极参加集体活动

宿舍的活动不单纯是一个活动，更是舍友之间联络感情的重要形式，应该积极参与配合。千万不要幼稚地把集体活动当作是纯粹费财费力的无聊之举，表现出一副不屑为伍的样子。舍友们决定一起去干什么，我们要尊重他们的选择。确实不能参加，可以把自己的想法和意见提出来，不要勉强参与，反倒让舍友觉得你在应付了事，更不要一口回绝而伤了舍友们的兴致。

(5) 别人有难要帮，自己有事也要求

当舍友遇到困难，我们应当主动伸出援助之手，这自不必说。那么，当我们有事时，是否应当向舍友求助呢？答案是肯定的。因为有时求助反而能表明你对别人的信任，能够融洽关系，加深感情。求助舍友，只要讲究分寸，不使人家为难，都是可以的。

(6) 不拒绝零食和宴请

舍友买点水果、瓜子之类的零食到宿舍，分给你时，你就不要推，不要以为吃别人的难为情而拒绝。有时，舍友因过生日或其他事请你吃饭，你也应欣然前往。即使没有钱"回请"他，也无关紧要，因为互酬不仅仅体现在物质上，它更体现在心理上。你接受别人的邀请，从某种意义上说，也是给别人面子。

(7) 不逞一时口快

"卧谈会"是宿舍的一个重要活动项目。舍友们互说见闻，发表意见，本来是件很愉快的事，但也往往因小事而发生争执，"卧谈会"变成了"口舌大战"。喜欢逞一时口快，在嘴巴上占便宜的人实际上非常愚蠢，给人感觉太好胜，难以合作。你不尊重别人，别人也不会尊重你。你夸夸其谈，想处处表现得比别人聪明，最后也只会引起别人反感，没人说你好。

(8) 完成该做的杂务

宿舍每位成员该做的杂务，不仅仅指做好自己一个人的事，也包括搞好集体的事。我们必须尽力搞好属于自己的那份杂务，不要指望别人来"帮助"你，凡事要养成亲力亲为的好习惯。集体的事，要靠集体来完成，你不做，或马虎了事，别人就有理由说你的不是了。

以上八点，虽都为日常生活中的小事，倘若我们能够注意做到，对我们处理好宿舍关系能够起到事半功倍的作用。反之，小小"蚁穴"也能够将我们良好宿舍关系的"千里之堤"给毁了。

撕 纸

活动目的：为了说明我们平时的沟通过程中，经常使用单向的沟通方式，结果听者总是见仁见智，个人按照自己的理解来执行，通常都会出现很大的差异。但使用了双向沟通之后，又会怎样呢，差异依然存在，虽然有改善，但增加了沟通过程的复杂性。所以什么方法是最好的？这要依据实际情况而

定。作为沟通的最佳方式要根据不同的场合及环境而定。

时间：15分钟。

活动要求：20人左右最为合适，准备总人数两倍的A4纸（废纸亦可）。

活动步骤：

（1）给每位学生发一张纸。

（2）教师发出单项指令。

大家闭上眼睛，全过程不许问问题，把纸对折，再对折，再对折，把右上角撕下来，转180度，把左上角也撕下来，睁开眼睛，把纸打开。

教师会发现各种答案。

（3）这时教师可以请一位学员上来，重复上述的指令，唯一不同的是这次学生们可以问问题。

有关讨论：

完成第（1）步之后可以问大家，为什么会有这么多不同的结果？

完成第（2）步之后又问大家，为什么还会有误差？

心理测试

1. 沟通测试：你善于与人沟通吗？

这是一份大学生人际沟通的诊断量表，一共有20个问题，请你根据自己的实际情况，逐一对每个问题做"是"或"否"的回答。

（1）跟别人谈话，我会试着从对方的角度来看问题。

（2）如果我错了，我不会害怕承认错误。

（3）让别人理解我的最好办法，是把我的想法和感受明确地告诉对方。

（4）如果我觉得自己伤害了别人，我会马上道歉。

（5）我乐于接受批评。

（6）对别人正在讲的话题，我通常会表示出感兴趣。

（7）刚开学时，能很快喊出同宿舍同学的名字。

（8）我时不时会跟老师聊聊天。

（9）我善于从别人的话里听出弦外之音。

（10）别人开我的玩笑我可以接受，但我不主动拿别人开玩笑。

（11）我做事有原则，但遇到特殊情况，我也有灵活性。

（12）我讲话简明扼要，不啰唆。

（13）我懂得如何说"不"而不使对方难堪。

（14）我脸上常常挂着微笑。

（15）我懂得如何适度地赞美别人而又没有拍马屁的嫌疑。

（16）我很少抱怨，也从不在公开场合与人发生争执。

（17）跟陌生人接触，我善于发现彼此之间的共同点。

（18）我不会表现得比朋友更精明，但也不会让人觉得我蠢。

（19）我总是勇于表达自己的想法。

（20）我注重细节，经常通过观察细节得出与众不同的结论。

计分标准：

回答"是"不到8个：不及格。恐怕你需要好好恶补一下有关沟通的常识。

回答"是"超过10个：你了解沟通之道，但实践起来显然还不够完美，要加把劲。

2. 交际水平测试

测试要求：独立的，不受任何人影响的自我评定。

指导语：你善于交际吗？如果你想了解自己的交际水平，请仔细阅读每个问题，选择与你的情况符合的选项。

序号	问题	a	b	c
1	你是否经常感到词不达意	是	有时是	从未
2	他人是否经常曲解你的意见	是	有时是	从未
3	当别人不明白你的言行时，你是否有强的挫折感	是	有时是	从未
4	当别人不明白你的言行时，你是否不再加以解释	是	有时是	从未
5	你是否尽量避免社交场合	是	有时是	从未
6	在社交场合，你是否不愿意与别人交谈	是	有时是	从未
7	在大部分时间里，你是否喜欢一个人独处	是	有时是	从未
8	你是否曾因为不善辞令而失去改变生活处境的机会	时常	偶尔	没有
9	你是否特别喜欢不必与人接触的工作	是	有时是	不是
10	你是否觉得很难让别人了解自己	是	有时是	不是
11	你是否极力避免与人交往	是	有时是	不是
12	你是否觉得在众人面前讲话是很难的事	是	有时是	不是
13	别人是否常常用"孤僻""不善辞令"等来形容你	是	有时是	从未
14	你是否很难表达一些抽象的意见	是	有时是	不是
15	在人群中，你是否尽量保持不出声	是	有时是	不是

测验完成后，给自己评分，选a得3分，选b得2分，选c得1分。将各题得分相加得总分。参看后面的计分办法，对测验结果解释。

如果你的总分在38～45分之间，说明你必须采取施改善自己的交际能力。

如果你的总分在22～38分之间，说明你是一个善于交际的人。

如果你的总分在15～22分之间，说明你交际方面过分积极，可能导致消极后果。

 心理思考

（1）谈谈你的人际关系现状，是很好、很糟还是一般？原因何在？如何改善？

（2）想一想你在人际交往的过程中容易受哪些因素影响？

（3）如何提高人际交往的质量？

第6章 塑造健全人格

> 人格是据此推断一个人在特定的情境下将会如何行为的东西。
>
> ——卡特尔

知识导航

◆ 了解人格的概念和影响人格形成的因素；

◆ 掌握大学生人格发展特点及影响大学生人格形成和发展的因素；

◆ 了解大学生常见的人格障碍；

◆ 明确当代大学生人格完善的标准，掌握大学生人格完善的途径和方法。

心理小故事

三个犹太人

有三个犹太人来到耶路撒冷，他们由于身边带的钱太多，不方便，大家就商议将各自带的钱埋在一起。第二天，大家发现钱被人盗走，就开始相互猜疑。于是三人就一起去找所罗门做仲裁。所罗门先讲了一个故事。

有个姑娘与一个男子订婚，但不久以后，她又爱上了另一个男人。于是她就向自己的未婚夫提出解除婚约。为此，她还表示，愿意付给未婚夫一笔赔偿金。但这个男子无意于赔偿金，答应了她的要求。但是不久以后，这个姑娘又被一个老头骗了。后来，姑娘对老头说：“我以前的未婚夫不要我的赔偿金就和我解除了婚约，所以你也应该如此待我。"于是，那个老头也答应了她的要求。讲完了故事，所罗门询问：“姑娘、男青年和老头，谁的行为最值得赞扬？”

第一个人认为，男青年能够不强人所难，不拿一点赔偿金，其行为可嘉。

第二个人认为，姑娘有勇气和未婚夫解除婚约，并要和真正喜爱的人结婚，其行为可嘉。

第三个人认为，这个故事简直莫名其妙，那个老头既然为了钱才诱拐姑娘，可为什么不拿钱就放她走了呢？

所罗门不等第三个人说完，指着他大喝一声："你就是偷钱的人！"

然后，所罗门解释说："他们两人关心的是故事中人物的爱情和个性，而你却只想到了钱，你肯定是小偷无疑。"

犹太人的这个故事，说明一个人的人格有高低，品行卑劣的人心中只有钱而没有道义，而高尚的人由于注重道义而往往忽视金钱。在现实生活中，我们处处可以看到各具特色的人格差异。那么，大学生的人格具有哪些特点，是怎样形成的，又在人格上存在怎样的问题，如何才能形成健全的人格呢？请继续本章的学习。

6.1 人格概述

人生的较量有3个层次：最低的一层是技巧与技巧的较量，其次是智慧与智慧的较量，而最高层次则是人格与人格之间的较量。人的各种素质中，人格无疑是占据最高层次，最终起决定作用的。那么，什么是人格呢？

6.1.1 人格及其构成

曹雪芹在《红楼梦》中描写了四百多个人物，每个人物各具风采。林黛玉的忧郁与孤傲，贾宝玉的多情与叛逆，薛宝钗的自制与圆滑，史湘云的活泼与爽朗，王熙凤的泼辣与奸诈，探春的刚毅与精干，迎春的懦弱与温顺，惜春的冷漠与疏离，妙玉的清高与傲气，元春的贤德与哀怨，袭人的奴性与忠诚，晴雯的抗争与刁蛮，平儿的善良与周全，尤三姐的刚烈与痴情……大大小小的人物有血有肉，显示出人格差异的"千姿百态"。这些性格迥异的个性，表示出了不同的人格。

人格（personality）一词最初来源于古希腊语"persona"，是指希腊戏剧中演员戴的面具。不同的面具体现了不同角色的特点和人物性格，类似于中国京剧中的脸谱，红脸代表忠义，白脸代表奸诈，黑脸代表刚强。心理学借用此词来描述在人生大舞台上，每个人扮演的不同角色以及表现出的相应行为。

心理学中的人格是指构成一个人的思想、情感及行为的特有统合模式,是相对稳定、具有独特倾向性的心理特征的总和。它包含两方面的意义:一个是外部自我,即个体在人生舞台上所表现出的种种言行,这是我们可以观察到的外显的行为和人格品质,是人格的"外壳";另一个是内部自我,即个体的真实内心世界、本来面目,这是面具后面内隐的人格成分,是人格的内在特征。内外两个方面相结合就构成了生活中现实的人。

综合各家的定义,可以界定:人格是个体在行为上的内部倾向,它表现为个体适应环境时在能力、气质、性格、需要、动机、价值观等方面的整合,是具有动力一致性和连续性的自我,是个体在社会化过程中形成的给人以特色的身心组织。人格包括气质、性格、能力、兴趣、爱好、需要、理想、信念等方面内容。

人格具有独特性、稳定性、统合性、功能性和可塑性等特点。

(1) 独特性。在现实生活中,有的人外向开朗,有的人内向腼腆;有的人健谈幽默,有的人沉默寡言;有的人豪爽果敢,有的人优柔谨慎;有的人冲动急躁,有的人理智沉稳。我们经常说的"人心不同,各如其面"就是指人格具有鲜明的个体特征,人格的差异铸就了个体千差万别、千姿百态的心理面貌。个体的人格是在遗传、成长环境及教育等先、后天多种因素交互作用下形成的。不同的遗传、生存及教育环境,会形成各自独特的心理特点。而生长教育条件的不同,也会使同一人格品质在不同人身上表现出不同的特点。例如,勇敢这一人格特质,对在一个缺乏父母爱护的家庭中成长的孩子,极易产生争斗;而对在一个民主型家庭中成长的孩子,则易产生见义勇为。

(2) 稳定性。人格的稳定性是指个体的人格特征具有持续性和一致性。一个人的某种人格特质一旦稳定下来,要改变是较为困难的事,这种稳定性还表现在人格特征在不同时空下的一致性。例如一个性格外向的大学生,他不仅仅在家庭中非常活跃,而且在班级活动中也表现出积极主动的一面,在老师面前同样也能自然地表现自己,不仅大学四年如此,即使毕业若干年再相逢,这个特质依旧不变。

(3) 统合性。人是极其复杂的,人的行为表现出多元性、多层次的特点。人格的组合千变万化并非死水一潭。各种人格结构的组合千变万化,因而使人格表现得色彩纷呈。在每个人的人格世界里,各种特征并非简单的堆积,而是如同宇宙世界一样,依据一定的内容、秩序与规则有机组合起来的动力系统。人格的有机结构具有内在一致性,受自我意识的调控。当一个人的人格结构的各方面彼此和谐一致时,他就会呈现出健康的人格特征,否则就会出现各种心理冲突,导致"人格分裂"。

(4) 功能性。人格能导引行为,驱使人趋向或回避某种行为,寻求或躲避某些刺激,是一个人生活成败、喜怒哀乐的根源。正如人们常说的"性格就是命运"。人格决定了一个人的生活方式,甚至有时会决定一个人的命运。面对挫折与失败,坚强者能够认真总结经验教训,在失败的废墟上重建人生的辉煌;而怯懦者则一蹶不振,失去了奋斗的目标。当人格功能发挥正常时,表现为健康而有力,支配着人的生活与成败;当人格功能失调时,就会表现出懦弱、无力、失控甚至变态。

(5) 可塑性。虽然人格是稳定的,但不是不可以改变的。每个人的人格都可能随着现实环境的多样性和多变性而或多或少地发生变化。儿童期和青年期(成年前期)的人格正在形成和定型中,还不稳定,容易受外界因素影响而发生变化,因而可塑性较大;而成年人的人格比较稳定,可塑性较小，但也并非不能改变。大学时期是人格形成的最后阶段，因此，大学生在大学期间要有意识地培养自己健全的人格。

> **心理小卡片6-1**
>
> **奥尔波特的人格特质论**
>
> 奥尔波特是美国著名心理学家、现代个性心理学创始人之一，也是特质理论的始创者。他认为：特质是个人所特有的、一般的、现实焦点的神经心理结构。由于有特质，很多刺激便等值起来，从而使人在不同情况下的适应行为和表现行为具有一致性。例如，一个具有强烈攻击性特质的人，对不同的情境会作出相类似的反应；又如具有"谦虚"特质的人，对不同的情境也会作出类似的反应，与领导一起工作时，表现为留心、小心、顺从；在访友时，表现为文雅、克制、依从；在遇见陌生人时，表现为笨拙、尴尬、害羞；在和父母亲共同进餐时，表现为热情、迎合；在同伴给予赞扬时，表现为不愿露面、不愿为人注意等。
>
> 奥尔波特把特质分为共同特质和个人特质两类。共同特质(common trait)是同一文化形态下群体都具有的特质，它是在共同的生活方式下所形成的，并普遍地存在于每一个人身上，这是一种概括化的性格倾向。个人特质(individual trait)为个人所独有，代表个人的性格倾向。他认为，世界上没有两个人具有相同的个人特质，只有个人特质才是表现个人的真正特质。

6.1.2 人格的构成

人格是一个多侧面、多层次、多成分构成的开放系统，不同成分从不同侧面反映个体的差异。著名心理学家弗洛伊德提出人格结构的"三我"层次，即本我、自我和超我。其中，本我是位于人格结构的最底层，由先天的本能、欲望所组成的能量系统，包括各种生理需要。本我是无意识、非理性的，遵循快乐原则。自我是位于人格结构的中间层，是从本我中分化出来的，其作用是调节本我和超我，遵循现实原则。超我是位于人格结构的最高层，是道德化的自我，其作用是抑制本我的冲动，对自我进行监控，追求完善的境界，遵循道德原则。

目前心理学界认为，人格结构系统包括个人的人格倾向性和人格心理特征两个相互联系的方面。人格倾向性包括需要、动机、兴趣、价值观和世界观等，主要在后天社会环境作用下形成，反映人格可塑的一面。人格心理特征包括能力、气质、性格，这些心理特征在不同程度上受先天遗传因素的影响，相对比较稳定。其中，气质与性格是人格最重要的两个方面。

(1) 气质

① 气质的定义

气质是指在人的认识、情感、言语和行动中，心理活动发生时力量的强弱、变化的快慢和均衡程度等稳定的动力特征。主要表现在情绪体验的快慢、强弱、表现的隐显以及动作的灵敏或迟钝方面。生活中，人们常说的"冲动"与"文静""敏感"与"迟钝""急性子"与"有耐性"等，都是对不同人气质的描述。因而不同的气质既赋予了个体心理活动的动力特征，又给每个人的心理活动添上了一层独特的色彩。它与日常生活中人们所说的"脾气""性格""性情"等含义接近。

② 气质的类型

不同的心理学家对气质有不同的分类方法，其中最具代表性的是古希腊的医生兼学者希波克利特提出的气质类型，他把气质分为胆汁、多血、黏液和抑郁四种。

a. 胆汁质（兴奋型）。外向、精力旺盛，直率、热情，行动敏捷，性情急躁，心境变换剧烈。这类大学生有独立见解，反应迅速，行为果断，表里如一；不愿受人指挥，而喜欢指挥别人；学习、工作热情高涨，有魄力，能吃苦，但不够细致；热情、执着，活动效率高，想干的事未完成，饭可不吃，觉可不睡；学习的理解能力和接受能力强，但不求甚解；思维方式刻板，说话喜欢与同学争辩，喜欢在公开场合表现自己；能以极大的热情和旺盛的精力投入学习和工作，一旦精力消耗殆尽时，便会失去信心，情绪顿时转为沮丧而心灰意冷。

b. 多血质（活泼型）。外向、活泼好动，反应迅速，情绪发生快而多变，兴趣广泛。这类大学生在学习和工作上肯动脑、主意多，不安于机械、刻板、循规蹈矩，常表现出较强的工作能力和办事效率；内心体验多在面部表情和眼神中明显地表现出来；易于适应环境的变化，性情活泼、热情，善于交际，容易交上朋友，但友谊常不巩固，缺少知心朋友；对外界事物兴趣广泛，但容易失于浮躁，见异思迁；容易激动，但情绪表现不强烈；情绪变化快，遇到稍不如意的事就情绪低落，稍得安慰或又遇到其他高兴的事，马上就会兴高采烈。

c. 黏液质（安静型）。内向、稳重，反应缓慢，沉默寡言，情绪不易外露，注意稳定难于转移，善于忍耐。这类大学生一般很少发脾气，情感很少外露，面部表情单一；反应较为迟缓，无论环境如何变化，都能基本保持心理平衡；凡事深思熟虑，力求稳妥，一般不做无把握的事情，表现出较强的自我克制能力；与人交往态度适度，不卑不亢，不爱抛头露面和做空泛的清谈；学习、工作有板有眼，踏实肯干；兴趣爱好稳定专一，有毅力。但不善于随机应变，固定性有余而灵活性不足，有墨守成规、因循守旧的表现。

d. 抑郁质（抑郁型）。内向、孤僻，善查细节，行动迟缓，情感体验细腻、深刻。这类大学生喜欢安静独处，与人交往时显得腼腆、忸怩，善于领会别人的意图，在团结友爱的集体中，很可能是一个容易相处的人；自己心里有话，宁愿自己品味，也不愿向别人倾诉；不爱表现自己，对出头露面的工作尽量摆脱；感情细腻而脆弱，常为区区小事引起情绪波动，容易神经过敏，患得患失；在困难面前常怯懦、自卑和优柔寡断；当学习或工作失利时，会感到很痛苦。

上述为典型气质类型，近似其中一种者为一般型，这种人比较少，具有两种或两种以上类型者为中间型或混合型，这种类型在人群中占的比例较多。

气质是人的天性，本身无优劣之分，任何一种气质都有其积极和消极的方面，气质也不能决定一个人的社会价值、智力水平和成就的高低。因此，大学生要正确对待自己的气质类型，经常有意识地控制自己气质的消极品质，发扬积极品质，以有利于形成良好的个性。

心理小卡片6-2

看戏迟到判断你的气质类型

如果你看戏迟到了，你最有可能是下列哪种表现呢？选择一种由此来判断你属于哪种气质类型。

A. 你面红耳赤地与检票员争吵起来，企图推开检票员，径直跑到自己的座位上去，并且还会埋怨说，戏院时钟走得太快了；

B. 你明白检票员不会放你进去，不与检票员发生争吵，而是悄悄另外找了一个小门跑到楼上另寻一个地方看表演；

C. 检票员不让你进去，便想反正第一场戏不太精彩，还是暂且到小卖部待一会儿，待幕间休息再进去；

> D. 你对此情景感叹自己老是不走运，偶尔来一次戏院，就这样倒霉，接着就垂头丧气地回家了。
> A属于多血质类型，　　B属于胆汁质类型，
> C属于黏液质类型，　　D属于抑郁质类型。

③ 气质的生理基础

俄国心理学家巴甫洛夫则用神经系统活动过程的特性科学，解释了四种气质的机制。他指出高级神经活动系统有三种特性，即兴奋和抑制的强度、兴奋和抑制的平衡性、兴奋和抑制相互转换的灵活性。巴甫洛夫通过动物实验研究发现，不同动物高级神经活动的兴奋和抑制过程的独特的、稳定的结合，构成了动物的高级神经活动类型。巴甫洛夫认为，动物的这四种神经类型，原则上适用于人类。因此，四种神经类型就构成人类四种气质的生理基础，具体如表6-1所示。

表6-1　气质的生理基础

神经活动特征	高级神经活动类型	气质类型
强、不平衡	兴奋型	胆汁型
强、平衡、灵活	活泼型	多血型
弱、平衡、不灵活	安静型	黏液型
弱、不平衡	抑制型	抑郁性

第一，强、不平衡的类型。这种类型的特点是：兴奋过程强于抑制过程，阳性条件反射比阴性条件反射易于形成。这是一种易兴奋、奔放不羁的类型。所以称之为"兴奋型"。

第二，强、平衡、灵活的类型。这种类型的特点是反应灵敏，外表活泼，能较快地适应迅速变化了的外界环境。也可称之为"活泼型"。

第三，弱、平衡、不灵活的类型。其特点较易形成条件反射，适应性差、转换能力差，是一种坚毅而行动迟缓的类型。也称为"安静型"。

第四，弱、不平衡的类型。兴奋和抑制都很弱，不论是阳性条件反射还是阴性条件反射的形成都很慢，表现得很胆小怕事，在艰难工作任务面前，正常的高级神经活动易受破坏而产生神经症。也称为"抑制型"。

通过对气质的了解，我们不难看出，气质和人格一样，是与行为模式相联系的一个概念。然而，气质被定义为较多、较明显地与人的体质因素相关，又与人格有一些区别。主要区别表现在：气质更多同生理因素而不是环境因素相联系，因此较为固定而不易受外部环境左右。气质更多同生物进化相联系。而人格则更多地受社会文化、历史背景的影响；由于更多依赖于生理基础，从个体发展来看，气质出现得较早，而人格则是在个体生长过程中逐渐形成的。

一般说来，气质是人格形成的基础，是人格发展的自然基础和内因，使人格带有一定的气质色彩，是构成人格的一个重要部分，是人格中较多由生物性决定的方面，是人格的先天预置结构。其对环境的依赖性较小，不带有道德价值和社会评价的内涵。

(2) 性格

① 性格的定义

人们常说：性格决定命运。那么什么是性格呢？性格是一种与社会相关最密切的人格特征，是一个人对现实稳定的态度和与之相适应的习惯化了的行为方式的总和。它表现了个体对现实与周围世界的态度，对自己、对别人、对事物的态度，是人格形成的条件和发展的外因。

② 性格的分类

从不同角度和侧面可以对性格类型进行不同的划分。

按照知、情、意在性格中的表现程度，可分为理智型、情绪型和意志型三种。理智型的人以理智支配自己的行动；情绪型的人，情绪体验深刻，举止容易受情绪左右；意志型的人具有较明确的目标，行为主动。

按照个体的心理倾向，可分为外倾型和内倾型。外倾型的人心理活动倾向于外部，活泼开朗，善于交际，感情易于外露，处事不拘小节，独立性较强，但有时粗心、轻率、容易轻信；内倾型的人心理活动倾向于内部，一般表现为感情含蓄，处事谨慎，自制力强，但交往面窄，适应环境比较困难。

按照个体独立性程度，可分为独立型和顺从型。独立型的人意志坚强、具有坚定的信念，不易受外来事物的干扰；能独立地判断事物，发现问题解决问题，在紧急和困难的情况下不慌张，易于发挥自己的力量，但有时会把自己的意志强加于人，固执己见，不易合群；顺从型的人，随和、谦虚，易与人合作，但独立性较差，易受暗示，容易接受别人的意见，在紧急情况下易惊慌失措。

典型性格的人很少见，一般人都处于两种性格之间或偏向某种类型性格。

性格与气质都是构成人格的重要因素，二者相互渗透，相互影响，彼此制约。二者所不同的是，性格是人格中涉及社会评价的内容，更多受到环境的影响，具有较大的可塑性；而气质更多的受生理和心理特征制约，虽然在后天的环境影响下也会有所改变，但与性格相比，它变化比较缓慢，更具有稳定性。

心理小卡片6-3

艾森克人格问卷

艾森克人格问卷是英国伦敦大学心理系和精神病研究所的艾森克教授编制的。艾森克认为人格是由一系列可测量的特质构成的。他提出人格特质可用两个独立的基本维度描述：情绪稳定——神经过敏、内向——外向，这两种维度都是连续的。

以后艾克森又补充了精神质（又称心理变态倾向）这一维度。EPQ就是测查这三种人格维度的工具，它是由1952年、1959年、1964年的莫斯莱医学问卷修订而成的，1975年正式命名为艾森克人格问卷。EPQ又分成人和青少年两种问卷：成人问卷有90题，青少年问卷有81题。每种问卷皆包括4个分量表（即E、N、P、L）分别测量三个人格维度，L是效度量表，测量说谎和掩饰。

E：内外倾向。高分表示人格外向，特点是好交际，渴望刺激和冒险，情感易于冲动。低分表示人格内向，特点是好静，富于内省。除了亲密朋友外，对一般人缄默冷淡，不喜欢刺激，喜欢有秩序的生活方式，情绪比较稳定。

N：情绪性。反映的是正常的行为，并非病症。分数高者可能焦虑、担忧，郁郁不乐，忧心忡忡，常有强烈的情绪反应，以至于出现不理智行为。分数低则可能情绪反应缓慢且轻微，易恢复平静，稳重，性情温和，善于自我控制。

P：精神质。并非有精神病，他在所有人身上都存在，只是程度不同而已。但如果某人表现明显，则易发展成行为异常。高分者可能孤独，不关心他人，难以适应外部环境不近人情，感觉迟钝，与别人友好，喜欢寻衅搅扰，喜欢干奇特的事情，且不顾危险。

L：测定被试的掩饰、假托或自身隐蔽，或者测定其社会性朴实幼稚的水平。L与其他量表的功能有联系，但它本身代表一种稳定的人格功能。

EPQ的理论结构已被大量研究所证实。它实施简便，信度较高。当前我国普遍使用的有陈仲庚修订本和龚耀先修订本。

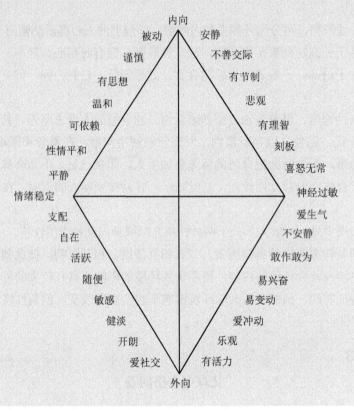

6.1.3 影响人格形成和发展的因素

在一个人的人生发展历程中有许多因素会影响到人格的发展，人格的塑造是先天、后天因素共同作用的结果，它凝聚着文化、社会、家庭、教育与先天遗传的个体风貌。在人格培养过程中，既要看到个体的生物遗传的影响，更要看到社会文化的决定作用。

（1）生物遗传因素

研究结果表明：遗传是人格不可缺少的影响因素，但遗传因素对人格的作用程度因人格特征的不同而不同。通常在智力、气质这些与生物因素相关较大的特征上，遗传因素较为重要，而在价值观、信念、性格等与社会因素关系紧密的特征上，后天环境因素更重要。人格发展过程是遗传与环境交互作用的结果，遗传因素影响人格发展方向及形成的难易。

双生子的研究被许多心理学家认为是研究人格遗传因素的最好办法。同时研究同卵双生子与异卵双生子，可以评估相同基因类型下不同环境的作用，以及在相同或类似环境下不同基因类型的作用。由于同卵双生子具有相同的基因，因此他们间的任何差异一定是环境造成的；而异卵双生子的基因虽然不同，但在环境上有许多相似性，如出生顺序、母亲年龄等，故可提供一些有关环境控制的测量。

心理小卡片6-4

同卵双胞胎

一对日本同卵双胞胎兄弟,由于母亲去世,兄弟出生18天就被分别寄养在别人家里,哥哥随后就成了那家的养子,弟弟3岁时被送回到自己的家。二人长到15岁时,都不知道自己有个双胞胎兄弟。16岁时,两人才第一次见面。

哥哥一直在米店工作,22岁时学会了照相和俄语,去了中国的东北,直到第二次世界大战结束,一直在那里生活。弟弟先后在裁缝店、米店、油店工作,学会了木匠后成为一名建筑师,退休前一直在政府工作,退休后获得各种头衔。

二人只在20岁时一起生活了将近一年,此后就天各一方,至死,两人也没再见一面。尽管如此,两人的气质却惊人地相似。兄弟俩有黏液气质,话少,动作迟缓,说话生硬,性情急躁,固执。兄弟俩却又都是实干家,认真钻研,所以虽然学历不高,但都获得了一定的社会地位。

同卵双胞胎尽管成长环境不同,却有着极为相似的个性,并且度过相似的一生。这反映了遗传因素对人格的影响。

那么,遗传对人格的影响占到多大比例呢?英国学者卡特尔经过研究发现,人格的三分之二是由环境决定的,三分之一是由遗传决定的。列宾研究过遗传对人格五大因素的作用,发现遗传率约为40%,即人格上约40%的个体差异可由遗传加以解释。

(2) 社会文化因素

人从呱呱坠地开始起,就置身于社会文化之中并受社会文化的熏陶与影响,文化对人格的影响伴随着人的终生。社会文化塑造了社会成员的人格特征,使其成员的人格结构朝着相似性的方向发展,而这种相似性具有维系一个社会稳定的功能,又使得每个人能稳固地"嵌入"整个文化形态里。

社会文化具有塑造人格的功能,这反映在不同文化的民族有其固有的民族性格,不同的地域有着不同的文化传统,不同的文化发展时期有着不同的文化认同。例如,米德等人研究了新几内亚的三个民族的人格特征,结果表明:来自同一祖先的不同民族各具特色,鲜明地体现了社会文化对个体的影响力。居住在山丘地带的阿拉比修族,崇尚男女平等的生活原则,成员之间互相友爱、团结协作,没有恃强凌弱、没有争强好胜,一派亲和景象。居住在河川地带的孟都古姆族,生活以狩猎为主,男女间有权力与地位之争,对孩子处罚严厉。这个民族的成员表现出攻击性强、冷酷无情、嫉妒心强、妄自尊大、争强好胜等人格特征。居住在湖泊地带的张布里族,男女角色差异明显,女性是这个社会的主体,她们每日操作劳动,掌握着经济实权。而男性则处于从属地位,其主要活动是艺术、工艺与祭祀活动,并承担孩子的养育责任。这种社会分工使女人表现出刚毅、支配、自主与快活的性格,男人则有明显的自卑感。生活在我国西北地区的人,多具有粗犷、豪放的性格,而生活在东部沿海地区的人,多具有温和、细腻的性格。

(3) 家庭环境因素

家庭是社会的细胞,它不仅具有其自然的遗传因素,也有着社会的"遗传"因素。这种社会遗传因素主要表现为家庭对子女的教育作用。家庭常被视为人类性格的加工厂,它塑造了不同的人格特征,对人格的形成和培育起到了至关重要的作用。这种作用主要体现在以下三个方面。

① 家庭教养方式。孩子的人格是在与父母持续相互作用中逐渐形成的。曾有人这样说过:"孩子在批评中长大,学会了责难;在敌意中长大,学会了争斗;在虐待中长大,学会了伤害;在

支配中长大，学会了依赖；在干涉中长大，学会了被动与胆怯；在娇宠中长大，学会了任性；在否定中长大，学会了拒绝；在鼓励中长大，学会了自信；在公平中长大，学会了正义；在宽容中长大，学会了耐心；在赞赏中长大，学会了欣赏；在爱中长大，学会了爱人。"

家庭教养方式一般可以分为三类。第一类是权威型教养方式，这类父母在对子女的教育中，表现得过于专制，孩子的一切由父母来控制，不允许子女有任何意见，只能绝对服从。成长在这种教育环境下的孩子容易形成消极、被动、依赖、服从、懦弱的特点，做事缺乏主动性，甚至会形成不诚实的人格特征。第二类是放纵型教养方式，这类父母对孩子过于溺爱，让孩子为所欲为，一切都由孩子自己做主。成长在这种教育环境下的孩子多表现为任性无礼、唯我独尊、自私蛮横等。第三类是民主型教养方式，父母与孩子在家庭中处于一个平等和谐的氛围中，父母尊重孩子，给孩子一定的自主权，并给予孩子积极正确的指导。这种教育方式使孩子形成了一些积极的人格品质，如活泼、快乐、直爽、自立、彬彬有礼、善于交往、富于合作、思想活跃等。

② 父母的人格特征。父母的言行举止、人格风范是摆在孩子面前的一部活生生的教科书，会对孩子人格品质的形成产生潜移默化的影响。俗话说："孩子是父母的一面镜子"。孩子的言行举止、人格风貌无一不体现着父母的风格。心理学研究表明：孩子学习如何行为的主要方式是观察和模仿，即习得。在家庭中孩子往往以自己的父母为榜样，先是模仿父母的行为，然后把这种行为转化为一种自身的习惯，从而把父母的行为变成自己的行为、把父母的人格特征转化为自己的人格特征。因此，父母的行为和人格特征在孩子成长过程中会留下深深的印记。父母对事业的执着热爱，面对挫折的乐观态度，会养成孩子坚忍的意志品质和强烈的社会责任感。

③ 家庭成员之间平等和睦的关系。家庭成员之间相互信任尊重、关心体贴、相亲相爱，不仅能使孩子生活得安全、幸福、温暖，而且还会使孩子对生活充满希望，养成尊敬、理解、信任、关怀、自信、乐观等良好的个性品质，为人格发展打下坚实的基础。相反，家庭成员之间长期不和，夫妻经常发生感情冲突甚至最终离异，会使孩子情绪情感受到伤害，容易形成抑郁、焦虑、自卑、孤僻等消极心理特征。

（4）学校教育因素

学校是一种有目的、有计划地向学生施加影响的教育场所。教师、班集体、同学与同伴群体、学校人文环境等都是学校教育的元素。

教师对学生人格的发展具有指导定向作用。教师的人格特征、行为模式与思维方式对学生产生巨大影响。每个教师都有自己独特的风格，这种风格为学生设定了一个"气氛区"，在教师的不同气氛区中，学生表现出不同的行为表现。洛奇在一项教育研究中发现，在性情冷酷、刻板、专横的老师所管辖的班集体中，学生的欺骗行为增多；在友好、民主的教师气氛区中，学生欺骗减少。心理学家勒温等人也研究了不同管教风格的教师对学生人格的影响作用。他们发现在专制型、放任型和民主型的管理风格下，学生表现出不同的人格特点。

班集体是学校的基本组织结构。每个班集体都有自己的氛围，有的活跃融洽；有的冷漠呆板。班集体的特点、要求、舆论和评价对于学生人格的发展影响很大。好的班风有利于培养学生的积极的人格品质，而不好的班风会使学生养成一些消极的人格品质。

同伴群体也是一个结构分明的集体，群体内有具有上下级关系的"统领者"和"服从者"，有平行关系的"合作者"和"互助者"。大家通过相互模仿、相互感染，使个人的人格特征达到进一步强化。通过同伴群体，使学生加速了社会化进程。

学校的人文环境，即学校的校风校纪、教风学风、精神风貌、人际关系等众多因素交织在一起均会对学生的人格发展产生影响，而且相对于其内部另外的环境因素而言，其具有更多的指导性以及外显性特征，同时也有隐性的引导作用。

（5）自然地理因素

生态环境、气候条件、空间拥挤程度等这些自然因素，对人格并不起决定作用，但会影响人格的形成与发展。俗语说：一方水土养一方人。我们也常听说：穷山恶水出刁民，就是这个道理。气温会提高某些人格特征的出现频率，例如热天会使人烦躁不安，对他人采取负面反应，发生反社会行为。总之，在不同自然地理环境中，人可以表现出不同的行为特点。

6.2 大学生人格发展特点及问题矫正

整体上，当代大学生具有勇于开拓创新，以及努力取得成就的坚韧性、富有热情、自信心强等人格特征。但因个人的主观原因及受家庭、学校、社会的影响，大学生中也存在不同程度的人格发展缺陷。发现问题并进行矫正，有助于将来更好地适应社会。

6.2.1 大学生的人格发展特点

中国的大学生有其自身的社会文化背景和时代发展背景，在其人格发展中呈现出自身的特点，归纳起来，可从以下几个方面描述。

（1）自我意识完善

大学生强烈地关注自我的成长发展，能够客观地评价自己，独立意识凸现，注重自尊，在意他人对自己的态度和看法，自我控制能力也显著发展。

（2）智能结构健全

大学生具有良好的观察力、记忆力、思维力、注意力和想象力，没有认知障碍，各种认知能力能有机结合并发挥其应有效用。

（3）情绪体验丰富

大学生在情绪上，稳定性与波动性、外显性与内隐性并存，情绪体验丰富多彩，积极的情绪体验在学习、生活中居于主导地位，多数学生有较高的自信心和生活满意度。另外，大学生的道德感、理智感等高级情感也得到了充分发展。

（4）社会适应良好

当代大学生对外部世界充满好奇和热情，有着广泛的活动范围和兴趣爱好，人际交往范围扩大，积极参与各种形式的社会实践，能较好地处理社会、他人和自我的关系，谦让、忍耐、克己、谨慎、理智等人格特征表现突出。

6.2.2 大学生常见的人格缺陷及矫正

人格缺陷是介于正常人格与人格障碍之间的一种人格发展的不良倾向，或者说是某种轻度的人格障碍。大学生中有相当一部分人存在着不同程度的人格发展缺陷，常见的人格缺陷有自我中心、冲动、依赖、自卑、虚荣、懒惰等，这些不良的人格特点会妨碍正常的人际关系，影响活动效果，同时还会影响大学生的心理健康。其中有的人格缺陷在其他章节中已有所阐述，在此主要分析以下几种人格缺陷及其矫正建议。

(1) 虚荣

虚荣是指过分看重荣誉、他人的赞美，自以为是。虚荣心往往与自尊心、自卑感紧紧相连。没有自尊心，就没有虚荣心，也就没有自卑感。虚荣心是扭曲的自尊心与自卑感的混合产物。爱慕虚荣的大学生常担心被别人瞧不起而超经济能力地消费、摆阔，不和现实条件地追求时髦，说大话、吹牛，自尊敏感，虽然有些自卑，又担心别人伤害自己的尊严，过分介意别人的评论与批评，与人交往时防御性强，喜欢抬高自己的形象，他们捍卫的是虚假的、脆弱的自我。

克服过强的虚荣心，首先要对虚荣心的危害性有明确的认识；其次要正确看待名利，正视自己的优势与不足，扬长避短；再次要树立健康与积极的荣誉心，正确表现自己，不卑不亢，正确对待个人得失与他人评价。

(2) 冲动

大学生由于其特殊的年龄段，感情丰富易冲动，他们多感情用事，不考虑后果，对自己情绪缺少延迟处理、冷静之后又感到不安，后悔不已。有时甚至不能自控，在语言上、行为上对人进行伤害、对事物进行破坏，造成麻烦后自怨自艾，悔不当初。冲动性通常具有的表现为鲁莽草率和自私任性。

具有冲动性意志缺陷的大学生，可以通过以下途径来校正：首先，要勤于思考，对行为的后果要进行充分预测，养成三思而后行的习惯。其次，要学会控制情绪，掌握情绪控制的技巧。第三，要正确对待挫折，培养和提高抗挫折能力。

(3) 懒散

懒散是指一种慵懒、闲散、拖拉、疲沓、松垮的生存状态。主要表现在：生活缺乏目标，没有计划，随波逐流，无所事事，懒散倦怠，浑浑噩噩，醉生梦死；无法将精力集中在学业中，得过且过，百无聊赖，做事疲沓，没有进取心。在大学生活中常常是踏着铃声进教室，常为自己的懒散寻求合适的解释，做事一误再误，无休止地拖下去，对任何事没有信心，没有欲望。

比尔·盖茨说过："懒惰、好逸恶劳乃是万恶之源，懒惰会吞噬一个人心灵，就像灰尘可以使铁生锈一样，懒惰可以轻而易举地毁掉一个人，乃至一个民族。"青年大学生要克服懒散，首先要确定一个坚定而有价值的奋斗目标，对自己负责，振作精神，"起而行之"；其次制定切实可行的近期计划，有计划就有了行动的动力，可以一步步实现目标，从而具备了现实意义；再次加强自我监控，养成第一时间行动的习惯，力争今日事今日毕，不给自己找借口，提高自制力。

(4) 猜疑

猜疑，是指在与人交往过程中，总是觉得什么事情都和自己有关，别人说的什么话都是在说自己，对别人的言行过分敏感、多疑。怀疑是建立在猜测的基础上，所以往往缺乏事实根据，有时也缺乏合理的思维逻辑。喜欢猜疑的人，往往过于敏感多疑，看到同学背着自己说话，就怀疑是在说自己的坏话；别人没和自己打招呼，就认为人家对自己有意见；总是想方设法去琢磨别人话语中的"潜台词"。培根在《论猜疑》一文中指出：疑心这种心情是迷陷人的，又是乱人心智的。它能使你陷入迷惘，混淆敌友，破坏人的事业。这种人格缺陷常常既影响到自己的心情，也影响到人际关系。

要克服猜疑，可以从以下方面入手：一是提高个人的心理品质，培养自信心。既看到自己的长处，又要学会与别人融洽相处，排除不良心理的干扰。二是敞开心扉，加强沟通。疑心过重，往往是因为疑心自设的心理屏障。只有加强同别人的沟通，使自己内心深处的猜疑"曝光"，才能增进彼此的了解，增加相互间的信任，从而消除误会。三是不听信流言。猜疑又往往是在别人煽动下开始的，因此，当人们听到传播的流言时，注意保持冷静，不要上当受骗。四是要克制情绪冲动，做出理性判断。五是要学会自我安慰，做到对他人宽厚为情，坦诚相待，不必斤斤计较，避免自生烦恼。

（5）怯懦

怯懦是指胆怯、怕事、懦弱、拘谨的人格缺陷。其主要表现为缺乏勇气和信心，害怕可能面临的困难和挫折，在挫折、困难面前常常知难而退，甚至不战而败。有些大学生过去的经历一帆风顺，因而特别害怕失败。"只能成功，不能失败"的非理性信念是造成一些大学生怯懦的认知因素。有些大学生由于胆怯，不敢与人讲话，不敢出头露面，也不敢表明自己的态度，甚至不敢向老师提问题。有些大学生由于怯懦，不敢冒风险，不敢担重任，不敢与坏人、坏事作斗争，不敢坚持自己正确的观点。但越是这样回避矛盾、躲避失败，越是容易体验到强烈的挫折感。

在挑战与机遇并存的现代社会，怯懦者会失去很多成功的机会。改变怯懦的最好办法是要敢于抓住机遇，积极锻炼，不怕失败，不怕丢面子，不怕担子重，多给自己鼓励和加压，在生活的词典中去掉"不敢"二字。

（6）不良意志品质

不良意志品质是指意志发展的不良倾向，主要表现为：生活缺乏目标，随波逐流，无所事事，懒散倦怠，浑浑噩噩，醉生梦死；还有的意志发展不成熟者曲解意志品质，把刚愎自用、轻率当作果断，把犹豫、彷徨当作沉着冷静，把固执己见、执着一念当作顽强等。不良意志品质一经形成，会带来很多性格缺陷，最后发展为人格缺陷。

克服不良意志品质，首先要矫正自我认知中的非理性观念，正确理解意志品质的内涵；其次发展自觉性、果断性、坚韧性和自制力；再次，树立远大的理想信念，远大的理想、坚定的信念和正确的世界观是人生奋斗的动力之源。

6.2.3 大学生人格障碍的形成原因

人格障碍形成的原因比较复杂，大量的研究资料和临床实践表明，生物、心理、社会环境等方面的因素都会对人格的形成产生影响。目前一般认为，人格障碍是在大脑先天性缺陷的基础上，遭受环境有害因素（特别是心理—社会因素）的影响形成的。

（1）遗传因素与脑发育因素

根据对人格障碍者的家谱调查、双生子调查以及染色体调查认为遗传与人格障碍有关，而神经系统疾病如脑炎、颞叶癫痫及脑外伤等可为促发因素。这些均提示生物因素是形成人格障碍的原因之一，但可能不是主要的。

（2）童年期精神创伤和不合理教养

婴幼儿时期母爱的剥夺、父母离婚、家庭感情破裂、长辈过分溺爱、不合理的教育常是人格障碍形成的重要原因。而有些家长酗酒、违法乱纪、道德败坏，常给幼小心灵以严重的影响，对孩子的个性发展带来巨大危害。儿童时期的不合理教养也可导致人格的病态发展。儿童大脑有很大的可塑性，一些不良倾向经过正常的教育可以消除，如家长听之任之不加管教，发展下去就可出现行为障碍。父母对孩子的教育方式和态度直接对孩子产生影响。曾发现有的母亲无意识地放任孩子说谎、做坏事，招致孩子后来人格的不稳定和混乱。

（3）社会因素

人格障碍在资本主义国家较为多见，可能与下列因素有关：家庭结构不稳定，离婚率高，弃婴私生子多，犯罪案件比比皆是，社会风气恶劣，黄色书刊及色情影视的影响。由此可见，社会环境对于人格的发展也有一定的影响。

总之，人格障碍的形成有多方面的原因，它们可能综合地起着作用。个体人格一旦形成，往往具有一定的稳定性，要改变并非易事，但通过加强自我调节和进行各种治疗（包括环境适应能力训练、就业及行为方式指导、人际关系调整等），人格障碍可以在一定程度上得到纠正。

6.2.4 大学生常见的人格障碍及矫正

人格障碍，是指人格发展的内在不协调，指在没有认知障碍或智力障碍的情况下，个体出现的情绪反应、动机和行为活动的异常。人格障碍是一种病态人格、变态人格。它介于精神病与正常人之间。值得重视的是，严重的人格障碍如果得不到及时有效的矫正，会成为精神病的高发人群。

（1）偏执型人格障碍

① 偏执型人格障碍的表现

偏执型人格又叫妄想型人格。其行为特点常常表现为：极度的感觉过敏，对侮辱和伤害耿耿于怀；思想行为固执死板，敏感多疑、心胸狭隘；爱嫉妒，对别人获得成就或荣誉感到紧张不安，妒火中烧，不是寻衅争吵，就是在背后说风凉话，或公开抱怨和指责别人，持这种人格的人在家不能和睦，在外不能与朋友、同学相处融洽，别人只好对他敬而远之。

《中国精神疾病分类方案与诊断标准》（CCMD—2—R）中将偏执型人格的特征描述如下。

a. 广泛猜疑，常将他人无意的、非恶意的甚至友好的行为误解为敌意或歧视，或无足够根据，怀疑会被人利用或伤害，因此过分警惕与防卫。

b. 将周围事物解释为不符合实际情况的"阴谋"。

c. 易产生病态嫉妒。

d. 过分自负，若有挫折或失败则归咎于人，总认为自己正确。

e. 好嫉恨别人，对他人过错不能宽容。

f. 好脱离实际地争辩与敌对，固执地追求个人不够合理的"权利"或利益。

g. 忽视或不相信与患者想法不相符合的客观证据，因而很难以说理或事实来改变患者的想法。

患者的症状至少要符合上述项目中的三项，方可诊断为偏执型人格障碍。

偏执型人格的人很少有自知之明，对自己的偏执行为持否认态度。据有关调查研究发现，偏执型人格障碍患者中以男性较多见，内向型和外向型性格的人均有发现。

② 偏执型人格障碍的矫正方法

对偏执型人格障碍的治疗应采用心理治疗为主，以克服多疑敏感、固执、不安全感和自我中心的人格缺陷。主要有以下几种方法。

a. 认知提高法

由于患者对别人不信任、敏感多疑，不会接受任何善意忠告，所以首先要与他们建立信任关系，在相互信任的基础上交流情感，向他们全面介绍其自身人格障碍的性质、特点、危害性及纠正方法，使其对自己有正确、客观的认识，并自觉自愿产生要求改变自身人格缺陷的愿望。这是进一步进行心理治疗的先决条件。

b. 交友训练法

鼓励他们积极主动地进行交友活动，在交友中学会信任别人，消除不安感。交友训练的原则和要领如下。

——真诚相见，以诚交心。本人必须采取诚心诚意、肝胆相照的态度积极地交友。要相信大多数人是友好的，可以信赖的，不应该对朋友，尤其是知心朋友存在偏见和不信任态度。必须明确，交友的目的在于克服偏执心理，寻求友谊和帮助，交流思想感情，消除心理障碍。

——交往中尽量主动给予知心朋友各种帮助。这有助于以心换心，取得对方的信任和巩固友谊。尤其当别人有困难时，更应鼎力相助，患难中知真情，这样才能取得朋友的信赖和增进友谊。

——注意交友的"心理相容"原则：性格、脾气的相似和一致，有助于心理相容，搞好朋友关系。另外，性别、年龄、职业、文化修养、经济水平、社会地位和兴趣爱好等亦存在"心理相容"的问题。但是最基本的心理相容的条件是思想意识和人生观价值观的相似和一致，即所谓的"志同道合"。这是发展合作、巩固友谊的心理基础。

c. 自我疗法

具有偏执型人格的人喜欢走极端，这与其头脑里的非理性观念相关联。因此，要改变偏执行为，偏执型人格患者首先必须分析自己的非理性观念。

如：我不能容忍别人一丝一毫的不忠；

世上没有好人，我只相信自己；

对别人的进攻，我必须立目标以强烈反击，要让他知道我比他更强；

我不能表现出温柔，这会给人一种不强健的感觉；

应该对这些观念加以改造，以除去其中极端偏激的成分；

我不是说一不二的君王，别人偶尔的不忠应该原谅；

世上好人和坏人都存在，我应该相信那些好人；

对别人的进攻，马上反击未必是上策，而且我必须首先辨清是否真的受到了攻击；

我不敢表示真实的情感，这本身就是虚弱的表现。

每当故态复萌时，就应该把改造过的合理化观念默念一遍，以此来阻止自己的偏激行为。有时自己不知不觉表现出了偏激行为，事后应重新分析当时的想法，找出当时的非理性观念，然后加以改造，以防下次再犯。

d. 敌意纠正法

偏执型人格障碍患者易对他人和周围环境充满敌意和不信任感，采取以下训练方法，有助于克服敌意对抗心理。

——经常提醒自己不要陷于"敌对心理"的旋涡中。事先自我提醒和警告，处世待人时注意纠正，这样会明显减轻敌意心理和强烈的情绪反应。

——要懂得只有尊重别人，才能得到别人尊重的基本道理。要学会对那些帮助过你的人说感谢的话，而不要不疼不痒地说一声"谢谢"，更不能不理不睬。

——要学会向你认识的所有人微笑。可能开始时你很不习惯，做得不自然，但必须这样做，而且努力去做好。

——要在生活中学会忍让和有耐心。生活在复杂的大千世界中，冲突纠纷和摩擦是难免的，这时必须忍让和克制，不能让敌对的怒火烧得自己晕头转向，肝火旺盛。

（2）依赖型人格障碍

① 依赖型人格障碍的表现

这是一种以依赖和顺从为主要特点的人格障碍，依赖型人格的大学生表现为：缺乏独立性，经常感到自己无助、无能和缺乏精力；害怕被他人遗弃，过分顺从他人的意志，为博取他人好感而去做自己不愉快或降低自己身份的事；当与他人的亲密关系终结时有被毁灭的体验；有一种将责任推给他人来对付逆境的倾向。

② 依赖型人格障碍的矫正方法

a. 习惯纠正法

依赖型人格的依赖行为已成为一种习惯，治疗首先必须破除这种不良习惯。清查一下自己的行为中哪些是习惯性地依赖别人去做，哪些是自己作决定的。你可以每天作记录，记满一个星期，然后将这些事件按自主意识强、中等、较差分为三等，每周一小结。

对自主意识强的事件，以后遇到同类情况应坚持自己做。例如某一天按自己的意愿穿鲜艳衣服上班，那么以后就坚持穿鲜艳衣服上班，而不要因为别人的闲话而放弃，直到自己不再喜欢穿这类衣服为止。这些事情虽然很小，但正是你改正不良习惯的突破口。

对自主意识中等的事件，你应提出改进的方法，并在以后的行动中逐步实施。例如，在订工作计划时，你听从了朋友的意见，但对这些意见你并不欣赏，便应把自己不欣赏的理由说出来，说给你的朋友听。这样，在工作计划中便掺入了你自己的意见，随着自己意见的增多，你便能从听从别人的意见逐步转为完全自作决定。

对自主意识较差的事件，你可以采取诡控制技术逐步强化、提高自主意识。诡控制法是指在别人要求的行为之下增加自我创造的色彩。例如，你从爱人的暗示中得知她喜欢玫瑰花，你为她买一枝花，似乎有完成任务之嫌。但这类事情的次数逐渐增多以后，你会觉得这样做也会给自己带来快乐。你如果主动提议带爱人去植物园度周末，或带爱人去参观插花表演，就证明你的自主意识已大为强化了。

依赖行为并不是轻易可以消除的，一旦形成习惯，你会发现要自己决定每件事毕竟很难，可能会不知不觉地回到老路上去。为防止这种现象的发生，简单的方法是找一个监督者，最好是找自己最依赖的个人。

b. 重建自信法

如果只简单地破除了依赖的习惯，而不从根本上找原因，那么依赖行为也可能复发。重建自信法便是从根本上加以矫正。

第一步，消除童年不良印迹。依赖型的人缺乏自信，自我意识十分低下，这与童年期的不良教育在心中留下的自卑痕迹有关。你可以回忆童年时父母、长辈、朋友对自己说过的具有不良影响的话，例如："你真笨，什么也不会做""瞧你笨手笨脚的，让我来帮你做"等，你把这些话语仔细整理出来，然后一条一条加以认知重构，并将这些话语转告给你的朋友、亲人，让他们在你试着干一些事情时，不要用这些话语来指责你，而要热情地鼓励、帮助你。

第二步，重建勇气。你可以选做一些略带冒险性的事，每周做一项，例如：独自一人到附近的风景点做短途旅行；独自一人去参加一项娱乐活动或一周规定一天"自主日"，这一日不论什么事情，决不依赖他人。通过做这些事情，可以增加你的勇气，改变你事事依赖他人的弱点。

（3）反社会型人格障碍

① 反社会型人格障碍的表现

反社会型人格障碍是一种以行为不符合社会规范为主要特点的人格障碍，也称悖德型人格。反社会型人格的大学生表现为：行为表现无所畏惧，不顾一切，爱挑起或参与争端，时常表现出仇视，恶毒中伤；反复挑起斗殴、反复违反家规或校规、虐待动物或弱小同伴等；不能维持持久的工作或学习，有不符合社会规范的行为；易激怒，并有攻击行为，如反复斗殴或攻击别人；行事鲁莽，无视自己或他人的安全；不诚实，经常撒谎，为了获得个人的利益或快乐而欺诈他人；缺乏羞耻心和罪责感，危害别人时无内疚感，屡受惩罚也不能吸取教训。

反社会型人格障碍的人有"七无"特征：a. 无社会责任感；b. 无道德观念；c. 无恐惧心理；d. 无罪恶感；e. 无自控自制的心理能力；f. 无真实或真正感情；g. 无悔改之心。

② 反社会型人格障碍的矫正方法

由于反社会型人格障碍的病因相当复杂，目前对此症的治疗尚缺乏十分有效的方法。如使用镇静剂和抗精神类药物治疗，只能治标不治本，且疗效不显著；而心理治疗对那些由于中枢神经系统功能障碍而成为反社会型人格的患者又毫无作用。但在实践中发现，对那些由于环境影响形成的、程度较轻的患者，实施认知领悟疗法有一定疗效。施治者可帮助患者提高认识，了解自己的行为对社会的危害，培养患者的责任感，使他们担负起对家庭、对社会的责任；提高患者的道德意识和法律意识，使他们明白什么事可以做，什么事不能做，努力增强控制自己行为的能力。这些措施对减少患者的反社会行为不失为有效的方法。

少数家庭关系极为恶劣而与社会相处尚可的患者，可以在学校或机关住集体宿舍或到亲友家寄养，以减少家庭环境的负面影响，同时培养其独立生活的能力。个别威胁家庭与社会安全的反社会型人格障碍患者，可送入少年工读学校或成人劳动教养机构，参加劳动并限制其自由。对情节特别恶劣、屡教不改的患者，可采用行为治疗中的厌恶疗法。当患者出现反社会行为时，给予强制性的惩罚（如电击、禁闭等），使其产生痛苦的体验，实施多次以后，患者一产生反社会行为的冲动，就感到厌恶，全身不舒服，通过这样减少其反社会的行为。然后根据其行为矫正的实际表现，放宽限制，逐步恢复其正常家庭生活与社会生活。

（4）冲动型人格障碍

① 冲动型人格障碍的表现

冲动型人格障碍又称暴发型或攻击型人格障碍。这是一种以行为和情绪具有明显冲动性为主要特点的人格障碍，又称为暴发型或攻击型人格障碍。冲动型人格的大学生表现为：性格上常表现出向外攻击、鲁莽和盲动性；有不可预测和不考虑后果的行为；行为暴发难以自控；不能控制不适当的发怒，易与他人争吵和冲突，尤其是行为受阻或受批评指责时；情绪反复无常，不可预测，易暴发愤怒和暴力行为；做事无计划，缺乏预见性和坚持性；强烈而不稳定的人际关系，几乎没有持久的友人；可有自伤行为；容易产生不良行为和犯罪的倾向。

冲动型人格障碍与反社会型人格障碍有类似，但又有区别。一般说来，冲动型人格在表现出攻击言行时缺乏自控能力，以对他人攻击冲动为主要表现；反社会型人格主要表现为对他人和社会的反抗言行，屡教难改，明知故犯，常以损人不利己的失败结局告终，不能吸取经验教训。简言之，攻击型人格的行为以自控能力低下为特点，而反社会型人格则以行为不符合社会规范为特征。

② 冲动型人格障碍的矫正方法

a. 正确对待挫折。人生在世会有这样或那样的挫折，要正视挫折，总结经验，找到受挫折的原因并加以分析，而不是一遇挫折就采取攻击行为。通过各种手段培养他们的承受能力，并能对挫折采取积极的富有建设性的措施。

b. 培养必要的涵养。大事化小，小事化了；将心比心，互相尊重；适度容忍，宽以待人，避免产生攻击行为。

c. 升华作用。即使受挫,也要尽量转移到较高的需要与目的上去,把攻击的能量转移到学习、工作上来。

d. 补偿作用。受挫后,尽量用另一种可能成功的目标来补偿代替,以获得集体、他人对自己的承认,充分表现自己的能力,获得心理上的快慰感。

e. 积极的表同作用。榜样的力量是无穷的,学习好的行为榜样,从积极的方面引导他们。

f. 开展多种形式的业余文艺、体育活动,让青春期男孩体内的内在能量寻找一个正常的释放渠道。另外,培养各种爱好和兴趣,使其情操得到陶冶,从而健康成长。

（5）表演型人格障碍

① 表演型人格障碍的表现

表演型人格障碍亦称"癔症人格障碍""寻求注意型人格""戏剧化人格",是一种以过分感情用事或夸张言行吸引他人注意为主要特点的人格障碍。具有表演型人格障碍的人在行为举止上常带有挑逗性并且十分关注自己的外表。这类人情绪外露,表情丰富,喜怒哀乐皆形于色,矫揉造作,易发脾气,喜欢别人同情和怜悯,情绪多变且易受暗示。以自我为中心,好交际和自我表现。对别人要求多,不大考虑别人的利益。思维肤浅,不习惯于逻辑思维,显得天真幼稚。

具表演型人格障碍的人,其行为反应模式有下述特点。

a. 活泼好动,性格外向,不甘寂寞。例如,在人多的场合,愿意成为大家注意的中心。

b. 与他人交往时感情用事,感情胜过理智。

c. 这些人常常奇装异服,在服装上追时髦、赶新潮,目的是吸引别人对自己身体的注意。

d. 这些人具有表演才能,他们平时与人接触交往,就像一位戏剧演员在舞台上演戏一样,表情丰富,谈话内容过分夸张。

e. 自我中心,在人际交往中只考虑自己的需求,丝毫不考虑别人当时的实际情况,为此常常造成人际关系紧张。

f. 对人际关系的亲密性看得超过实际情况。例如,觉得自己有很多知心朋友,但实际情况并非如此,只能说这是他的一厢情愿而已。

g. 在人际关系受挫折或应激情况下,较易产生自伤或自杀行为。其自伤行为一般程度较轻,常常只是表皮划伤等,较少见伤及深部的血管和神经,带有表演性。

h. 暗示性增强,很容易接受他人或周围情景的影响,这与他们在日常生活中缺乏冷静分析的头脑有一定关系。

据有些专家学者的意见,以上8项只要有5项,就可确定表演型人格障碍诊断,所具有的项目数越多,人格障碍程度就越严重。

【案例】

34岁的Z女士因情绪抑郁、浑身不适而在丈夫的陪伴下来到南方某大医院住院治疗。刚刚走进病房见到接待她的主管医生,她就喋喋不休地讲述自己是多么地不幸和痛苦,声称自己已经几天几夜没睡着觉、吃不进东西;说自己身体内的水分几乎消耗殆尽,皮肤也没有了光泽和弹性;还说上二层楼的楼梯时感到十分吃力,说明身体已经极度虚弱。一边听她叙述、一边冷静观察的医生发现,她露在短袖衫外的手臂滚圆,腰身颇为粗壮,口唇也不干燥,说话时虽然有气无力,但表情丰富而夸张,似乎在极力渲染悲伤的气氛。当值班护士把Z女士领到分配给她的床位前时,她拒绝接受,要求调换床位，声称不能睡在临窗的床位上，因为怕风吹着后身体更加虚弱，又说靠门的床位也不能给她，因为夜晚病友进出开关门的声音会吵着她。护士没有答应她这么过分的要求，她就委屈地来找医生哭诉，说这里所有的人都欺负她，看不起她是外地人等。后来医生从Z女士的丈夫嘴里了解到，她在家中也是凡事以自我的需要为第一，平时事无巨细，都要丈夫顺着她，否则就是争吵和哭闹，不达目的决不罢休。

Z女士住进病房不久，护士们就反映这位患者有点不同寻常，除了无休止地提出各种要求外，还特别喜欢表现自己，在男性面前更是活跃，穿衣打扮也追逐时髦，常常在午后与其他病友去服装城买些色彩鲜艳但廉价的衣服回来。在一次医生与她的个别谈话中，她悄悄告诉医生说，病房中的某某男性患者对她有意思，还说自己在婚后不久曾因为婚姻生活平淡无奇，丈夫老实厚道没有生活的情趣而和其他人幽会并发生了性关系。事后发现那个男人并不爱她，使她倍感伤心。

上述案例中的Z女士明显具有表演型人格障碍。

② 表演型人格障碍的矫正方法

表演型人格障碍是一种比较棘手的心理障碍。即使在心理学最发达的美国临床治疗效果也很不乐观。这种心理障碍呈现出高自杀率，在国外经常采用住院治疗。心理疗法方面可以采用认知行为疗法和精神分析疗法对其成长史进行深入分析。但临床上应用最多的还是认知行为疗法。治疗集中在改善患者的人际交往上并且教会他们如何表达他们的渴望与需要。

目前尚无较好的具体治疗方法，但应持积极态度进行矫治。

a. 提高认识，帮助患者了解自己人格中的缺陷。只有正视自己，才能扬其长避其短，适应社会环境。如果不能正视自己的缺陷，自我膨胀，放任自流，就会处处碰壁、导致病情发作。

b. 情绪自我调整法。表演型人格的情绪表达太过分，旁人常无法接受。所以具有此种人格的人要改变这种情况，首先要做的便是对自己的亲朋好友做一番调查，听听他们对这种情绪表达的看法。对他们提出的看法，千万不要反驳，要扪心自问，这些情绪表现哪些是有意识的，哪些是无意识的；哪些是别人喜欢的，哪些是别人讨厌的。对别人讨厌的要坚决予以改进，而别人喜欢的则在表现强度上力求适中，对无意识的表现，可将其写下来，放在醒目处，不时自我提醒。此外，还可请好友在关键时刻提醒一下，或在事后请好友对自己今天的表现作一评价，然后从中体会自己情绪表达过火之处，以便在以后的情绪表达上适当控制，达到自然、适度的效果。

c. 升华法。表演型人格患者有一定的艺术表演才能，我们不妨"将计就计"，让她们把兴趣转移到表演艺术中去，使患者原有的淤积能量到表演中去得到升华。事实上，许多艺术表演都有一定的夸张成分，为了使观众沉浸到剧情中去，演员必须用自己的表情、语言去打动他们。因此，表演型人格的人投身于表演艺术是一条很有效的自我完善之路。

（6）强迫型人格障碍

① 强迫型人格障碍的表现

强迫型人格障碍的患者会过分要求秩序严格，希望事情完美，做事缺少灵活性和开放性，效率低下。这些患者在日常生活和工作中总是按部就班、墨守成规、不许有变更，生怕遗漏某些要点。因为过分仔细和重复、过度关注细节导致任务拖延，甚至无法完成。他们常过度投入工作，但目的并非为了获得更多的利益，而是陷在琐事中无法脱身，他们在日常生活中表现很紧张、焦虑、没有休闲、忽略周围的亲人和朋友，在道德、伦理和价值观上，这些患者也表现得很固执，强迫自己和他人遵循讲话的原则和自己的完美主义标准。

其主要行为表现如下。

a. 心里总笼罩着一种不安全感，常处于莫名其妙的紧张和焦虑状态。如门锁上后还要反复检查，担心门是否锁好，写完信后反复检查邮票是否已贴好，地址是否写对了等。

b. 思虑过多，对自己做的事总没把握，总以为没达到要求，别人一怀疑，自己就感到不安。

c. 行为循规蹈矩，不知变通。自己爱好不多，清规戒律倒不少。处理事情有秩序、整洁，严守时刻，但对节奏明快、突然来的事情显得不知所措，很难适应，对新事物接受慢。总之，强迫型人格总是给人以刻板、僵死、缺乏生命活力的印象。

d. 缺乏对新环境的适应性。他们僵化而执拗，不喜欢变化而宁肯选择安全且熟悉的习俗旧法。他们固执己见并喜欢控制他人，期望他人按自己的要求办事。他们有时吝啬得如守财奴，既不乐于付出也不喜欢受礼。他们不喜欢扔掉东西，可能会储藏物品或钱财。他们迂腐且过于强调社会习俗，行事过分迟疑、谨慎、犹豫不决。他们在新的处境之下难以权衡利弊，因而四处征求意见，拖延做出决定的时间。他们惧怕犯错误，即使在做出决定之后，仍会疑虑重重，唯恐出错。

【案例】

小张，男，19岁，无业。自己来到心理门诊，自述情况如下：我家添置了沙发，平时我喜欢坐在沙发上看书。一次母亲说别坐坏了，以后不准坐沙发上看书。从此我果真再也不敢坐沙发，后来发展到看见椅子也害怕了。初中我勉强读完，其后一直待业在家，成天为看病四处奔波，父母为此花去了不少钱，我更觉得不好受。

他最苦恼的还是小便失禁，老想去厕所，但又自觉不该去。越想控制就越想去。尤其是吃饭之后想去厕所，拼命克制自己不去，结果吃了饭就吐，按胃病治了很久也没见效。如此症状持续了3年之久，什么事也做不了。

小张所表现出来的状况，也是典型的强迫型人格障碍。

② 强迫型人格障碍的矫正方法

a. 听其自然法。由于强迫型人格的主要特征是把冲突理智化，过分压抑和控制自己，因此强迫型人格障碍的矫正主要是减轻和放松精神压力，最有效的方式是任何事听其自然，该怎么办就怎么办，做了以后就不再去想它，也不要对做过的事进行评价。比如担心门没有关好，就让它没关好；课桌上的东西没有收拾干净，就让它不干净；字写得别扭，也由它去，与自己无任何关系。开始时可能会由此带来焦虑的情绪反应，但由于患者的强迫行为还远没有达到强迫症的无法自控的程度，所以经过一段时间的训练和自己意志的努力，症状是会消除的。

b. 当头棒喝法。强迫型人格障碍患者把行动的自主权交给了"规矩与习惯"，把自己活泼的心智锁进了牢笼，因此要砸开锁链，打开牢笼，让曾被囚禁的自由思想主宰自己的行为。当头棒喝便是打开牢笼的妙法。所谓"棒喝"是借用禅宗中的"德山棒，临济喝"的说法。德山常以大棒惊吓学生，使执迷不悟的学生顿然开悟，而临济则以模棱两可的问题问学生，学生犹豫不能作答时，临济则大喝一声以示警醒。那些弟子为何会执迷不悟呢？原因是他们过分依赖自己头脑中呆板的教条。当一个人过分执着于经典与规矩时，他对活生生的多变的现实就常会感到无所适从。属强迫型人格的人已经习惯于按教条办事，总是按"应该如何，必须如何"的准则去做，在某种程度上像个机器人。要改变这种状况，就应努力寻找生活中的独特事件，让这些独特事件带来新的观念和解决问题的新思路、新方法，以起到"当头棒喝"的作用，改变以往墨守成规、循规蹈矩的习惯。

（7）自恋型人格障碍

① 自恋型人格障碍的表现

这是一种以自我为中心为主要特点的人格障碍。自恋型人格的大学生表现为：自我评价过高，主观自我高于客观自我，因而在生活中爱听表扬忌听批评，且具有高度幻想性，特别是过高的自我评价带来成功的虚幻体验；过度自信，希望引起别人的重视；喜欢指使他人，要他人为自己服务；坚信自己关注的问题很独特，需要特别对象的了解；缺乏同情心，不能体会、谅解他人的感受。一般而言，这类大学生天赋较好，一直处于被关注的中心，自信心与自尊心都较强，缺乏失败的生活经历与亲身体验，因而生活在理想世界中，当面临挫折甚至失败时，无法面对现实世界而导致心理崩溃。

② 自恋型人格障碍的矫正方法

a. 解除自我中心观

自恋型人格的最主要特征是自我中心，而人生中最为自我中心的阶段是婴儿时期。由此可见，自恋型人格障碍患者的行为实际上退化到了婴儿期。朱迪斯·维尔斯特在他的《必要的丧失》一书中说道："一个迷恋于摇篮的人不愿丧失童年，也就不能适应成人的世界。"因此，要治疗自恋型人格，必须了解那些婴儿化的行为。你可把自己认为讨人厌嫌的人格特征和别人对你的批评罗列下来，看看有多少婴儿期的成分。例如以下几点。

渴望持久的关注与赞美，一旦不被注意便采取偏激的行为。

喜欢指使别人，把自己看成太上皇。

对别人的好东西垂涎欲滴，对别人的成功无比嫉妒。

通过回忆自己的童年，你可发现以上人格特点在童年便有其原型。例如以下几点。

总是渴望父母关注与赞美，每当父母忽视这一点时，便要无赖、捣蛋或做些异想天开的动作以吸引父母的注意。

童年时衣来伸手，饭来张口，父母是仆人。

总想占有一切，别的小朋友有的，自己也想有。

明白了自己的行为是童年幼稚行为的翻版后，你便要时常告诫自己以下几点。

我必须努力工作，以取得成绩来吸引人的关注与赞美。

我不再是儿童了，许多事都要自己动手去做。

每个人都有属于自己的好东西，我要争取我应得到的，但不嫉妒别人应得的。

还可以请一位和你亲近的人作为你的监督者，一旦你出现自我中心的行为，便给予警告和提示，督促你及时改正。通过这些努力，自我中心观是会慢慢消除的。

b. 学会爱别人

对于自恋型的人来说，光抛弃自我中心观念还不够，还必须学会去爱别人，唯有如此才能真正体会到放弃自我中心观是一种明智的选择，因为你要获得爱首先必须付出爱。弗洛姆在他的《爱的艺术》一书中阐述了这样的观点：幼儿的爱遵循"我爱因为我被爱"的原则；成熟的爱遵循"我被爱因为我爱"的原则；不成熟的爱认为"我爱你因为我需要你"；成熟的爱认为"我需要你因为我爱你"。维尔斯特认为，通过爱，我们可以超越人生。自恋型的爱就像是幼儿的爱，不成熟的爱，因此，要努力加以改正。

生活中最简单的爱的行为便是关心别人，尤其是当别人需要你帮助的时候。当别人生病后及时送上一份问候，病人会真诚地感激你；当别人在经济上有困难时，你力所能及地解囊相助，便自然会得到别人的尊敬。只要你在生活中多一份对他人的爱心，你的自恋症便会自然减轻。

6.3 大学生的人格完善

现代社会正处于一个改革开放的时代,传统与现代的磨合,中西文化的冲突与交融,为大学生的人生发展搭建出一个广阔的舞台;现代社会又处于一个激荡的时代,文明与科学是成长的翅膀,大学生肩负着建设国家、发展社会的责任。完善的人格对社会发展和大学生自身的成长都有着十分重要的意义。

6.3.1 大学生人格完善的标准

美国著名学者英格尔斯曾指出:"一个国家,只有当它的人民是现代人,它的国民从心理和行为上都转变为现代人格,它的现代政治、经济和文化管理机构的工作人员都获得了与现代化发展相适应的现代性,这样的国家才可真正称之为现代化国家。"这就是说,一方面,现代化呼唤现代化的人格,并塑造着现代化的人格;另一方面,国民的现实人格影响着现代化的模式和进程,两者交互作用,构成了塑造当代大学生完善人格的时代背景。

(1)现代人完善人格特点

英格尔斯认为现代人完善人格应具备以下特点❶。

① 现代人乐于接受新的思想观念、新的行为方式。这是现代人特征的首要方面。相比之下,传统人则不太愿意接受新的事物和新的思想。

② 现代人乐于接受社会的改革和变化。现代人能够欣然接受周围发生的社会改革和进步变化的过程,乐于面对改变的现实,不太固守传统。

③ 现代人思路广阔,头脑开放,愿意考虑并接受各方面的不同意见,不仅对自己直接所处的环境持有自己的意见,而且对外部和国家事务也能有自己的看法。传统的人则只是对与个人有切身利害的少数事情感兴趣。

④ 现代人守时惜时,有很强的时间观念,乐于着眼于现在和未来,不愿拘泥于传统和过去。现代人一方面能更好地继承传统中的优良遗产,另一方面又能从传统中不合时宜的东西中解放出来。

⑤ 现代人有强烈的个人效能感,对人和社会充满信心,办事讲效率,相信人能控制环境,能解决自身的问题,反对办事拖沓或采取敷衍的态度对待工作。

⑥ 现代人有计划性,在公共生活和个人生活中趋向于制订长期的计划。

⑦ 现代人富有知识,对周围世界有自己的看法或意见,不固执己见,不轻信臆断和妄想,倾向于热心探索未知的领域。在现代人中间,充满着尊重知识的风气。

⑧ 现代人具有可依赖性和信任感,依赖人类的理性力量和理性支配下的社会,注重竞争中的合作性。

⑨ 现代人注重相互了解、尊重和自尊,对弱者和地位较低者的自尊和权利,能给予更多的保护。

(2)当代大学生完善人格模式

在我国现阶段,人的全面自由发展是完善人格的主要内容,这也是社会主义的本质要求。人的全面自由发展是指每个人个性能力的全面而自由的发展。大学生理想的人格模式是一个复杂的

---

❶ 程祥国等. 点亮心灵的明灯——大学生心理导航. 南昌:江西高校出版社,2008:118.

动态系统。总的说来，大学生应成为一个高尚的人，幸福乐观的人，有智有识的人，智、情、意和谐的人。大学生完善人格模式应包含如下方面。

① 心态结构。包括开阔的胸襟，宽容、豁达；有高尚的精神境界，乐观向上、意志坚强；心态平和，理智、情欲和意志等各种心理要素协调发展，理智具有支配地位，有强烈的环境、生态意识。

② 理想动机。有远大崇高的理想追求，为实现理想目标而积极努力，有强烈的成就感和事业心。

③ 思想观念。有正确的世界观、人生观和价值观，对生命、幸福有科学的理解，热爱生命、热爱生活。

④ 法律道德。有很强的法律意识和道德素养，有责任心和正义感，尊重和维护社会的公平正义。

⑤ 心理素质。身心协调，正确面对生活中的成功和挫折，心境平和。

⑥ 才智维度。有智慧、才能，善于学习，有丰富扎实的知识和技能，且结构合理，具有开放性、变通性。

⑦ 人际关系。人际关系和谐，尊重他人，受他人尊重。

⑧ 人格独立。个性独立自主，而非盲从和依附。

6.3.2 大学生人格完善的原则

人格具有一定的稳定性，但人格又具有可塑性。人格在一定的动力驱使和有意识地改造下是可以改变的。人格培养是科学而艰巨的任务，在大学生人格培养的过程中，必须探寻内在规律，掌握一定的原则，使人格培养纳入科学而系统的轨道，使人格培养收到最佳效果。

（1）扬长避短

扬长就是要发扬自身良好品质的长处，并保持它。避短就是要努力克服、纠正自身的缺点。每个人的人格总是多方面多层次的，总有它的闪光之处，要紧紧抓住自己的闪光点，悉心培养，使之稳定并不断扩展。比如，有的人擅长体育、有的喜欢音乐、有的人热衷书画、有的人爱好写作，这些都可以使你增强自信，成为你完善发展的有利条件。但也有许多人没有什么突出特长，这并不是没有什么可发挥的方面，如通过勤奋努力地学习，以取得优异的学习成绩，同样可增强自信，关键要善于挖掘自身的潜能。同时，也要注意改正不足，使性格品质和性格结构不断优化。

（2）自我塑造

人格转化的根本在于大学生的自我教育和自我培养。人是能动的、自主的，人具有选择和自我调整的能力。人的自我意识在自身人格发展中发挥着组织者、推动者的作用，影响并塑造着人格品质结构的其他成分和这些成分的相互关系，制约着个人行为。任何外界的教育影响都必须通过受教育者内在积极性的发挥才能起作用。从根本上讲，人格的发展完善是个人主动自觉的过程，其成效主要依赖于个体人格自我建设意识的强弱和所付出的努力。自我教育、自我培养的先决条件是自我意识的觉醒。要使自身人格得到真正的塑造，必须通过自我反省、自我斗争、自我转化来实现。每一个大学生应该充分认识、理解和应用这个原则，加强自我教育，培养自身的理性认识和自我反省意识，促使自己战胜自我，塑造自身健康的人格。

【案例】

个性比资本更重要

约翰·皮尔庞特·摩根，后人俗称其老摩根。作为美国近代金融史上最著名的金融巨头，老摩根一

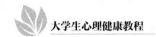

生做了太多影响巨大的事情。但最辉煌也最能体现其实力的是，在他半退休时，几乎以个人之力拯救了1907年的美国金融危机。一位记者采访晚年的他，问道："决定你成功的条件是什么？""个性。"摩根不假思索地说。记者又问："资本和技术何者更为重要？"

"资本比技术重要，但个性又比资本更重要。"摩根充满自信地答道。的确，翻开摩根的奋斗史，无论他成功地在欧洲发行美国公债，还是力排众议甚至冒着生命危险，推行全国铁路联合，都是得益于他倔强和敢于创新的个性，如果排除这一条，恐怕有再多的资本也无法开创投资银行这一伟大开拓性的事业。

这个案例故事告诉我们，人格控制一个人的行动和思想，同时也决定着一个人的视野、事业和成就。成功人士与失败者之间的差别是：成功人士具有健全的人格，始终能用最积极的思考、最乐观的精神去应对各种挑战，充分调动和发挥其心理的潜在能量。对大学生来说，健全人格是成才立业之本。大学生要抓住大学阶段这一人格发展的关键时期，既学知识，同时塑造自己健康、优秀的人格。

（3）与时俱进

社会的快速发展，知识的急剧增加，致使新的事物层出不穷，社会经济、政治、文化不断地发生变化，社会生活变得多姿多彩，人的思想意识随着社会的发展而变得更为多元、更为复杂。因此要求人格培养也必须跟上时代发展的步伐。如在计划经济时代大学生毕业分配是统包统分，大学生就业没有太多的自由，而目前是自主择业，大学生选择就业的方式多种多样，如果死抱过去那种"皇帝的女儿不愁嫁"的思想，必定没有出路。如果是常常埋怨自己生不逢时、社会的不公等，则只能自寻烦恼。在当前的社会形势下，自立意识、竞争意识、公平、公正、团结、诚信等是大学生人格培养的必备品质。

（4）个性与共性相统一

人在人格方面有其共性，但具体的人其人格特征又是不相同的，人格的差异性是客观存在的，因此完善人格的培养又必须结合自己的实际情况。学习别人的长处是必要的，但"东施效颦"是不可取的。每一个大学生，都要顺应社会和时代的需要，成为社会主义事业的建设者和接班人，但也应该有自己的个性，发展自己的特长，形成自身独特的完善人格。

（5）知行统一

人格的形成是一个从知到行、知行合一的过程。大学生只有首先知晓健全人格的内容，掌握必要的人格知识，并使自己的认识体现于行为实践上，形成良好的行为习惯，才能为塑造完善人格打下坚实的基础。

6.3.3 大学生人格完善的途径与方法

大学阶段既是学习掌握知识的黄金时段，也是人格发展的重要阶段。大学生要抓住大学阶段这一人生关键时期，既学知识，又学做人。

（1）塑造健全人格的动力——明确目标

为理想而奋斗、不断进取，会令生活充满意义和价值感。人有所追求，思想情感有所依附，心胸就变得豁达，并能坦然面对生活中的坎坷和曲折。大学生应从自身实际出发，对自己的能力做出客观评价，确定适合自己的、恰当的追求目标，而且在追求目标实现的过程中，经常对自己取得的进步给予肯定，巩固和增强自己的信心，使自己的心理机能处于良好的竞技状态。

(2) 塑造健全人格的土壤——融于集体

好的团队是塑造完善人格的土壤。大学生应积极参加集体活动，在为人处事中不以自我为中心，欣赏、赞美他人的长处，学会倾听不同的意见，培养自己求同存异、有宽容博大胸襟，并把坚定不移的原则性和因势利导的灵活性结合起来。一个人如能做到这样，必然能形成和谐的人际氛围，并产生完善的人格动力源。

(3) 塑造健全人格的基础——丰富知识

广博的知识是提高自身修养、完善自我的基础，也是现代人格的基础。较高的文化素质是形成现代化人格的理想条件。可以说，勤奋学习、增长才学的过程亦是人格化的过程。荣格有句名言："文化的最后成果是人格。"现实生活中，许多大学生的人格缺陷是源于知识的贫乏。无知容易使人粗俗、自卑，而丰富的知识则使人明智、自信、坚强、谦和、大度等。培根说："读史使人明智，读诗使人灵秀，数学使人周密，哲学使人深刻，伦理学使人庄重，逻辑修辞之学使人善辩，凡有所学，皆成性格。"知识能塑造人的性格，因此培根得出了"性格决定人生""知识就是力量"的著名论断。

(4) 塑造健全人格的手段——勇于实践

学习活动可以培养人格，但社会实践活动对大学生人格塑造更具有直观的影响。社会是一个大舞台，每个人都必须接受社会生活的锻炼，才能把握自己的角色，形成自己独特的人格，因此，社会实践活动是大学生人格塑造的一个重要途径。大学生社会实践活动的内容丰富，形式多样，通常有义务劳动、勤工助学、社团活动、公益事业、科研活动等几种形式。积极参加义务劳动，能够培养大学生关心社会、责任感、耐心细致、勤奋、敬业奉献等优良品质。勤工助学是目前大学生中最普遍的社会实践行为，这反映了在竞争激烈的市场经济条件下大学生思想观念的转变，对大学生自立自强，增强社会适应能力起着积极的支持作用。实践证明，在大学期间参加社会实践活动的大学生多具有头脑灵活、思路开阔、独立性强、富于创造性、善于交往、自信、果断、讲效率等良好的人格特征。这些学生知识面广，社会经验丰富，毕业后大多能很快适应新的工作环境。

(5) 塑造健全人格的途径——小事做起

人格优化要从每一件眼前的事情做起。一个人的言行往往是其人格的外化，反过来，一个人日常言行的积淀成为习惯就是人格。小事不仅有塑造人格的丰富意义，而且无数良好的小事可"聚沙成塔"，最终形成优良的人格，诸如一个人的坚韧、细致，乃至开朗、热情、乐观都是长期锻炼的结果。

(6) 塑造健全人格的关键——持之以恒

人格包含着非常丰富的内容，它的形成是一个长期的自我修养和不断完善的过程。尤其是在当今这个多元价值观念并存的社会里，大学生要想形成完善的人格，就要踏踏实实，立场坚定，不丧失信心，持之以恒地反躬自省，努力做到自重、自省、自警、自励，只有这样才能做到人格的完善。

总之，人格的完善过程就是心理健康的维护和促进过程，是心理不断走向成熟的过程，是一项自我改造、自我发展、自我实现的工程。这就需要大学生从健康人格塑造的目标着眼，从小事做起，在实践中不断地自省、完善，才能达到日臻完善的境界。

追着气球踩

活动目的:让学生正确看待责任与错误,学会宽容。

活动时间:25分钟。

活动场地:不限。

活动道具:绳子、气球。

活动操作:

(1)将全班同学分成若干组,每组4人,又将每组的4人分成甲乙两个小组。甲组的人并排站在一起,用绳子把一个人的左脚和另一个人的右脚拴在一起,并在他们的脚上绑上6个气球。乙组只需用绳子把一个人的左脚和另一个人的右脚拴在一起,不用绑气球。

(2)每组的甲乙两个小组都站在同一起跑线上。随着裁判一声令下,甲组2人绑着气球拼命往终点线跑,而乙组2人在后面追,拦住甲组前进,不能用手拉,并要想办法用脚踩破甲组的气球。

(3)如果甲组在规定的时间内到达终点线,并且脚上还有3个以上的气球,那么甲组就胜利了;反之,就算输了。输的一方的2人都要被罚青蛙跳15个。

(4)甲乙小组轮换角色,继续开始下一局,即乙组的人绑着气球在前面跑,甲组的人在后面追并踩气球。输的一方的2人同样都要被罚青蛙跳15个。

分享:

(1)小组中的两个人有没有同心协力、争取胜利?

(2)当自己小组输了被罚时,有没有埋怨自己的组员?

(3)如何看待自己的责任和别人的过错?

1. 职业气质心理测验

下面60道题,可确定你的气质类型。回答这些问题,必须实事求是,并尽快地完成,不要在一个题目上停太长时间。

序号	问题	与你的情况				
		符合 (2分)	比较符合 (1分)	不能确定 (0分)	不太符合 (-1分)	完全不符 (-2分)
1	做事力求稳妥,不做无把握之事					
2	遇到生气的事就怒不可遏,想把心里话全说出来才痛快					
3	宁肯一个人干事,不愿很多人在一起干					
4	到一个新环境很快就能适应					
5	厌恶那些强烈的刺激,如尖叫、危险镜头等					
6	和人争吵时,总是先发制人,喜欢挑衅					

续表

序号	问题	与你的情况				
		符合 (2分)	比较符合 (1分)	不能确定 (0分)	不太符合 (-1分)	完全不符 (-2分)
7	喜欢安静的环境					
8	善于和人交往					
9	羡慕那种克制自己感情的人					
10	生活有规律,很少违反作息制度					
11	在多数情况下情绪是乐观的					
12	碰到陌生人觉得很拘束					
13	遇到令人气愤的事,能很好地自我克制					
14	做事总是有旺盛的精力					
15	遇到问题常常举棋不定,优柔寡断					
16	在人群中从不觉得过分拘束					
17	情绪高昂时,觉得干什么都有趣,情绪低落时,又觉得什么都没意思					
18	当注意力集中于一事物时,别的事很难使我分心					
19	理解问题总比别人快					
20	碰到危险情景,常有一种极度恐怖感					
21	对学习工作和事业怀有很高的热情					
22	能够长时间做枯燥单调的工作					
23	对符合兴趣的事情,干起来劲头十足,否则就不想干					
24	一点小事就能引起情绪波动					
25	讨厌做那些需要耐心细致的工作					
26	与人交往不卑不亢					
27	喜欢参加热烈的活动					
28	爱看感情细腻、描写人物内心活动的文学作品					
29	工作学习时间长了,会感到厌倦					
30	不喜欢长时间谈一个问题,而愿意实际动手干					
31	宁愿侃侃而谈,不愿窃窃私语					
32	别人说我总是闷闷不乐					
33	理解问题比别人慢些					
34	疲倦时只要经短暂休息就能精神抖擞起来,重新投入工作					
35	心里有话宁愿自己想,不愿说出来					
36	认准一个目标就希望尽快实现,不达目的誓不罢休					

续表

序号	问题	与你的情况				
		符合（2分）	比较符合（1分）	不能确定（0分）	不太符合（-1分）	完全不符（-2分）
37	与别人学习或工作同样一段时间后，常比别人更疲倦					
38	做事有些莽撞，常常不考虑后果					
39	老师讲授新知识时，总希望他讲慢些，多重复几遍					
40	能够很快地忘记那些不愉快的事情					
41	做作业或完成一件工作总比别人花的时间多					
42	喜欢运动量大的体育活动，或各种文艺活动					
43	不能很快地把注意力从一件事转到另一件事上去					
44	接受一个任务后，就希望迅速解决它					
45	认为墨守成规比冒风险强些					
46	能够同时注意几件事物					
47	当我烦闷的时候，别人很难使我高兴起来					
48	爱看情节起伏跌宕、激动人心的小说					
49	工作始终认真严谨					
50	和周围人们的关系总是相处不好					
51	喜欢复习学过的知识，重复做已掌握的工作					
52	喜欢做变化大、花样多的工作					
53	小时会背的诗歌，我似乎比别人记得清楚					
54	别人出语伤人，可我并不觉得怎么样					
55	在体育活动中，常因反应慢而落后					
56	反应敏捷，头脑机灵					
57	喜欢有条理而不甚麻烦的工作					
58	兴奋的事常使我失眠					
59	老师讲新概念我常常听不懂，但是弄清后就很难忘记					
60	假如工作枯燥无味，马上就会情绪低落					

确定气质类型的具体方法：

（1）将每题得分填入下表中相应的"得分"栏内。

（2）计算每种气质类型的总分数。

职业气质心理自我测评记分表

胆汁质	题号	2	6	9	14	17	21	27	31	36	38	42	48	50	54	58	总分
	得分																
多血质	题号	4	8	11	16	19	23	25	29	34	40	44	46	52	56	60	总分
	得分																
黏液质	题号	1	7	10	13	18	22	26	30	33	39	43	45	49	55	57	总分
	得分																
抑郁质	题号	3	5	12	15	20	24	28	32	35	37	41	47	51	53	59	总分
	得分																

（3）气质类型的确定。如果某种气质类型的得分明显高于其他三种，如均高出4分以上，则可定为你属于这种气质类型。此外，如果某种气质类型得分超过20分，则为典型型；如果得分在10～20分之间，则为一般型。若两种气质得分相近，差异小于3分，又明显高于其他两种达4分以上，可判定为是这两种气质的混合型。同样，如果三种气质得分均高于第四种，而且很接近，则为三种气质的混合型。

确定了自己的气质类型后，则可对应下表中的四种气质类型与职业匹配中的内容了解自己的气质特点及适合从事的职业。

四种气质类型与职业匹配

类型	工作特点	对应职业
多血质	适合做社交性、文艺性、多样性、要求反应敏捷且均衡的工作，而不太适合做需要细心钻研的工作，可从事广泛的职业	外交人员、管理人员、驾驶员、医生、律师、运动员、新闻记者、冒险家、服务员、侦察员、干警、演员等
胆汁质	适合做反应迅速、动作有力、反应快、危险性较大、难度较高而费力的工作，不适合从事稳重、细致的工作	导游、勘探工作者、推销员、节目主持人、演讲者、外事接待人员等
黏液质	适合做有条不紊、刻板平静、难度较高的工作，不适合从事剧烈多变的工作	外科医生、法官、管理人员、出纳、播音员、会计、调解员等
抑郁质	适合做竞竞业业、持久细微的工作，不适合做要求反应灵敏、处理果断的工作	技术员、打字员、排版工、检查员、化验员、刺绣工、机要秘书、保管员等

2.人格简易测验(自我实现心理倾向)[1]

琼斯和克兰戴尔于1986年编制了一项关于自我实现的简短测试。请你对下面的陈述，按以下标准选择与你最符合的分数：1=不同意；2=比较不同意；3=比较同意；4=同意。

（1）我不为自己的情绪特征感到丢脸。（　　）
（2）我觉得我必须做别人期望我做的事。（　　）
（3）我相信人的本质是善良的、可信的。（　　）
（4）我觉得可以对我爱的人发脾气。（　　）
（5）别人应该赞赏我做的事情。（　　）
（6）我不能接受自己的弱点。（　　）

---

[1] 胡华北，孙晓峰. 大学生心理健康指导. 合肥：合肥工业大学出版社，2009：99-100.

（7）我能够赞许、喜欢他人。　　　　　　　　　　　　　　　　　　　（　）
（8）我害怕失败。　　　　　　　　　　　　　　　　　　　　　　　　（　）
（9）我不愿意分析那些复杂问题并把他们简化。　　　　　　　　　　　（　）
（10）做一个你想做的人比做一个随大流的人更好。　　　　　　　　　（　）
（11）在生活中，我没有明确的要为之献身的目标。　　　　　　　　　（　）
（12）我由着性子表达我的情绪，不管后果如何。　　　　　　　　　　（　）
（13）我没有帮助别人的责任。　　　　　　　　　　　　　　　　　　（　）
（14）我总是害怕自己不够完美。　　　　　　　　　　　　　　　　　（　）
（15）我被别人爱是因为我对别人付出了爱。　　　　　　　　　　　　（　）

评分标准：计分时，对以下各题反向计分：（2）、（5）、（6）、（8）、（11）、（13）、（14）（1=4、2=3、3=2、4=1）。把上述15道题的得分相加，再把你的得分和下面大学生的常模进行比较。

男生：平均分，45.02；　　标准差，49.5；
女生：平均分，46.07；　　标准差，47.9。

分数越高，说明你越有人格魅力，在你人生的某个阶段，越有可能达到自我实现。

心理思考

（1）心理学中的人格指的是什么？人格的特征有哪些？
（2）大学生中存在哪些人格障碍？如何矫正？
（3）大学生如何塑造健全的人格？

第7章 打造学海轻舟

> 知之者不如好之者，好之者不如乐之者。
>
> ——孔子

知识导航

◆ 认识大学生学习及学习心理的特点；

◆ 了解大学生学习心理机制；

◆ 掌握大学生常见学习心理障碍及调适；

◆ 掌握积极的学习心理的培养技巧。

心理小故事

为学

天下事有难易乎？为之，则难者亦易矣；不为，则易者亦难矣。人之为学有难易乎？学之，则难者亦易矣；不学，则易者亦难矣。

吾资之昏，不逮人也，吾材之庸，不逮人也；旦旦而学之，久而不怠焉，迄乎成，而亦不知其昏与庸也。吾资之聪，倍人也，吾材之敏，倍人也；屏弃而不用，其与昏与庸无以异也。圣人之道，卒于鲁也传之。然则昏庸聪敏之用，岂有常哉？

蜀之鄙有二僧：其一贫，其一富。贫者语于富者曰："吾欲之南海，何如？"富者曰："子何恃而往？"曰："吾一瓶一钵足矣。"富者曰："吾数年来欲买舟而下，犹未能也。子何恃而往！"越明年，贫者自南海还，以告富者，富者有惭色。西蜀之去南海，不知几千里也，僧富者不能至而贫者至焉。人之立志，顾不如蜀鄙之僧哉？是故聪与敏，可恃而不可恃也；自恃其聪与敏而不学者，自败者也。昏与庸，可限而不可限也；不自限其昏与庸，而力学不倦者，自力者也。

这个故事告诉我们，我们只有立下了目标，努力去实现，才会获得成功。主观努力是成败的关键。人贵立志，事在人为。人要立长志，不要常立志。人之为学，贵在立志，无论客观条件的好坏，天资的高低，关键在于主观努力。

今天的人类社会正在发生着两大根本转变，一是工业化社会向知识经济社会转变；二是教育从一次性学历教育向终身教育的转变。学习已经成为个体终身发展和终身受教育的理念。学习已不再仅仅限于课本知识的学习，所以，对当代大学生来说，学会怎么学远比学会些什么重要。大学生们在校期间的学习动机、学习方式与心理状态，对大学生的学习能力有着重要的影响。培养良好的学习心理不仅能使大学生顺利完成学业，而且会让大学生终身受益。

7.1 大学生学习心理概述

7.1.1 什么是学习

（1）学习的概念

"学习"一词在我国古代就出现了。2000多年前的孔子就有"学而时习之不亦乐乎"的说法。那么在心理学中是怎么来定义"学习"这一概念的？

在心理学中，学习可以有广义和狭义两种概念。广义的学习，指学习是由于经验所引起的行为或思维的比较持久的变化。其特点包括学习的发生是由于经验所引起的、学习引起的变化见之于行为、不是所有行为的变化都意味着学习、学习不是人类普遍具有的，而且动物也存在学习。狭义的学习，指学生在学校中的学习。其特点包括掌握间接经验为主、是在有计划有目的和有组织的情况下进行的、学习的主动性和被动性并存。

（2）大学学习的特点

大学学习与儿童的学习和成人的学习相比，都有着明显的不同。其中最主要的区别是学习内容、学习方法的较大变化。

① 大学学习内容广，课程多，难度大。中学阶段，我们一般只学习十门左右的课程，而且主要讲授一般性的基础知识。而大学里为了全面培养大学生的综合素质和专业素质，大学

生的课程设计往往是全方位、多侧面的，包括公共的必修课、基础理论课、专业主干课和选修课等，其知识的结果具有很强的科学性、结构性和层次性。既要学习人文科学的知识，也要学习自然科学的知识，既要学习理论，也要学习技术技能，还要学习法律、法规、道德规范和时事政策等。

② 学习方法变化明显。在学习方法上，中学时期，老师教学生是"手拉手"领着教，老师安排得非常详细周到，不少同学养成了依赖老师，只会记忆和背诵的习惯。而大学老师则是"老师在前，学生在后引着走"教，提倡学生自主学习，课外时间要自己安排，逐渐地从"要我学"向"我要学"转变，不采用题海战术和死记硬背的方法，提倡生动活泼地学习，提倡勤于思考。同时，大学为学生学习提供了非常好的环境，有藏书丰富的图书馆，有设备先进的实验室，有丰富多彩的第二课堂活动等。

③ 教师讲课差异显著。大学教师讲课有以下特点：一是介绍思路多，详细讲解少。主要讲授重点、难点内容，而且许多教师都使用投影机、多媒体授课，实现了授课手段多样化，授课进度比较快，一节课可能要讲授一张或几章的内容。二是抽象理论多，直观内容少。三是课堂讨论多，课外答疑少等。

（3）大学学习的任务

① 学会学习。学会学习就是要培养独立自主学习的学习能力，摸索出一套科学的、适合自己的高效学习方法；形成良好的学习习惯，学会合理安排自己的时间；学会并熟练地掌握查阅文献、综合分析信息的方法和能力。学会学习是一个过程，不是一蹴而就的，需要具有培养自己学会学习的意识。

② 学会做人。从心理健康方面来说，学会做一个全面发展的人，就是做一个智力正常的人、情绪稳定、意志坚强、人格完整、自我评价正确、人际关系和谐、适应能力强的人。学会做人是学会做事和学习的基础，不会做人就不会做事，也将影响学习的心情和效果。

③ 学会做事。大学生应该抓紧在校的学习时间，不断培养和提高自己各方面的素质和能力。培养专业知识能力、辨别是非的能力、组织管理能力、敏锐的信息搜集、综合、分析能力、建立良好的人际关系、勇往直前的开拓创新能力等。

④ 学会生活。大学生应该形成文明的生活习惯和健康的生活方式。

7.1.2　大学生学习心理特点[1]

大学生的学习心理状态和学习水平大致可以分为三个不同的层次：一是最低层次，即学习心态和学习状态都较差，经常处于考试焦虑和缺乏明确的学习动机甚至厌学的学习心态之中，没有良好的学习策略，机械被动式地完成学习任务，勉强能应付学习和考试；二是中间层次，即学习心态和学习状态中等，有较明确和强烈的学习动机及较大的学习兴趣，学习认真积极，能较好地完成学习任务，考试成绩较好；三是最高层次，即学习心态和学习状态健康良好，学习目标非常明确、学习动机强烈、有旺盛的学习热情和浓厚的学习兴趣，积极进取、不怕困难，学习不仅是一种任务而且是一种乐趣，不仅能较好地完成学习任务而且能够发现式地学习、探究式地学习、创造性地学习。

（1）学习动机的特点

大学生的学习动机既是内部动机，也是外部动机。一方面，发展成才是大学生的内在需要；另一方面，教育受社会经济发展的制约并最终由经济决定，在市场经济的冲击下，大学生必然受

---

[1] 黄希庭. 大学生心理健康教育. 上海：华东师范大学出版社，2009：74-75.

到商品经济文化的影响,在思想上更趋现实。随着市场的变化,大学生学习的目的性越来越强,不再满足于简单的书本知识和专业课程的学习,而是更加注重能力培养与学习,更多的愿望是得到能力培养与训练。

多元化的社会环境已经渗透到大学生的学习、生活,尤其对大学生学习兴趣产生了比较深远的影响。社会上新鲜事物不断涌现,也给大学生带来了无限的机遇,同时激发了广泛的学习兴趣。例如,电子信息的普及,让大学生对电脑的基本操作知识有了很大的兴趣;私家车的增多,使各种品牌、型号汽车的性能成为大学生学习的对象;等等。当代大学生的学习兴趣不仅表现出广泛性这一特点,而且在深度方面,有的对自己感兴趣的东西研究得很透彻,有的对什么事情都感兴趣,但都只是知道皮毛,没有一样精通。多数同学希望在学习中获得好成绩,借以赢得相应的地位、荣誉、自尊和长辈的赞许。但部分学生在学习成绩上没有很高的追求,而是希望自己的实战能力不断增强。例如,积极参加数学建模大赛、机械设计大赛、计算机程序设计大赛、挑战杯等,希望以此锻炼和提升自己的能力。

(2)学习态度的特点

在认识上,主要体现在学习主体由老师转变成学生,学生的自主性提高。高中的学习总是产生一种感觉:我们是为老师、家长学的。大学里几乎没有学生这样抱怨,因为专业的很大一部分都是自己选择的。大学生逐渐认识到,学习是自己的事情,不会再有老师要求你学这学那,家长也更加尊重你的意愿。因此,大学生有了明显的"我的学习我做主"的感觉。也正是因为没有人规定大学生要学什么、怎样学,大学生学习的自主性才更好地体现。

认识的转变影响着大学生学习的行为。有些学生很好地适应了大学里的学习模式,把学习任务、学习要点、学习目标计划得有理有据,并且严格按照计划进行,过着充实的大学生活。有一些学生,虽然认识到了学习的自主性,但是不能运用在实践中,总是让自己的计划一拖再拖,甚至没有一个可以具体实施的计划。更有一些学生没有认识的转变,认为只要跟着老师讲的走就足够应对一切,或者认为自己的父母会为自己计划好一切,没有什么可操心的。于是,还像高中一样,上课、放学,等着按老师或家长的吩咐来做。

(3)学习策略的特点

单纯的知识学习已经不能满足大学生的需要,能力、素质的培养也逐渐成为大学生注重的部分。学习,在中学里主要被理解为知识的掌握,但是如果大学生还这样理解就会被同学笑话了。随着心智的成熟,大学生认为掌握学习方法、工作技巧能帮助自己学得更快更好;随着知识水平的提高,大学生对自己整体素质要求更严格,例如,建立和谐的人际关系、增强自己的领导组织能力。大学生的头脑灵活,总能想出新奇高效的学习方法。例如,将要背诵的知识编写成顺口溜或者小故事,这样既快捷又有趣味性;在实践操作中学习巩固理论知识,不仅能学到知识,而且丰富了自己的经验。

(4)学习适应性的特点

前面学习态度中已经提到学习主体的变化,这里讲的主要是大学生对这一变化的适应性。一般大学的学习、生活环境需要一段时间适应,而适应的速度和结果会与大学生个体的性格、气质有很大的关联。例如,活泼、外向的人比较容易接受新鲜的事物;内向、怀旧的学生就需要较长的时间来适应新的环境。因此,大部分大学的第一个学期安排的课程比较少,并且安排新生适应的讲座或者活动。

大学生适应学习过程中的探索性与创新性是其另一个重要的特点。以往,大学一年级学生适应大学学习的方法不外乎向前辈请教、自己摸索。现在的学生有更多更好的方法:形成讨论小组(联谊小组)分享大学里的学习、生活;提前入学观察、了解不同于高中的学习氛围。这些方法都体现了现代大学生无穷的智慧。

（5）学习心理的差异性

当代大学生学习心理除具有上述一般特点外，在性别、年级、学科等方面还存在一些差异。例如学习态度会随着年级的增长而变化，学习动机会随性别的不同而不同。不同学科和不同性别的大学生的学习心理特点也是有差异的。

7.1.3 影响大学生学习效能的因素

大学生的学习质量和效率受到很多因素的影响。影响学习的心理因素包括智力因素和非智力因素，它们对学习活动起着推动、导向、维持和强化作用。

（1）智力因素

智力是指个人凭借感觉、知觉、注意、记忆、想象和思维活动来分析问题和解决问题的能力，包括观察力、注意力、记忆力、想象力和思维力等。

① 观察力。观察力是指通过感官，有目的、有计划地感知客观事物的能力。有研究认为，人的一生中，90%的知识来自观察，观察是人一生积累知识的最重要的途径和方法。观察力影响着人获取知识的能力，影响着人的学习能力。

② 注意力。注意力是指人的心理活动指向和集中于某种事物的能力。注意力是智力的重要因素，观察、记忆、思维和想象等过程都需要注意力的参与，注意力影响着其他智力因素的发挥，很大程度地影响着学生的学习效果。

③ 记忆力。记忆力是指识记、保持、再认和再现客观事物所反映信息的能力。记忆是学习的基础和准备，著名教育家夸美纽斯说过：一切后教的知识都是以先教的知识为依据的。也有人把记忆比作知识的仓库，里面储存的信息可以根据需要随时取用。

④ 想象力。想象力是指在已有形象的基础上，在头脑中创造出新形象的能力。想象力是智力的重要因素，是知识创新和创造的基础因素，是创新力的核心。在学习中，想象力可以增加知识学习的灵活性和延伸性，在利用知识发现问题和解决问题方面具有重要的意义。提高想象力，就能提高个人的智力水平，提高自己的学习和创新能力。

⑤ 思维力。思维力是指人脑对客观事物间接、概括的反映能力。仅靠感官得到的知识，往往只停留在事物的表面，而不可能深入到事物或者事件的本质和规律，只有通过思维力的参与，才能在诸多事物的表象中，抽象本质，发现规律，获得真正有用的知识。

（2）非智力因素

影响学习的非智力因素是指能力和能力之外的、保证人们成功进行种种活动的心理条件的总称，主要包括兴趣、动机、情感、意志和性格等因素。人在智力活动过程中，非智力因素时刻都在起作用，它不仅推动、调节、维持着智力活动过程，还能弥补人智力上的某些不足，它虽然不直接参与认识过程，却是学习活动得以高效进行的动力因素，绝不可忽视。

① 兴趣。是对事物喜好或关切的情绪。学习兴趣吸引了大学生的注意，并使其积极参与学习活动，在学习中产生快感，使学习活动具有方向性、选择性，是大学生学习的一种最实际的内部动力。

② 动机。是激发和维持个体活动，使活动导向某一目标，以满足个体某种需要的内部动因。学习动机是直接推动学生进行学习的内部动力。

③ 情感。是人对客观事物是否满足自己的需要而产生的态度体验。大学生应热爱学习，乐意接受教育，并创造性地开展学习。

④ 意志。是人自觉地确定目的，并支配行动、克服困难、实现目的的心理过程。意志品质是

非智力因素的一个重要方面,对学习积极性有很大影响。"锲而不舍,金石可镂",正说明意志对一个人成功的作用。

⑤ 性格。良好的性格是学习的动力和保证。大学生应该认真剖析自己,分析自己性格中好的成分,改掉不良的性格成分,把自己培养成一个乐观向上、积极进取、富有责任心、有开拓创新精神的新人。

学习活动是智力因素和非智力因素协同作用的结果。大学生为了提高学习效率和质量,不但要充分发挥自身潜能,调动和组织智力因素,而且要充分激发自身的学习动机和非智力因素,使学习成为自己本身的需要和愿望。

7.1.4 大学生学习的心理机制[①]

学习是智力活动,也是一个复杂的心理活动,大学生学习的过程就是一个不断调整心理机制以不断挖掘自身潜能的过程。人都有一套内在的帮助其达到目标制导系统的能力,学习亦是如此。在漫长而艰苦的学习过程中,人的内心机制无时无刻不在起着支持调节的作用,随时从心理上调整修正个人和现实的关系,保持以最好的心理状态、最大的心理潜能去学习新的知识,探索新的未知领域。

(1) 大学生学习的平静心态

① 大学生急功近利心态的化解

在社会主义市场经济竞争机制下,大学生想多学一点实用知识,以提高社会竞争力,这是必然的,也是合理的。市场经济是一种务实经济,其价值导向对大学教育的影响是双面的:一方面,它促进大学教育与社会的结合,激励大学生按社会要求积极进取;另一方面,商品经济也会带来负面影响,某种程度上会使大学教育工具化、功利化。相对于扎实的基础理论知识,它更看重人才的现实能力和职业技能,更看重大学生的综合素质。在社会对人才的综合素质还没有建立一个全面科学的评价体系的前提下,现时最能体现"综合素质"的当然就是各种证书和实用知识了。大学生急功近利的学习心态其实就是社会急功近利心态的折射。因此,要化解学生急功近利的学习心态,社会、学校和学生三方面都应做出努力。

对大学生而言,学习是一个漫长而艰苦的积累过程。十年树木,百年树人。在通往知识的大道上没有捷径可走,只有一步一个脚印,一点一滴下功夫,才能有所成就。而急功近利、浅尝辄止只能换来一时之利,因缺乏后劲不能实现长远的可持续的发展。因此,每一个要立志成才的大学生,必须要戒除急功近利的学习心态,用安定、宁静的平和之心对待学业,把自己塑造成为具有丰富文化底蕴和崇高精神素质的人。

急功近利心理的克服可以采用以下方法。

第一,把眼光放长远。不要只看眼前,要放眼未来,不计较眼前的利益得失,要为将来的发展奠定坚实基础。虽然说学与多学是一种生活,不学与少学也是一种生活。但相比较而言,学与多学更充实些,那为何不选择前者呢?没有一种知识,学了之后会多余;没有一种技能,学了之后会成累赘。

第二,培养"思而后行"的习惯。在做事之前要做一个理性的思考,我这样做的意义何在?这样做以后会有什么结果?有没有必要花费精力这样做?如果有,应该采取什么样的方法才能达到最佳的学习效果?这样有助于明确学习目的,做到心中有数。

第三,有针对性地"磨炼"。我们还可以采取一些措施,有针对性地"磨炼"自己的浮躁心

[①] 陶国富,王祥兴. 大学生学习心理. 上海:华东理工大学出版社,2003:75-101.

理。如练习书法、学习绘画、弹琴、解乱绳结、下棋等，这些活动都有助于培养耐心和韧性，使自己静下心来，坐得住冷板凳，耐得住寂寞，不为眼前小利、社会流俗、世俗舆论和社会风气所左右，抓紧时间，潜心学习，充实人生。

第四，采用心理暗示。用自我暗示的方法控制自己急功近利的心理。在我们学习遇到困难时，可以用语言进行自我暗示，如用"不要急，急躁会把事情办坏""不要这山望着那山高，这样会一事无成""欲速则不达""坚持到底就是胜利"等语句鼓励自己克服浮躁心理。只要坚持不懈地进行这种心理暗示，急功近利的心理就会渐渐好转。

② 大学生记忆遗忘心态的化解

人类知识的积累和保存除了各种方式的记载以外就是记忆。记忆是人的思想的天然延续，是知识传承的纽带。然而，记忆的保持和遗忘是一对永不分离的冤家对头，如何增强记忆力，提高记忆力，减少遗忘，是每个学生必须面对的问题。记忆品质的好坏除了有先天因素外，主要靠后天的努力，靠科学的记忆和刻苦勤奋。这就要求大学生在学习的过程中做到：第一，遵循记忆规律，适时安排复习，把集中复习与分散复习有机结合起来。及时复习巩固识记的东西，最初进行连续不断的复习，然后再进行一定间隔时间的复习，两者不断交叉重复，对于巩固记忆，克服遗忘是非常有效的。第二，心领神会忌死记硬背。记忆的要领在于理解，在理解的基础上达到心领神会，可以帮助我们用心去联想、比较、连接，积极寻求事物的规律，可以延长记忆的周期，加深记忆的印象，从而最大限度减少遗忘。第三，经常回忆。在学习过程中，如果能经常尝试回忆，不仅可以使错误的记忆得到纠正，遗漏得到弥补，也是避免遗忘的好方法。养成了回忆的习惯，就等于将过去的记忆不断强化、明晰，遗忘也就不会发生了。

心理小卡片7-1

艾宾浩斯遗忘曲线

德国心理学家艾宾浩斯(Hermann Ebbinghaus)对遗忘现象做了系统的研究，他用无意义的音节作为记忆的材料，把实验数据绘制成一条曲线，称为艾宾浩斯遗忘曲线。这条曲线一般称为艾宾浩斯遗忘曲线，也称艾宾浩斯保持曲线，如图7-1所示，它的纵坐标代表保持量。曲线表明了遗忘发展的一条规律：遗忘的进程不是均衡的，不是固定的一天丢掉几个，转天又丢几个的，而是在记忆的最初阶段遗忘的速度很快，后来就逐渐减慢了，到了相当长的时候后，几乎就不再遗忘了，这就是遗忘的发展规律，即"先快后慢"的原则。

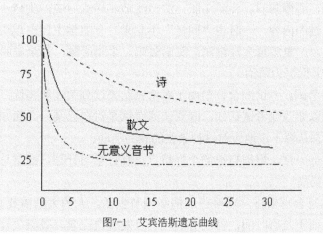

图7-1 艾宾浩斯遗忘曲线

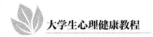

③ 大学生考试综合征心态的化解

对大学生而言，考试就如同吃饭穿衣一样，是学习生活中不可缺少的一部分。尽管每个大学生都可以自豪地说自己是优胜劣汰考试后的胜利者，是考场上身经百战的佼佼者，但毫无疑问，考试仍是大学生心中永远的痛。

> **心理小卡片7-2**
>
> **理性客观地认识"考试作弊"现象**
>
> 第一，学生需转变考试观念，明确考试目的。
>
> 考试是为检测学生对某方面知识或技能的掌握程度，以帮助教师反思教学中的不足、帮助学生反思学习中的缺陷，大学生的全面发展和个性发展情况无法通过简单的考试分数来全面概括和反映。为此建议年初或年末的师生大会应加入关于转变考试观念、厘清考试目的的宣讲内容，以帮助学生明确考试的真正目的，端正学习态度；结合高校近期开展教育思想大讨论的热潮，引导学生加入并专门讨论考试的作用及目的，以帮助学生认清作弊的危害，明确学习目的。
>
> 第二，学生需改变对待作弊持有的"无所谓"态度，采取"有所为"的行为。
>
> 建议结合各高校的实情，首先，借助《中华人民共和国刑法修正案》以及高校《学生违纪处分条例》修订的机会，进一步宣传考试作弊的危害，细化处分类别，明确处分结果，以帮助学生认识到"无所谓"态度的危害；其次，引入"荣辱观"教育，强化学生对考试作弊的羞耻感，以起到弱化"无所谓"态度的趋势；再次，整合院校内针对考试作弊的管理力量，完善教室内摄像监控设备，加强监考巡视人员配置，以达到震慑"无所谓"态度的目的；最后，建议试行考试作弊举报方式，鼓励学生间相互监督，将学生对作弊被动的"无所谓"态度转化为主动的"有所为"行为。
>
> 第三，学生需要认清学习的价值，明确自身的需求。
>
> "对于失范理论，默顿认为，社会文化应该着重强调获取财富的制度性手段和遵从这些手段的行为本身的价值"。对于考试作弊行为而言，杜绝作弊的核心建议之一，就是学生需要认清学习本身的价值，明确自身实际的发展需求。学习是获得知识、技能和完善人格、性情的重要手段，"从微观视角分析，对大学生个体而言，学习行为中知识和经验的获取和客观规律的掌握，都是为了使个体身心获得发展，体现个体自我意识和自我超越"。
>
> [资料来源：杨遇春.当前大学生诚信教育的现实困境及对策研究.思想政治课研究,2019（04）.]

考试综合征主要是指在考试期间和考试前后，学生出现较严重的紧张恐惧心理，伴面色潮红、全身出汗，两手发抖，心悸胸闷，头晕头胀，注意涣散，思维迟钝，头脑一片空白，原来会做的题也不会做了，复习过的内容，一时也"回忆"不起来。有的学生还出现头痛、恶心、呕吐、腹疼、腹泻、尿频尿急，严重者可大汗淋漓，头脑轰鸣，手指震颤，甚至虚脱、昏厥。克服考试综合征，可以从以下几方面努力防治。

其一，正确看待考试。考试综合征多由于对考试结果过分关注和担忧，因此造成巨大的心理压力和心理负担。所以要改变考试认知，既要认清考试是对自己某一方面知识的检验，又不能以偏概全。要以平常心态从容不迫地应对这种紧张的智力活动。

其二，要用科学的方法，根据自己的个性特点，制订学习计划。经常总结每门课程的学习方法，使考试成绩不断提高。

其三，学习和休息合理安排，以轻松的情绪调节生活。人的大脑需要有张有弛、劳逸结合。学习应讲究高效率，而不是磨时间，打疲劳战。一旦发现自己学习效果欠佳时，最好到外面去活动身体,这是保证学习效率的有效方法。同时要保证充足的睡眠。生理学的研究证明,睡眠是消除脑力劳动所造成的疲劳和恢复精力的最好方法,因此,在考试前夕,要注意用脑卫生,不要把自己搞得精疲力竭。只有充足的睡眠和休息,才能使大脑清醒、敏捷,从而提高复习效率。

其四,要树立信心。信心来源于对考试所涉及知识的充分掌握和理解。相信自己平时的付出定会有所收获,所考内容皆已为自己学习和掌握,考试中一定能发挥自己的最好水平。

(2) 大学生学习的专一心态

① 大学生注意力障碍心态的化解

注意是心理活动对一定对象的指向,具有指向性、选择性和集中性。注意是人类进行学习的前提,没有注意,就没有大学生的学习。当前一些大学生出现注意难于指向和集中于学习的情形即学习注意障碍。调查中,对学习、工作和娱乐三者关系的处理,18.8%的学生感到"很费力",3.3%的学生反映"一团糟"。这部分学生反映的正是学习注意力障碍问题❶。

学习注意力障碍的主要表现如下。

一是上课大脑常常开小差,不能专心听讲,目光呆滞、神思恍惚,眼睛盯着黑板却心猿意马,自习时不能专心看书,总是不由自主想些无关的事情,不能控制自己的思维。

二是易受外部环境的干扰,教室外的小小动静都能引起注意力的转移,而且长时间不能静下心来。

三是不停地做小动作。在学习过程中,经常伴有一些与学习无关的动作,如摆弄手指、玩弄笔杆、东张西望或者频繁找东西等,导致注意力总是集中不到学习上。

四是上课总记挂着诸多未尽事务,频频看表盼望下课,不时留意手机短信,学习心不在焉。

克服学习注意障碍的具体做法如下。

第一,养成良好的学习习惯。习惯是我们稳定的、甚至是自动化的行为,它是我们的行为倾向。行为养成习惯,习惯形成性格,性格决定命运。因此养成良好的学习习惯十分重要。要经常不断地锻炼自己集中注意的习惯,逐步增强自我控制的能力。德国大哲学家康德为了培养自己的注意力,长期坚持每天早晨直瞪瞪地盯住窗外的树木看30分钟。

第二,适当强化学习动机。理解学习的重要性,保持一定的学习紧迫感和学习压力。在学习时,尽量排除各种干扰,不要让与学习无关的因素如噪声等进入自己的学习环境,经常提醒自己坚持注意,用意志努力支配自己的注意力。

第三,提出问题追问自己。当觉得自己的注意力即将或已经从眼前的书本上离开时,不妨从书本中归纳几个问题,连续追问自己,以便将引开的思绪赶紧再拉回来。有些同学善于进行课前预习,上课注意不容易外移,就是因为预习中产生了问题,带着问题听课,注意力容易集中。

第四,选择良好的学习场所。要精心挑选一个或两个专门用于学习的固定场所,这些场所可以是图书馆、教室、阅览室等,保证学习的持续性和学习效率。如果学习行为经常在同一个地方发生,这个地方就成为这种行为的暗示或信号,使你一进入这一场所,就进入学习的准备状态。同时,一个熟悉的环境可以增加安全感,思想放松,减少学习不安定因素,减少不熟悉刺激的干扰,最大限度地保持学习时集中注意力。

第五,养成记笔记的习惯。无论是在听课还是自习的时候,都可以边听课(或看书)边记笔记,这样更有利于知识的记忆,同时也可以使自己的注意力高度集中。

第六,利用心理因素,养成注意习惯。进行科学的集中注意力的训练。

---

❶ 许佩卿. 新形势下大学生学习心理问题及对策. 四川教育学院学报,2008,(5):32-34.

> **心理小卡片7-3**
>
> **学习注意的自我训练**
>
> 1. 凝神冥想——训练对背景"视而不见"的能力
> ① 做深呼吸和放松运动。目光平缓地注视前方某一个点，心中只想着这个点，别无他念，想象这一点慢慢地被拉长，变成一条线，然后又幻化出许多复杂的图形。在训练的时候要特别注意排除来自环境的干扰。当我们的眼睛长时间地凝视在一点时，视野就会变得狭窄，那些容易吸引你并导致注意力分散的事物也就不会进入眼帘，因而人的意识范围也随之变窄，从而达到注意力集中的心理境界。
> ② 每天坚持做几分钟这样的训练。
> 2. 倾听——训练对背景声音"听而不见"的能力
> ① 做深呼吸和放松运动。
> ② 播放预先录制好的时钟的滴答声（1分钟），要求学生跟着数滴答声的次数，而且心中只能注意这种声音，不理会来自环境的干扰。
> ③ 重复上一步骤两次。
> ④ 重复上述步骤，同时增加干扰声。
> ⑤ 逐渐增加干扰的强度。

② 大学生思维力障碍心态的化解

法国著名作家大仲马有一句名言："人的脑袋是一所最坏的监狱。"解放人类自己的是人脑的种种奇思妙想，而囚禁人类生机的也恰恰是人脑的僵化生硬，它囚禁了人的创造力、想象力，抹杀了人的智慧的冲动和灵感，使人陷入简单、呆板、因循守旧的思维模式中，从而大大阻碍了人类发展的步伐。经过几千年改造自然革命的启迪，蓦然回首，人类突然发现，最需要革命的却是人类自己，于是，学习的革命、头脑的革命席卷而来，并被人们普遍接受。

良好的思维能力对青年学生的成长、成才具有重要作用，而不良的思维习惯却会大大桎梏学生的学习能力尤其是创新能力的发展。人的天性对思维能力具有一定的影响力，但是，对思维力影响更大更深的还是后天的有目的、有计划、有系统的教育和训练，以及个人有意识的注意和培养。通过后天的努力，可以改善思维品质，养成良好的思维习惯，提高学生的思维能力。下面几种方法可以参考。

其一，相互联系法。事物是处在普遍联系之中的。事物之间不仅存在相似现象，也存在相反现象，在学习过程中，我们还可以从反面去剖析、推理、理解、概括、假设，以加深和扩展对知识的认识和把握。经常进行这样的思维训练，可以开阔思路，拓宽视野，培养我们横向思维习惯。

其二，推陈出新法。尽可能赋予已有知识新的性质、涵义，摆脱旧有的束缚，运用新观点、新方法去解决问题，反映独创性。

其三，追根溯源法。通过追溯本源，可以弄清事物的本质和规律，避免学习中的"一知半解"和"模棱两可"，对培育学生的科学研究精神很有益处。

其四，聚合抽象法。对学习过的东西在形成总体轮廓的基础上，要学会用一定的标准把它们集合起来，以显示出它们的共性和本质，发现它们突出的特点；然后再进行肢解分析，抽象出本质特征；再对抽象出来的本质进行概括性描述，最后形成具有指导意义的理性成果。这种训练，可以帮助学生学会如何在杂乱的知识群中提炼问题、分析归纳问题、解决问题，提高归纳概括问题的能力。

其五，生疑提问法。问题是思维活动的引子，善于发现问题、会提问题，是高级人才必须具备的能力。遇事能够大胆地问"为什么"，能积极寻找答案，并能运用各种证据证明新结论，标志着学生创新能力的高低。

其六，创新思维法。创造性思维是思维的高级阶段。它是在一般性思维基础上发展起来的，是后天培养和训练的结果。一要培养积极的进取心，克服安于现状、得过且过、抱残守缺的心态；二要培养强烈的好奇心，对周围不了解的事物要抱着"看一看，听一听，问一问"的心理倾向，把事物的来龙去脉搞清楚，强烈的好奇心是从事创造性活动必须具备的素质之一；三要培养细微的洞察力，即能够透过事物的现象看到本质，做到"体察入微"；最后，还应注意培养自己的想象力、实际动手能力、信息搜集能力等。在思维方式上，善于进行发散性思维，即能够在脑海中架起立交桥，让思路纵横交错来回自由，以致最后寻找出一种最便捷、快速的解决问题的方法。

③ 大学生想象力障碍心态的化解

爱因斯坦曾说过："想象力比知识更重要，因为知识是有限的，而想象力概括着世界上的一切，推动着进步，并且是知识进化的源泉。"其实，我们生活的每时每刻都充满了创意和想象。因为每个人自有了大脑，就天生有了自己的想象力，只不过在成长过程中，想象力一再受到扼制，就不知不觉地被关闭和禁锢了。因此，打开关闭的大门，放飞想象，并不是非常神秘的事情。只要经过长期的多方努力，每个人都会感受到想象力大门被打开的愉悦。

首先，要排除心理障碍，养成质疑的能力。作为一个好学生，一定要排除有问题不敢提、担心提出的问题不合教师意图而受到指责、提出的问题太简单或太离奇受到同学的嘲笑等诸如此类的心理障碍，大胆质疑，让自己成为学习的主人，这样，将有助于想象力和创造力的发挥。

第二，展开"幻想"的翅膀。爱幻想是青年人宝贵的精神财富，幻想也是构成创造性想象的准备阶段。不要怕"想入非非"，不要惧"痴人说梦"，今天幻想的东西，也许通过艰苦的创造性劳动，明天就会变成现实。

第三，要善于经常进行发散性思维。也就是尽可能多地为一个问题寻找多个答案，利用想象力左冲右突，充分展现思维的开阔性。

最后，要学习创造性想象的技巧。想象力本身就是一种创造生活中一切所需的技巧，只不过我们要学习把它从自发的、无意识的状态变成一种越来越有意识的思维方式，充分发挥这一心理资源的积极意象，去"创造"新机会、新现实。

(3) 大学生学习的进取心态

① 大学生学习挫折心理的化解

当你踌躇满志地跨进大学校门，当你跻身在当代最优秀的群体中时，当你准备攻克科学堡垒，甚至当你不想被大学的制度淘汰时，学习的挫折就注定成为你生活中的一部分。有人在为60分万岁，有人却在为80分哭泣；有人为进入一个热门专业沾沾自喜，也有人在为所谓的"冷门"专业灰心丧气；有人为轻而易举地通过四、六级考试而欢呼，也有人总为末位淘汰而提心吊胆……十年寒窗非但没有换来对学习的挚爱，而且对学习的困惑、厌倦甚至恐惧却日益折磨着一部分学子的心，日久成郁，便形成了学习的挫折心理。大学生的学习挫折心理主要是由学习压力过大、对大学的学习不适应、对专业缺乏兴趣以及学习动机过强、自我评价不正确等原因造成。

学习挫折心理一旦形成，会对学习带来影响，甚至是对大学生的精神和心理造成伤害。因此，挫折必须要得到积极化解。

第一，必须要增强个人的心理承受能力。人生不可能永远一帆风顺、随人所愿，作为大学生，

作为一个即将要面向社会的准社会人,一定要时时、事事做好接受挫折的准备。

第二,要建立适度期望值。对自己的期望值既不要过低也不要过高,应确立通过拼搏,"跳一跳,可达到"的目标和期望。

第三,要建立正确的自我评价体系。大学时期是个人全面发展的时期,衡量个人能力的不仅是成绩,还有实践能力、道德品质、综合才艺等方面。

第四,要改进大学学习方法,适应大学学习生活。其中最重要的就是培养自学能力。学习能力的培养对一生都是受益无穷的。

② 大学生学习负担心理的化解

大学生为了达到自身素质全面发展的目的而承担着相应的学习任务和学习责任。适当的压力和负担就是动力。但当负担过重,超过了个人负重能力或个人不能正确对待学业负担时,就会产生学习负担心理。大学生的学习负担心理主要来源于个体学习能力强弱不同、学校家长的压力过重、学生个人学习态度不端正、个人期望值过高等多方面的原因。

美国耶鲁大学心理学家布鲁斯·麦艾温在研究过压力与疾病的关系后指出:过重的心理压力,严重时会使人心理崩溃,采取自杀等极端手段寻求解脱。因此,大学生学习减负也必须认真对待。主要措施如下。

第一,正确认识学习的压力。学习作为一种脑力劳动,必然存在一定的压力和负担,需要付出一定心血和汗水。没有辛勤的耕耘,就没有丰收的喜悦。学习的过程也是一个锻炼毅力、磨炼意志的过程。因此,应对学习的艰苦性和长期性有充分的认识,要准备打硬仗打胜仗,只要精神不倒,学习便是"苦亦乐,苦亦甜"。

第二,探求适当的学习方法,合理安排学习任务。要有意识地摸索一套能最大限度地发挥自己的能力、最适合自己性格特点的学习方法,提高学习效率。要适时地给自己增加学习任务,施加压力,既不能让自己无所事事,也不能让自己在学习中疲惫不堪。

第三,端正学习态度。学生以学为主,以学为本,无论干什么,都不能丢弃了这个主业。否则,就是主次颠倒,本末倒置,对自己成长发展极为不利。

③ 大学生学习厌倦心理的化解

【案例】

我是一位来自山区、家庭经济困难的大学生,学业成绩一直非常优异。上大学后,忽然感到心中茫然,学习没有动力,生活没有目标,有时想到辍学在家的妹妹和年迈的父母,我也很恨自己不争气。可我的确找不到奋斗的目标与学习的动力。学习上得过且过,生活上马马虎虎,上课打不起精神。我不是因为上网而荒废了学业,而是实在没劲才去上网聊天打游戏,我如何才能摆脱这种状态?

大学生中存在厌学心理,主要表现在学风不振和学风不正,缺乏求知动力。学生产生厌学心理与他们所处的环境及个人认知水平、世界观、人生观和价值观有很大关系。没有天生的喜欢和讨厌,大学生的厌学心理只要用心引导,也能够克服化解。

第一,明确并恰当设置学习目标。目标是人们活动所追求的预期结果,是激发人的积极性使之产生自觉行为的必要前提。大学生应当根据当前社会对人才的要求以及自己的实际需要来制定自己的目标,使学习的目的性更强,从而强化学习动力。在制定目标时,应注意把长期目标和近期目标结合起来,重点放在近期目标上。大学生在确定近期学习目标时,应掌握三个原则:一是求近不求远,即完成某项学习是眼前的事,而非未来的事;二是具体明确而非笼统模糊,学习目标不明确，就不能做到有的放矢；三是分析个体的实际情况，使目标对个体具有适中的挑战性。

第二，端正学习动机。学习动机是学生学习活动的主观意图，是推动学生进行学习的内在动力。大学生应该认识到学习不仅是自己的责任和义务，也是为了自己将来走向社会积累能力和资本，是提高自身价值的过程。未来的社会对人才的要求越来越高，大学生必须不断提高自身的综合素质和能力，要把眼下的学习与国家利益联系起来，与个人利益联系起来，把社会的客观要求变成自己的学习需要。只有在与社会需要相适应的动机促使下，才能产生学习的自觉性，激发起强烈的求知欲、稳定的兴趣和高度的社会责任感。

第三，培养学习兴趣。学习兴趣是学习活动的认识倾向，它是学习积极性中最现实、最活跃的心理成分。学习兴趣是可以在学习过程中逐渐培养的。大学生应该把专业兴趣的培养和发展放在第一位。对于考取专业与自己兴趣相符的学生，可以在原有专业兴趣的基础上进一步发展自己对本专业的兴趣，大量阅读文献，了解本专业的学科分支、发展史以及前沿科学知识，扩展知识面；对于那些所学专业与自己兴趣不符的学生，可以通过与同学或教师讨论，了解本专业的特点和发展价值；通过社会实践、具体操作等方式，体验学习本专业的社会意义和乐趣，达到专业认同，增强勇气和自信。

第四，掌握科学的学习方法。学习方法不当会使学习效果不佳，长期学习效果不佳会使学习动机减弱甚至消退。因此，要维持稳定持久的学习动力，就必须掌握良好的学习方法。这两者是互相影响、互为条件的。

第五，参加校园文化活动。大学生可以根据自己的兴趣，有选择地参加一些自己喜欢的活动，如科技制作活动、数学建模活动、文化艺术活动、创新设计大赛以及社会实践活动等，这对激发自己的求知欲，增强自己的学习动力，尤其是内在学习动机具有重要意义。

7.2 大学生学习能力的培养及潜能的开发

许多大学生或许都有这样的问题：为什么我和同桌的同学每天上课学习的内容是一样的，下课复习的时间也差不多，我在各科上花的时间与精力都不比他少，为什么他的成绩却总是比我好呢？心理学认为，这里体现的是个体间学习能力的差异。现代认知心理学的创始人之一司马贺认为，与其他生物相比较，人类突出的特点是具有很强的学习和思维能力，而学习能力是首要的。青年大学生步入高等学府后，不仅要学习知识，还要培养学习能力，以适应自己终身学习的需要，特别要开发自身的潜能，以更好适应今后的工作和社会需要。

7.2.1 大学生学习能力的培养

（1）大学生自学能力的培养

大学生在校学习时间很短，在短短的几年时间里掌握本专业的所有知识确实不易，更何况知识还在不断更新之中，所以，大学生要真正掌握好专业理论知识并跟上本专业的发展，就必须学会自学。

自学能力是指大学生在主动而独立地获取新知识、新技能活动中，所表现的一种综合能力。它是阅读能力，资料检索和资料整理能力，融会贯通能力和发现、分析、解决问题能力的综合，也是对所学知识技能进行独立地选择、综合和应用的能力。自学能力是大学生最基本的学习能力，多数学生能较快地适应，借助良好的智能水平较好地完成大学学习任务。

自学能力关键的要素是学习方法的自主决定和积极的学习态度。一般而言，大学的学习已不再是靠死记硬背的功夫去背教师整理过的一些东西，而是自己自主性地理解和消化。

（2）大学生学习信息能力的培养

教材对于大学生来说，就是一种最为重要的图书资源，但是当代大学生却不知道怎样正确使用教材，如何从教材中吸取自己需要的知识。从对大学生学习调查情况来看，教材只是到了考试突击复习时才会被想起来。教材作为图书资源的作用还没有充分发挥。学生应充分重视教材在专业知识引领方面的重要作用，提高教材使用效率。

对大学生进行信息技能教育。根据国家教委的相关文件精神规定，开设《文献检索与利用》课，使学生了解各专业及相关文献信息的基本知识，学会常用检索工具与参考工具书的方法，掌握利用计算机、网络等现代信息技术获取相关信息的基本技能。大学的文献检索课的教学内容，要定位在全面培养学生的信息能力上，将文献检索课教学与大学生的各个专业学习阶段有机地结合起来。对新生初步教会他们利用网络获取文献信息，培养其最基本的信息意识和文献检索能力。对中年级学生进行系统的文献信息检索原理、方法和技能的教育，传授其文献检索的基本原理和基本技能、数据库和网络的基础知识、计算机信息检索方法和技能。对高年级学生，进行提高型的信息分析与利用教育，传授其搜集、整理、分析、研究信息的方法，着重培养其信息处理、信息利用和信息创新的能力。

通过入馆教育等形式，提高大学生对图书馆的使用能力，发挥高校图书馆的信息传播功能，提供高质量的信息服务。图书馆作为专门从事文献信息的搜集、整序、存储、开发、传播和利用的文献信息中心，应该是大学生信息素质教育的重要基地。学校图书馆应通过对学生的教育和培训，普及图书馆藏书分类、信息检索的知识和方法，培养学生利用图书馆的基本技能，"工欲善其事，必先利其器"，提高他们的收集和处理信息的能力。

（3）大学生理解知识及应用知识的能力培养

① 大学生理解知识的能力

大学生从课堂上、图书上及网络上获得的知识，都是前人科学实践经验的总结，并以书本文字形式加以概括和表达。大学生要学习科学知识，就必须理解这些通过文字概括和表达的科学概念和原理。但是仅仅通过死记硬背科学定义和有关原理的文字叙述，不可能达到理解知识的目的，而必须通过联系有关感情材料与研发经验，进行比较、分析、概括等逻辑思维的过程。无论是数学知识或是金融财务知识还是其他知识，只有使理论与实际相联系，进行逻辑思维，才能使人获得充分而深入的理解。因此，注意培养逻辑思维能力也是大学生增强对知识的理解能力的重要方面。针对大学生对所得信息的理解程度，对不同层次的学生进行调查，发现许多大学生获取信息，多是为了应付作业或是考试前的突击备考，根本没有深入的分析和理解。大学生要提高理解知识的能力，需要多动脑，勤思考。把握学习中的主动权，对已有的知识和信息不断进行深入地分析，只有这样才能充分理解信息，从而激发获取更多信息的欲望。

② 大学生应用知识的实践能力

学生是否真正学到知识，不能只看他是不是从字面上理解和记住了知识，而要看他是否能应用知识解决实际问题。只有把知识转化为自己的实际应用能力，才是真正理解了知识，否则就是纸上谈兵。当代大学生培养自己应用知识的实践能力，就必须学会应用知识的技能，掌握知识技能迁移的规律。传统的教育中，重视理论学习，轻实践技能操作训练，这就造成了大学生的动手操作能力不足。应用知识的实践能力是在实践中反复练习而形成的。大学生可以在实践中有意识地加强理论与实践的联系。当人们学习新知识或应用新知识时，总是会同已有的知识技能发生联系。旧的知识技能既可能对新知识技能产生促进作用,也可能产生妨碍作用,这就要求学生在应用知识解决问题时必须具体情况具体分析,随着问题的性质与产生条件的变化而变化。

7.2.2 大学生学习潜能的开发

当今时代,人们不仅要重视知识的获得、知识结构的完善、各种能力的培养,更要重视潜能的开发,教育必须走向开发创造性思维的道路,注重发挥人的潜能。

(1) 非智力因素的培养

非智力因素是相对智力因素而言的,指那些不直接参与认识过程,但对认识过程起直接制约作用的心理因素,主要包括动机、兴趣、情感、意志、气质和性格等。智力是一种潜在的智慧能量,非智力因素是智力活动的动力,环境和教育是智力开发的外部力量。在智慧活动中,人的智力因素要想发挥最大效能,必须有优良的非智力因素的积极参与,否则其智慧潜能不能有效地转化为智力行为。人类完全可以通过主观努力,能动地利用有限的外部条件开发自己的智力潜能,使之充分发挥至最大限度。

家庭、环境和学校教育因素对于非智力因素的形成和发展起重要作用,但它们并不能直接决定人的非智力因素,学生本身的自我教育更为重要。

(2) 元认知训练

元认知(metacognition)的实质就是人对认知活动的自我意识和自我调节。自我意识是人们意识的最高形式,自我意识的成熟是人的意识的本质特征,它以主体及其活动为意识的对象,因而对人的认识活动起着监控作用。通过自我意识系统的监控,可以实现人脑对信息的输入、加工、贮存、输出的自动控制系统的控制,这样,人就能通过控制自己的意识而相应地调节自己的思维和行为。所谓认知活动的自我监控与调节,表现为主体根据活动的要求,选择适宜的解决问题的策略,监控认知活动的进行过程,不断获得和分析反馈信息,及时相应地调节自己的认知过程,坚持或更换解决问题的方法和手段。其中,主体主动地进行自我反馈是非常重要的,它使主体能及时发现认知活动的盲目性、冲动性,提高认知活动的效率与成功的可能性。

元认知对人们的智力、思维活动起着监控、调节的功能,它的发展水平直接制约着智力、思维的发展水平。大学生的智能开发同样要求高等教育在教学过程中加强学生元认知的培养和训练。

(3) 创造性思维培养

① 学会发散思维。发散思维是在解决问题的过程中,沿着各种不同的方向去思考,寻找多种可能的答案、结论或假说的思维方式。在创造性思维活动中,发散思维占据着主导作用。我们在学习过程中应该自觉地、有意识地培养这种发散思维能力,经常进行发散思维的训练,以提高我们在学习过程中的创造性。

② 学会逆向思维。逆向思维又叫反向思维,即"反过来想一想"。我们在思考问题时,通常惯于正向"顺推",而往往忽视了事物之间常常互为因果的关系具有双向性和可逆性的特点。因此,我们在学习中应尝试从相反的方向看问题,倒过来进行逆向思考,对学习问题的解决往往能起到突破性的效果。

③ 重视直觉和灵感。鲁班从齿型的草叶形象受到触发,联想到了锯子的创造。法拉第从章鱼伸向四面八方的爪子,而联想到磁铁与磁力线就如同章鱼的无形的触手。德国化学家凯库勒梦见一条蛇咬住了自己的尾巴,他悟出了苯分子中碳形成一个闭合环。正确地利用直觉和灵感是培养创造性思维的重要方法。爱因斯坦强调,在科学创造过程中,从经验材料到提出新问题之间,该有"逻辑的桥梁",必须认清灵感和直觉。他说:"我相信直觉和灵感。"直觉和灵感的产生又是建

立在大量丰富的知识经验，长期的、增长的、紧张的思考和探索的基础之上的。可见，学习和思考是运用直觉和灵感的前提。

④ 敢于质疑。质疑是人类思维的精华。巴尔扎克说过："打开一切科学的钥匙毫无疑问的是问号，我们大部分的伟大发现都应该归功于怀疑，生活的智慧大概就在逢事都问个为什么。"这句话则向人们揭示了人才得以成功的内在因素。质疑的目的不在于求同，而在于求异。思维过程中，要突出求异思维，提出同传统的或流行观点不同的见解。

（4）科学用脑，发展潜能

人类进行的每一种类别的学习，都离不开基本的器官——大脑。大脑是人类学习的生理基础，因此，充分调动大脑每个细胞的"工作热情"是学习进行的重要保障。合理用脑，避免大脑"罢工"，是提高学习效率、发挥大脑潜能的根本。那么，如何才能够做到合理用脑呢？

① 保证脑细胞的"物质供应"

要想使大脑做好学习或思维的"司令部"，有两类物质是必不可少的；同时，大脑还需要从血液中源源不断地得到葡萄糖的供应，血中葡萄糖的浓度达到0.1%时，大脑神经细胞才能在氧化分解葡萄糖的过程中得到生命活动所需的能量。当然，脑细胞在新陈代谢过程中，成分要不断地得到更新，要不断得到其他必需营养物质的补充。基于此，大学生要保证自己的饮食营养健康，克服偏食，多吃蛋白质、维生素、磷化物等含量丰富的食物，不要在饥饿状态下学习，也不要在饭后马上学习，尽量避免吸烟饮酒。

② 保证大脑的休息

充足的休息是使大脑神经细胞发挥正常功能的必要条件。休息的方式有多种。

睡眠。这是各种休息中最重要的一种形式。当大学生们处于睡眠状态时，一方面由于大脑处于休息状态，因而对氧气和营养物质的消耗减少，废物和二氧化碳的生成自然也减少。通过血液循环，大脑源源不断地得到营养物质和氧气，又不断地把废物和二氧化碳运走，使经过一天学习的脑细胞从物质上得到更新，又恢复正常的生理功能。另一方面，当睡眠进行到一定深度时，脑垂体中的一种激素分泌较多，这种激素可以促进大学生的身体生长，调节体内物质代谢。经过充足的睡眠，个体起床后会感到精神饱满，学习效率大大提高，这是大脑神经细胞机能状态较好的表现。

交替活动休息法。古人云："一张一弛，文武之道"。大学生们在进行脑力劳动时，大脑皮层只有相关工作区的神经元处于兴奋状态，其他工作区的神经元则处于抑制（休息）状态。当工作或学习的对象发生转换时，大脑皮层的兴奋区和抑制区也随之转换。这样，大脑皮层就出现了兴奋区和抑制区互相镶嵌的活动方式。大脑皮层之所以能够长时间工作，兴奋区和抑制区互相转换是一个非常重要的条件，多种活动互相轮换，可以使大脑皮层的各个区域得到轮流休息，从而保证工作效率。一般来说，大学生可以采用学习和运动相结合、学习内容交替安排的方法来实现这种转换。

③ 保证学习有规律

与周期性运动的自然界一样，我们的思维、情绪和各器官运转都有严格的时间节拍，人们形象地称之为"生物钟"。每个人都有属于自己的生物钟。如果根据自己的实际情况，把一天的学习、工作、劳动、锻炼、娱乐和睡眠等时间做出科学的安排，然后严格地执行。经过一段时间，前面的活动刺激就很容易成为后面活动的信号，建立起条件反射，使大脑皮层各区域的兴奋和抑制，或者说工作和休息比较协调、有节奏。到时候就能入睡，到时候就能醒来，坐下来就能很快地进入学习意境。长期这样有规律的生活，让各种活动的变换达到自觉的地步，就可以减轻大脑的负担，保证大脑的健康，大大提高学习效率。

 **心理小游戏**

捉手指

活动目的：考察、训练学生的反应速度。

活动方法：全体同学肩并肩站成一个圆圈，每个人都伸出右手，掌心朝上平摊开，同时左手握拳伸出食指放在左侧同学的手掌心上。随便从某个同学开始报数，逢7(比如7、17、27、37、…)或者逢7的倍数(比如7、14、21、28、…)时每个同学都要迅速缩回左手食指，不要被左侧的同学捉住，同时右手要快速握拳，努力捉住右侧同学的食指。成功捉住别人要给予快乐性奖励，被捉住的同学要受到快乐性惩罚。

 心理测试

1.自学能力测试

指导语：自学是一种获取知识的重要能力。据考察，人一生的知识，有四分之三是在离校以后靠自学得来的。一个人的自学能力的强弱，能看出他的志向、毅力、情趣和气质，能决定他的知识水准和工作能力的高低。年轻的朋友，你的自学能力如何呢？你了解你的自学能力吗？请试着回答下列问题，测测你的自学能力。

（1）能每天在业余时间自学一小时吗？（能；有时能；不能）

（2）你每天能坚持阅读五千字吗？（能；有时能；不能）

（3）你每天有浏览报刊的习惯吗？（有；有时有；没有）

（4）你在影戏开演之前，车船到来之前，有阅读书报的习惯吗？（有；有时有；没有）

（5）你有记读书笔记或读书卡片的习惯吗？（有；有时有；没有）

（6）你有剪贴报刊资料的习惯吗？（有；不经常；没有）

（7）你有一年的学习计划吗？（有；不明确；没有）

（8）你有睡觉之前检查一天学习情况的习惯吗？（有；不经常；没有）

（9）你如果一天中没有学习，有一种遗憾的感觉吗？（有；有点；没有）

（10）你能拿出每月费用的百分之几购买图书或订阅报刊吗？（能；有时能；不能）

（11）你有同朋友交谈自学体会的习惯吗？（有；有时有；没有）

（12）你有博览百科知识的嗜好吗？（有；一般；没有）

（13）你有给报刊投稿的习惯吗？（有；有时有；没有）

（14）你常听学术报告吗？（常听；不常听；没听过）

（15）你学有专业吗？（有；不明确；没有）

（16）你参加业余学校吗？（正参加；想参加；不参加）

（17）你能在三、四年内使自己的学识水平由初中提高到高中，或由高中提高到大专吗？（能；差不多；不能）

（18）你有自测学习成绩的习惯吗？（有；有时有；没有）

（19）你参加过有关单位组织的自学考试吗？（有行动；有计划；没有）

（20）你有著书立论的行动或计划吗？（有行动；有计划；没有）

结果与解析：

括号内第一答案为5分；第二答案为3分，第三答案为0分。

如果总分在80分以上，自学能力很强；

70～80分，自学能力良好；

60～70分，自学能力一般；

总分60分以下的人，自学能力较差。

2.大学生学习动力自测表

这个测量表主要帮助你了解自己在学习动机和学习目标上是否存在困惑。共20个题目，请实事求是地在与自己情况相符的题目上打"√"，不相符打"×"。

（1）如果别人不督促你，你极少主动去学习。　　　　　　　　　　　　　　　（　）

（2）你一读书就觉得疲劳厌烦，只想睡觉。　　　　　　　　　　　　　　　　（　）

（3）当你读书时需要很长时间才能提起精神。　　　　　　　　　　　　　　　（　）

（4）除了老师留下的作业外，你不想多读书。　　　　　　　　　　　　　　　（　）

（5）如有不懂的地方，你根本不想设法弄懂它。　　　　　　　　　　　　　　（　）

（6）你常想不用花费太多时间学习成绩也能超过别人。　　　　　　　　　　　（　）

（7）你迫切希望自己在短时间内就能大幅度提高自己的成绩。　　　　　　　　（　）

（8）你常为短时间内没能提高成绩而烦恼。　　　　　　　　　　　　　　　　（　）

（9）为了完成某项作业你宁愿废寝忘食、通宵达旦。　　　　　　　　　　　　（　）

（10）为了及时完成作业，你放弃了许多你感兴趣的活动，如体育锻炼、看电影与郊游等。（　）

（11）你觉得读书没什么意思，想去找个工作做。　　　　　　　　　　　　　　（　）

（12）你常认为课本上的基础知识没啥好学的，只有看高深的理论、读大部头作品才带劲。（　）

（13）只在你喜欢的科目上下狠功夫，而对不喜欢的科目放任自流。　　　　　（　）

（14）你花在课外读物上的时间比花在教科书上的时间多得多。　　　　　　　（　）

（15）你把自己的时间平均分配在各科上。　　　　　　　　　　　　　　　　　（　）

（16）你给自己定下的学习目标多数因做不到而不得不放弃。　　　　　　　　（　）

（17）你几乎毫不费劲就实现了你的学习目标。　　　　　　　　　　　　　　　（　）

（18）你总是同时为实现几个学习目标而忙得焦头烂额。　　　　　　　　　　（　）

（19）为了对付每天的学习任务你已经感到力不从心。　　　　　　　　　　　（　）

（20）为了实现一个大目标，你不再给自己制定循序渐进的小目标。　　　　　（　）

上述20个题目可分成4组，他们分别测查你在四个方面的困扰程度：（1）～（5）题测查你的学习动机是否太弱；（6）～（10）题测查你的学习动机是否太强；（11）～（15）题测查你的学习兴趣是否存在困扰；（16）～（20）题测查你在学习目标上是否存在困扰。假若你对某组中的大多数题目持认同的态度，则说明你在相应的学习欲望上存在一些不够正确的认识，或存在一定程度的困扰。

心理思考

（1）大学生学习有哪些特点？

（2）大学生常见的学习心理问题有哪些？如何进行自我调适？

（3）结合实际，谈谈大学生如何开发潜能？

第8章 走进网络世界

毫无节制的活动,无论属于什么性质,最后都将一败涂地。

——歌德

知识导航

- ◆ 懂得理性认识网络;
- ◆ 理解网络对大学生的影响;
- ◆ 培养大学生正确的网络心理;
- ◆ 掌握网络心理问题的预防和自我调节的方法。

> **心理小故事**

小鸟的教训

一只小鸟正在飞往南方过冬的途中。天气太冷了，小鸟冻僵了，从天上掉下来，跌在一大片农田里。它躺在田里的时候，一头母牛走了过来，而且拉了一泡屎在它身上。冻僵的小鸟躺在牛粪堆里，发现牛粪真是太温暖了。牛粪让它慢慢缓过劲儿来了！它躺在那儿，又暖和又开心，不久就开始高兴地唱起歌来了。一只路过的猫听到了小鸟的歌声，走过来查个究竟。顺着声音，猫发现了躲在牛粪中的小鸟，非常敏捷地将它刨了出来，并将它给吃了！

事物总有两面性，在一般人看来，"牛屎"是脏的东西，但是即使是"脏"的东西，在特定的时候，也会被我们所用，而成为保护自己的有用东西。对一样事物，如果不能正确使用，趋利避害，就算是样好东西，我们也可能反为其害。网络就是这样的一把双刃剑。

网络的出现，在青少年知识获取、学习教育、社会参与、人际交往、娱乐、职业选择、生活等方面显示出很强的支持性效应。但不可否认的是，青少年使用网络所带来的负面效应比如网络成瘾等问题也越来越突出。本章将从心理学角度来探讨网络对大学生学习生活及心理的影响。

8.1 大学生网络心理概述

8.1.1 网络心理概念

广义上的网络心理是指一切与网络有关的心理；狭义的网络心理指的是在虚拟的网络空间活动的网民思维意识活动。互联网的产生和发展，对现代人们的工作、生活、娱乐、学习等各个方面的影响是深刻的。它越来越把人类社会变为由互联网连接起来的网络社会，变为网络信息飞速传播的信息社会。在其中，人们的交往具有了开放性、全球性、虚拟性、平等性和匿名性等特征，这些特性又对人的心理产生了深刻的影响。随着网络的普及，由网络所带来的心理问题也日益爆发出来，同时，对网络心理的研究也从无到有的开展起来。

8.1.2 大学生的网络行为

大学生是互联网的忠实追随者。那么，大学生上网都做些什么呢？调查和研究表明，青年大学生上网主要有以下几种情况。

（1）信息查询

取之不尽、用之不竭的信息赋予了网络无穷魅力，很多大学生正是把互联网看作一个庞大的信息库，而经常上网来"寻奇觅宝"的，这也正是大学生们上网最主要的目的。

（2）收发邮件

随着学习生活节奏的加快和电子信箱的普及，E-mail（电子邮件）作为一种能传递信息迅速及时、费用低廉的通信方式，正在逐渐取代传统的书信而成为大学生人际交往的重要手段。每天开邮箱收发邮件已逐步成为当代大多数人日常生活的一部分。在第十一次中国互联网发展状况调查中，92.6%的用户经常使用电子邮箱，如表8-1所示。

表8-1 用户经常使用的网络服务

服务	比例
电子邮箱	92.6%
新闻组	21.3%
搜索引擎	68.3%
软件上传或下载服务	45.3%
信息查询	42.2%
网上聊天（聊天室、QQ、ICQ等）	45.4%
免费个人主页空间	6.8%
BBS论坛、社区、讨论组等	18.9%
电子政务	1.9%
网上游戏	18.1%
网上购物	11.5%
短信服务	8.8%
网上教育	8.9%
电子杂志	9.5%
网络电话	1.0%
网上医院	0.7%
网上银行	3.6%
网上炒股	5.5%
网上拍卖	0.9%
票务、旅店预订	0.8%
视频会议	0.3%
VOD点播	5.6%
网上直播	3.6%
多媒体娱乐（MP3、Flash欣赏等）	13.4%
远程登录	1.1%
信息发布	3.3%
网上推广	0.9%
网上销售	1.2%
信息化系统(ERP、CRM、SCM)	1.2%
其他	0.1%

（3）网上聊天

在网络上聊天交友，是大学生在网上的主要活动内容之一。聊天、交友、网友见面成为一些大学生日常生活的组成部分，有的乐此不疲，甚至深陷其中不能自拔。

（4）网络游戏

和游戏机或游戏光盘相比，在线游戏因其具有交互性，显得魅力难挡。因此，游戏网站也是大学生们经常光顾的地方。有的大学生在游戏网站一待就是七八个小时，甚至逃课逃学，严重影响了学业，当然，并不是所有大学生上网都以聊天或游戏为目的，问题的关键是，这样的情况远没有我们想象得那样多，很多大学生没有很好地利用网络来增长知识、增长才干，相反却把大多数的时间和精力都放在了聊天交友和游戏娱乐等"旁枝末节"上。据有关调查资料表明，仅武汉大学生上网率已高达80%，其中仅以网上聊天为重要目的者占84%。至于如何把网络与自身的专业学习、人生发展、兴趣爱好结合起来，很多学生则是一片茫然。

（5）电子商务

由于网络的便捷性，以互联网为平台发展起来的电子商务生意越来越红火。很多大学生改变了传统的购物习惯，以逛淘宝代替了逛街、以网银代替了跑银行。还有的大学生也开始利用网络提供的电子商务平台门槛低、成本小、风险小等优势开始了自己的创业。

8.1.3 网络对大学生心理的影响

网络构建的信息时代的特点决定它对大学生的影响是多层次、多角度和多方面的，呈现出积极和消极两个方面，同时存在着交错影响的矛盾状况。

（1）网络对大学生心理的积极影响

① 有利于激活大学生的创新意识

信息技术的共享性使文化作为无形的资产扩散到各地，使每个网民受益，达到"文化增值"的作用，也显示了文化自身的价值，激发了大学生创新知识和探究未知的信心。信息技术在一定程度上使得大学生摆脱了从众心理，从而更有利于大学生创造性思维的发挥。

② 便于大学生产生协同学习的观念

协同学习是指学习者在与他人相互作用的过程中所进行的学习。利用互联网所构成的协同学习环境，可以让更多的大学生不受地域的限制，好比坐在一起讨论问题，实现指定内容的有效学习。同时网络还可以使教育者和学生形成协同学习的模式，通过网络大学生还可以向教育者提出问题，寻求辅导与解答。大学生可以不受时间和空间的限制，自由地表达自己的意见和观点。

③ 开阔大学生的视野，节约学习时间

网络是一部百科全书式的资源，大学生一旦进入网络世界，即能在知识海洋中尽情邀游。网络受知识的"滞后现象"，降低了学习成本，节约了时间。因此大学生为获得知识所付出的时间、精力、金钱也被减到最小，这是任何媒体都无法比拟的。这也从心理层面减轻了学生学习的压力。

④ 符合大学生的心理特征

在网络环境中，大学生越来越认为，虽然他们在不断地接受教育，但却是依靠征服信息获得教育和知识的，而不是知识的消极接受者。这样学生的自主性就会成为一种趋势，表现在自主选课、自主参加考试、自主决定学习进度和学习时间等，更有利于大学生的个性发展，调动大学生的学习自觉性与主动性。

（2）网络对大学生心理的消极影响

① 网络成瘾

网络成瘾症是随着网络电脑不断地深入到千家万户而出现的一种新的心理疾病。一份对在校大学生的调查表明，几乎有75%的被调查者有网络成瘾的倾向。美国心理学会曾对469名长时间上网的网民进行了问卷调查，网民中有6%的人患有网络中毒症。而对于身心发展均不成熟的大学生来说，网络成瘾不仅影响学习，还会影响个性形成、价值取向等深层次的东西，从而改变大学生的人生之路。随着互联网使用人数的迅速攀升，网络成瘾症的危害性应该引起人们足够的重视。

② 信息污染

网络是一个宝库，同时也是信息的垃圾场，有骗子、小偷，泛滥着色情、盗窃、诈骗等。大学生若沉湎于这些黄色的信息垃圾中，会给其心身健康造成极大伤害，轻者耽误学习，重者甚至走上违法犯罪道路。一项调查表明，在被抽取的三千名中国大中学生中，曾光顾色情网站的占46%，可见"网络黄潮""色情文化"给大学生的身心健康以极大的摧残。此外，网络犯罪的手段多种多样，如非法盗取国家机密情报、散布谣言或恶意诽谤等。目前，有些大学生利用电子邮件敲诈香港富豪的事件已见报端。防范信息污染已成为国家乃至全球共同关注的问题。

③ 人际淡化

网络文化把世界联成一个纵横交错的整体，个体只要进入网络，就进入了"人—机—人"相对封闭的环境中，使得人们在很大程度上失去了与他人、与社会接触的机会。特别是对于大学生，长期沉溺于网络世界，沉溺于虚拟空间，与亲属、邻居、同学之间的感情联络就会淡化，与现实中的生活也产生了距离感。他们从网络走出来的时候，面对不理想的社会现实感到悲观失望，极易导致情绪紧张、孤僻、冷漠以及其他不健康的心理问题。

8.2 大学生网络心理问题

8.2.1 常见的大学生网络心理问题

网络心理问题是指由于对互联网的认识和使用不当而引发的不良心理反应。大学生常见的网络心理问题有三种：网络焦虑、网络依恋和网络成瘾。

（1）网络焦虑

① 网络适应焦虑

虽然互联网与大学生的生活越来越密切，但在高校的校园里，仍有很大比例的贫困学生，在上大学之前有可能没有接触过互联网或者接触很少。当他们进入大学，看到周围的同学熟练地使用电脑、自由地浏览色彩斑斓的网络界面、与网友兴奋地聊天时，就会强烈地感受到自己跟时代的脱节，担心、害怕的心理油然而生。当暗暗下定决心要尽快补上这一课时，面对眼花缭乱、层出不穷的电脑书籍和软件却又不知从何学起，迷茫感和无所适从的焦虑心理很普遍。

② 网络信息焦虑

互联网是信息传播的载体，网民通过网络输入信息、传播信息也共享着信息，信息在网络上与日激增，其直接结果就是造成信息数量的无限性，我们在用输入和传播的信息实施"轰炸"时，也被海量信息"轰炸"着。1950年美国学者雷斯曼在其社会学著作《孤独的群众》中第一次深刻地分析了人类的自恋、恐慌、焦虑和孤独。在雷斯曼看来，现代人个个都仿佛变成了头上顶着两根天线，焦虑地吸收着轰炸而来的信息的可怜虫。当我们面对一个过度的信息刺激情境，尤其大量的信息是无意义的信息时，我们往往会因无所适从而焦虑；当我们吸收的阅读量超过消化所需要的能量时，日积月累，最后会因为压力与过度刺激转化为信息焦虑症。

③ 网络安全焦虑

安全性表现在人际安全和技术安全两个方面。网络人际交往中，人们不仅很容易隐藏自己的真实身份，还很容易地把自己装扮成所希望的人，因此，很难区分网络里谁是善良的人、谁是欺骗的人。大学生的交往需求高，欲望强，在网络上很容易建立交往关系，但缺乏辨别力的学生容易误入居心不良的人的圈套，导致上当受骗。这种不安全的隐患给大学生的网上交往带来担心和忧虑。网络技术发展日新月异，但也存在技术上的漏洞，一些人利用这些漏洞进行黑客活动，盗窃他人的个人资料，诸如个人相关信息、账号、密码等，使得网络用户遭受隐私侵犯或经济、名誉的损失，没有安全感可言。此外，自从1987年10月在美国特拉华发现了首例计算机病毒以来，计算机病毒层出不穷，发展十分迅速。当计算机和网络结合时，网络工具和网络环境都成了病毒的帮凶，许多病毒通过电子邮件、网页、浏览器以及聊天工具等传播，速度之快、危害之大，有时会超出人们的想象，许多网络用户往往是提心吊胆，生怕被病毒危害。

（2）网络依恋

① 网络依恋的含义

依恋，是一种感情上的联结和纽带。一般被定义为幼儿和他的照顾者（一般为父母亲）之间存在的一种特殊的感情关系。通常我们把依恋理解为留恋、舍不得走开、依靠等意思。网络依恋是指个体由于长时间沉溺于网络而与网络之间结成的特殊情感关系。应该说，现代人无论是学习工作、日常生活还是娱乐，在很大程度上都离不开网络，上网时间呈现逐渐延长的趋势，因此，这里提到的网络依恋并不是仅仅指每周上网的时间长，更主要的是指在网上利用时间的方式。有资料显示，在网络依恋者中，35%的时间用于聊天，28%的时间用于多用户互动游戏；而在非网络依恋者中，55%的时间用于网上办公、接发电子邮件、联系业务，24%的时间用于查阅网上图书馆、下载软件等信息收集上。

【案例】

志鹏，某重点高校大二男生。初中时，爸爸给他买了台电脑，志鹏很快学会了基本操作，还学会了用简单的程序编程，再后来就开始上网打游戏，经常玩儿着玩儿着就不想下来了，有一次，被爸爸发现后，遭到一顿打骂，电脑也被锁进一间闲置房间。三年的重点高中学习生活，志鹏熬出来的是当时的学校理科第一名，父母自然欢天喜地，他提出要一台笔记本电脑，这个要求在父母眼中已经是理所应当的事情了。

进入到重点学校后，他发现一个班的同学平时都各干各的，班主任也很少出现，原来大学生活是这样的自由。宿舍成了他主要的活动区域，他最喜欢的就是和4个室友一起联网打游戏。渐渐地，他开始观察哪些课不用听就可以过，哪些课只要看看书就可以了，哪些课老师讲得特别差也就不用听了……大一期间的期中、期末考试，他都通过突击方式顺利过关。

新的学期开始，志鹏和室友开始尝试到外面网吧上网。他完全不在乎学校的事情，刚开始还找同学帮忙签到，后来同学不见他的人影，也就不知道他去没去上课，不再帮他签到。而他的逃课记录也在本子上越来越多。幸好，考试前同屋的人提醒了他，要不然，连考试都可能错过。

志鹏这样形容玩游戏时的感觉："玩儿过的人都知道。在网上你可以经历一种完全不同于自己本来的生活，而且有很多种生活方式供你选择，可以更加自由地和别人聊天，可以在网上结婚生子，可以在那里打猎为生，也可以当任何一个国家的国王和元首，你也可以当男的，也可以当女的，太多太多现实当中不敢想象的东西，在那里就可以实现，不需要任何代价，只要你付点上网费就足够。如果打游戏的话，在游戏里，你可以充当各种角色，特别是和很多人一起打的时候，有时候我们不只是斗智斗勇，还要看谁的体力好，能够坚持下来。"

但是成绩却背叛了他的网络狂欢。大二刚开学，学校就发了一张休学通知给他父母。

② 网络依恋的类型

大学生的网络依恋包括多种类型，按照所占比例的多少排列为：一是网络信息依恋——完成作业或其他工作任务时，很少自己思考，总是习惯于在网上寻找现成的答案；二是网络交际依恋——利用各种聊天软件以及网站开设的聊天室长时间聊天；三是网络游戏依恋——沉迷于网络设计的各种单机或联机游戏中；四是网络恋情依恋——沉醉在网络所创造的虚幻的罗曼蒂克的网恋中；五是网络色情依恋——在网上所有的色情音乐、图片以及影像中流连忘返。

网络信息帮助大学生解决疑惑，网络交往充分满足大学生交往的欲望，网络游戏不仅使大学生体验到各种角色，还可以拥有成就感，网恋对充满爱情渴望的大学生更具有特殊的吸引力。当在生活中坎坎坷坷，而网络中却可以机会多多、一帆风顺时，网络成为大学生的精神寄托，大学生上网的渴望加深、行为增多就顺理成章了。在网上生存的时间越久，与现实脱离的时间越长。随着上网时间不断延长，学业荒废，对各种活动漠不关心，进取意识减弱，人际关系更加紧张，现实生活中的打击不断，挫败感增强，大学生失去自我调节和控制的能力，便逃回到网络的理想化状态中来弥补现实的遗憾，造成了对网络依恋的进一步加深。对现实社会的疏离，也往往导致大学生产生孤独感，成为网络制造的"宅男宅女"。

（3）网络成瘾

互联网作为现代社会高速高效的工具，在给人们的生活带来便捷的同时，也使一些人产生依赖心理，甚至出现了成瘾倾向。2009年7月《中国互联网络发展状况统计报告》显示：有16.4%的网民表示一天不上网就感觉难受，也有17.4%的网民觉得与现实社会相比，更愿意待在网上，平均每6个网民里有1个有上网成瘾的倾向。与此同时，随着互联网对人们生活日益浸入，互联网给人们带来心理上的距离感即社会隔离也逐渐增大，互联网开始成为隔在网民与家人、网民与社会之间的"心理之墙"，并有逐渐加厚的趋势。

① 网络成瘾的含义

成瘾是指外来物质进入人体引起的一种心理生理过程的依赖性。外来物质进入人体，引起特定的心理生理变化，使个体对它产生心理上的嗜好和（或）生理上的瘾癖，非要经常应用不可，否则便无法解除心理上的渴望或不舒适的躯体反应——戒断症状。日常生活中对烟、酒、茶、咖啡的嗜好，因医疗用药不当而造成的对医源性药物的依赖，以及对鸦片类、大麻类、可卡因或致幻药等毒品的瘾癖，其原因都是机体对这些物质产生了依赖性。长期应用致依赖物质会引起慢性中毒和行为改变，对个人健康、家庭生活和社会治安都带来不良影响，甚至形成严重的社会问题。

网络成瘾，又称网络依赖。目前多数学者称之为网络成瘾综合征（简称IAD），学名叫做病理性网络使用（PIU），是指上网者由于长时间地和习惯性地沉浸在网络时空当中，对互联网产生强烈的依赖，以至于达到了痴迷的程度而难以自我摆脱的行为状态和心理状态。表现为对网络的使用产生强烈的欲望，突然停止或减少网络使用时出现烦躁、易激怒、注意力不集中、睡眠障碍等。包括网络游戏成瘾、网络色情成瘾、网络关系成瘾、网络信息成瘾、网络交易成瘾五类，其中，以网络游戏成瘾居多，网游成了"电子海洛因"，正在威胁着青少年的身心健康。

② 网络成瘾的判断

2008年11月，我国首部《网络成瘾诊断标准》通过专家论证，我国成为世界上第一个出台网络成瘾诊断标准的国家，网络游戏成瘾被正式纳入精神病诊断范畴。其网络成瘾的诊断标准如下。

a. 对网络的使用有强烈的渴求或冲动感。

b. 减少或停止上网时会出现周身不适、烦躁、易激怒、注意力不集中、睡眠障碍等戒断反应；上述戒断反应可通过使用其他类似的电子媒介，如电视、掌上游戏机等来缓解。

c. 下述5条内至少符合1条。

为达到满足感而不断增加使用网络的时间和投入的程度；

使用网络的开始、结束及持续时间难以控制，经多次努力后均未成功；

固执使用网络而不顾其明显的危害性后果，即使知道网络使用的危害仍难以停止；

因使用网络而减少或放弃了其他的兴趣、娱乐或社交活动；

将使用网络作为一种逃避问题或缓解不良情绪的途径。

网络成瘾的病程标准为平均每日连续上网达到或超过6个小时，且符合症状标准已达到或超过3个月。有些大学生放假时近两个月疯狂上网，但是开学后就能自我控制上网时间，这不算是网络成瘾。

可能有人认为：只要一个人对上网产生行为和心理上的依赖感，他（她）就是患上了网瘾综合征，这未免有失偏颇。像进入信息社会的今天，很多单位都离不开"自动化、无纸化办公"，到单位上班的第一件事情就是打开电脑、上网，进入局域网，查看邮件、公告等；下班后才能关闭电脑、关闭网络。又比如对计算机、艺术设计等诸多专业的大学生而言，电脑、网络也像笔、尺子等文具一样成了天天离不开的学习工具。长此以往，在这些单位工作的人或学习上述专业的大学生，实际上对网络不可能不产生一定程度的心理和行为的依赖，但确实难以把这群已经对网络有某种心理和行为的依赖的人归纳到网瘾者队伍之中去。

目前社会上有一种错误地将一般性上网行为与网瘾行为混为一谈的趋势值得我们注意。在这样一种情势下，更应该注意严格区分网瘾与一般性的上网行为。同时，也不要把一般性上网行为带来的问题统统归结到网瘾的危害之中。例如，将一个人因为一般性上网聊天导致被骗说成是网瘾的危害，那就太过牵强了。

● 8.2.2 大学生网络心理问题的特点

（1）病症发现的隐蔽性

网络心理问题是人类进入以互联网为标志的信息时代后高科技环境下的产物，是伴随着计算机科学的发展和网络的普及而出现的新疾病，是网络用户在现实环境和网络的虚拟环境的巨大反差下形成的特殊心理状态。因此，对于网络心理问题的认定本身就存在诸多的困难。患者自身也很难意识到自己已经患有此种病症，其周围人员也无法在患者患病初期进行确认。一般网络心理问题患者的发现都是在中后期，而网络心理问题一旦发展到一定的程度，患者的心理发生严重的扭曲，极易做出对自身健康和社会安全构成危害的行为。

（2）生理疾病的并发性

网络心理问题是由于患者长期处于网络的虚拟环境中而形成的心理疾病，是以长时间上网为基础的。上网持续时间过长，就会使大脑神经中枢持续处于高度兴奋状态，引起肾上腺素水平异常增高，交感神经过度兴奋，血压升高。这些改变可引起一系列复杂的生理和生物化学变化，尤其是植物神经紊乱、体内激素水平失衡，会使免疫功能降低，诱发多种生理的并发疾患，如心血管疾患及胃肠神经官能症、紧张性头痛等。同时，由于眼睛长时间注视计算机显示屏，视网膜上的感光物质视紫红质消耗过多，未能及时补充其合成物质维生素A和相关蛋白质，就会导致视力下降、眼痛、怕光、暗适应能力降低等。所以，网络心理问题与以上因长时间上网而产生的生理现象又统称为互联网络成瘾综合征。

（3）治疗手段的模糊性

网络心理问题产生的根源在于人脑的潜意识发生了病变，其特征业已突破了传统心理疾病的特点，因而现代医学的各种医疗手段和心理学的理论并不能彻底地治疗此种病症。同时，网络心理问题涉及计算机科学、医学、心理学和思想政治学的范畴，很难单纯依靠医务人员或心理专家单方面来对此类疾病进行治疗，而医学界和心理学界对此种疾病的认识也只处于起步阶段，尚需深入地研究和探讨。我们认为：必须结合思想政治教育达到标本兼治的目的。现实中，部分教育工作者没有受到系统的计算机和心理学教育，面对飞速发展的计算机和网络科技往往不知所措，加上繁忙的工作和家庭负担，不少人很难抽出时间进行系统的学习，对此也无能为力。

（4）预防和治疗的紧迫性

许多心理障碍（包括网络心理问题）都是文化抑制的结果。也就是说，一个人受教育程度越高，所受的文化禁忌越深，内心的冲突也就越强烈。因此，大学生上网过多，就很容易形成网络心理问题。随着网络在高等院校的普及，网络心理问题的患者出现快速增长的趋势。如果采取的措施不及时、效果不理想，就会导致网络心理问题的蔓延。

8.2.3 大学生网络心理问题的成因

大学生的网络心理问题是一个严峻的社会问题，同时也是一种复杂的社会现象，其成因由网络本身、学生个体、学校、家庭及社会环境等多方面的因素共同构成。

（1）网络本身的特点

网络本身的特点是大学生对其情有独钟并沉溺于其中的主要原因。网上信息的丰富性为他们编织起一个五彩缤纷的世界；网络的快捷性、即时性满足了他们追求个性和对信息的敏感，以及追求时效化的心理需求；网络的交互性使他们可以在浏览网页时完全根据自己的兴趣和需要主动选择，在同一时空还可以与多个人实时交流；网络的匿名性使他们不受熟人圈子的约束，无所顾忌地以不同的名字、性别、年龄等在虚拟世界里与不同身份的人交流，尽情发泄在现实生活中遭受的"委屈"而不必担心别人的感受；网络有很强的可操作性，可以满足他们自我实现的需要、社会交往的需要、成就和控制的需要；网络的文字、声音、图片和动画的一体性和多媒体性吸引着他们，他们可以在电脑上同时打开多个窗口，一边听音乐，一边看文字或者视频新闻，享受多媒体带来的优越感。

（2）大学生的心理诉求

为什么网络会让大学生沉迷呢？广州医学院第一附属医院心理咨询科副主任医师余金龙认为，这往往是人潜意识的需求的表现。

① 偷窥

在别人不知道的情况下，观察别人的一举一动，一言一行，从中获得快感和刺激，网络上经常"潜水"的人恐怕就有这种心态。有的人是纯属好奇，也有的人是自己生活不如意，就上网对别人指指点点，甚至幸灾乐祸，"反正我看你的笑话，你也不知道我是谁"。这种躲在暗处"看热闹"的阴暗心态，在网络上得到了无限放大。

② 裸露

人类的起源本来就是裸体的，只不过随着进化，人才有了道德约束，产生了羞耻之心。虽然"裸露"从此被压抑到潜意识里，但它时不时地都会突然爆发。"裸露"不单是指身体的暴露，也包括把最秘密的东西公开出来。网络上所谓的晒工资、晒年终奖、晒隐私,还有晒富,其实或多或少都存在这种心态。而在旁观者的惊讶和起哄中,"裸露"者也会获得心理满足。

③ 发泄

现实生活中不如意事十之八九,如果不能自我调整,又没有渠道倾诉,上网无疑是发泄痛苦、愤怒、不平、悲伤情绪最理想的地方。嬉笑怒骂,随心所欲,就算是说最难听的话,顶多也就是被删除、被屏蔽。

那些在网络上总是扮演"批判者""愤青""痞子"的人,往往是心理压力过大,自我又不够强大,通过打击鄙视他人来建立一种有利于自尊心的心理平衡,或是因为自我不能接纳而向外投射,都是在网络虚拟世界中寻找心理平衡的典型。

④ 寂寞

网上有句话说:"哥上的不是网,是寂寞。"内心越孤独的人,越会将情感的宣泄寄托在网络上。他们喜欢"灌水",加关注、逛社区、论坛,更喜欢"织围脖"。看上去,他们或许是网络红人,可在现实中缺少和他人的亲密关系。默默无闻,形单影只,不太好相处。在人群中往往被这样形容,是"很没有存在感"的一群人。越是被忽视,他们越想寻求满足和慰藉。无疑,网络给予了他们最大的温情。

⑤ 焦虑

有些人每天乐此不疲地刷微博、上Q、"抢沙发"、看各种各样的资讯,似乎不第一时间了解网络上的新鲜事,就变成了"奥特曼"(Outman)。因此,他们可以不眠不休,就连吃饭、走路、坐车、开会也要通过手机上网。虽然一说起最新的网络用语、网络事件,他们都可以轻松道来,称得上是时尚前沿人物,但他们内心潜藏的焦虑、不自信、害怕往往比一般人更甚,而失落感也会来得更强烈。

⑥ 期望被认可

无论多么平凡,每个人心底都希望体现自己的价值,被他人认可。而人人平等,正是网络最大的吸引力所在。就算没有美貌、没有财富、没有名声,只要引起了网友的关注,就能一夜成为红人、名人。"芙蓉姐姐""凤姐""犀利哥"等之所以会受到热捧,很大程度上是寄托了"小人物也有大志向"的集体潜意识心理。在他们身上,草根阶层看到了生活的希望。

(3) 自我控制能力较弱

大学生有着丰富、复杂而又强烈的情感世界,这种丰富、复杂而又强烈的情感的消极表现就是自我控制力、约束力差。在大学这个相对宽松的环境里,自我控制力、约束力差几乎就是放纵的代名词。另外,大学生在求学、就业中充满着竞争、冲突、矛盾和挫折,使他们对社会环境以及校园生活中的诸多不完善的方面大为不满,造成并加剧了大学生的心理空虚。网络对任何想进入的人几乎是没有约束的,只要随便填写一下E-mail或BBC的注册表或者登记表,便可获得一个相应的身份,并以这个身份在网上不受约束地与各种人交往。从大学生上网的地点(学校机房包括图书馆、校园周边的网吧和宿舍)不可能实施对学生上网的有效管理。网络的这种特性恰好满足了自我控制力、约束力差的大学生的心理需求,他们可以在网上无所顾忌、为所欲为地放纵自己。

(4) 生活目标定位的变化

高中阶段的学生学习生活主要目标是考大学,学生的生活、学习范围狭窄,人际交往简单,自由支配的时间很少，生活轨迹大多是教室、寝室两点一线。进入大学后，教学方法和学习方法与中学有着明显差异，生活环境和人际环境相对复杂，大学生有很多自由支配的时间，使得很多学生尤其是大一新生容易产生生活、学习、人际交往、情感等方面的苦恼，空虚感、挫折感增加，安全感和成就感降低。除此之外，考上大学对很多学生来说一直就是人生目标，加之应试教育使很多学生失去了对学习本身的兴趣，因此导致很多大学生尤其是大一新生缺乏继续求学的动力，对未来的生活、职业均无目标设计。此时，网络就成了他们逃避现实、寻求安全感和成就感、充实生活的最佳选择。

（5）家庭环境的影响

有些家庭亲子关系紧张，如父母与孩子缺乏沟通，父母过于专制，对孩子管教控制过于严格，孩子缺乏快乐和满足感，心情长期抑郁，叛逆心较重。一旦孩子成绩不好，家长要么暴跳如雷，要么彻底失望、放任自流，出现失控状态，而这些孩子自控能力差，就会迷恋上网，不能自拔。

另外，随着社会的发展，人们传统的婚姻家庭观念发生了变化，离婚率不断升高，不少大学生从小生活在单亲家庭中，缺乏完整的母爱、父爱，甚至生活在充满矛盾和硝烟的家庭中，家庭教育的缺失导致他们不能正确地认识社会，常出现感情淡漠、空虚、孤独、抑郁等心理特征。网络可以带他们抛开现实的烦恼，找到自己的尊严和快乐。

再者，中国的家庭期望历来是望子成龙、望女成凤，因此，家长对孩子的学业要求很严格，与孩子缺乏平等知心的交流，较少关注孩子们的心理健康和人格塑造，忽视了孩子们的精神需求。进入大学后，这些孩子有更多的自由支配时间，同时又远离父母的管教，网络正好为他们提供了宣泄苦恼、排遣压力的工具。

（6）校园文化环境的影响

有些学生产生网络心理问题的原因在于，闲暇时间较多，而校园文化生活内容单调、形式单一、选择范围窄，满足不了大学生希望参与各种类型活动的需求，也让他们缺乏发泄和放松的方式。休息时间和课余时间，很多学生均会感到空虚和无聊，需要找到合适的活动来消磨时间，丰富多彩的虚拟网络是他们比较容易接受的消遣方式，他们依赖网络释放内心的苦闷和排解单调枯燥的生活。

（7）社会不良文化的影响

大学生处在可塑性较强、易于接受新事物的阶段，但同时他们辨别是非的能力发展得不够成熟，因而极易受到一些不良风气的影响。网络上到处充斥着低俗的影视文化、色情和暴力，据有关调查，互联网上与娱乐有关的内容中，有47%与色情内容有关，并且与其他媒体的有关内容不同的是，互联网上的这类内容几乎是对任何对象都不加限制的。这就使得大学生有意或无意地接触到有关信息后而不能自拔，成为"网络色情心理障碍"的患者。这不利于他们心理的健康发展，而且还可能成为诱发性犯罪的动机和行为。

此外，高校周围网吧林立，尽管文化、公安和城管等部门采取了不少措施对非法网吧进行取缔和打击，但网吧主为了既得利益，顽强抗拒，因此学校周边的网吧往往是"野火烧不尽，春风吹又生"。更过分的是有些网吧为网民提供含有赌博、反动、色情、暴力等内容的游戏。这些对于还没有足够抵制力的大学生无疑具有很大诱惑力，容易对大学生产生严重的精神污染。

8.3 培养大学生健康的网络心理

8.3.1 健康网络心理的标准

一个人的心理健康的标准可以表现为有充分的安全感、能充分了解自己，并对自己的能力做适当的估价、能保持人格的完整与和谐、适度的情绪表达与控制等，网络环境下的心理健康除具有心理健康的一般标准外，还具有一些特殊的标准。

（1）对网络有正确的认识

在信息时代，网络是人们生活、学习、工作不可缺少的工具。我们需要正确认识网络，学会如何有效利用网络，充分发挥网络的积极功能，利用网络中的积极因素，为提高我们的生活质量、提高工作、学习效率服务。同时，也要正确处理网络与现实生活的关系。适应网络环境不等于适应现实环境；虚拟环境中的角色不等同于现实生活中的角色；不能借网络逃避现实生活，要敢于正视学习、生活中的困难，建立协调的人际关系，能够与周围环境保持良好的互动。

（2）面对网络能保持情绪的稳定

接触网络的初期阶段，面对网络知识的缺乏，面对眼花缭乱的电脑书籍和软件，能及时调整焦虑、紧张的不良情绪，主动积极地适应。在学会利用互联网之后，能够理智地借助网络，选择适宜的情绪宣泄方式，把网络当成社会支持的途径之一，及时有效地调整自己的情绪。避免把网络作为消极情绪的发泄工具。

（3）有较好的自我控制能力

网络只是我们生活的一部分，而不是生活的全部。上网应有较强的目的性和时间性。不论是为了获取信息还是为了休闲消遣，都应该有节有度。不能因为上网的原因而影响正常的工作、学习、生活以及人际交往。不能破坏自己的生物钟，避免因为使用网络导致身体的感觉器官、消化器官、神经系统以及其他的身体器官机能下降或失调，能够保持机体的平衡。

（4）虚拟与现实环境中的人格统一

在现实生活情境中，大学生一般都始终如一地扮演着自己的角色，但网络所提供的各种虚拟情境，可使不少大学生感到身份迷失，角色混淆，无所适从。沉溺于虚拟角色，也容易逐渐削弱对现实生活的感受力和参与感。保持人格统一就是上网时能够积极主动地接受和处理信息，下网后能够迅速地从虚拟情境中走出来，而不是仍然沉溺于虚拟情境之中。

（5）有良好的道德约束力

网络的基本道德准则和现实生活当中最基本的道德准则应该是高度一致的，比如公正、进步、正义、诚实等，但是，因为网络交往的隐蔽性和间接性，使得网络对自律的要求更高于现实生活。在网络世界里不对自己的行为负责，将自我凌驾于道德和法律之上，不忌伤害别人，甚至违法犯罪都是心理不健康的表现。

（6）有信息选择和辨别的能力

在网络世界中，信息像汹涌波浪迎面而来，让人目不暇接，真伪难辨。如果用怀疑一切的心态对待网络信息，势必有失偏颇，也得不到任何有用的东西，健康的心理应该是运用现有的知识，理智地辨认真假信息，自觉拒绝网络的各种诱惑，并能够有勇气及时改正自己的认知和行为。

8.3.2 大学生网络心理问题的预防

（1）网络焦虑的预防

① 适应焦虑的预防

首先要学会客观分析自己网络不适应问题产生的原因，由于原有生活地点或生活条件造成接触计算机和网络的机会有限，这是外部条件造成，归因时尽可能采用外归因，避免一味地自责、归因于能力太差而给自己带来不必要的打击。其次，要看到自己的实力所在，在艰苦环境下可以取得学业上的成功，说明自己缺乏的不是能力，而是锻炼的勇气和机会，如果在新的环境里，能敢于面对困难，敢于从头开始，横在自己面前的困难就会被勇气各个击破。当看到别人自如地操纵着电脑，当面对浩瀚的电脑网络书籍时，提醒自己要虚心与信心相结合，潜心积累，不急不躁，相信自己迟早会补上这一课。电脑技术飞速发展，电脑网络日新月异，对每一个人而言，步伐稍稍慢一些，就会被渐渐抛在后面，只有与时俱进是我们永恒不变的选择。

② 信息焦虑的预防

首先，要有正确的信息意识。在网络信息时代，信息是无限的而人的能力是有限的，这种客观现实不以人的意志为转移。对铺天盖地的信息轰炸要有充分的心理准备，也要提醒自己，对信息一定要有所选择，有所放弃。其次，要提高自身的信息处理能力。接受信息的时候，最好要有明确的目的，避免在网络中漫无目的地浏览，防止被无用信息淹没；要学会识别优劣，面对千奇百怪的垃圾信息，要具有视而不见的足够定力；整合信息的时候，要有一定的敏锐性和洞察力，综合利用网上资源为己服务。

③ 安全焦虑的预防

首先，要树立安全防范意识，在网络中要善于保护自己。网络交往过程中，不要轻易相信他人所说的话，不草率行事，如与网友见面、提供经济帮助等，多和长辈、朋友、同学交流，倾听大家的看法，学会理智辨别。为了最有效地保护个人隐私，不要随便暴露自己的个人资料；要经常更换网络密码，尤其对于一些需要注册的网站要慎重，需考察这些机构的信用程度。其次，大学生在上网之前需要学习相关的网络安全常识，提高自己网络安全防范水平和技术。如重要资料要进行数据备份；要安装正版的杀毒软件并及时升级；尽量不使用盗版软件，因为许多病毒都是通过盗版软件传播的；不要浏览色情网站，一些色情网站利用用户这种"嗜好"在不知不觉中盗窃了用户的许多资料和个人密码。

（2）网络依恋的预防

针对网络依恋，一定要树立正确科学的网络认知，认识到过分使用网络对自己的危害，坚持预防为主的原则。首先，要分析自己上网的动机和情结所在，充分认识上网的诱因。进行上网前后的两种感觉的比较，能够看清自己逃避的是什么以及希望从网上得到的又是什么。其次，要合理安排上网时间和上网内容，尽量减少无目的地浏览和无意义的上网。第三，在现实生活中主动发展，如培养广泛的兴趣爱好、形成健康的人际关系、锻炼心理承受力、培养自己的自控力等，用生活中的交往、恋爱、角色扮演、休闲娱乐等方式转移上网注意力，逐渐摆脱网络依恋。

（3）网络成瘾的预防与治疗

① 预防大于治疗

社会的努力会减少网络成瘾现象的发生，社会的理解会加快网络成瘾综合征的治愈。学者高文斌曾对比中国和国外网络成瘾差别：在国外，不论是发达国家，还是发展中国家，很少见到中国这样繁荣的网吧业，网吧总是人满为患，生意兴隆；同样是亚洲国家，在日本、新加坡、泰国的网吧里，不过十几张电脑桌，人也很少，非常清静。国外网络成瘾的人群集中在20～30岁，中国却集中在15～20岁。

国外网络成瘾的内容比较分散，而中国80%～90%集中在网络游戏。国外网络成瘾罕见极端事件，而中国网瘾的极端程度也超过国外。这种对比耐人寻味。网络成瘾的原因可能更加复杂，不光是青少年个人上进心缺乏、自制力缺乏，还有重要的社会因素。

一个孩子要健康成长，身心两方面都需要很多的"营养素"，从心理上来说，这些"营养素"包括安全感、成就感、自信、与他人建立关系的能力等。家庭、学校是青少年获得这些营养素的主要渠道。但是，如果家庭、学校不能提供这些营养素，青少年就会寻找其他的替代品。社会和家庭成员认识到网络具有强烈的致瘾倾向，有助于减少对成瘾者的责备，多倾听成瘾者的感受，与成瘾者就其成瘾的原因进行平等、开放的沟通和交流。家庭里多一些精神上的关心，社会上多一些有益于青少年的活动，把他们的视野拉向现实生活，会很有效地防止和减少青少年对网络群体的依赖。

② 药物+心理的综合治疗模式

如今，随着社会对网络成瘾问题的关注，治疗网络成瘾的尝试增多，形成各具特色的治疗网瘾的方法。大体可以分成两种模式，一种是教育和心理治疗模式，另一种是医疗机构的药物治疗模式。

坚持教育和心理治疗模式的学者认为，网络成瘾是一个复杂的社会问题，需要家庭、学校、社会各界及成瘾者本人共同努力来应对。治疗成瘾者的过程中，社会和家庭可以通过行为契约等方式进行干预，给予大力支持；治疗机构通常首先采用说服教育、感化的方式让成瘾者深刻认识到成瘾的危害性，使成瘾者承认并正视这个问题，从而主动配合强制性治疗。强制性治疗的核心是行为干预和习惯矫正，行为干预通常借助行为强化、行为契约、行为消退、厌恶刺激法等行为疗法实现，习惯矫正通常是采取军事化管理、越野跑等方式养成新习惯。时间一般都是封闭式训练一个月，有的需要三个月甚至六个月以上。当然，上网成瘾如果没有对社会产生危害性后果，没有影响到日常的工作和学习，没有出现烦躁易怒等戒断反应，没有出现和现实世界逐渐脱离变得害怕与人交往等情况，并且不是患者主动要求，是无需进行强制性治疗的。

坚持医疗机构收治，使用药物治疗的学者认为，说服教育对有些网络成瘾患者来说，一点用都没有，因为，这些人是由于生物学的因素引发的网络成瘾。临床治疗发现，有超过一半的患者中，存在大脑前额叶细胞代谢功能低下、葡萄糖代谢比正常人低、注意力缺陷多动症（ADHD）等；有部分网络成瘾者伴有抑郁、焦虑、社交恐惧等症状，脑功能科学证明，这些症状的部分原因也是因为脑功能出现了问题。应对这些问题，单纯说服教育、吃苦教育就不科学，必须使用药物治疗。《网络成瘾诊断标准》明确了网络成瘾患者应该由具有精神科的医疗单位来收治，因为除医疗单位以外的其他单位不具备应有的医学知识，他们没有科学手段来鉴别哪些网瘾者是由生物学因素引起的，哪些不是，从而不能对症下药。

专家认为，网络成瘾是可以治疗的，一般治疗时间为3个月左右。80%的患者都可以通过治疗摆脱瘾病。无论是哪种模式进行网络成瘾的治疗，目前都处在不断争论、探索和实践尝试之中，不科学的办法会逐渐被争议、被剔除。如果医疗和社会机构共同配合，把两种模式中的科学方法有效结合起来，治疗网络成瘾指日可待。

8.3.3 培养大学生健康的网络心理

（1）树立正确的网络认知

对于大学生而言，应该看到网络只是一个工具，网络资源是人类社会不可缺少的财富，对网络的破坏与滥用就是对社会正常秩序的极大破坏，会危及我们每一个人；应该认清网络社会并非真实的社会，网上暂时的成功并非真实的成功，虚拟情感的宣泄与满足也并非能得到真正的快乐；应该认清网络带来的并非鲜花与美酒，也会给自己带来苦涩的恶果。那些迷恋上网而不能自拔的大学生，随着上网时间不断延长，他们的记忆力下降，对学习也逐渐产生厌烦感，进而出现逃课上网、对各种活动漠不关心、进取意识减弱、与周围同学关系紧张等现象。

夸大网络的功能，认为网络是解决一切问题的"灵丹妙药"，或认为网络是带来人的自我迷失、人与人之间的相互欺骗、社会秩序紊乱的症结而否定网络的作用，都是错误的。大学生只有树立对网络的正确认知，才有可能正确地面对网络，合理地使用网络资源，准确把握自我，认清自己的真实需要，处理好现实社会与虚拟社会的关系，避免网络心理问题的产生。

（2）增强自律与自我管理能力

自律有两层含义：一是自律总是与自由和理性联系在一起的，即要体现出人格尊严和道德觉悟，而不是被内在本能和外在必然性所决定；二是自律是指自我主宰、自我约束、自我控制。对一个人来说，只有自律，才能充分体现其自尊、自主与自由。要充分培养自我控制力，养成良好的"慎独"习惯。在网络社会里，由于信息含量十分巨大，各种文化与价值理念交织纷纭，各种论断莫衷一是，各色诱惑比比皆是；同时，网络社会又是一个充满自由的社会，缺乏非常强大的外在约束。面对这一虚实难辨、是非难断却又无明确而强力约束的多彩世界，大学生会因认知偏差或侥幸心理而产生心理困惑与矛盾，以致产生各种各样的网络心理问题。

但是，过多地沉迷于网络是对现实的一种逃避、一种退缩，也是一种社会责任感的淡化。它不仅不能真正地解决大学生正在面临的现实问题，反而会更多地产生自我迷失、生活重心丧失、人际沟通障碍、产生非理性的甚至是反社会的行为。例如，大学生中的流行"网恋"与"网婚"现象。由于网上情缘不需要任何承诺，也没有任何约束，大学生从网络世界的虚拟婚姻得到的快感又迫切希望回到现实中来，这样的理想容易破灭。由此造成空虚的心理更加空虚，以至于导致大学生在现实情感交往中出现冷漠与抑郁，在交往上自我失落，造成心理上自我脆弱。

在缺乏较强他律或几乎难以感受到较为直接的他律影响力的网络社会，自律的重要性与意义显得尤为突出。一个缺乏自律的人不可能是一个自尊自重的人，也是一个不能获得自由与自我价值实现的人。大学生应合理安排好自己的日常生活，保持正常的生活、工作、学习规律，控制上网时间。同时，要勇于直面现实、直面人生，积极面对现实，应多参加有益的社会活动，从网络的迷恋中解脱出来。

（3）开展团体心理辅导

团体心理辅导是由心理辅导者指导，借助团体的力量和各种个体心理辅导理论与技术，就团体成员面对的心理问题与他们共同商讨，提供行为训练的机会，为团体成员提供心理帮助与指导，使每一位团体成员学会自助，以此解决团体成员共同的发展或共有的心理障碍，最终实现改善行为和发展人格的目的。

团体心理辅导把求询者放入辅导与治疗团体中，建构一个群体环境。在团体中，网络心理障碍者发现自己的心理问题并不是独一无二的，团体中的其他人有着相似的忧虑，甚至比自己还要严重，有许多相似的情绪体验，从而降低心理上担忧与焦虑的程度。由于"同病相怜"，他们的心理认同感很强，群体归属感增强，感受到社会和心理的支持，服从群体的从众行为增加，群体的稳定性提高。

团体辅导方式有师生辅导、成员互相辅导、讲座、小组讨论、行为示范等。网络心理障碍的团体心理调适的内容，至少要包括以下几个方面。

一是缓解求询者的心理紧张和焦虑情绪，利用成员的相互介绍和成员共同参与度高的游戏活动转移他们对心理障碍的过度关注，放松心情，初步拉起一道心理安全网。

二是在此基础上，让成员讲述各自的成长经历，并做自我评价。其他成员获得"和别人一样的体验"，产生情感与心灵的共鸣。

三是开展网上信息认识的讨论交流，引导他们正确评价网上信息，共同为提高自身的信息素养出谋划策。

四是展开网络与网络技术的研讨，使他们明了网络的两面性、技术中立性和网络技术的工具性。

五是运用"头脑风暴法"让求询者把网上人际交往与网下即现实中的人际交往的异同、在两者交往中的困顿一一列举出来，并进行归因。之后，再让全体成员倾诉各自在人际关系上的困惑，成员间进行互相辅导，帮助对方寻根究源，寻找人际关系改善的途径。

六是设定基本的人际交往的情境，辅导者做交往行为示范，求询者模仿学习。

七是小组讨论上网行为的自我管理，彼此订立互相监督上网的契约。

（4）改善网络环境

随着计算机网络技术的不断发展更新，网络环境将会成为人们生存和发展环境的一个重要组成部分，人们将越来越难以离开网络。网络环境不仅造就人们崭新的学习和交流环境，而且会改变人，甚至改造人。良好的网络环境培育健全的人格，恶劣的网络环境造就有缺陷的人格。为了保障大学生网络心理的健康发展，还需要社会、学校等多方力量共同关注大学生的成长，优化网络环境，为大学生提供一个良好的发展平台。

消除网络心理障碍

活动目的：以团队的形式就成员间的网络心理问题进行相互探讨，提供相互学习借鉴的机会。

活动器材：揉成团的纸球。

活动操作：

（1）请大家每人说一句流行的网络用语。

（2）用纸球传递的方式控制话语权，让每一个同学都有发言的机会。

（3）以同样的方式进行第二轮发言。话题为自己上网的经历及感受，并做自我评价。

（4）开展对网络的评议，引导学生进行思辨。

（5）运用思维风暴的方法让大家把网络世界和现实世界进行区分，并一一列举出来。

（6）让学生探讨网络成瘾，就正确认识网络达成共识。鼓励学生相互交流问题解决的方法，达到互相辅导和帮助的作用。

活动分享：面对网络如何进行自我管理？

网络成瘾自测问卷

测试要求：

（1）独立地、不受任何人影响地自我评定。

（2）评定"现在或最近一周"的情况。

（3）每次评定一般在20分钟内完成。

指导语：这个测试是给那些怀疑自己的网络行为已经开始成瘾的网友用来自我测评的，请根据下列20个问题发生的频率，用0～5进行评分。0～5的具体含义是：1=罕见，2=偶尔，3=较常，4=经常，5=总是，0=没有。

请仔细阅读每一条，然后根据最近一周的实际感觉，选择最符合自己情况的选项，并在相应选项后面画"√"。

身心症状	罕见	偶尔	较常	经常	总是	没有
	1	2	3	4	5	0
1. 你发现你在网上逗留的时间比你原来打算的时间要长						
2. 由于上网上的时间太多，以至于忘记了要做的家务						
3. 你觉得因特网带给你的愉悦超过了亲朋密友之间的亲昵						
4. 你会与网上的人建立各种新的关系						
5. 你的亲友会抱怨你花太长的时间在网上						
6. 由于你花太多的时间在网上，以至于会耽误学业和工作						
7. 你宁愿去查收电子邮件，也不愿去完成必须做的工作						
8. 由于上网，影响了你的学习或工作业绩和效果						
9. 你尽量隐瞒你在网上的所作所为						
10. 你会同时想起网上的快乐和生活的烦恼						
11. 在你准备开始上网时，你会觉得自己早就渴望上网了						
12. 没了互联网，生活会变得枯燥、空虚和无聊						
13. 当有人打扰你上网时，你会恼怒或吵闹						
14. 你会为深夜上网而不睡觉						
15. 其他时间你仍全身心想着上网或幻想着上网						
16. 你上网时老想着"就再多上一会儿"						
17. 你尝试减少上网时间但却失败了						
18. 你企图掩饰自己上网的时间						
19. 你选择花更多时间上网，而不是和别人出去玩						
20. 当外出不能上网时，你会感到沮丧、忧郁或焦虑，但一上了网，这些感觉就消失了						

统计方法及结果解析：

选"罕见"计1分，选"偶尔"计2分，选"较常"计3分，选"经常"计4分，选"总是"计5分，选"没有"计0分。

总分计20～49分：你是个一般上网者，只是有时会上的多一些，但总体上是能够自我控制的，尚未沉溺于此。

总分计50～79分：你由于上网似乎开始引起了一些问题，应该谨慎对待上网给你带来的影响以及对学业和其他成员带来的影响。

总分计80～100分：上网已经给你和你的学业带来了很多问题，你必须马上正视并解决这些问题。

当您对照总分查阅相关说明后，请再看一下您得4分和5分的问题。您是否意识到这些问题是您急需关注的症结所在呢？

举例说明：如果您第2个问题得了4分，与之相对，您是否忽视了学习，要做的作业堆成了堆？要完成的任务被一再搁置？

如果您14题得了5分，您是否经常感到每天早上从床上爬起来是非常困难的事？您是否觉得学习工作提不起神来？而这种作息方式是否已经开始使你的身体状况糟糕起来？

心理思考

（1）网络对大学生有哪些影响？

（2）大学生网络问题出现的原因有哪些？

（3）大学生网络心理健康的标准有哪些？

（4）如何培养大学生健康的网络心理？

第9章 走出感情的困惑

> 爱情是一种力量,它可以使一个人得到鼓励和激发,而更有创造性,更有冲力,也更爱这个世界。
>
> ——罗兰

知识导航

◆ 了解大学生恋爱心理的动因、发展过程及特点;
◆ 认识大学生性心理的特点及常见问题;
◆ 把握健康恋爱观和择偶观。

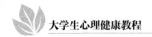 **心理小故事**

一只美丽的天鹅有一天落在地上时，看见了一只健壮的鸭子，她立刻被这只帅气的鸭子所打动，她惊诧于鸭子不同于她同类的模样，不同于她同类的气质，是那么的有型，那么的另类。

于是，天鹅向鸭子表明了爱意。受宠若惊的鸭子立刻接受了这份爱。从此，天鹅与鸭子在土地上生活着，在泥塘边生活着。天鹅那高贵而雪白的羽毛一天天被污脏了；天鹅那以前不会长期行走的美丽小脚红肿了；天鹅失去了云彩的抚摩，蓝天的洗涤。天鹅终于忍不住了，她总是在说：鸭子，鸭子，你学习飞翔啊，那我们就可以一起在高空中比翼双飞了。鸭子为了天鹅而努力学习飞翔，可惜他只是一只鸭子，想要飞翔，想要飞到和天鹅一样的高度实在是太难了，他实在是没有毅力了，于是他放弃了。鸭子说：天鹅，你抓住我，带我去飞吧。天鹅抓住鸭子，扇动翅膀，非常非常吃力地飞上了蓝天，在天上飞了一会儿就落地了。鸭子笑了，鸭子觉得天上风景太美了，鸭子想爱上了天鹅真是好。在那之后的日子里，鸭子每天都要求天鹅带他飞上天，而且要求飞翔的时间也越来越长，如果天鹅不能达到要求他就会生气。疲惫的天鹅因为爱着鸭子，虽然身心俱疲，却依然会答应鸭子的要求。这一天，鸭子又让天鹅带他去飞上蓝天，天鹅勉强抓住鸭子飞上了，飞得很高，很高，很高，从天上下来后天鹅低下头深深地吻了鸭子，就在鸭子感觉诧异的时候，天鹅离开了鸭子……

9.1 大学生恋爱心理

爱情是人类世界永恒的主题。卢梭在《忏悔录》中写道，他还是15岁的中学生时，热恋上了德·维耳松小姐，却被无情地抛弃了，曾经十分痛苦。普希金14岁时写下了"一颗火热的心被征服了，我承认，我也坠入情网"这样一句奇妙的爱情体验。这种奇妙感情的出现，男女青年会忽然听见在他心底响起的一种最甜蜜、最温柔的音乐，这是青春苏醒了，这是存在的庄严召唤。对于爱情，大学生应该有更多了解。

 9.1.1 爱情的概述

（1）什么是爱情

关于爱情这一古老而常新的话题，又是人类追问了几千年都难以作答的问题。人们从社会、心理、情感、诗词、小说，甚至是科学、生理的角度去分析爱情，努力寻找什么是爱情，为什么会有爱情。

哲学家瓦西列夫在他的名著《情爱论》中说："爱情是人类精神的一种最深沉的冲动。"青春期的头脑被情欲占据，心灵被沉醉与痴迷湮没，情感多于理智；当爱如潮水般地退却以后，理性成熟，因为太理智，爱情之船往往搁浅。我们无法拥有爱情和关于爱情的思考，当我们思考爱情、审视爱情时，爱情已成为记忆。

美国性心理学家莱克在《一个性心理学家看爱情》一书中曾说："爱情是一种幻想，为了追求人的完美性，它还是一种必不可少的幻想。"富于幻想的人容易陷入爱情的冲动中，而爱情又激起了美妙的幻想。

费尔巴哈认为"爱就是成为一个人"。既揭示了人的自然本质，又概括了人的社会本质。

柏拉图说，两颗心灵很孤独，彼此需要慰藉，就叫做爱情。这个说法很实在，正在于它很肤浅，从现象到现象，并不溯其本源。

弗洛伊德说，因为原始的性本能、性冲动，人们必须反反复复地重演亚当和夏娃的"原罪"，这样就有了爱情，这个说话难以被将自己装扮得向往崇高的人类心灵接受。

对于什么是爱情，众说纷纭。其实，性本能是一个层次，心灵慰藉又是一个层次，将前二者加起来赋予文化的含义，崇高化和神圣化，又是另一个层次。动物的爱情只有第一个层次，没有后两个层次。人的爱情是这三个层次的总和，又由于每个个体的人对三个层次的着眼程度、偏重程度不同，才有了人人心中的爱情标准。

我们主张，爱情应当是专属于人类的一种美好而崇高的情感。真正的爱情表现在恋人对其偶像采取含蓄、谦恭甚至羞涩的态度，而绝不是表现在随意流露热情的过早的亲昵。所以，爱情应该是如马克思所说的那样：是一对男女之间基于一定客观物质基础和共同生活理想，在各自内心形成的最真挚的相互倾慕并渴望拥有对方，直至成为终身伴侣的强烈的、持久的、纯真的感情。

（2）关于爱情的理论

① 爱情二元理论

美国著名社会学家、婚姻专家罗伯特·斯滕伯格提出了爱情三元理论，重点探讨了浪漫激情之爱的起源，并依据爱情三元理论将爱情分为四种类型以及相应的体验，以此解释男女之间的各种感情现象。

罗伯特·斯腾伯格认为爱情应该有三个核心成分，亲密（intimacy）、激情（passion）和承诺（commitment），亲密包括热情、理解、交流、支持和分享等内容，激情则主要指对对方的性的欲望，以对身体的欲望激起为特征。承诺是爱情的最后一个成分，指自己愿意投身于与所爱的人保持并且主动维持这种感情。斯腾伯格用激情来形容爱情的"热度"，用亲密来形容爱情的"温暖"，而承诺则反映了一种认知上的内容，带有一定的理性思考。斯腾伯格用这三个成分来描述两个人之间的爱情关系，这三种成分就构成了一个三角形，当三种成分的强弱不同时，三角形的形状就会发生改变，就会产生各种各样的形状，而此时的爱情表现特点以及它的含义也随之发生很大变化。但在斯腾伯格看来万变不离其宗，以思想家的眼光，现实中丰富多彩的爱情人与事，就像无数的彩色电影，五颜六色，但三元色是基本颜色，关键是怎样调色。

斯滕伯格认为如果缺少了三个基本成分中的任何一个都不能被称为是爱情。如果三者皆无，很简单就是毫无关系的两人，或是简单熟人，连朋友都不是，被称之为无爱。当亲密程度高但激情和承诺非常低的时候，就会产生喜爱，也就是常说的喜欢。喜爱会发生在亲近和温暖的友情中，但缺少了激情和你与之共度余生的预期。如果你爱恋的异性对你说"我爱你，但这不是爱情"，可能不是好消息。这人实际想说的是"我喜欢你，愿意和你聊天，你是个很不错的人，但我发现你对我没有性的吸引力"。当朋友之间激起了激情或欲望，那么两者的关系就不再是朋友那么简单了。如果仅有强烈的激情，但缺乏亲密和承诺时，就是迷恋，和我们通常所说的"一见钟情"颇为相似：我们对那个人没有任何了解，仅仅是第一面，迷人的外表激起了心中的欲望和冲动。同样，如果在这种"唤起"状态下，逐渐发展出亲密和承诺，那就是一段值得羡慕的人间爱情佳话了。斯滕伯格爱情三元理论的爱情组合如表9-1所示。

表9-1　斯滕伯格爱情三元理论的爱情组合

爱的种类	亲密	激情	承诺
非爱	无	无	无
喜欢	有	无	无
迷恋的爱	无	有	无
空爱	无	无	有
浪漫的爱	有	有	无
友爱	有	无	有
愚蠢而不自知的爱	无	有	有
美满的爱	有	有	有

心理小卡片9-1

激情和浪漫能持续多久？

爱情是世界上最复杂的情感现象。几乎在所有的文化中，最美丽的故事和传说都是有关爱情的。人们渴望爱情，渴望爱情能永葆激情，让浪漫的爱坚贞不渝、地老天荒，但现实生活中能做到吗？常识告诉我们很难。社会心理学的研究也证明了，激情和浪漫的爱会随着时间而冷却，而共同的理想、共同的兴趣、共同的价值观以及宽容和习惯等因素在维持感情中的重要性会与日俱增。

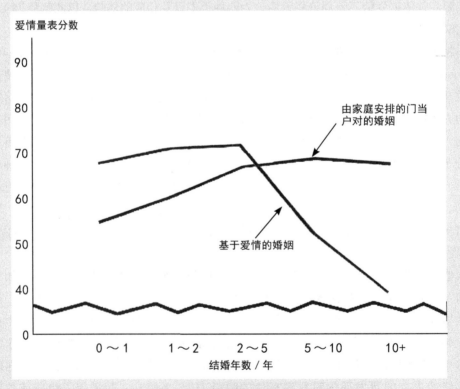

图9-1　结婚年数与情感关系图

印度学者古普塔等人的一项研究很有说服力（图9-1）。他们访问了印度西北部城市斋浦尔的50对夫妻，发现由爱情结合的夫妻婚后5年，彼此爱的情感会不断减少；与此形成鲜明对照的是，由家庭之命而结合的夫妻，开始的爱情水平并不高，但他们的感情会慢慢增加，5年后大大地超过了因爱而结合的夫妻们。

② 爱情态度理论

罗宾开始将爱情定义成对某一特定的他人所持有的一种态度之后，使得爱情得以并入人际吸引之社会心理学主流内，并能使用一般测量方法研究爱情。

他假设爱情是可以被测量的独立概念，可视为一个人对特定他人的多面性态度，他从文艺著作、普通常识及人际吸引的文献资料中，寻找拟定叙述感情的题目，经过项目分析、信度、效度考验而建立爱情量表（love scale）和喜欢量表（liking scale），他发现爱情与喜欢有质的差别，而其爱情量表中包含三种成分。

a. 亲和和依赖需求；

b. 欲帮助对方的倾向；

c. 排他性与独占性。

③ 约翰李的爱情彩虹图

加拿大社会学家约翰李将男女之间的爱情分成六种形态：情欲之爱（eros）、游戏之爱（ludus）、友谊之爱（storge）、依附之爱（mania）、现实之爱（pragama）及利他之爱（agape）。

a. 情欲之爱建立在理想化的外在美，是罗曼蒂克、激情的爱情。其特点是一见钟情式，以貌取人、缺少心灵沟通、热烈而专一，靠激情维持。

b. 游戏之爱视爱情为一场让异性青睐的游戏，并不会将真实的情感投入，常更换对象，且重视的是过程而非结果；不承担爱的责任，寻求刺激与新鲜感。

c. 友谊之爱是指如青梅竹马般的感情，是一种细水长流型、稳定的爱。这种爱情以友谊为基础，在长久了解的基础上滋长着，能够协调一致解决分歧，是宁静、融洽、温馨和共同成长的爱情。

d. 依附之爱者对于情感的需求非常大；依附、占有、妒忌、猜疑、狂热，在恋爱中情绪不稳定。这种爱控制对方情感的欲望强烈，将两人牢牢地捆在爱情这条绳索上。

e. 现实之爱者则是会考虑对方的现实条件，以期让自己的回报增加且付出减少的爱情。这类爱情理性高于情感，抱有受市场调节的现实主义态度。

f. 利他之爱带着一种牺牲、奉献的态度，追求爱情且不求对方回报。自我牺牲型爱情是无怨无悔，是纯洁高尚的。

④ 爱情依恋理论

爱情依恋理论将爱情与童年依恋联系研究。婴儿时期与人建立的依恋关系，会使个体形成一个持久且稳定的人格特质，这项特质在个体与异性建立亲密关系时自然流露出来。Hazan和Shaver将成人的爱情关系视为一种依恋的过程，分三种类型。

安全依恋：与伴侣的关系良好、稳定，能彼此信任、互相支持。绝大多数人的爱情属于安全依恋。

逃避依恋：害怕且逃避与伴侣的亲密。法国电影《天使爱美丽》中的艾米丽就属于这类。

焦虑/矛盾依恋：时常具有情绪不稳、极端反应的现象，善于忌妒且希望跟伴侣的关系是互惠的。《过把瘾》的男女主人翁就属于这类。

Hazan和Shaver在研究中发现，三种不同的爱情依恋风格在成人中所占比例分别为：安全依附约占56%，逃避依附约占25%，而焦虑/矛盾依附约占19%，与婴儿依附类型的调查比例相当接近。

Bartholomew和Horowitz以上述爱情依附风格理论的概念为基础，发展出一种四类型的爱情依附风格理论，他们以正向或负向的自我意象和正向或负向的他人意象两个不同的向度来分析，得到四种类型的爱情依附风格。

安全依恋：由正向自我意象和正向的他人意象所造成。
焦虑依恋：由负向自我意象和正向的他人意象所造成。
排除依恋：由正向自我意象和负向的他人意象所造成。
逃避依附：由负向自我意象和负向的他人意象所造成。

⑤ 爱情阶段理论

Murstein主要探讨亲密关系如何发展，注重爱情的阶段性。Murstein提出的SVR理论认为亲密关系的发展，依双方接触的次数多寡分为刺激、价值和角色三阶段。

a. 刺激阶段：通常双方第一次的接触即属于刺激阶段。在这个阶段中，双方彼此间互相吸引，主要建立在外在条件上，例如被对方的外貌或身材所吸引。

b. 价值阶段：一般而言，双方大约第二次至第七次的接触，便属于价值阶段。在这个阶段中，彼此情感上的依附，主要是建立在彼此价值观和信念上的相似。

c. 角色阶段：通常双方大约第八次以后的接触，便开始属于角色阶段。在这个阶段中，彼此对对方的承诺，主要建立在个体是否能成功地扮演好在此关系中对方对自己所要求的角色。

虽然Murstein认为亲密关系包含刺激、价值、角色三阶段，但在亲密关系的每个阶段中，这三种因素对关系都有影响；只是在每个阶段中，各有一个因素是最主要的影响因素。从整个关系的发展历程来看，刺激因素一开始占较高的比重，之后随着接触次数的增加而逐渐上升，但是所增加的幅度很小，最后会趋于一个平稳的水准；价值因素虽然一开始时的比重较低，但关系发展至价值阶段的时候，这个因素的比重会迅速提高，不过在角色阶段时，其比重也会趋于平稳，且最后平稳的水准所占的比重，也比稳定后刺激因素所占的比重高；同样的，角色因素一开始最低，到角色阶段则会超越其他两个因素，且随着关系的继续发展，其比重也会不断地往上提升。

⑥ 投资模式理论

Rusbult的投资模式以社会交换论的观点来看亲密关系的发展，认为亲密关系中的双方，在此关系中互相有所得失，并以一种理性且公平的评估方式，衡量自己在此关系中的付出与收获，再以此评估为基准，决定其对关系的应对方式。在这类理论中，Rusbult的投资模式是其中较重要的一种。

Rusbult认为男女亲密关系中的承诺，是由满意度、替代性及投资量等因素所共同决定。根据投资模式的预测，当亲密关系中的个体，对关系有较高的满意度、知觉到较差的替代性品质，以及投资了较多或较重要的资源时，便会对此亲密关系做出较强的承诺，也就是较不易离开此关系。简单来看，可用一个方程式加以说明：满意度－替代性＋投资量＝承诺。

满意度：亲密关系中的个体，对于他在此关系中所得到的报酬及所付出的成本，会评估相互抵消后的实际结果。随着关系的长期发展，彼此的相互依赖性会随着提高，而开始将伴侣的结果和整个关系的结果也并入实际结果的计算，例如和伴侣一起分享他的成功或共同分担他的痛苦。此外，个体也会依据过去曾有的亲密关系及有关的经验（例如与家人和朋友所讨论、比较的结果），形成一个自己对目前关系所应得结果的预期水准。最后个体会将在关系中获得的实际结果与此预期水准相比较，而产生对此亲密关系的满意度：当实际结果愈好，预期水准愈低则满意度愈高。

替代性：替代性指的是对放弃此亲密关系的可能结果的好坏判断，可能结果包括发展另一段亲密关系、周旋在不同的约会对象间，或是选择保持没有任何亲密关系的单身状态等。个体考虑替代关系的因素既包括特定的喜欢对象，也包括不特定的对象，以及个体对自己能否离开此关系的能力的主观知觉与客观评估。此外，个体的内在倾向与价值观也会影响替代性的主观知觉。例如当个体觉得有自信、有价值、有高自尊及有强烈的自主性需求时，通常会知觉自己有较佳的替代性品质，而较容易离开此亲密关系。

投资量：投资是指个体在亲密关系中，所投入或形成的资源。投资与报酬或成本最大的不同有两点，第一是投资通常不能独立地从关系中抽取出来，而报酬与成本可以；第二是当关系结束时，投资无法回收，而会随着关系的结束一并消失。因此投资会增加结束关系的成本，使个体较不愿也不易放弃此关系。从另一个角度看，则是增强了个体对此关系的承诺。

个体投资在亲密关系中的资源可分为两类：一类是直接投入的资源，如时间的投入、情绪能量的释放、个人隐私与幻想的揭露及为对方所做的牺牲等；另一类是间接投入的资源，如双方彼此的朋友、两人共同的回忆及此关系中所特有的活动或拥有物等。此外，在长期亲密关系中所形成两人一体的认同感、长期相处下来所建立的默契与思想上的相似，以及彼此互补的一些记忆与讯息等，也是会随着关系结束而立即失去的投资。个体所投入的资源层面愈广、重要性愈高、数量愈多，则表示其投资量愈大；当个体在此关系的投资量愈大时，对此关系的承诺也愈强。

承诺：此模式中所指的承诺，是指会使个体设法维持这份关系及感觉依附在此关系中的倾向。因此承诺的定义包含两个部分：行为的意向与情感的依附。

当个体对一份亲密关系做出承诺后，他想维持并依附关系的倾向会促使个体做出种种有助于维持此关系的行为：例如与他人做一些适应性的社会比较，并选择性地加以解释；对于对个体具有吸引力而易破坏现有关系的替代对象，尽量拒绝与其接触或相处的机会；采取有效的方式，处理有关忌妒与第三者介入的问题；自愿为此关系做一些付出与牺牲；当对方做了某些糟糕或不合己意的事时，采取顺应而非报复的方式解决。

9.1.2 恋爱心理的产生动因

爱情不仅仅是青年人的事情，在生命的任何阶段都有可能产生爱情。青春时期的爱情却格外迷人和激烈。青春是爱的鲜花盛开的季节，当爱情扑面而来的时候，我们是否已经做好了准备？

大学期间，性生理的发育成熟是大学生恋爱的最根本的生理动因；生理发展所引起的心理巨变是大学生恋爱的心理动因；而宽松的校园环境、大学浪漫的人文氛围，以及社会开放的文化渗透和道德伦理规范的约束是大学生恋爱的环境动因❶。

（1）生理动因

生理动因是大学生恋爱心理产生、发展的自然因素。我国当代大学生年龄一般在18～23岁之间，正值青春发育成熟期，即性萌发到成熟的时期。不仅生殖系统即性器官和内分泌在发育成熟，而且大脑中的性控制中枢与情绪中枢也正逐步成熟。这个时期大学生性本能欲求具有很强大的推动力。

在这个过程中，存在生理上的变化以及发育不适。例如，第二性征发育不良引发的对身体形象、性器官功能发育的不适感和不满情绪，容易产生心理挫折感，引起自卑、焦虑、忧郁等情绪障碍。同时，由于缺乏完备的性生理知识和性心理知识，产生一些性意识困扰，例如对一些性问题、性幻想、性梦、性自慰等问题的不正确的理解，从而引发不同程度的心理冲突。严重的大学生会出现失眠、注意力分散、害怕与异性交往，常常陷入一种苦闷困扰的情绪之中。

（2）心理动因

认知活动是大学生恋爱的感性基础，它对大学生恋爱心理起着感应、唤起和导向作用。而情绪则对大学生恋爱心理体验起着活跃和扩展的作用，调节大学生恋爱心理的起伏。情感是造成大

---

❶ 黄希庭. 大学生心理健康教育. 上海：华东师范大学出版社，2004：111.

学生恋爱心理不稳定的主要因素。处于青年中期的大学生情绪波动大，可塑性强，面对情感问题的两难抉择，容易诱发情感冲突，使大学生在恋爱过程中失去心理平衡，引发一些如自卑、不安、抑郁、消沉等情绪问题。在意志方面，意志把恋爱的建立与社会义务、责任、权利联系起来，制约着大学生恋爱心理的发展。

此外，人格特质、自我概念等也都是大学生恋爱心理的重要因素。不同气质类型影响着大学生恋爱的表达方式与程度，以及恋爱心理的发展。性格倾向不同的大学生在恋爱情感体验中的表现也大相径庭。性格外倾者在恋爱过程中往往冲动、狂热、乐观、主动，而性格内倾者则往往是冷静、谨慎、悲观、被动。大学生的自我概念在这时也正处于发展成熟阶段，自我评价不当容易引起自傲、自负等心理。一项针对大学生恋爱的调查发现许多大学生因为自己的外形特征、家庭地位、经济状况等不尽如人意，将恋爱挫折错误归因，怀疑自己的能力，从而造成情爱品质评价过低，形成消极的恋爱心理。

(3) 环境动因

大学环境有它的独特性：对大学生来说，它在青年走入社会的过程中提供了一个宽松开放的缓冲环境。在这里，浪漫的校园人文氛围、社会开放的文化媒介渗透和伦理道德规范的约束是大学生恋爱的环境动因。

大学校园里，大学生摆脱了父母、师长的约束和"监控"，也没有了高考的巨大压力，使得大学生拥有了更大的自主、自由和权力。校园里恋爱心理相互感染，身边同学们的恋爱现象也会促使更多大学生想要尝试恋爱。通过各种媒介，例如网络、影视、报纸、杂志，大学生们可以便捷地获得关于爱情的大量讯息，这些信息诱导并刺激着大学生恋爱心理活动的发生、发展，不断影响、调适、转化着大学生的恋爱心理。

爱情具有严肃而又神秘压抑的两面性。外来的"性解放"文化也在不断渗透、影响和冲击着大学生的恋爱心理，使一些学生的恋爱观发生错位，漠视婚恋、家庭的责任与义务。加之地位、财富、权利等社会功利意识在大学生恋爱心理中的分量渐增，使一些大学生误入"爱情与道德、法律无关""性与婚姻分离"的思想误区。功利性的社会价值观、城市高昂的生活成本、严峻的社会形势正在改变当代大学生的学习和生活，使得大学生情感多于理智，心理上出现严重不安、自我否定，在恋爱心理上显得既茫然、迷乱又开放，所有这些加剧了恋爱期大学生心理的不安、烦恼和焦虑。

9.1.3 恋爱心理的发展过程

大学生的恋爱意识是从中学时代就开始的，初中时恋爱意识朦胧，高中时开始有恋爱的意向和对恋爱的思考，进入大学恋爱意识进一步发展，进入择偶尝试和恋爱择偶时期，恋爱意识逐渐成熟。在大学阶段，大学生对异性的爱慕和向往有了明确的目标，对爱的内容和要求也比较清晰和强烈，开始有目的地试着选择对象，并尝试与之建立关系。

大学生恋爱心理的发展过程大致可分为萌芽期、发展期、稳定期三个阶段。大学期间是大学生恋爱心理形成、逐渐走向成熟的重要时期。

(1) 萌芽期

通常在大学一年级阶段。大一新生跨入大学后，随着升学压力的消失，在思想上暂时会出现"停一停，歇一歇"的想法。同时，大多数学生平生第一次远离家乡、远离父母和亲朋好友的照顾和关心，独自一人面对全新的生活环境和全新的人际关系，心里不免会产生孤独感和悲凉感，渴望得到他人的关心和帮助,渴望建立友谊。此间,班级活动、老乡会、各级学生会、团委、校园社团为大家提供了许多交流和接触的机会。找老乡,找朋友,你来我往,慢慢地,男生女生的接触逐渐频繁起来。同时,高年级的学长们也会对初来乍到的新生表现出格外的关注,发现目标,主动出击,很容易使一些大学新生快速坠入情网。这是大学一年级学生恋爱队伍中的主体部分。另外,还有为数较少的一部分新生是在大学以前就建立了恋爱关系,为了美好的爱情,依然坚守着彼此,不论是异地还是在同一个城市;或者一方还没有考入大学,通过爱情的方式给予对方支持和鼓励。这种恋情大多数能够巩固和发展。

(2) 发展期

通常在大学二年级和三年级阶段。进入大学二年级以后,随着对新环境的逐渐适应,与班级、宿舍同学的磨合也逐渐完成,此时的大学生们已经基本脱去了中学生的影子。无论是知识、能力、体魄,还是风度、服饰、语言等都彻头彻尾地"被"大学生化了。面对爱情,他们看得更为全面和谨慎,爱与不爱,心中逐渐有了属于自己的一杆秤。一年以来,他们已对身边的同学有了较深入的了解与认识,并与自己喜爱的同学建立了深厚的友谊。友谊是一种表现为情感依赖的人际关系,它使人发现自我,善解别人,从中体验到深深的情感依恋。此时大学生异性之间的友谊也很容易上升为情感的依恋,友谊可以成为爱情的基石。

二、三年级的大学生恋爱队伍尤为庞大。有研究显示,二、三年级大学生恋爱人数占整个大学生谈恋爱人数的60%~70%。基本类型有以下几种。

① 学生干部恋爱。担任学校、学院、班级学生干部的大学生通常性格外向活泼,乐于交际,他们见多识广,兴趣广泛,德才条件俱佳,这种人格魅力很容易吸引异性同学,引起异性同学的关注,成为异性追逐的目标。

② 老乡恋爱。常言道:"老乡见老乡,两眼泪汪汪。"在异地他乡遇见老乡,心里会感到很亲、很近。"老乡会"里热切的关爱、熟悉的乡音、关心的话语、相同的习俗,容易引起他们感情的共鸣,进而发展为恋情。

③ 社团恋爱。相比高中而言,大学生活更为绚丽多姿。丰富多彩的社团、协会活动在充实大家课余时间的同时,也锻炼了参与者的社交能力和组织能力,爱情之花也悄然开放。相同的兴趣爱好促成大家走在一起,形式多样的活动一方面为男女学生的交往提供了条件,一方面使他们的个性、才华有了淋漓尽致的表现。趣味一致、脾气相投的男生和女生,随着逐步深入的交往,自然而然地开始了恋爱。

(3) 稳定期

通常在大学四年级阶段。升入四年级以后,大学生的心智更加成熟,分析问题和解决问题的能力与日俱增。寻找工作、毕业实习、论文设计……即将毕业的紧张和忙碌占去大四学生相当多的时间和精力。已有的恋爱关系趋于稳定阶段,男女双方希望通过彼此的努力在毕业以后能够继续相守,开始讨论谈婚论嫁的问题。其中也不乏出现迫于现实的无奈、工作的压力而采取"和平分手"的现象,"不在乎天长地久,只在乎曾经拥有"。这个阶段的大学生对爱情的思考趋于冷静、理智,恋爱呈现较稳定的态势。这期间,新确立的恋爱对象一般为条件成熟者。

9.1.4 大学生恋爱中常见的心理

(1) 追求浪漫心理❶

大学生的爱慕之情是在特殊的生活背景和文化环境中萌生的,很少以婚姻为目的。谈论的大

---

❶ 熊建圩,王巧云. 大学生心理健康教育教程. 上海:上海交通大学出版社,2006:141.

多是人生、社会、学习、娱乐等，注重花前月下的浪漫诗意，追求刻骨铭心的精神生活，多注重眼前，很少涉及家庭、经济、婚姻等现实问题，从而使大学生恋爱富于浓郁的浪漫色彩，这也是大学生恋爱成功率低的原因之一。有些大学生在爱情上表现得过于天真和幼稚，以为找到了理想中的异性朋友，短时期内爱情甜蜜幸福，可是好景不长，通过一段时间的接触之后才发现两人并不合拍，从而分手。在现实中碰到的问题多了，发现原先的想法不现实，爱情开始动摇，以致失败。

（2）性爱的好奇心理

大学生正值青春发育成熟期，即性萌发到成熟的时期。性生理发育成熟引发性意识觉醒、性冲动和性亲近要求，促使大学生产生恋爱的需求。男女同学之间相容相悦，对异性产生好奇、好感、亲近的心理需要，出现了想与异性交往的欲望，引发其强烈的恋爱冲动和欲求。同时大学生正处于喜欢探寻自我和世界的时期，对未知的事物充满了神秘感。想象中，爱情总是那么的美好，再加上小说、电影、电视剧对爱情的渲染，就想去谈一场恋爱了。

（3）依赖心理

许多大学生远离家乡、父母、亲人和朋友，又不能很快适应大学生活以及当地文化习俗，常常会有被抛弃、被遗忘的感觉，尤其在节假日常有一种莫名的惆怅和孤独感。当无法从周围获得这种心理需求的满足时，就来谈谈恋爱，借助爱情来补偿心中的空虚寂寞，摆脱人际孤独、或代替父母的关爱。对爱情的依赖心理可能会引起恋爱中的大学生个体缺乏独立意识和自立能力，易受挫折。

（4）游戏人生心理

我们有时候会很好奇，那位同学究竟有几个"好妹妹"，经常在换女朋友。这类大学生把谈恋爱看作一种时尚，认为恋爱就是追求时尚、寻求感官刺激，是在为以后的婚姻积累经验，并由此发生婚前性行为，通过谈恋爱，从异性身上实现自己的人生享乐。在看待"爱人只能一个，情人可以多个"这句话时，一些大学生认为"有一定道理"。 为了填补精神上的空虚，他们见一个爱一个，完全是一种游离于婚姻之外的享受与消费。这种行为实质只强调爱的权利，而否认了爱的责任。

（5）急于求成的占有心理

有些大学生害怕失去机缘，努力把握恋爱机会。这与聚集着才华、风度、美貌于一身的高校大学生群体氛围有着直接关系。有些大学生固执地认为，青春短暂、红颜易逝，大学毕业后找不到理想的恋爱伴侣，于是在大学抓紧恋爱；还有同学会认为大学里人才济济，大家经历类似、交往单纯、机会较多、选择范围大、了解时间长，更容易找到心仪的对象。相比之下，步入社会后交往复杂、功利色彩较浓，不容易找到志同道合的伴侣。

（6）补偿心理

大学毕竟是一个小社会，功利色彩是难免的。有人就喜欢找家庭经济条件好的、社会地位高的、毕业后可以找到好工作、甚至有出国机会的同学做恋爱对象，为的是使以后生活来得轻松一些。这种希望从所爱的人那里获得社会地位、经济等方面的补偿心理也会给纯真的爱情蒙上不平等的阴影。

9.1.5 大学生恋爱的心理特点

对于接受高等教育、情感体验丰富的大学生们来讲，校园爱情是他们大学生活中的重要一课、也是他们人生中的必要一课，大学生的恋爱具有一些共同的恋爱心理特征。

（1）注重恋爱过程，轻视恋爱结果

注重恋爱过程，有利于双方互相了解和加深认识，也有利于培养感情和增加心理相容度。同时也表明大学生不愿落入世俗，着意追求爱的真谛。但只注重恋爱过程，强调爱的现在进行时，把恋爱与婚姻相分离，未免失之偏颇。一些大学生把恋爱当作一种感情体验，借以寻求刺激，满足精神享受。还有一些是为了充实课余生活，解除寂寞，把恋爱当作一种消遣。据调查数据显示："为建立家庭选择伴侣的"仅占6.9%，排在最后一位；而"寻找精神寄托，弥补内心空虚的"高达29.1%，名列第一位；"偶然有机会谈恋爱的"占27.6%；"充实课余生活""满足好奇心""获得异性交往经验"的占19.2%；"满足心理和生理发展需要的"占17.2%。由此可见，注重恋爱过程，轻视恋爱结果，实质上是只强调爱的权利，而否认了爱的责任。他们只注重恋爱过程的情感投入和体验，认为恋爱不必托付终身。这种缺乏责任感的盲目恋爱是危险的，也是不可取的人生态度。

（2）注重主观感受，轻视理性思考

大学生仍处于青春期，其恋爱有着明显的冲动性，一是对自己的感情缺乏审慎思考，有相当一部分同学与恋人原本不认识，偶然邂逅，凭一时冲动就做出草率的决定。二是情感强度大，不易控制，理性分析问题的能力容易受限，有时还可能冲破理智防线，和恋人发生性关系甚至公然校外租房同居。调查显示：在与恋人的交往中，有17.7%的大学生表示发生过性关系。对于未婚同居的现象，仅有26.5%的学生认为不可以，而70%以上的学生认为只要两相情愿，别人不应干涉。三是情绪波动大，自控力差，热恋中的人常常处于激动兴奋的状态，受情感支配的程度比平时大得多，而理智则处于比较脆弱的地位。因此，热恋者总是处于强烈的追求之中，一旦失恋就长久地沉浸在痛苦中，进而认为生活没有了意义，学习没有了动力。更有甚者视对方如仇人，做出极端行为伤害对方。因失恋而失志失德者，虽属少数，但影响很大。

（3）注重恋爱投入，轻视学业任务

绝大多数大学生能够正确看待学业与爱情的关系，他们期待学业和爱情双丰收，总想把学业放在首要的位置。但上述这些仅仅是大学生的主观愿望而已，真正能够正确处理好学业与爱情关系的大学生为数不多。更多的人是一旦坠入情网就不能自拔，学习势必受到严重影响。有的大学生整天如痴如醉、想入非非，沉浸在卿卿我我的甜言蜜语中；有的大学生加班加点谈恋爱，致使上课时倦意甚浓，无精打采；有的大学生干脆逃课，一心一意谈恋爱。调查显示：认为"学习第一，恋爱第二的"占39.9%；而"不确定，随缘的"占35.9%；"无所谓，开心就好的"占8.1%；认为"两者缺一不可的"占16.1%。可见，大学生在如何正确处理好学业和爱情的关系这个重大问题上的认识是模糊的。摆正学业与爱情的位置，仍然是大学生难以控制而又必须正确对待的问题。

（4）注重观念更新，轻视传统道德

随着时代的发展，当代大学生的恋爱观念日趋开放，而传统道德观念逐渐淡化。有些学生以选择理想对象为由，见异思迁，频繁更换对象，甚至在同学之间造成感情纠纷，以至发生冲突，酿成悲剧。这些都使得大学生常常处于理智与感情矛盾的漩涡中，即在理性认识上觉得应该遵守传统的伦理道德观，但在爱的激情下，又不愿再受传统观念的束缚，导致恋爱方式公开化。在恋爱中，一些同学抛开了应有的矜持与含蓄，在教室、食堂、操场等公众场合亲密无间、旁若无人。这种只注重观念的开放而忽视道德准则的表现在师生中间产生了不良的影响，破坏了大学生的良好形象。他们不知道，人类的任何情感都是具有一定道德责任的，只有以高尚的道德为基础建立起来的爱情，才是真正的爱情。

9.2 大学生性心理健康

人类的爱情最初的动因源于性。大学生正处在性生理已经成熟，但性心理尚未成熟的时期，在我国由于受传统伦理观念的影响，性的问题一直被蒙上神秘的面纱，许多大学生对性知识缺乏系统的认识，如对性知识的兴趣和追求，对异性的爱慕、性欲望、性幻想、性冲动以及性自慰等使得他们的性心理的发展处于矛盾之中，一些大学生甚至因为这些矛盾而影响了身心的健康发展。因此，掌握性心理方面的基本知识，形成正确的性观念，是大学生身心健康发展的需要。

9.2.1 性心理健康概述

据网上调查结果显示，当问及对于婚前性行为的态度时，有56.1%的大学生认为"可以理解"，有14.5%的大学生认为是"正常行为，无可指责"，仅有8.8%的大学生认为是"道德堕落"。当调查者对婚前性行为、校外同居的后果进行质疑时，一位学生称："俺们喜欢，管得着么"。由此可见，当代大学生对婚前性行为有较大的宽容度，传统的贞操观在多数当代大学生中接近崩溃的边缘。然而，男女生对这一问题的看法具有显著差异，有20%的男生认为是"正常行为，无可指责"，59%的男生认为"可以理解"，而只有7.9%的女生认为这是"正常行为，无可指责"，有11.3%的则认为这是一种"道德堕落"。这表示对性的态度上，男生显得更加开放与前卫。

（1）理解性的多面性

一提到性，很多人会联想到"上床、性交"等含义相近的词语。其实，这种想法太过简单，仅仅是对性行为的狭隘解释。性具有多面性，我们可以从生物学意义、心理学意义和社会学意义三个方面来认识、了解性。

① 在生物学意义上，性指的是男女两性在生理上存在的差异，是因为两性的染色体不同、性腺不同、性激素分泌的比例不同而产生的。

② 在心理学意义上，男性和女性拥有不同的心理层面。例如，在需求心理上，女生最需要的是关心，而男生是信任；在思维方面，女生依靠直觉多，男生依靠分析多；遇到困难，女生喜欢表达，男生喜欢独自思考；在性格方面，女生多温柔，男生多勇敢。

③ 在社会学意义上，也就是我们说的性别。对自己性别的认同受社会期望等后天因素的影响。例如：男生一般有男生的名字特点，女生有女生名字的特点，社会期望男生强壮、勇敢、成功等男子汉特征。而女生则被期望成为温柔、贤惠等母性特征。

总之，人类的性实际上是生物、心理、社会三种因素共同作用的结果。

> **心理小卡片9-2**
>
> **性心理产生和发展的过程**
>
> 奥地利精神分析学家弗洛伊德是最早提出性心理发展理论的心理学家，他认为，性欲作为一种本能在儿童期就存在，性心理也不是到了青春期才开始发展。性心理的发展有两个重要时期——幼儿期和青春期。幼儿期还没有性对象，其主要快感来源于口唇和肛门，其主要的性对象是父母；青春期的主要快感来源于生殖器，其主要性对象是父母以外的人。依据这些观点，弗洛伊德根据快感区的不同进一步把性心理的发展划分为五个阶段。
>
> （1）口唇期。从出生到1岁。出生至1岁左右为口唇期，这时儿童主要通过吃奶和吸吮等口唇动

作来获得满足快感。

（2）肛门期。肛门期在1—2岁之间。弗洛伊德认为，这时幼儿以肛门的忍、排便行为为快感来源。这时也正是对儿童进行便溺训练的时期。

（3）性蕾期（生殖器期）。大约3—6岁，儿童进入生殖器期，以生殖器为快感的主要来源。弗洛伊德认为，在这个时期，出现一种特殊的现象：儿童恋慕父母中异性的一方，男孩子恋母，女孩子恋父，通过对父母中同性一方"认同"，即在行为、思想和体验上以父母中的同性为榜样，与榜样相一致，来解决矛盾。这样，一方面可以"取代"同性一方而获得异性一方的情感，一方面可以因效仿同性一方而得到赏识而不是惩罚。

（4）潜伏期。从6岁到12岁左右，儿童的性心理进入潜伏期。这时，儿童善于向自己的同性父母模仿，性欲保持沉寂状态，对异性漠不关心，游戏时也大多寻找同性伙伴。

（5）生殖期。这一阶段起于青春期贯穿于整个成年期。如果前面的几个心理性欲阶段发展顺利，这时就可建立持久的性爱关系。这时，虽然快乐源仍指向生殖区，但人们不只是寻求自我满足，而是考虑他人的需要，在性爱的基础上建立爱情关系。

（2）性心理健康的标准

世界卫生组织认为，随着人类文化和生活水平的提高，人类的性问题对个人健康的影响远比以前更为深入和重要。那么，认识健康的性心理尤其值得当今大学生关注。世界卫生组织制定的性健康标准包括以下五条。

① 有正常的性需要和性欲望。
② 能够正确认识自我，愉快地接纳自己的性别。
③ 性心理特点和性行为符合相应的性心理发展年龄特征。
④ 能和异性保持和谐的人际关系。
⑤ 性行为符合社会道德规范。

心理学家达拉斯·罗杰斯认为，保持健康的性心理应遵循如下标准。

① 具有良好的性知识。
② 对于性没有由于恐惧和无知所造成的不良态度。
③ 性行为符合人道。
④ 在性方面能做到"自我实现"，即能学会拥有、体验、享受性的能力，在社会、道德的允许下，最大限度地获得性活动的快乐与满足。
⑤ 能负责地做出有关性方面的决定。
⑥ 较好地获得有关性方面的信息交流。
⑦ 接受社会道德和法律的制约。

对于大学生而言，其标准应有三项内容，即有正常的性需求和性欲望；有科学、客观的性知识；有正当、健康的性行为方式。正常的性需求和性欲望是性心理健康的物质基础，科学的性认识是性心理健康的自我调解机制，正当、健康的性行为是指符合法律法规、校纪、道德等规范的行为❶。

---

❶ 贾晓明. 大学生心理健康——走向和谐与适应. 北京：北京理工大学出版社，2010：128.

9.2.2 大学生性心理发展的特点

大学校园里缺少了升学的压力、宽松自由的环境、生理上的日渐成熟，让大学生对性表现出更大的接受性和宽容性，对性的表达也呈现出多种形式。然而如何能客观地认识性，恰当地处理与性相关的问题，是大学生成长过程中必须面对的一个重要课题。

（1）性心理的本能性和朦胧性

大学生的性心理，特别是低年级大学生的性心理，往往缺少深刻的社会内容，基本上还是生理发育成熟带来的本能作用，是情不自禁地对异性发生好感、兴趣、爱慕之意。但这种萌动是似懂非懂的，仿佛隔着一层朦胧的面纱，一些大学生并不了解性的生理心理实质，对性有较浓厚的神秘感。出于对异性的吸引，表现出对异性的关注和兴趣，在性刺激作用下产生性心理反应，如性情感、性兴奋、性梦、性幻想等。

性心理的本能性和朦胧性对于大学生而言是一种客观现实。一方面，这是性成熟的大学生的一种正常的自然现象；另一方面，这是生理因素、心理因素和社会文化背景因素交互作用的结果，产生这种心理现象本身并无不道德和不纯洁之处，也无需有可耻心和罪恶感。一些大学生会因为性心理的不成熟而难以接受自身的性冲动和性念头，产生羞愧、自责、苦恼和困惑，在这种朦胧纷乱的心理变化中，性意识逐渐成熟起来。

（2）性意识的强烈性与表现上的文饰性

青年期较显著的心理特征是思想上的闭锁性和强烈的求理解性，这就导致了大学生心理外显方式的文饰性，在对待性问题上尤是如此。

男女大学生的两性交往的情感体验是由于性觉醒的内部冲突起主导作用而引起的，以接近异性、吸引异性为愿望。正是在此基础上，在纷乱朦胧的心理变化中，性意识逐渐强烈和成熟起来。在日常生活中，大学生十分重视自己在异性心目中的印象、对方对自己的评价和看法，喜欢在异性面前表现自己，以吸引异性的注意。可是在与异性接触时，感情的交流是含蓄而隐晦的，常常会以试探的方式进行，表现出冷漠、拘谨、羞涩。或者表面上对异性表现出无动于衷、刻意回避、不屑一顾的样子，实际上双方都敏锐地注意着异性的身心变化和反应，渴望男女之间的亲密关系。

（3）性心理的动荡性和压抑性

青年期是一生中性能量最旺盛的时期。由于大学生的性心理还不成熟，尚未形成稳固的、正确的恋爱观和道德观，对各种性现象、性行为的认知评价体系还不完善，自控力较弱，因而其性心理易受外界的不良影响而动荡不安。现实生活中，一方面周围充斥着丰富多彩、五花八门的性信息，使得一些大学生对性持无所谓或放纵的态度，甚至发生性过失；另一方面，是社会性道德、性规范对人们的约束，使得大学生性心理的发展处于多种矛盾的相互作用之中。一些大学生对性冲动过分否定和压抑，使性能量得不到合理的疏导、升华而导致性压抑，少数人还可能以扭曲的方式表现出来，如课桌文学、厕所文化，以及窥视、恋物等性心理障碍。

同时，大学生的性心理存在性别差异。例如在对性的表达方式上，男生大多较为主动，女生往往采取暗示的方式。在对异性流露感情上，男生表现得较为热烈和外显，女生常常表现得深沉而含蓄。在内心体验上，男生更多的是新奇、神秘和喜悦，女生有时会惊慌、不知所措和羞涩。另外，男生易在视觉刺激下唤起性冲动，女生则需要通过触觉、听觉刺激来引起性兴奋。男生的兴奋中心集中于性器官，女生则呈弥散性特点。男性的性欲旺盛期在20岁左右，女性则在30岁左右。如果对这些男女性心理事实上的差异忽视或无知，就会引起对两性交往和自我认知的不安与困惑。

9.2.3 大学生性心理的常见问题

大学阶段是一个人性意识发展的旺盛期。此时的大学生，性生理还不稳定，对性的渴望与对性的恐惧交织在一起，形成一种很复杂的心理活动。加上社会文化和传统教育的差异性，科学性教育的缺乏，以及大学生个体的掩饰性，性适应一直困扰着相当一部分大学生。

大学生的性问题大多只是发展性、过渡性的问题。随着个体的成长和完善能够自然得到解决，但是有些问题不会自然消失，而且这种冲突和矛盾如果长期得不到解决，就会导致心理健康问题。

（1）性体像的困扰

已经进入青春期的大学生，男女生的体相发生了很大的变化。几乎所有的男生都希望自己身材高大，体魄健壮，音调浑厚，拥有男性磁力，以吸引女性的注意；而女性也几乎都希望自己容貌美丽，身材姣好，音调柔美，来显示女性魅力，以吸引男性的关注。然而，这些希望只是我们心目中的理想情况，绝大部分同学都不会拥有这样一副近乎完美的体相。因此，有些同学为自己的身材太矮或太胖而自卑，甚至还有些同学为自己的声音不符合心意而出现烦恼。

（2）性冲动的困扰

性冲动是性本能的一种表露，是在性诱因刺激下，性兴奋强度逐渐增加并企图诉诸行为的一种心理体验。性冲动在大学生中是普遍存在的现象。性激素（荷尔蒙）是造成性冲动的内部生理因素，它如同一种催化剂，使异性之间产生强大的吸引力，帮助引起情欲和达到性高潮，在性行为完成之后，又使人产生放松的满足感。社会因素是造成性冲动的外部因素，例如与异性朋友约会，偶然与异性身体接触，谈论有关性方面的话题，看有性描写的书刊、影视、网页等，看异性人体或异性裸体等。

大学生性冲动的诱因也存在很大的个体差异和性别差异。一方面是性的自然冲动，伴随着性的成熟和性兴趣的日益强烈，性冲动越发明显；另一方面是对性冲动持否定、批判的态度。于是，大学生常常处于一种激动与不安、兴奋与自责交织的矛盾之中。如果不能正确认识和适当缓解性冲动，会产生心理困扰。

【案例】

孙某是大二生物系学生，在新学期迎新时认识了本系一年级女生鲁某，在他强烈的追求下，二人很快确定了恋爱关系。交往一年来，他们和许多校园情侣一样，一起吃饭、一起购物、一起上网、一起游公园，亲密无间，羡煞别人。当同宿舍的几个"情场老手"得知孙某从未与女朋友发生过性关系时，常拿此话题开涮他，说他还是少年没有发育成熟，说他缺乏勇气和男子汉阳刚气概，说他女朋友如果是真心爱他，就会心甘情愿地与他发生性关系等。在对性的好奇和维护男人面子的心理驱使下，孙某向女友提出了性要求。鲁某抗不过他的软磨硬泡而且确实很爱他，就答应了。事后她痛哭起来，对孙某说："我把一切都给你了，你要对我不离不弃。"听了她的哭诉，孙某心情沉重，虽然二人确实是相爱而确立恋爱关系，但并没有过多地想过将来和责任问题，而且他们交往时间不长，还没有真正彼此理解，不知道毕业以后能不能在一起，也没有坚定地认为彼此就是将来结婚要过一辈子的人。想到这些，他为自己的一时冲动后悔不已。

（3）性幻想的困扰

性幻想，又称性的白日梦，当个体对异性有强烈的交往渴求，但不能直接获得时，就可能产生与性交往内容有关的心理体验,如幻想与渴望交往的异性约会、拥抱、接吻,甚至性交等。性幻想能引起生理上的性兴奋,偶尔也会出现性高潮,在一定程度上可以缓解个体的性需要。性幻想一般分为三种类型,第一种是不伴有性行为的性幻想,此类最普遍,发生频率也最高,又称为"白日梦"。第二种是伴随自慰的性幻想。第三种是伴随性生活的性幻想。

性幻想是人类性心理中最普遍的一种现象,在人类心理活动中占有极其重要的位置,是性意识能动性的体现。第一,它是启动性兴奋的一种正常机制,有助于性兴奋的维持和性快感的获得;第二,它可以强化躯体刺激,加深体验,提供更深层的性满足,是对现实生活中暂时不能实现的愿望的精神满足;第三,性幻想是性行为的一种替代,可以适当缓解性压力,减轻生活中的焦虑感。

性幻想中出现的性情景和性对象一般能反映人们内心的真实需求,可是幻想往往与现实不符。如果一味沉溺其中,甚至把幻想当成现实,则会阻碍大学生的健康发展,严重者会产生性病态。

当代大学生由于思想解放,知识丰富,精力充沛,性幻想的比例较高。性幻想存在性别差异,男生性幻想的比例大于女生,女生性幻想的内容更加丰富多彩。在年龄和年级维度上,大学生性幻想的发生率随着年龄的增加和年级的提高而增加。从心理素质维度上,想象力丰富的人其性幻想就多一些,内容也更丰富。

(4) 性梦的焦虑

性梦是指人在睡梦中梦见与性对象发生性接触而出现性冲动或性高潮的现象。一般认为性梦与性激素达到一定水平、睡眠中性器官受到内外刺激,以及潜意识的性本能活动有关。大多数心理学家认为,性梦是自慰行为的一种形式。一个人有了性的欲望和冲动,如果客观现实不允许其实现这种欲望,就必须加以克制。这种欲望和冲动虽在意识层中被压抑了下去,却可能在潜意识中显露出来。于是,便可在梦境中得到实现。因此,性梦是正常的生理心理现象,人们通过梦的方式部分达到白天被社会规范限制的性冲动的满足,这是一种不由行为人自控的潜意识的性行为,故又称为非意志性的性行为。

明代剧作家汤显祖在《牡丹亭》一书中描写了杜丽娘和柳梦梅生死离合的爱情故事,情节跌宕起伏。其中《惊梦》一段讲述了杜丽娘由读《诗经·关雎》而伤春寻春,在花园里睡着,梦中见一书生持半枝垂柳前来求爱,两人在牡丹亭畔幽会、释放爱欲的故事。当中杜丽娘的春梦就是典型的性梦。

女性在梦中常梦见自己的意中人,会经常在性兴奋状态中醒转。性梦的表现一般较复杂,但色情成分较少,肉欲色彩不明显。男性性梦中的性对象一般不是现实生活中的恋人,多是一些既陌生又熟悉的人物,较少在性兴奋状态中醒转。性梦的色情成分较重,但是由于对女性身体缺乏足够认识,梦中一般不会有完整的女性形体,而是一些朦胧模糊的性活动场面,甚至只是一种气氛,射精也往往很快就发生。

性梦作为性冲动和性欲的一种常规满足方式,是一种普遍、正常的性心理现象。一些大学生由于缺乏对性梦知识的了解,认为自己有了这样的经历是不道德、肮脏,甚至是罪恶的,因此会产生内疚、紧张、焦虑感,更有甚者会为此感到自卑,认为别人会因此瞧不起自己,自尊心由此降低。其实适当的性梦有利于缓解性压力,只有严重者才会对自身的生理、心理健康带来负面影响,也对他们与异性的正常交往带来了障碍。

(5) 性自慰的焦虑

性自慰,又称手淫。手淫是指性欲冲动时,用手或其他物品摩擦、玩弄生殖器等性器官以引起快感、获得性满足的行为，是与大学生性生理发育相适应的一种自娱自慰式的自限性性行为。手淫是人到了青春期后产生了性要求和一时不能满足此要求的矛盾的产物。只要自然的性活动受到限制，手淫就很容易出现。当有了社会性的性行为，就可能抛弃这种方式。

手淫行为在青少年中较为普遍。一些大学生会产生对手淫的心理依赖和手淫后的负罪感，引起心理上的紧张、焦虑和苦恼，并因此出现一系列的生理心理反应，如头晕、乏力、情绪紧张、失眠、记忆力下降、注意力不集中等，对学习、工作和生活产生一定影响。这些现象并非手淫行为直接导致，而主要是由于手淫的心理冲突引起的。长期以来，手淫曾被传统的宗教界和医学界认为是邪恶、有罪的，一些家长也告诉自己的孩子手淫是被禁止的，会产生种种的恶果。这些言论无形中给大学生们带来一些压力和负罪感。

现代医学认为，适度手淫不会对身体造成伤害。当性交不被允许时，手淫有助于人们释放性冲动，是一种健康的替代活动。有些大学生可能长期手淫过频，内心充满焦虑，其原因很复杂，分析其心理原因，大多是通过手淫方式来缓解生活中无法解决或者无法抗拒的压力。当然，长期频繁的手淫，会引起大脑高级神经功能和性神经反射的紊乱，自然会影响人的身心健康。对待手淫应按照我国著名医学家吴阶平教授所说的那样："不以好奇去开始，不以发生而烦恼，已成为习惯要有克服的决心，克服之后就不再担心。"同时，对手淫引起的焦虑问题的解决，需要帮助个体积极应对生活中面临的实际问题，而不是一味逃避。如果大学生能以平静的心理去对待手淫，既不上瘾成癖，又不内疚懊悔，就不会引起性心理的异常。

（6）婚前性行为的烦恼

婚前性行为是指男女双方在恋爱期间发生的性交行为，其特点是双方自愿进行，不存在暴力逼迫；没有法律保证，不存在夫妻之间应有的义务和责任；容易产生一些纠纷和严重后果。有一段形容恋爱人群的顺口溜是这么说的："60年代前后走，70年代并排走，80年代手拉手，90年代搂着走，到了21世纪则是边吻边走。"很形象地反映了随着时代的变化，恋爱中的性行为也发生着相应的变化。大学生的性行为已经是一个屡见不鲜的现象。

对于大学生是否可以发生性行为，有人赞同，有人反对。但总的说来，尽管社会的宽容度在增加，但婚前性行为毕竟是违反社会道德规范和法律规范的行为，与恋人发生性关系要特别慎重，轻易不要突破最后一道防线。即便是双方感情深厚，情不自禁，也要有所准备，包括心理上的准备和避孕方面的准备。为了避免恋爱中的男女失去理智，热恋中的大学生应尽量避免两人单独相处的局面，尤其是两人单独在卧室内谈心；避免两人一起观赏带有性刺激的刊物和音像；避免去一些情侣密集且公开拥抱亲吻的娱乐场所。男性对恋人要有责任心，不要轻易提出不合理的性要求；女性要自尊自重，尽量避免穿过分暴露的衣服，言谈举止要大方，不要用言语和行为挑逗对方。

（7）性倒错

性倒错即人们平时所说的性变态，性变态是指有性行为异常的性心理障碍，其共同特征是对常人不易引起性兴奋的某些物体或情境有强烈的性兴奋作用，或者采用与常人不同的异常性行为方法满足性欲或有变换自身性别的强烈欲望，以及其他与性有关的常人不能理解的性行为和性欲、性心理异常。性倒错的表现形式多种多样，包括同性恋、恋物癖、异装恋、虐待狂、窥淫癖、易性癖等。

从近几年我国在大学生中开展性心理咨询服务所提供的信息，在大学生中，性倒错的比例并不高，但这不意味着对这一问题可以忽视和回避。一项对某市5所高校所作调查的结果显示，同性恋占5.1%，异装癖占2.1%，恋物癖占1.3%。导致性变态的原因目前尚不明确，它们包括生物遗传方面、心理学方面、环境和社会等方面因素的影响。性变态患者对于正常的性活动通常没有要求，甚至心怀恐惧，他们的变态性行为常具有强迫性和反复性，他们的自我控制和自我保护能力往往较差，但并非时时发作。对此，有些人强烈要求医治，希望摆脱这种令人痛苦的状况，但也有些人则不认为自己是病。

9.2.4 大学生性心理困扰的调适

性既有非常正面的行为和感受，但同时也有一些性行为却充满了负面的内容和痛苦，如嫖娼、艾滋病的传播等。大学生正处于青春期发展的中后期，性生理的日渐成熟和性心理的不断发展，异性交往需求渐渐增强，随之也带来一系列与性相关的问题。要想处理好各种问题，保持心情上的愉快，就需对性有客观、理性的认识，对性的丰富内涵有深入的理解，保持和谐心理。

（1）科学地理解性，树立正确的性心理

性是人类的自然属性，是人性的一部分。纵观人类的历史，对性的认识也发生种种变迁，时代背景不同、文化传统不同，对性的认识也不同。但由于人类是生活在社会中的群体，所以无论何时理解性，都不能脱离生理、心理和社会三个层面。要学习用社会性别的视角看待两性问题，即性不仅是生理层面，社会层面的性对人的影响更大。李银河博士认为性具有以下七种意义：繁衍后代；表达感情；肉体的快乐；延年益寿；维持生计；建立或保持某种人际关系；表达权利关系等。

纯洁的性是美好的。健康的性主要包括性生理和性心理两个方面。性生理的健康是指个体的性器官没有器质性的病变。性心理健康是指个体具有正常的性欲，能够正确认识和理解与性有关的问题，并且具有比较强的性适应能力，能正确处理与异性交往中产生的问题，使自身免受性问题困扰，促进自身心理健康发展。

性心理健康主要表现在三个方面：在性认知方面，有正常性态度和性欲望，没有性心理障碍与性行为变态；在性情感方面，具有正常的性爱感情和性人格；在性意志方面，对性需求能恰当满足与控制、能摆正性在人生目标中的位置❶。

（2）合理释放性压力，展示健康的性魅力

通过适当的性幻想、性梦、性自慰等途径来释放性冲动带来的压力是可行而正当的，但并不是必需的。大学生还可以通过更积极的性转移和性升华来释放性压力。例如可以利用学习、音乐艺术、体育活动、娱乐、文学创作等自己感兴趣的活动来转移性能量，分散对性的注意，或者就是通过男女正常交往以取得情感的平衡。

心理发展还未完全成熟的大学生要建立对性的自我保护意识。青春期性冲动处于高峰期，虽然性需要是人的正常生理反应，但是不适当、无节制的性行为都可能对身体和心灵造成创伤。另外，要积极预防性侵害的发生。在大学校园里，约会强奸作为一种性侵害形式要特别引起关注。热恋中的大学生男女情到深处，可能会提出进一步的性要求。有时候男女双方的需求可能并不一致，又没有表达清楚，极端情况下就有可能发生性侵害行为。又有时候，一些大学生会出现性行为认识偏差，即男性应该在性行为中处于支配地位，具有主动和攻击性，而女生则应该被动和顺从，从而导致性侵害事件的发生。

（3）坚持性纯洁

狭义的性纯洁是指保持童贞，只和准备共度一生的人，并只在婚姻关系下发生性关系。就深

---

❶ 张大均，吴明霞. 大学生心理健康. 北京：清华大学出版社，2007：123.

度而言，性纯洁包含着付出真诚努力并避开使人动情的情境；就信念而言，性纯洁是自尊、自重和对他人最深敬意的表现；就时间而言，性纯洁是一种一直坚持到结婚的决心。

许多国家都再次认识到应当明确给学生指出什么是正确的，什么是不提倡的。唯有旗帜鲜明地反对不正确的价值观，性教育才能产生有效的力量。例如日本在反思20世纪70年代性教育的同时，就提出要注重性约束方面的教育，他们认为性教育首先应当是性的文明教育、伦理教育和道德教育，其次才是性的卫生教育。1995年，美国纽约市也废止了公立学校实施多年的避孕套教育，进行性纯洁教育。也正是基于严峻的现实，布什政府才决定在2003年财政年度拨款1.35亿美元，用于倡导性纯洁教育，杜绝未成年性行为。这些发达国家为什么会从先前的性开放、性革命转而开始进行现在的性纯洁教育呢？那是因为在他们的社会当中，尤其是青少年当中，由性开放引起了雪山崩塌一样的卫生与社会问题，例如性病、艾滋病、未婚与婚外怀孕、心理与人际关系上的障碍、犯罪以及一大堆的相关问题。

保持性纯洁不仅对大学生现在有好处，对大学生的未来婚姻和家庭也具有深远的积极影响。

① 对现在的影响。性纯洁会使大学生摆脱不必要的负担和纠缠，保持情感的纯真和身体的纯洁，享受应有的自由和奔放，发展健全的人格，自由从事有价值的活动，全身心地实现自己的理想目标。从人际关系来讲，性纯洁有助于大学生发展全面的社交技巧，有时间结交更多的朋友，并且能学习自由地表达情感、而不涉及情欲。

② 就未来婚姻和家庭的影响。首先，在漫长的婚姻生活中，夫妻间不可避免地要面对彼此忠贞的考验，如果婚前就养成了自律、保持性纯洁人格特征和生活习惯，对于婚后的考验大有帮助。研究发现，性纯洁的婚姻更稳定、更和谐。其次，性纯洁是献给未来配偶最诚挚的礼物和建立彼此信任的最坚实的基础。第三，性纯洁对未来的子女也大有好处。父母关系的融洽会给孩子最大的温暖和安全感，而父母又是孩子的榜样，孩子会以自己的家庭为骄傲，并将这种纯洁带到自己未来的恋爱和婚姻当中去。

9.3 培养健康的恋爱观和择偶观

如果我们把婚姻比作高楼，爱就是钢筋，性就是地基。没有地基的高楼不可能稳固，缺乏钢筋的楼房经不起震动，如何打好地基，构建好钢筋骨架，这是值得每一个青年人思考的人生课题❶。

大学生的恋爱心理是指大学生在生理、心理、环境的共同作用下，对异性的求知、接近、进行恋爱、追求爱情等行为，以及由此所产生的各种心理现象。恋爱对于大学生来说，是普遍关心和感兴趣并且最想体验的事情之一，恋爱心理也对大学生的学习、人际交往、生活有着很大影响。

9.3.1 大学生恋爱中常见的心理障碍

爱情美好人皆向往之，"恋爱中的男人最潇洒，恋爱中的女人最漂亮"。一段迷人的爱情会提高恋爱双方的自信心，甚至彻底改变一个人。但并不是所有的爱情都是这样美好，恋爱也有雷区，踩到它，也许会给大学生们带来不期的伤害和痛楚。

（1）失恋

浪漫热情之恋是青年男女内心的美好憧憬，它似一杯甘醇芳馨的美酒，令人如痴如醉。然而，

---

❶ 张大均，吴明霞. 大学生心理健康. 北京：清华大学出版社，2007：111.

有恋爱就有失恋,这是个辩证的自然法则。失恋是恋爱过程的中断,即遭受挫折,在客观上表现为与相爱者的分离,在主观上表现为失恋者体验到的悲伤、绝望、虚无、忧郁等创伤性情绪,在行为上经常表现为逃避、冷漠、颓丧、烦躁等,有的甚至诱发一定程度的心理障碍、躯体不适或疾病。大多数失恋者能正确对待和处理好这种恋爱受挫现象,愉快地走向新生活。然而,也有一些失恋者不能及时排解这种强烈的情绪,导致心理推移,性格反常。具体到不同的个体,常常出现以下几种消极心态。

① "从此无心爱良夜,任他明月下西楼。"失恋者羞愧难当,陷入自卑和迷惘,心灰意冷,走向怯懦封闭,甚至绝望、轻生,成为爱情的殉葬品。因为失恋而自杀的人的推理是:连我最爱的人都抛弃了我,这个世界对我还有什么意义?事实上,如果反向思维,既然爱情不再,感谢爱情给予你的自我成长。正是爱情给予你人生的启发,恋爱是双方相互了解,为将来人生做准备的过程,如果在交往过程中发现彼此不合适,恋爱中止是最明智的人生选择。

② "不见去年人,泪湿春衫袖。"失恋者对抛弃自己的人一往情深,对爱情生活充满了美好的回忆和幻想,自欺欺人,否认失恋的存在,从而陷入单相思的泥潭。也有人会出现一个特殊的感情矛盾——既爱又恨,不能自拔。这类人首先从心理上拒绝、否认,继而更加思念对方,认为失去是人生最好的,陷入单相思之中难以自拔。

③ "阁道曲直,似我回肠恨怎平。"失恋者或因失恋而绝望暴怒,推动理智产生报复心理,造成毁坏性的结局;或从此嫉俗厌世,怀疑一切,看着什么都不顺眼,爱发牢骚;或从此玩世不恭,得过且过,求刺激,发泄心中不满。典型的心理反应是:我不幸福,你也别想幸福!这是一种扭曲的心理,因为个体在人生选择中,都有一个相互了解与学习的过程。

【案例】

小宇是一位帅气的男生,他与一个高中女同学青梅竹马,两人从高一到大四整整相恋了七年,每年寒暑假才能见上两次面,小宇就在这种期盼中度过了大学四年的学习生活,尽管大学中美丽女生不少,条件优越者甚多,但在他眼中,那在家乡等待他的她才是唯一的选择。每次想到她就感到无比的幸福与甜蜜。

然而,就在即将毕业、准备回家乡迎娶新娘的时候,他突然接到了一封信,信中她说,她就要嫁人了,为了不影响他的大学学习,才一直没有告诉他。请他理解自己的选择,也祝福他将来找到更好女孩。

接到这封信,他顿时崩溃了,想不清楚女友为什么说分手就分手?难道七年的初恋就这样结束了吗?到底是自己什么地方做得不好?他从此变得消沉,感觉中充斥着强烈的失败感,整日精神恍惚,做事情没有头绪。家人、朋友都劝他,想开些,好女孩多的是呢,再找一个比她还好的!可是他却说,七年的青梅竹马都不可靠,我再不会有真正的爱情了。

他恨她欺骗了自己,想要报复,想要和她一起离开这个世界。朋友推荐他来心理咨询室倾诉自己的痛苦,希望咨询师能帮助他走出来。

恋爱不成反生仇。失恋心理不能得到及时地排解,会产生心理失衡。强烈的失败感也严重地影响了他对自我的认识。

(2)单恋

单恋,即单相思,常常指一方一厢情愿地喜欢和迷恋对方,希望和对方发展恋爱关系的一种单方面存在的恋爱。它是恋爱心理的一种认知和情感的偏差,其最大的特点就是单边性。恋爱本来是两个人的事情，是双方在相互吸引和相互交往的过程当中的一种付出和收获趋于平衡的状态。而单恋可能是一方被另外一方强烈吸引，在心里默默忍受相思之苦或者在行动上一味地付出，但对方根本不知道或者不领情的情况。单恋通常表现为以下几种类型。

① "落花有意随流水，流水无心恋落花。"自己深爱着对方，深深被对方所吸引而不能自拔，但又怯于表达，从而苦苦思念，夜不能寐，甚至常常幻想自己和对方在一起会有多么甜蜜。

② "知我者谓我心忧，不知我者谓我何求。"有些大学生因为缺乏同异性交往的经验，因而在男女生正常交往和接触时对对方的言行、情感过于敏感，误以为对方对自己有意或者有暗示，而执意把对方的友情当成爱情。

③ "笑渐不听见渐悄，多情却被无情恼。"明知对方不爱自己或者已经有恋爱对象，还一味地追求和纠缠。把对方的婉言拒绝看作是对自己的考验。

（3）恋爱纠葛

爱情有时候很复杂，我爱上了你，你却爱的是他，你痛苦来我也不开心。韩剧是这种三角恋、多角恋等恋爱纠葛的典范。多角恋是指一个人同时被两个或两个以上的异性追求，并确立了恋爱关系。多角恋往往会给恋爱经验不足的大学生带来许多困扰。研究显示，由于性爱的排他性、冲动性，多角恋爱会给恋爱双方造成痛苦和心理负担，严重者可能潜藏着极大的危险性，是造成爱情纠纷的重要根源之一。

另一种恋爱纠葛是与已婚者恋爱。一些大学生是上当受骗；还有一些大学生是因为已婚者事业有成，经济基础稳定，有较好的物质条件，可以满足自己的享受欲、虚荣心，或者达到自己的其他目的；也有一些纯粹是为了好玩、刺激，想体验另外一种不同于校园恋情的生活。不论出于何种目的，建立在不平等基础之上的爱情很少会开花结果。一旦恋爱失败，受伤的往往是涉世未深的年轻大学生，留下无奈的一声叹息。

（4）网恋

网络小说、游戏里的风花雪月很容易使年轻的大学生迷失在情网里而不能自拔。聊天工具的便捷，使得天南地北、认识不认识的人们"走到了一起"，网恋便应运而生，甚至一度有人会调侃地问你："今天你网恋了吗？"

网恋是指那些在虚拟的网络世界里以恋爱为目的，在网络虚拟世界和社区以恋人的身份和网上恋人共同生活，共同经营一段爱情甚至是婚姻的一种恋爱关系❶。

网络中的人们自然而然地会将自己隐藏为"理想的自我"，集优秀的品质、能力、职业于一身。他们也许会随着自己的聊天对象的喜好，来改变自己的言行或者其他情况，从而彼此一见倾心，在比较短的时间里，赢得对方的好感甚至是爱情，似有一见钟情之感。网络恋爱终究要从背后走向现实，面对双方"现实的自我"时，很可能遭遇希望越大失望就越大的尴尬。网恋世界里流行"见光死"，网恋世界也隐藏着欺骗和罪恶。

（5）同性恋

同性恋是在正常社会生活条件下，对同性成员持续表现性爱倾向，包括思想、情感和性爱行为。同性恋者亦可有正常的性行为，其与异性之间是一个连续的、移行的谱带❷，包括只以同性为恋爱和性欲满足对象的纯粹的同性恋，也包括既与异性发展爱情，同时又与同性有恋爱关系的

---

❶ 郑日昌. 大学生心理健康——自主与自助手册. 北京：高等教育出版社，2007：164.
❷ 林崇德，杨治良，黄希庭. 心理学大辞典. 上海：上海教育出版社，2003：1253.

双性恋中的同性恋部分。由于不正常的性生活，同性恋中艾滋病的发病率高于其他非同性恋人群。

近年来，心理学家、精神病学家发现，同性恋者除了以同性为主要的和唯一的性满足对象，其他无任何明显的精神和心理的异常，甚至在学习、工作或其他社会行为方面有优异的表现，社会适应良好。因此，很多国家现在都已经不再将同性恋列入心理疾病的诊断范围，个别国家在法律上也允许同性恋结婚和领养孩子。

9.3.2 大学生恋爱心理问题的调适

恋爱的脚步渐渐临近，随之而来的不仅仅是浪漫的花前月下，还有无尽的爱情困扰。有研究显示，约有3/5谈过恋爱的学生因为失恋、单恋、恋爱纠葛、网恋、同性恋等一系列的问题而失眠、神经衰弱，甚至自我折磨，不仅伤害了自己的身体，更影响了自己的心理健康发展。

（1）失恋问题的调适

① 倾诉。失恋者精神遭受打击，被悔恨、遗憾、愤怒、惆怅、失望、孤独等不良情绪困扰，主动找朋友倾诉，释放心理负荷。可以用口头语言，把自己的烦恼和苦闷向知心朋友毫无保留地倾诉出来，并听听他们的劝慰和评说，这样心理会平静一些。也可以用书面文字，如写日记或书信把自己的苦闷记录下来，或给自己看，或寄给朋友看，这样便能释放自己的苦恼，并寻得心理安慰和寄托。

② 移情。及时适当地把情感转移到失恋对象以外的他人、事或物上。发展密切的朋友关系，交流思想，倾吐苦闷，陶冶性情；投身到大自然的博大胸怀中，从而得到抚慰。例如恩格斯失恋后登上阿尔卑斯山脉，在雄伟壮观的大自然面前，个人的情感和精神得到超脱。

③ 疏通。指的是借助理智来获得解脱，由理智的"我"来提醒、暗示和战胜感情的"我"。要想想，爱情是以互爱为前提的，不可因一厢情愿而强求，应该尊重对方选择爱人的权利。也可以进行反向思维，多想对方的不足点，分析自己的优势，鼓足勇气，迎接新的生活。还可以这样设想，失恋固然是失去了一次机会，然而却让你进入了另一个充满机会的世界。正如海伦·凯勒所言"一扇幸福之门对你关闭的同时，另一扇幸福之门却在你面前洞开了"。

④ 宽容。失恋带来的仇恨和报复心理并不能挽回失去的爱情，只能使心态更加失衡，而宽容能让人释怀。既然对方觉得分手更幸福，就让他离开吧。

⑤ 立志。失恋者积极的态度会使"自我"得到更新和升华，全身心地投入到工作中去，许多失恋者因此而创造出了辉煌的成就。像歌德、贝多芬、罗曼·罗兰、诺贝尔、居里夫人、牛顿等历史名人都曾饱受失恋的痛苦。他们是用奋斗的办法更新"自我"，积极转移失恋痛苦的楷模。

（2）单恋问题的调适

① 勇敢面对。所谓"当局者迷，旁观者清"，往往单恋者沉迷在自己编织的美好世界里，而对方很有可能对此一无所知。不妨克服羞怯心理，鼓足勇气，了解对方的真情实意。如果被接纳，爱的快乐就取代了等待的痛苦；如果是"落花有意，流水无情"，则应该面对现实，勇敢地抛弃幻想，用理智主宰感情进行转移，通过思想感情的转换和升华来获取心理平衡。

② 客观评价。在自己陷入单恋不能自拔时，要及时向可以信赖的朋友、亲属或心理咨询师求助。要客观观察和分析对方的表情，客观评价和认识对方的言行；要视其反复性，某种信息的经常出现可能意义很深，而一两次就不足为凭了，不要强化内心中形成的一见钟情式的浪漫爱情，防止认知偏差，避免恋爱错觉。

③ 升华情感。通过积极地转移情感和情境，逐步把自己的情感和注意力转移到学习、集体活

动、兴趣爱好、或其他异性身上，或是将自己已积累的相思之情，转化为对父母、朋友的关爱和亲近，从距离或环境上远离钟情之人。

(3) 恋爱纠葛问题的调适

① 理性评价。正确评价自己在恋爱中的地位和关系，认识爱情具有选择性和排他性，大学生要权衡自己的感情，决定选择和放弃。

② 明智地退避。爱情是两个完全平等的、有独立人格的人的事情。所以，无论你多么在乎一次爱情，如果另一个人坚决要离开你，请尊重他的选择。

(4) 应对网恋问题的调适

一位大学生这样描述网恋："一开始觉得两个人互相都不认识，有一种好奇心，迫切想知道对方长什么样子，于是有时间就上网，希望在网上遇到她，争取最快时间把对方的详细情况搞清楚。"尽管网恋的感觉是美好的，但网恋毕竟是网恋，它的风险成本也很大。大学生对于网恋要有一个理性的认识，客观、谨慎、理智地对待网恋。

① 理性分析。正如人们所说的"距离产生美"。网恋中恋人因为彼此间少了生活中的各种磕磕碰碰，少了许许多多应负的各种责任，少了有矛盾时面对面的尴尬，而多了不少随意与自由。但这种自由又恰恰蕴藏了很大的虚幻性、不确定性甚至是危险性。有人说，网络通常会产生三种人。第一种会在网络上突出他的次要性格，第二种人会在网络上变成他"希望"成为的那种人，第三种人会在网络上变成他"不可能"成为的那种人。所以说，网上的人许多都戴着面具，在网络上你喜欢的他，现实中可能完全是另外一个人。对此，大学生一定要理性认识。

② 理智辨别。大学生要掌握辨别网恋中对方信息真伪的技能，避免因对方身份的虚拟性、匿名性而上当受骗。在网上，"恋人们"可以不受限制，尽情"相爱"。大学生要理智地对待网恋中的甜言蜜语，要用理智去辨别这些话语的真伪。

③ 面对现实。大学生要努力学习心理健康以及生理健康方面的知识，并掌握克服挫折、调节情绪的方法。还要学会独立，学会适应远离父母的生活，学会坚强地面对困难，以避免由于不正常的心理原因而沉迷于网恋。

(5) 同性恋问题的调适

对因异性恋有障碍而走向同性恋的同性恋者要主动分析，寻求解决的方法，将性的对象转向异性，放弃自己的同性恋倾向。同时也可以向专业的心理咨询工作者寻求帮助，找出在自己的生命发展过程中导致同性恋倾向的因素，对症下药，并从认知上领悟到自己这种行为的幼稚性和不可取。对于有更深层次原因的同性恋，可以服用一定的激素药物，使体内的性激素平衡，同时加强自我控制，用升华和心理转移法将自己的同性恋情倾向转向异性或其他更有意义的活动中去。

9.3.3 培养健康的恋爱心理

爱情不可以被抑制，但爱是上苍赐予人类神圣的礼物，不可以滥用；爱情也不是存在银行中的钱，随需随取。正确地理解爱情，才可能与幸福同行❶。

(1) 肩负爱情的责任

所有的爱情都包含着一份神圣的责任，这种责任不是义务，不是外界强加的而是内心的自觉，即为自己所爱的人承担风险，而不是感官上的愉悦与寂寞时的陪伴。爱情意味着"关心、尊重、责任、认识，它不是为某个人所爱之意义上的一种情感，而是为所爱的人的成长和幸福的一

---

❶ 王群. 大学心理健康教育. 上海：复旦大学出版社，2004：156.

种积极主动的奋斗，它根植于自身的爱的能力。"恋爱自始至终都是一种有意识的社会行为，它无可避免地具有道德性，它不仅仅是享受爱情的温馨和甜蜜，更多意味着责任。鲁迅曾告诫过青年人："如果我们没有能力尽到自己的责任，就不要轻易去谈论什么爱情。"

(2) 正确理解爱情

有时候，爱情是给予而不是得到。安徒生著名的《海的女儿》的童话里，美丽的美人鱼为了自己心爱的人，舍弃了自己甜美的嗓音，最后因为对爱情的忠贞宁愿化为海面上的泡沫。爱的本质是培养和创造，恋人之间彼此分享快乐、兴趣、幸福和悲伤等。要真正地关心对方，走进对方的内心世界，以对方快乐为自己的快乐，培养无私的品格和奉献精神。大学生要学会理解和珍惜自己的感情，尊重自己的感情。大学时期的感情纯洁、真诚，这也是将来幸福生活的基础，是人生最为宝贵的财富，要懂得去体会和珍惜。

> **心理小卡片9-3**
>
> **五种虚幻的爱情**
>
> 几乎所有的大学生都能背诵《大话西游》中那段经典的台词："曾经有一份真实的爱情摆在我的面前，我没有珍惜，等它失去时我才追悔莫及，人世间最痛苦的事莫过于此。如果万物之神能够给我一个再来一次的机会，我一定要对你说'我爱你'！如果非要在这份爱情加上一个期限，我希望是一万年！"这是大学生心中的理想的爱情。但是，理想并不等于现实，当大学生心中的理想之爱最终注定只能是空想时，这种爱就会化作烟雨，一切都将随风而逝，留给当事人的只能是无尽的遗憾、懊悔与失落。因此，大学生首先需要澄清的是什么不是爱情。
>
> 一是偶像化的爱情。一个没有达到产生高度自我知觉的人，倾向于把自己所爱的人"神化"，他同自己的力量异化并把自己的力量反射到他爱的人身上，将他爱的人当作一切爱情、光明与祝福的源泉而受到他的崇拜。这一过程中，人失去了对自己力量的觉悟，在被爱者身上失去了自己，而不是找到自己。从长远观点看，没有一个人能符合崇拜者心愿，当然不可避免地会出现失望，而解决这一问题的方法是寻找新偶像——这种偶像式的爱情在最初的体验是强烈性与突发性。这种爱常常被看作是真正的与伟大的爱情。恰恰是这种所谓的强烈性和深度却表现了那些恋爱者的饥渴和孤独。
>
> 二是完美的爱情。这种爱情的本质只能存在于想象之中，而不是存在于同另一个人实实在在的结合之中，这种爱情的一种表现往往是用代用品使自己满足，另一种表现是将现时推移过去。我们常常将恋爱的对方想象得极其完美。特别是校园爱情被称为"真空爱情"或"玻璃爱情"，就是因为大学生扩大了爱情的完美性而忽视了其现实性。当真实的生活摆在面前时，大学生的爱情显得脆弱不堪，因为完美本身拒绝缺点。
>
> 三是爱的投射。当恋爱失败或受挫后，将注意力放到"所爱者"的错误和缺点上，对他人的细微错误的反应十分灵敏，而对自己的问题与弱点却不闻不问。他们考虑更多的是如何指责对方或者教育对方。那么，二者之间的爱情关系就成为相互投射。事实上，当恋爱受挫后，当事人需要认真反思自我，而非投射。
>
> 四是爱情的非理性观念。认为爱情意味着甜蜜，意味着没有冲突。恋人之间的相互冲突，那些属于人的内在现实并能在人的心灵深处体验到的冲突绝不是毁灭性的，这些冲突会带来净化，会带来心灵的沟通与理解。关于爱情的非理性观念主要有以下十类：①没有爱情的大学生活是失败的；②爱情是靠努力可以争取到，即付出总有回报；③爱不需要理由；④因为相爱而发生的性关系无可非议；⑤恋人是完美的，爱情是至高无上的；⑥爱是缘分也是感觉；⑦不在乎天长地久，只在乎曾经拥有；⑧爱情重在过程不在结果；⑨爱情能够改变对方；⑩失恋是人生重大的失败。

由于受非理性观念的影响，部分大学生将恋爱置于其他重要人生任务比如学业之上，甚至因为爱而荒废了学业。有的学生坚信爱情中付出总有回报，做爱情的守望者，耐心地等待，有的甚至采取极端举措。

五是产生于孤独无助时的爱恋。爱情产生于何时？我们无法精确计算。但很多悲剧产生于开始，因为开始本身就意味着错误。特别是大学新生，来到陌生的城市，面对陌生的环境，显得无助与孤独。此时，可能一声问候、一束鲜花都会令孤独无助之中的你感动之极。要记住：在孤独无助时，更需要广泛的社会支持如友情而不一定是爱情。"英雄救美人"的悲剧就始于此。

（3）创造真实的爱情

爱情是神圣的，不仅能够创造新的生命，而且还会使恋爱双方获得新的自我。它净化着人们的心灵，鼓舞着人们为挚爱的人奋斗进取，创造美好的未来。爱需要两个人真正地关心对方，走进对方的内心世界，以对方的快乐为自己的快乐。要保持爱情的常新，需要智慧、耐力、持之以恒及付出心血，同时又有自己的个性，有自己的追求与发展。学习新的东西，善于交流，欣赏对方，创造爱的同时，又有属于自己的空间，这些都是爱的重要源泉。

（4）尊重爱情

真诚的爱情建立在双方理解与平等的基础之上。尊重就是努力使对方成长和发展自己，是让自己爱的人以他自己的方式和为了自己而成长。恋爱时要诚实、礼貌、谨慎。爱情是一种相互理解、相互信任、相互尊重。理解对方是为个人和对方营造一种轻松和快乐的氛围，没有人追逐爱情是为了被对方约束；相互信任是自信的表现；尊重和奉献则意味着个人道德的修养，它是获得纯洁爱情的基础。

自私、猜疑、嫉妒控制在一定范围内是正常的现象，但是过于激烈的排他心理则会影响爱情的发展。大学生一方面具有敏锐的思维，与同龄人相比，具有较高的认知水平、较少的传统观念和较多的现代意识；另一方面又具有比同龄人更高的敏感性和更好地捕捉他人的心理活动轨迹的能力，因而也就增大了发生猜疑心理的可能性。因此，要正确地认识爱情的排他性，自觉地认识爱情的科学内涵，要学会包容，学会尊重对方，要意识到对方是具有独立人格的人，有其独特的个性品质。

9.3.4 培养爱的能力与责任

费洛姆说："爱是一种能力，也是一种艺术，也是一个人的终生任务。"恋爱的过程是培养爱的能力的过程。具备了爱的能力，才能使自己真正体验到爱给人带来的快乐和幸福。爱的能力表现为爱的过程中许多方面的能力。

（1）迎接爱的能力

包括施爱的能力和接受爱的能力。一个人心中有了爱，在理智分析之后，要敢于表达、善于表达，这是一种爱的能力。一个没有爱心的人是个自私自利的人。一个人面对别人的施爱，能及时准确地对爱作出判断，并作出接受、谢绝或再观察的选择，这也是一种爱的能力。缺乏这种能力的人，或是匆忙行事，或是无从把握。要具有迎接爱的能力，就应懂得爱是什么，有健康的恋爱价值观，知道自己喜欢什么，需要什么，适合什么。就应对自己对他人对万事保持敏感和热情，就应主动关心他人，热爱他人。当别人向你表达爱时，能及时准确地对爱的信息作出判断，坦然地作出选择。能承受求爱拒绝或拒绝求爱所引起的心理扰乱。

（2）拒绝爱的能力

自己不愿或不值得接受的爱应有勇气加以拒绝。

拒绝爱要注意两个方面：一是在并不希望得到的爱情到来时，要果断、勇敢地说"不"，因为爱情来不得半点勉强和将就。如果优柔寡断或屈服于对方的穷追不舍，发展下去对双方都是不利的。二是要掌握恰当的拒绝方式，虽然每个人都有拒绝爱的权力，但是珍惜每一份真挚的感情是对他人的尊重，也是一种自珍，同时是对一个人道德情操的检验。不顾情面，处理方法简单轻率，甚至恶语相加，结果使对方的感情和自尊心受到伤害，这些做法是很不妥当的。

（3）培养爱的责任、发展爱的能力

苏联著名教育家马卡连柯说："爱的力量只能在人类非性欲的爱情素养中存在。他的非性欲的爱情范围愈广，他的性欲也就愈为高尚。"发展爱的能力，并不是非要具体到对某一异性的爱，可以是更广泛意义上的爱。我们的亲人、同学、朋友、祖国和人民，都值得我们去热爱。发展爱的能力，就是要培养无私的品格和奉献精神，要培养善于处理矛盾的能力，有效地化解消除恋爱和家庭生活中的矛盾纠纷，为恋人负责，为社会负责，这样才能使爱情之树常青，爱情之花温馨、芳香。

（4）提高恋爱挫折承受能力

恋爱受多种因素的制约，因而在追求爱情的过程中遇到各种波折是在所难免的。前面所提到的单相思、爱情错觉、失恋等恋爱心理挫折对心理承受能力就是一种考验。如果承受能力较强，就能较好地应付挫折，否则就有可能造成不良后果。因此，提高恋爱挫折承受能力对心理健康是非常重要的。

① 当爱情受挫后，用理智来驾驭感情，通过增强理智感，分析原因，总结经验教训，寻找解决问题的方法和途径，在新的追求中确认和实现自己的价值，从而提高自己的心理承受能力和思想水平。

② 通过适当的情绪调节、宣泄和转移，来减轻痛苦。人对失恋的应对方式反映了一个人心理成熟水平和恋爱观。一个人能够理智地从失恋中解脱出来，往往会使自己变得成熟起来。

（5）鉴别爱的能力

能较好地区分什么是好感、喜欢和爱情，有鉴别爱的能力的人，是自尊也尊重别人的人，会自然地与别人交往，主动扩展交往的范围，珍惜友谊，会尽量多地体验他人的感受。

（6）解决爱的冲突的能力

相爱的人不是寻求两人的一致，而是看如何协调、合作。爱需要包容、理解、体谅。恋人间需要有效沟通，清楚表达自己的思想、感受。善于化解各种矛盾，爱情才能得以稳固发展。

心理小卡片9-4

爱怕什么

毕淑敏

爱挺娇气挺笨挺糊涂的，有很多怕的东西。

爱怕撒谎。当我们不爱的时候，假装爱，是一件痛苦而倒霉的事情。假如别人识破，我们就成了虚伪的坏蛋。你骗了别人的钱，可以退赔，你骗了别人的爱，就成了无赦的罪人。假如别人不曾识破，那就更惨。除非你已良心丧尽，否则便要承诺爱的假象，那心灵深处的绞杀，永无宁日。

爱怕犹豫。爱是羞怯和机灵的，一不留神它就吃了鱼饵闪去。爱的起初往往是柔弱无骨的碰撞和翩若惊鸿的引力。在爱的极早期，就敏锐地识别自己的真爱，是一种能力更是一种果敢。爱一桩事业，就奋不顾身地投入。爱一个人，就斩钉截铁地追求。爱一个民族，就挫骨扬灰地献身。爱一桩事业，就呕心沥血。爱一种信仰，就至死不悔。

爱怕模棱两可。要么爱这一个，要么爱那一个，遵循一种全或无的原则。爱，就铺天盖地，不遗下一个角落。不爱就快刀断麻，金盆洗手。迟疑延宕是对他人和自己的不负责任。

爱怕沙上建塔。那样的爱，无论多么玲珑剔透，潮起潮落，遗下的只是无珠的蚌壳和断根的水草。

爱怕无源之水。沙漠里的河啊，即便不是海市蜃楼，波光粼粼又能坚持几天？当沙暴袭来的时候，最先干涸的正是泪水积聚的咸水湖。

爱怕假冒伪劣。真的爱也许不那么外表光滑，色彩艳丽，没有精致的包装，没有夸口的广告，但它是有内在的质量保证。真爱并非不会发生短路与损伤，但是它有保修单，那是两颗心的承诺，写在天地间。

爱是一个有机整体，怕分割。好似钢化玻璃，据说坦克轧上也不会碎，可惜它的弱点是宁折不弯，脆不可裁。一旦破碎，就裂成了无数蚕豆大的渣滓，流淌一地，闪着凄楚的冷光，再也无法复原。

爱的脚力不健，怕远。距离会漂淡彼此相思的颜色，假如有可能，就靠得近一点，再近一点，直到水乳交融亲密无间。万万不要人为地以分离考验它的强度，那你也许后悔莫及。尽量地创造并肩携手天人合一的时光。

爱像仙人掌类的花朵，怕转瞬即逝，爱可以不朝朝暮暮，爱可以不卿卿我我，但爱要铁杵磨成针，恒远久长。

爱怕平分秋色，在爱的钢丝上不能学高空王子，不宜做危险动作。即使你摇摇晃晃，一时不曾跌落，也是偶然性在救你，任何一阵旋风，都可能使你飘然坠毁。最明智最保险的是赶快从高空回到平地，在泥土上留下深深脚印。

爱怕刻意求工。爱可以披头散发，爱可以荆钗布裙，爱可以粗茶淡饭，爱可以风餐露宿。只要一腔真情，爱就有了依傍。

爱的时候，眼珠近视散光，只看江山如画。耳是聋的，只爱听莺歌燕语。爱让人片面，爱让人轻信。爱让人智商下降，爱让人一厢情愿。爱最怕的，是腐败。爱需要天天注入激情的活力，但又如深潭，波澜不惊。

9.3.5 树立健康的恋爱观和择偶观

恋爱择偶得当受益终生，相反，恋爱择偶不慎不但会耽误学业，还会留下难以弥合的心灵创伤。健康的恋爱观和择偶观对大学生恋爱实践具有导向作用。对大学生而言，树立正确的恋爱观和择偶观应从以下几个方面着手。

（1）摆正爱情的位置

对于青年学生而言，大学阶段是人生的黄金时代，一生的事业在这里奠基，成才的希望在这里起步。从生理学的角度看，一个人在青年时期大脑中枢神经的功能处于最佳状态，如果不分散精力，而是专心致志，勤奋学习，就很容易成才。因此，大学生应以学业为主，爱情次之。树立崇高的理想，变"儿女情长"为胸怀大志，用理想的感召力焕发学习的激情，把兴奋中心转移到学习上，把时间和精力投放到学习上，从而真正地把学习放在第一位，爱情服从学业，爱情促进学习。

（2）选择正确的择偶标准

所谓择偶标准，是指在一定爱情观的指导下用某些标准或条件，挑选自己所要爱的人。在现实社会中，不同的人有各自不同的择偶标准，或"高富帅"，或"白富美"，概括起来可分为事业型、美貌型、金钱型、权力地位型、兴趣志向型等。大学生文化层次相对较高，未来将作为各条战线上的骨干，在恋爱对象的选择上应从政治、品德、性格、爱好等多方面综合考虑，注意理想志向的一致性，以互相爱慕、志同道合为基础，选择与自己心理特点相配的恋人。这不仅符合恋爱道德的要求，也是使恋爱能够成功的前提条件。

（3）真诚相待，互敬互爱

爱情是建立在双方互相了解和充分信任的基础上的，因此彼此应推心置腹，诚恳坦白，把自己各方面的情况如实告诉对方，毫不隐瞒，绝不能伪善和欺骗，更不能有不良目的，否则，终归是要自食恶果的。爱情关系的双方要尊重对方的情感和人格，绝不能以自私和嫉妒的心理，把恋人当作自己的私有财产，侵犯恋人的个人自由，扭曲了恋人的人格。这种不信任的烙印终归会成为埋葬爱情的坟墓，忠诚的爱情是不需要哨兵的。爱情双方不仅要自尊自重，而且要互信互谅，既不能捕风捉影，也不能违心地虚伪苟合，这样才能成为并肩前进的亲密战友。

（4）严肃认真，忠贞专一

恋爱是涉及双方、关系终生的事情，因而当事人要持严肃认真的态度。不能俯首拾来，随手抛去。恋爱关系一经确定，就一定要忠实于这种关系，爱情要专一，这是恋爱道德的基本要求。爱情的专一，要求男女双方都要承担一定的道德义务和道德责任，不能朝三暮四，变化无常，轻率转移爱的对象，爱情不能同时献给两个人。只有专一，两个人才能共同到达幸福。

（5）坚持爱的权利和责任的统一

爱不仅是一种权利，更是一种责任和义务，必须以高度负责的态度对待恋爱。爱的权利和义务是不可分割的，不能只强调爱的义务，无视人有爱的权利。但是男女双方一旦有了恋爱关系，也就有责任共同承担这一关系所包含的各种义务。爱是一种给予，它蕴藏着对对方强烈的责任感和义务感，要求恋爱双方的所作所为都必须向对方负责，这也是恋爱道德最突出的表现。

换水游戏

参与者每人持一个杯子和一支针管，除一人杯子里是无色的氢氧化钠溶液外，其余的均为清水，然后让所有参与者每人随意选择对象，用针管进行杯中液体的交换，几次交换完毕，观察一下有多少参与者杯子中的液体变成了红色。

注：清水代表正常人的体液，氢氧化钠溶液表示被感染者的体液；两杯颜色相同，表示我们不能识别艾滋病感染者；交换一次液体指发生一次不洁性接触，液体变成了红色就表示感染了艾滋病。讨论，艾滋病感染的主要途径、危害以及如何避免感染艾滋病。

1. 爱情类型量表

指导语：以下是一些与爱情有关的句子，请你尽量真实地依自己的经验和想法来填答。如果你有多次恋爱经验，请以你目前或最近一次的恋爱作答；如果你未曾有过恋爱经验则请以你理想中的情况来回答。作答时，请在每个陈述后，将适当的数字圈选出来。

爱情类型量表

项目	很不同意	不同意	普通	同意	很同意
（1）初次见面时，我与他立刻就有触电的感觉	1	2	3	4	5
（2）我们彼此被对方的容貌所吸引	1	2	3	4	5

续表

项目	很不同意	不同意	普通	同意	很同意
（3）我们之间身体上的亲密接触是热情而满足的	1	2	3	4	5
（4）我们深深地感觉彼此是天生的一对	1	2	3	4	5
（5）我们很快就有山盟海誓的承诺	1	2	3	4	5
（6）我们对彼此有很深刻的了解	1	2	3	4	5
（7）他的容貌正符合我梦中情人的形象	1	2	3	4	5
（8）我试图让他弄不清楚我是否想和他定下来	1	2	3	4	5
（9）我相信我心中保存的一些小秘密并不会伤害她	1	2	3	4	5
（10）我曾经周旋于两个恋人之间，并且避免让他们彼此知道	1	2	3	4	5
（11）只要是对他的感觉消失了，我就可以很快把这段感情结束	1	2	3	4	5
（12）如果对方发现我和别的异性朋友的一些事情，他一定会心情恶劣	1	2	3	4	5
（13）如果对方太依赖我，我就会故意抽身远离一点	1	2	3	4	5
（14）其实我喜欢周旋在不同的异性之间，亦真亦假地谈恋爱	1	2	3	4	5
（15）很难说我和他之间的友谊何时转化为爱情	1	2	3	4	5
（16）直到我有谈恋爱的意愿才会产生真正的爱情	1	2	3	4	5
（17）我期望我曾经爱的人和我都还是朋友	1	2	3	4	5
（18）我觉得由长期的相处和了解来发展爱情是最好的方式	1	2	3	4	5
（19）我们逐渐由友谊发展成为爱情	1	2	3	4	5
（20）我喜欢的爱情不是绚丽浪漫，激情或神秘的，而是如友谊般的感情	1	2	3	4	5
（21）美好的爱情是由深厚的友谊逐渐发展出来的	1	2	3	4	5
（22）在我认定一份爱情之前，我会考虑到对方的将来	1	2	3	4	5
（23）在谈恋爱前，我会先设想自己未来的生活，并以此蓝图选择爱侣	1	2	3	4	5
（24）门当户对是很重要的，两个人最好有相近的家庭、经历及教育背景	1	2	3	4	5
（25）他对我家庭的看法如何，是我选择异性朋友时很重要的考虑因素	1	2	3	4	5
（26）对方将来会不会是个好父亲或好母亲，是我选择对象的重要因素	1	2	3	4	5
（27）当我考虑和他是否交往时，我会先衡量因他而可能产生的未来及影响	1	2	3	4	5
（28）我认为优生学也是我选择爱情的一项重要因素	1	2	3	4	5
（29）我和他之间一有意见摩擦，我就浑身不对劲	1	2	3	4	5
（30）我会因为与恋人之间产生裂痕或分手，而极为沮丧甚至想自杀	1	2	3	4	5
（31）有时我会因为身在爱情当中，而兴奋得睡不着觉	1	2	3	4	5
（32）他的注意焦点不放在我身上时，我会非常不舒服	1	2	3	4	5
（33）恋爱时我会全心投入，以至于无法专心做其他事情	1	2	3	4	5
（34）当我怀疑他可能和其他人另有情愫时，我就坐立难安	1	2	3	4	5
（35）若恋人有阵子疏忽我，我会做些特别的事来吸引他的注意	1	2	3	4	5
（36）我愿意尽我所能地帮助对方渡过难关	1	2	3	4	5
（37）我宁可自己委屈吃苦，也不愿意让对方吃苦	1	2	3	4	5
（38）我永远把对方的快乐和幸福放在自己的前面	1	2	3	4	5
（39）为了他的目标，我可以牺牲或改变自己的计划、意愿	1	2	3	4	5
（40）我完全依照他的感觉、想法来做事	1	2	3	4	5
（41）即使他对我发脾气，我还是无条件的爱着他	1	2	3	4	5
（42）因为爱他，我可以包容一切他所做的事	1	2	3	4	5

评分与解释：

这42个项目是基于以上的6种爱情类型（情欲之爱、游戏之爱、友情之爱、现实之爱、激情之爱、奉献之爱）。把每个爱情类型上所有项目的得分相加，即为相应爱情类型的得分。情欲之爱：1～7分；游戏之爱：8～14分；友情之爱：15～21分；现实之爱：22～28分；激情之爱：29～35分；奉献之爱：36～42分。

你在每个爱情类型上的总得分是在7分到35分之间。得分最高的爱情类型反映了你对爱情的态度，而得分最低的爱情类型则最不能反映你对爱情的态度。

2. 看看你的恋爱态度

每个人在恋爱过程中所持有的态度和所表现的行为是千差万别的。请你对下列测试题做出"是"或"否"的回答，以便从中发现你自己在恋爱中的态度。

(1) 相对于冷色系的颜色来说，你更喜欢暖色系。

(2) 你是个急性子的人。

(3) 不爱听别人的意见。

(4) 经常换发型。

(5) 过去有过"脚踏两只船"的情况，或现在正是这样。

(6) 喜欢追求刺激。

(7) 到现在为止交往过的男(女)朋友不超过3个人。

(8) 即使失恋了也恢复得很快。

(9) 食欲经常很旺盛。

(10) 上课时，就算是没有把握也积极回答问题。

(11) 有恋人后，就会以恋人为生活的中心。

(12) 即使有不高兴的事，睡一觉就会忘掉。

(13) 能较多地考虑对方的心情。

(14) 虽然机会很小，但是喜欢上了也没有办法。

(15) 认为友情发展到爱情的概率很小。

(16) 认为在与恋人的交往中，性生活是否和谐很重要。

(17) 几乎都是我向异性进行表白。

(18) 认为"恋爱是没有理智的"。

(19) 在四个季节中最喜欢夏天。

(20) 喜欢圣诞节、生日宴会等。

评分标准：回答"是"的计1分，回答"否"的计0分，然后计算出总分。

评分解释：

16分以上：在恋爱中你属于很积极的类型。只要喜欢就勇敢地去表白，认为首先要向对方表达自己的想法，然后才能了解对方并进一步交往，所以表现得很积极。

11~15分：你朋友的协助会增强其积极性。在恋爱中比较积极，但只是思想积极，在行动上却常望而却步。这时朋友的支持是很重要的，因为本来就有积极性，所以在受到帮助和鼓励时会付诸行动。

6~10分：你可能爱管别人的事，你对别人的恋爱能给出积极的、有效的建议，但是一到自己身上就变得很消极。举个例子，朋友向你说他的恋爱故事时，你能给他各种建议。但对自己的恋情，即使朋友给你提了建议，你往往也不能接受。

5分以下：你属于过于消极的类型。不会向对方表白自己的爱慕之情，即使开始交往也不会主动地给对方打电话，也不会表现出"喜欢"的样子。如果总是过于消极，对方讨厌你的可能性就很大。

心理思考

(1) 如何培养健康的爱情心理？

(2) 怎样培养爱的能力？

(3) 如何正确看待婚前性行为？

第10章 珍惜生命之花

> 世界上只有一种英雄主义，那就是了解生命而且热爱生命的人。
>
> ——罗曼·罗兰

知识导航

- ◆ 认识大学生的生命困惑；
- ◆ 了解大学生的心理危机的特点、种类及表现；
- ◆ 把握大学生的心理危机的预警与干预方法。

心理小故事

一代歌后梅艳芳

香港艺坛的一位巨星——梅艳芳离开了。她虽因病魔缠身而去，但在人们心中神采依然。这不仅是因为她留下了许多经典名曲和令人难忘的银幕形象，还因为她在人生的最后时刻，用顽强的意志，迸发出生命的无限光辉。

梅艳芳出身贫寒，年仅四岁就登台演唱，帮补家用。小小年纪的她，经常捱更抵夜，奔波劳碌，见惯人生百态，尝尽酸甜苦辣。少年艰苦奋斗的经历，磨炼了她不屈不挠、勇于面对挫折的坚强意志，为她的歌声注入了坚毅、热忱和挚爱生命的内涵。当她身患癌症之后，没有自怨自艾，不甘放弃对生命的追求，尽力向公众展示刚强硬朗、最美最靓的形象。饱受病魔煎熬的她，亲口公开证实自己患上了子宫颈癌，并在记者会上更坚定地表示："这场仗我一定打赢！"三个月来，她没有放弃自己，在接受治疗之余，继续开演唱会和拍广告。就在去世一个月前，她盛装现身体育馆，一连举办八场演唱会。虽然在幕后，她气若游丝，举步维艰，难掩病容。但是，台上的她，华装浓彩，引吭高歌，倾情演唱。她以顽强的斗志，表现出对艺术的热爱，流露出对生命的渴望。她向病魔抗争，在生命的最后一刻，向世人展现出最动人的神采，留给观众"最后的灿烂"。

梅艳芳用自己一息尚存、奋斗不止的人生诠释了珍爱生命。生命仅仅是一个过程，甚至是一个转瞬即逝的过程，有时短暂得如同天穹中一颗消隐的流星。说它脆弱，它就像薄冰那样，不堪一击；说它坚强，它就像大山那样，坚韧不拔。在波涛汹涌的人生大海上航行，每个人都难免会遇到各种艰难曲折。只有珍爱生命，接受逆境的考验和磨砺，才能让有限的生命放射出无限的光彩，让生命创造出奇迹！

10.1 生命与大学生的生命困惑

人的生命是有意识的存在，生命具有感情，生命的由来是伟大且富有精神意义的，对人类具有重要作用。作为人来说，不仅要有信念、精神、意志，更重要的是怀有对生命的敬意与感怀，认同生命，使它灿烂无比。那么，生命是什么？如何认识死亡现象？如何让自己的生命之花绽放，活出精彩的自我？这是我们每个大学生都必须面对和回答的课题。然而，有些同学在苦苦思考这些问题时不幸陷入迷茫的泥潭而不能自拔。

● 10.1.1 认识生命与死亡

"生命"是个很直观又很神圣的字眼，也是大学生常常挂在嘴边的词，大家对它并不陌生。但是，到底什么是生命？生命的意义何在？同时，死亡意味着什么？如何克服死亡恐惧，避免非正常死亡？这是我们需要首先弄清的问题。

（1）生命的概念

生命的生物学定义是指生物体所表现出来的自身繁殖、生长发育、新陈代谢、遗传变异以及对刺激产生反应等复合现象。生命的哲学定义是指生命是生物的组成部分，是生物具有的生存发展性质和能力，是生物的生长、繁殖、代谢、应激、进化、运动、行为表现出来的生存发展意识，是人类通过认识实践活动从生物中发现、界定、彰显、抽取出来的具体事物和抽象事物。

根据生命存在的不同层次，生命分为自然生命、社会生命、精神生命。自然生命即肉体生命，是生物学层面的，它是所有一切事物存在的基础，没有它一切都无从谈起，爱惜、尊重和敬畏它是人生的首义。社会生命即人际生命,指生活角色、权利义务、社会关系,是社会学层面的,背负着人生的最多意义。人是社会性的生物,因此在生命的过程中履行好自己的各种生活角色,做好社会契约中的权利义务,就能让自己的社会生命得到最大的意义。精神生命即永恒生命,传感真谛、承袭天地、永世长存,是心理学和哲学层面的,是人生的最高层次,这种精神生命不仅仅是独立个体所具备的强烈而有力的意义,也是广泛人类群体当中长久依赖的积淀,凝聚为人性的精华,凝聚为人类的记忆,代代传承。

(2)探寻生命的意义

弗兰克认为,生命的意义是会改变的,每个人都有不同的想法,每个人都有不同的生活方式,每个人都有自己不同的生命路径。因此,对个体来讲,在每个不同的时间段中,对于生命意义的认识会有所不同,对不同的个体来说,每个人都会有自己对于生命的独特的思考,如同没有两片相同的树叶一样,这个世界也没有两个相同的人。

探寻生命的意义,主要是在思想上认识生命之可贵,珍惜生命之存在,欣赏生命之美好,体悟生命之乐趣,磨炼生命之魅力。面对人生的挫折,要保持积极的心态,相信没有过不了的坎,克服不了的困难。"敬畏生命"是由生命意义所决定的。生命究竟有何意义?那些放弃生命的人是否知道:每一个生命都是有限的,有限的生命具有唯一性和不可逆转性。唯一性意味着:来了,从此就不再来。不可逆转性表明:人死不能复生。热爱生命,就不只是欣赏生命、享受生命,更应该创造生命的价值,使自己活得有意义、有价值,没有白到人间一遭。

有三条途径可以去寻找生命的意义:第一,通过主动创造性的工作、学习,在这个世界中发挥自己最大的潜力和能力,去接触人类的文化,去接触世界的存在,这样的工作和学习也会给个体带来自我实现的成就感和价值感。因此,在我们的生活当中,工作、学习都是不可或缺的。第二,通过被动的体验,比如对大自然、对艺术的欣赏,这样的欣赏会给予人美的感受和体验,会让人的心灵更加纯净,会让人的生命更富于深刻的体验和深度。此外,还有对所爱的人和事的感受。第三,找寻成就的意义、苦难的意义。从成就和苦难当中去体验生命的价值和意义。

生命是一种奇迹,无数的人为了这个奇迹而赞叹。有时候生命很顽强,有很多人哪怕躯体残缺,哪怕奄奄一息,也能够凭借意志存活,这样的生命就像是石缝之下的小草,顽强地探出头来看着阳光;有时候生命很脆弱,大自然的一场灾难,就会让很多人失去生命,失去亲人,失去家园,不仅仅是自然的灾难,生活中也会有各种各样的意外、甚至是自己,都可以让生命在瞬间毁灭。为了让我们的生命有意义、有价值,放射出耀眼的光华,还是让我们珍爱自己的生命吧!

心理小卡片10-1

生命的意义需要告知

"我们是否告诉过孩子:生命是情意的牵连,从出生起妈妈每天的期待就是看着你一天一种变化,生命在于源源不断,生命更在于一种报恩与情意的美。"

"我们是否告诉过孩子:个人生命虽然有限,但有限的生命可以创造无限的奇迹,这世上最伟大的奇迹都是生命活动的痕迹,从思想名著,到令人陶醉的音乐,从让全世界受益的电的发明,到深究生命起源的科学探索,生命的价值就在于让这个世界丰富多彩,我们需要告诉孩子们,生命是如此美好神奇。"

"可是,为什么还会有人舍得放弃如此美好而神奇的生命呢?因此还需要告诉他们:生活其实也像莫测的天气,急风暴雨后才会有绚烂的彩虹;磨难也是有价值的,它能使生命更有力量,而有力量的生命才有更多的生命感受与奇迹。"

资料来源:中国人民公安大学李玫瑾教授,《人生没有迈不过的坎》

(3) 面对死亡的生命思考

就生命而言，人与万物一样有生有灭。无论我们承认还是不承认，愿意还是不愿意，死亡都是人生的最终归宿，尽管残酷但却是任何人都无法改变的事实。所以，我们不应该漠视和回避死亡，而是要"直面死亡"。

人为什么活着？也许当人们真的面对死亡时，才开始思考该怎样很好地活着、怎样活得有意义。

在学习、人际关系、情感等方面，大学生都可能会遇到各种苦恼。如果继续探寻这些苦恼背后更深层的痛苦，其实都会涉及人为什么活着这一重大人生课题。我们感受的现实痛苦越深，越是被人为什么活着这样的问题所困扰。

细细想来，难道我们活着真的就是为了一纸文凭吗？就是为了找个好工作，挣许多的钱吗？就是能有出头之日，成为人上人吗？也许我们的痛苦，恰恰来自我们的生活，成了这些所谓追求的奴隶，感受不到真正的自我价值和意义。

怎样面对死亡？"人类的一切智慧和思考都归结为一点——教我们不要惧怕死亡，坦然面对死亡。"2012年大学生生命观现状调查数据显示："对于面对生命的逝去你的感受"，78.8%的学生表示为自己活着而倍感珍惜生命，10.6%的学生表示对死亡产生恐惧，7.5%的学生表示那是一种解脱，40%的学生认为死亡是必然要发生的。

蒙田说："死神在哪里等待我们，是很难确定的，我们要随时随地地恭候它的光临。对死亡的熟思也就是对自由的熟思。谁学会了死亡，谁就不再有被奴役的心灵，也就能无视一切束缚和强制。谁真正懂得失去生命不是一件坏事，谁就能泰然对待生活中的任何事。"

死亡告诉人们，人的生命不是一条没有终点的、无限延长的射线，而是一条有始有终的线段，它提醒我们生命是有限的，人无法决定生命的长度，只能把握好生命的每一天。从自然生命的角度看，人只能获得一次生命，在人类历史长河中，人的生命又是极为短暂的、有限的。我们直面死亡，认识生命的有限性，是为了格外珍惜生命，使人生更加从容有序，赋予生命以内在意义。我们既要反对"今朝有酒今朝醉"的及时行乐的人生态度，也要反对"生不足喜、死不足悲"的悲观失望的人生态度，要克服那种"明日复明日"的惰性心理，有计划地筹划自己的人生，使我们的人生生气勃勃、轰轰烈烈、奋发有为。在经历了美国"9·11"恐怖事件和我国"5·12"大地震、"7·23"动车追尾事件后，人们之所以会重新思考人生，重新思考怎么样安排人生、创造人生、丰富人生和享受人生，正是因为人们感受到了生命的脆弱和短暂，懂得了有限的生命是何等的宝贵。正因为有了死亡，才有对生命的思考；因为有了终结，才突显过程的重要；因为死亡的必然性，才显得生命的可贵。所以，人虽不能逃避死亡，但活着就要活得充实、有意义、有价值。只有有价值的生，才能无愧地面对死。

● 10.1.2 大学生的生命困惑[1]

2011年1月16日凌晨5时许，同济大学嘉定校区汽车学院一学生因厌恶学习，从优等生变成差等生，愧对父母而选择结束生命，从宿舍楼坠楼身亡。

2011年5月18日4时20分左右，中国地质大学一名研三的女生从校内综合楼7楼坠下，当场身亡。

2011年5月24日，山东大学威海分校一大四女生因父母离异，双方都不要她而跳楼自杀。

2012年7月13日，甘肃农业大学一女大学生因考试作弊被发现，从公寓楼跳下身亡。

2012年11月20日，海南琼州学院三亚市校区教学区一名大学生因不满意所学专业，跳楼自杀。

---

[1] 张国成等. 《大学生心理健康指导》. 辽宁科学技术出版社, 2009：263-264.

统计数据表明，近年来大学生自杀现象逐年上升。这些大学生本该享有充实快乐的现在和辉煌灿烂的未来，为什么却选择以自杀的方式来结束年轻的生命？主要原因是他们缺乏对生命的敬畏和价值的认识，找不到生命的意义。人与动物最大的不同就在于人会寻找生命的意义和价值。我为什么而活着？我的存在价值在哪里？我要追求什么样的生活？这是大学生们孜孜探寻，却总是解释不清、思考不透的问题。由此也带来了大学生对生命问题的诸多困惑。

（1）生命目标的缺失

目标是生活的动力。一些大学生不知道自己学习、生活是为了什么。为了国家的前途、民族的命运？这些目标看起来太大、太远，跟自己的现实联系不起来。为了个人的幸福、快乐？这些似乎太小、太虚，感受不到，把握不住。当找不到一个终极目标时，一些大学生在社会浮躁心理的诱惑下，追逐名利，把打工挣钱作为自己的主业，荒废了学业；有的人把恋爱视为人生的第一要义，把全部时间花费在了卿卿我我之中，一旦爱情遭遇了危机，便也失去了人生的方向；有的人在现实生活中找不到目标，便在网上消磨时间、打发时光，从游戏中获得暂时的快乐，从虚拟中获得暂时的充实……

（2）生命价值感的苍白

相关调查结果发现，大部分学生生活态度端正、积极向上、目标明确、奋发有为，少部分同学生活没有目标、消极悲观。在调查中，对"你是否正在为实现自己的人生目标而努力"，51.6%的学生回答是，40.9%的学生表示没有努力方向，4.1%的学生表示得过且过，2.5%的学生表示对前途很悲观，不知道生命的意义在哪里。对"自己的人生态度"，54.9%的学生认为是"健康自信"，57.4%的学生认为是"拼搏进取"，72.1%的学生认为是"积极乐观"，5%的学生认为是"消极宿命"，8.1%的学生认为是"悲观困惑"，3.3%的学生认为是其他。

价值感是一个人生活的依据，是一个人生活动力的来源。一些大学生不能正确认识自我，接纳自我，很自卑。当看轻自己、觉得自己无价值时，生活上一遇挫折，便极易产生心理问题，甚至会放弃自己的生命。例如，当学习成绩不理想时，会倾向于否定自己的学习能力，对自己失去信心；当失恋特别是对方主动提出分手时，会倾向于认为"我不好，我不值得爱"；当就业找不到理想的工作时，会倾向于认为"我不行，人家不要我"……那些选择轻生的大学生，就是全然看不到自己存在的价值，认为自己的人生彻底失败，因而放弃了自己的生命。

（3）生命态度的倦怠

调查结果发现，大部分学生有着积极的生命体验，能够热爱生命、珍惜生命，对生命持正确态度，但部分同学认识存在偏差。数据显示：对于"生命的体验"，55.7%的学生表示幸福且快乐，7.4%的学生表示平淡且无趣，3.3%的学生表示暗淡且痛苦，23.8%的学生选择其他；对于"无论何时都能做到热爱生命、珍惜生命吗"，49.2%的学生表示一定可以做到，12.3%的同学生表示做不到，9%的学生表示不知道，26.2%的学生表示依具体情况而定。

心中缺少明确的人生目标，生活就会缺少动力。当大学生们面临繁重的学业、复杂的人际关系、纷扰的爱情、艰难的就业时，就出现了种种情绪上的倦怠：孤独、寂寞、痛苦、烦恼、失意、迷茫、困惑、疲惫、无奈……它们剪不断，理还乱。无怪乎如今"郁闷"成为大学生们的口头禅，"纠结"成为大学生们的流行语。在消极的生活心态的笼罩和侵蚀中，一些大学生不能积极乐观面对现实生活，害怕和回避生活中的矛盾和冲突，消极度日，过一天算一天；有的人由一般的情绪困扰，发展成了抑郁症，甚至走上了轻生的道路。

10.1.3 大学生生命困惑产生的原因

大学生产生生命困惑的原因是多方面的，既有社会的客观因素，也有大学生自身的主观因素。

（1）客观方面的环境因素

当代大学生出生在改革开放的大背景下，成长在社会生活剧烈变迁的大环境中。信息的充斥、知识的翻新使大学生们眼花缭乱；社会的浮华、名利的诱惑使当今的大学生失去了父辈的从容与淡定，出现了越来越多的心理误区和生命困惑。

① 急功近利思想的影响

市场经济是把双刃剑，它在使我们生活水平大大提高的同时，也给我们带来一些负面影响。市场经济追求利润的原则，刺激了人们的物欲。百万富翁、亿万富翁的一夜暴富，广告中名牌商品、豪华别墅的频繁宣传，都随时刺激着年轻人，诱使大学生滋生急功近利的思想，一些学生不再相信理想、奋斗和奉献，不再安心学习、踏实做事。他们处处讲究功利，计较个人得失。选择专业，不管个人是否喜爱，只要热门就选；就业找工作，无论自己是否适合，盲目选择待遇高的单位；参与学校社会工作，不看个人能否得到锻炼，先问有无报酬，有无好处；甚至入党、当干部都带上了明显的功利色彩。

② 社会竞争带来的压力

现在社会竞争异常激烈，大学生们在为人生做准备的过程中，强烈地感受到了适应的压力、学业的压力、人际的压力、恋爱的压力、就业的压力、个人发展的压力。当这些众多的压力不能排解时，就会产生对人生的无奈和无助感。

心理小卡片10-2

A—Z 减压26式

A. appreciation　接纳自己接纳人，避免挑剔免伤神。
B. balance　学习娱乐巧安排，平衡生活最适宜。
C. cry　伤心之际放声哭，释放抑郁舒愁怀。
D. detour　碰壁时候要变通，无须撞到南墙头。
E. entertainment　看看电影听听歌，松弛精神选择多。
F. fear Not　正直无惧莫退缩，哪怕背后小人戳。
G. give　自我中心限制大，关心他人展胸怀。
H. humor　戴副"墨"镜瞧一瞧，苦中寻乐自有福。
I. imperfect　世上谁人能完美，尽力而为心坦然。
J. jogging　跑跑步来爬爬山，真是赛过食仙丹。
K. knowledge　知多一点头脑清，无谓担心全减小。
L. laugh　每天都会笑哈哈，压力面前不会垮。
M. management　不怕多却只会乱，时间管理很重要。
N. no　适当时候要讲"不"，不是样样你都行。
O. optimistic　凡是要向好处看，无须吓得一头汗。
P. priority　先后轻重细掂量，取舍方向不难求。
Q. quiet　心乱如麻自然乱，心静如水自然安。
R. reward　日忙夜忙身心倦，爱惜自己要牢记。
S. slow Down　做下停下喘口气，不必做到脑麻痹。
T. talk　找人聊聊有人听，被人理解好开心。
U. unique　人比人气死人，自我突破最要紧。

> V. vacation　放放假或充充电，活力充沛展笑脸。
> W. wear　穿着打扮用心点，精神焕发心情好。
> X. x_ray　探寻压力的源头，对症下药有计谋。
> Y. yes,I can　相信自己有潜力，勇往直前步青云。
> Z. zero　从零开始向前看，每日都是新起点。

③ 社会成功价值观的错位

每个人在人生中都追求成功。什么是成功？传统的价值观是出人头地，认为拥有高学历、高职位、高收入才是成功。为此，父母"望子成龙""望女成凤"；学校教育中以分数论英雄，以考取好大学为光荣。在这样的"成功"标准下，家庭、学校、社会忽略了学生自身幸福感、快乐感的体验，忽略了学生精神生命的发展，拼命把学生往他们期望的"成功"的道路上挤压。当不能达到他们"成功"的标准时，就倍感失败。其结果使学生失去了生命的自主性，失去了快乐，失去了进取的动力，甚至放弃了生命。一个轻生的大学生在遗书中写道："亲爱的爸爸，请原谅我，我根本无法达到您的期望，我是个失败者。"

（2）主观方面的心理因素

大学生正处在身心迅速发展但思想尚未成熟的年龄阶段，其自身心理的不成熟性是造成大学生生命困惑增多的内在原因。

① 青年期自我认同的迷茫

按照发展心理学家埃里克森对人生阶段的划分，大学生正处在青年中期。这个阶段的特点是容易发生自我认同的混乱。一方面带有年轻人的朝气、勇敢和决心，对未来抱有幻想；另一方面又对现实中的许多事物不能理解，不能接受。他们与上一代的人有认识上的差异和思想上的隔阂，但又无法达到理想的沟通；不满现实，又无力改变现实，内心充满了彷徨、郁闷、烦躁和孤独。

② 利己主义价值观的影响

利己主义价值观过分强调尊重个人的私利，满足个人的愿望。这种价值观对当代大学生有一定的影响。再加上现在大学生多数为独生子女，在家庭中父母过分溺爱，处处以孩子为中心，无限制地满足孩子的物质欲望，造成了一些大学生忽视他人和集体的利益，凡事先考虑自己，处处以自我为中心，只要自己稍有不满足，就抱怨社会、指责他人。

③ 思维方式的不成熟

每个人都有一套认识问题的思维方式，每个人的思维方式都是由个人长期以来的生活经历、所受的教育、所接受的文化信息内化而成的。大学生由于涉世不深，缺乏社会历练，看问题往往带着自己的主观想象，易于简单片面，习惯于理想式地看待现实世界，当个人认识和现实发生冲突时，就会对现实不满、对人生怀疑，从而陷入焦虑和迷茫之中。

④ 经受挫折能力较弱

人生发展的道路上必然会遇到困难和挫折，然而，由于大学生还未走向社会，人生阅历还不够丰富，还缺少应对困难的能力和办法，再加上现在生活条件比较安逸，绝大多数大学生成长比较顺利，经受的挫折较少，因此在学习、生活中遇到一点挫折就容易气馁，感慨人生的道路为什么这么艰难，对人生失去信心。

有人曾经问：世界上什么东西的力气最大？回答莫衷一是，有的说象，有的说狮子等。没有一个人将小草这些植物叫做大力士，但是它的力量之大，的确世界无比。这种力是一般人看不见的生命力。只要生命存在，这种力量就要显现，上面的石块丝毫不足以阻挡它，因为这是一种"长期抗战"的力，有弹性，能屈能伸的力，有韧性的力。人的头盖骨结合得非常致密，坚固。生理学家和解剖学家用尽了一切的方法，要把它完整地分开来，都没有成功。后来忽然有人发明了一个方法，就是把一些植物的种子放在要剖析的头盖骨里，给予相应的温度和湿度，使种子发芽。种子发芽后，便以可怕的力量，将一切机械力所不能分开的骨骼，完整地分开了。有些人缺少的就是植物种子的这种力量。即使它不落在肥土中而落在瓦砾中，有生命的种子决不会悲观，叹气，因为它相信有了阻力才会有磨炼。

10.2　大学生生命教育

大学生对生命认知的欠缺、对生命意义和价值不能充分理解、产生诸多的生命困惑，这也折射出大学生生命教育的缺乏。正是这种缺乏，使他们在遇到一些难以克服的困难或危机时，部分大学生不能正确地认识与积极地应对，出现一些不理智的行为。因此，要大力开展生命教育，帮助同学们去感悟和体味生命的真、善、美、圣。

● 10.2.1　生命教育的内涵

生命教育起源于20世纪中叶，是一种新的教育思潮。从20世纪初开始，美国就有学者探索死亡教育问题。明确提出生命教育思想的是美国人杰·唐纳·华特士，他于1968年在美国加州创建了"阿南达村"以及阿南达生活智慧学校，开始倡导和实践生命教育。他指出，生命教育是一套系统，他和生命本身有着相同的目标：在心灵与心智、身体与精神的各个层面上逐步进步，变成比较平衡、成熟、有效率、快乐、和谐的人。几十年来，他提出的生命教育理念受到人们的高度关注，并在短期内波及世界许多国家和地区，逐步形成了新兴的教育思潮。20世纪70年代，美国已有1500所中小学、600所大学设有死亡教育。此后许多国家相继效仿美国，推行以"生命教育"为主题的教育实践，现已形成较为完整的教育体系。20世纪末，我国台湾教育界也将死亡教育和生存教育加以整合，称为"生命教育"，认为生命教育是指对于生命存在有感受，及对生命质量的提升，乃至达到止于至善的训练。其主旨在于阐释生命的可贵及生命应有的尊严。

生命教育有广义与狭义两种。狭义的生命教育是指对生命本身的关注，包括个人与他人的生命，进而扩展到一切自然生命。广义的生命教育是指一种全人格教育，不仅包括对生命的关注，而且包括对生存能力的培养和生命价值的提升。

有学者认为，生命教育是指导学生正确地认识人的生命价值，理解生活的真正意义，培养学生的人文精神，激发学生对终极信仰的追求，培养学生的关爱情怀。还有的学者认为，生命教育旨在唤起人们对生命价值的认识，采用理想的教育推动人的发展，提升人类生命的本性，使教育成为生命本质觉醒和显现的过程，成为个人向"人类"世界和自我不断开放的过程，从而改变教育的工具化和教育目标片面化的现象。

无论是强调生命教育的终极关怀，还是主张从教育改革的角度出发，都可以看到生命教育具有丰富的内涵，是一个多纬度、多层次的内容体系。其内涵是认识生命的本质，全面理解生命的意义，提升生命价值的活动。

生命教育的目的在于使每个受教育者在自我求生存的基础上，能够更好地生活，活得更明白，活得更有意义，与自然与社会的关系更和谐更融洽。

一般认为，生命教育的基本内涵包含三个方面。

(1) 生命知识教育

其重点在于掌握生命知识，理解生命的内涵，尊重生命的存在，欣赏生命的美好。其目的是通过学习使学生对生命的结构与生理有科学的认识，使学生理解生命、欣赏生命，进而关注生命、珍惜生命。

(2) 生命价值教育

维护生命价值和尊严，实现自我的生命价值是生命教育的核心内涵。其重点在于对个体生命价值以及人生目标和意义形成理性认知。其目的是让学生充分认识到生命的价值与意义，学会体验生命、热爱生命、拓展生命，形成健康的生命价值观。

(3) 死亡教育

在生命教育过程中，不仅仅讨论死亡和死亡的严重后果，更多的是探讨"生"，即怎样才能活得精彩，如何体验生命的美好与价值。正因为人的生命的有限，人们才更应该珍惜生命的分分秒秒。科学的死亡观使人更好地善待生命、珍惜人生，可见，"死"的存在不是使"生"毫无意义，而是更突显出"生"的意义与价值。

10.2.2 生命教育的历史

在西方国家，生命教育的研究源于人们对死亡的思考。第一位倡导生命教育的是美国的杰•唐纳•华特士，他于1968年在美国加州创建"阿南达村"，开始倡导和践行生命教育思想。最早提出"生命教育"概念的是1979年在澳洲悉尼成立的"生命教育中心"，该中心现在已经发展为一个国际性机构，属于联合国非政府组织(NGO)的一员。

(1) 美国的生命教育

美国的生命教育起初是以死亡教育的形式出现的。死亡教育作为生命教育的一种方式，后来发展为生死教育。从20世纪80年代起，美国规定在中小学校开始实施"生命教育"，帮助学生科学地了解人的生与死，以理解的态度面对生命历程中不可抗拒的客观规律，从而使其活得更充实、更有价值。同样，在20世纪80年代美国教育部门提出"新品格教育"理念。"新品格教育"的提出是对当时青少年早孕、吸毒、自杀、暴力等现象的反思，目的是让学生树立起客观的道德价值观，形成于人于己都有利的良好品格。此外，美国还通过多种途径开展生命教育。例如，1986年美国华特士在美国加州设立"阿南达村"生命学习社区；印第安纳州通过互联网和电子传媒来推动生命教育，开设有生命教育和资源网等。美国学校还十分重视对学生特别是大学生的人文教育，包括语言、文学、历史、哲学、神学等，在人文教育中渗透着大量生命教育的内容。现在，美国青少年的生命教育分为品格教育、迎向生命挑战的教育和情绪教育3大部分。

(2) 我国的生命教育

中国内地很长时间以来没有把生命教育作为一个体系重视起来，只是在部分课程教育中有所显现，如小学的自然常识、安全知识教育及中学和高校的心理健康教育等。生命教育作为一个教育体系，一直没有能在学校中充分得到发展。直到2000年前后，随着中学和大学校园中自杀及伤害他人事件的不断出现，中国内地教育界才开始关注生命教育，逐渐开始生命教育、生命意识教育的讨论。

中国生命教育研究的高潮开始于《中共中央国务院关于进一步加强和改进未成年人思想道德建设的若干意见》（中发[2004]8号）颁布之后，2005年3月上海在全国率先制定了《上海市中小学生生命教育指导纲要》（试行），指出"生命教育是旨在帮助学生认识生命、珍惜生命、尊重生命、热爱生命，提高生存技能，提升生命质量的一种教育活动"，这是中国政府教育部门第一次明确定义，但它主要是针对中小学生的教育。在上海之后，其他省市的中小学校也相继开展了生命教育，主要是以珍惜生命、日常生活安全知识、面对突发事件如何生存等的教育为主。

在2004年10月，在中共中央、国务院发布了《关于进一步加强和改进大学生思想政治教育的意见》之后，高校才开展生命教育和生命意识教育的讨论与研究。

2004年，民间从事生命教育的公益群体"关爱生命万里行"活动小组成立，主要目的是关注青少年的和谐成长，帮助青少年认识生命、珍惜生命、尊重生命、热爱生命，提高生存技能，提升生命质量，推动国家形成各个阶段有机衔接、循序递进和全面系统的教育内容体系。特别是针对有自杀倾向、失足的青少年提供心理和社会支持服务。2006～2009年，连续几年促成全国人大代表在全国人大会议上提出预防自杀、生命教育的相关议案或建议。

10.2.3 大学生生命教育的现状

近年来，上海政法学院连淑芳、上海大学魏传成对上海市1 008名在校大学生进行了生命意识的随机抽样调查。调查显示，大学生对生命现象已形成基本认识，但对死亡现象存在一定程度的认识偏差；大学生大部分对自己持支持肯定的态度。具有比较明晰的学习动机，对生命价值有所体验与感知，但层次较浅、视野较窄，缺乏自觉和主动意识；大学生基本具备了承受生活压力、经受挫折的能力和耐力，拥有积极向上的心态，但生命质量有待提高。

（1）对生命现象的理解

对死亡现象，该调查显示，有69.30%的大学生认为"人死了，生命就结束了，不会再活过来"；有25.10%的大学生认为死亡是"在这个世界消失，去了另一个世界"；甚至还有5.60%的大学生认为"人能死而复生"。调查还显示，当遇到不顺心的事情时，6.80%的大学生"经常有"自杀念头，"偶尔有"的占25.40%，"没有"的为67.80%，不到七成；当遭到别人严重冒犯时，7.40%的大学生"经常有"杀死别人的念头，"偶尔有"的占27.20%，"没有"的为71.10%。

性别差异和自杀念头产生频率交互统计及检验表明，当遇到不顺心的事情时，有7.7%的男生"经常有"自杀念头，女生为5.9%，略低于男生。由此可以看出，性别差异和产生自杀念头频率并没有显著相关。

性别差异和杀死别人念头产生频率交互统计及检验表明，当遭到别人严重冒犯时，10%的男生"经常有"杀死别人的念头，"偶尔有"的占25.9%，"没有"的为64.1%。在女生中，"经常有"杀死别人念头的占4.6%，"偶尔有"的占16.3%，"没有"的为79.1%。由此可以看出，性别差异和杀死别人念头产生频率有显著相关。

调查显示，大学生自杀的主要原因居首位的是"生活压力大"（27.2%），接下来依次为"看不到前途"（26.6%）、"学业压力大"（20.6%）、"失恋"（15.4%）、"其他"（10.2%）。

（2）对生命价值的感知

该调查对"生命价值"的操作定义，首先，是肯定自身存在的价值；其次，是肯定自己从事的活动的价值；最后，是肯定自己之于他人的价值。调查问卷涉及生命价值的项目有：是否自信、对学习生活的评价、朋友关系、生活的主体性等。

① 你喜欢自己吗

调查显示，67.1%的大学生喜欢自己，23.1%的大学生不置可否，还有9.8%的大学生称"不喜欢自己"。交叉分析发现，在这个问题上男女生存在性别差异，其中喜欢自己的女生占68.8%，男生占65.6%。相比较而言，女生更为"自恋"，高出男生近3个百分点。

② 当你把一件事情做得很糟糕时，你会如何

调查结果显示，64.60%的大学生的态度较为积极，认为"没关系，下次会努力做好"，其中男生占65.90%，女生占63.30%；27.80%的大学生因此否定自己，觉得自己"无用"，其中男生占28.40%，女生占27.20%，性别差异不显著。年级比较来看，76.90%的大学一二年级学生态度较为积极，大学三年级以上对待挫折的态度较为积极的学生为52.30%，年级差异明显，低年级态度更为积极，高年级则趋向消极对待挫折和采取无所谓的态度。

③ 你有几个好朋友

调查发现，几乎所有大学生都有好朋友，并且好朋友的数量较多，拥有超过10个好朋友的人数百分比最高，占34.80%，其次是有3～6位好朋友的，占34.40%。

交叉分析表明，具有较多好朋友的大学生经常产生自杀念头的比率为1.80%，而没有好朋友的学生经常产生自杀念头的比率却高达26.10%。因此，培养大学生积极乐观的性格，营造良好的人际关系，有利于缓解大学生的压力，减少大学生自杀概率。

④ 你自己能做主吗

大学生身心已基本发育成熟，有60.10%的大学生认为"有自己的主见"，但同时也有28.60%的大学生"容易被别人的看法左右"，甚至还有2.80%的大学生"一切听父母的"。

（3）对生活质量的体验

在调查中，发现只有34.7%的大学生表示"经常很快乐"，58.10%的大学生"有时快乐有时不快乐"，7.20%的大学生则"经常不快乐"。

10.2.4 加强大学生生命教育

（1）引导学生积极探索生命的意义，努力提升生命价值

生命意识教育应该引导大学生从外在化、功利化、世俗化的目的中解放出来，积极探索生命的意义，努力提升生命价值。生命的意义不仅指个体生命的意义，也指人对人类在宇宙中位置的思考，以及对人类"类生命"本质的思索，两者是相统一的。

因此，探索生命意义、提升生命价值的教育应包括以下三点。一是创造生命价值的教育。人的生命就是意义生命，人是一种价值实体。意义不是客观存在的，是经过人主观努力创造的。二是体验生命价值教育。大学生注重自我实现，应积极引导学生认识到自我实现是一个过程，其中那些微小的进步未必会带来权力、金钱、地位等外在价值决定性的改变，但都会给个体带来生命的高峰体验，从而使个体对生命价值的认知发生良好转变，对生命的价值和意义有所领悟。三是引导学生把生命个体价值与社会价值统一起来，体现生命价值的最高形式。人是一切社会关系的总和，是"地球村"中的一员，将大学生的生命视野引向整个社会、整个人类和宇宙，将生命个体与社会、与他人、与自然结合起来，才是生命价值的最高体现。

实际上，人的生命的意义就在于追求更加广阔的生命理想和人生境界，以达到真、善、美的和谐统一，从而为人类的全部思想和行为提供最高的支撑点，即人类的安身立命之本。生命是生活世界的生命。以学校为空间范围的教育世界，也与生活世界有天然的、不可分割的联系。高等教育就要使大学生正确认识生活世界、热爱生活世界，成为生活世界中的人；帮助受教育者由自然生物生命转化为社会意义生命；由低层次的意义生命转化为高层次的意义生命；逐步促使个体社会化、形成健康的生命个性。

（2）引导学生建立明确的生活目标，提升其生命价值感

生命意识教育内容之一就是引导学生确立一个正确的人生目标，并鼓励他们为之努力奋斗，在有价值感的活动中体验生命的意义，实现生命的价值。大学生的人生目标应该是既与社会需求相统一，又与个人兴趣、爱好与追求相一致；既有长远、持久的目标，又有短期的实施计划；既

包括人生规划,又包括人格完善,是一个身心和谐、持续发展、志存高远的目标。

在生命教育课程中应以大学生个体生命价值为出发点,以培养健全的生命意识为核心,以养成良好的珍惜生命的行为为目标。让学生珍惜自己的生命价值,懂得如何最大限度地发掘这种价值,进而珍爱他人的生命,以爱待人,追求智慧与道德,积极地献身于自己的劳动和创造,回报世界,奉献他人,达到超越生命的最高境界。

(3)生命意识教育应体现并贯穿于学校教育全过程

生命意识教育是以学生的生命存在为基础,以承认不同个性、性格和能力的差异为前提,应体现并贯穿于学校教育全过程。

中国台湾地区的辅仁大学早已将"人生哲学"课程列为共同必修课程,并成立专业伦理委员会在各系推动专业伦理课程,将人生哲学、大学入门与专业伦理三门课作为"全人教育"的基础课程,希望学生们经过这样的学习后,能更加珍惜生命。我们应借鉴这些开展生命教育的经验,把生命教育课程纳入大学教育计划之中,增加有关生命教育的章节,更多地关注学生个体的生存与发展,培养学生的生命意识。

(4)在校园文化活动及社会实践活动中培养生命情感

高校可以通过营造良好的校园环境,引导学生树立积极、健康的科学生命观,为学生的不良情绪提供健康、合理的情绪宣泄渠道,以免破坏性的爆发;给大学生的社会行为创造成功的机会,避免长期遭受挫折和内心冲突;培养大学生有效的心理防御机制,帮助他们学会如何保护自己和他人;引导大学生认识生命负面状态所蕴含的积极意义。例如,引导大学生学会苦中寻乐,善于把人生痛苦置于更强烈的痛苦背景中来对待,帮助其在痛苦中努力寻求独特的生命意义与价值,使其重新发现和体会生命的美好,坚强地生活下去。

(5)学校、家庭和社会三者整合,创造良好的生命价值教育环境

生命是整体的、完整的,生命教育的实施不能只限于学校内,整个社会环境才是学生学习的大环境,也是最好的生命教育教材。为了给大学生创造良好的生命价值教育情境,学校、家庭、社会三者应该整合教育职能。生命教育是一项复杂的系统工程,取得满意的效果需要有良好的学校教育、融洽的家庭关系、和睦的邻里交往和积极向上的社会风气等。只有多方面支持、配合,才能达到理想的效果。

10.3 大学生心理危机

当今社会正在经历着急剧变化,大学生也面临前所未有的严峻挑战。大学不再是梦想之旅,更多的承载着理想与现实的冲突。此刻,成长的压力与动力并存,机遇与挑战同在,个人成长与危机共生。危机在悄悄地走近每一个成长中的大学生,在危机中达到自我成长,是每个大学生面临的任务。

10.3.1 大学生心理危机的特点

由于大学生的文化水平较高,心理发展水平正好处在埃里克森所谓的"自我同一性的角色混乱"时期,这是人生中最重要的阶段。在这一时期大学生产生的心理危机的特征既有普遍性,也有特殊性,一般来说,大学生心理危机的特点主要表现在以下方面。

(1)普遍性

普遍性是指心理危机从一定意义讲是每个人成长过程中都会遇到的问题,没有人能够幸免,对于成长中的大学生来说也不例外。心理危机是个体的非正常、非均衡状态,是一种正常的生活

经历，并非疾病和病理过程。心理危机表明个体正在努力抗争，力求保持自身与环境间的平衡。虽然大学生的心理危机是不可避免的，但是通过设定目标、形成计划、妥善处理，是可以安全渡过心理危机的。

（2）复杂性

复杂性是指造成心理危机的原因可以是生理的，如生理成长与变化、疾病等；也可以是心理的，如需要、价值、个性等；还可以是社会性的，如社会变迁、文化变革与冲突等。心理危机的来源可以是外部的，如环境的要求与压力；也可以是内部的，如个体生理和心理的变化与要求。心理危机可以是突发灾难性的，如交通事故；也可以是一系列事件的日积月累，如人际关系恶化。所以危机是个体的生活环境、家庭教养、朋友交往等关系相互交织的综合反映，不遵循一般因果关系的规律。心理危机的程度与生活事件的强度不一定成正比，更重要的是取决于个体对生活事件的认识以及个体的应对能力、既往经历和个性等。不同的大学生在同样的压力情境下，有的产生了心理危机，有的却适应良好。

（3）动力性

动力性是指在心理危机的过程中，焦虑和冲突总是存在的，这种情绪导致的紧张为变化提供了动力。也有人把心理危机看作成长的机会或催化剂，它可以打破个体原有的定势或习惯，唤起新的反应，寻求新的解决问题的方法，增强挫折的耐受性，提高环境适应的能力。埃里克森提出人的一生要经历八个阶段，每个阶段的更替便是一次危机，如顺利渡过则人格得到成长。每一次发展性心理危机的成功解决都是大学生朝着成熟和完善迈进的阶梯。

（4）时代性

时代性是指当代大学生的心理危机反映了时代、社会对大学生的要求和压力，反映了个人对理想的追求。表现为成为人才、实现理想与现实的冲突和矛盾。大学生的心理危机与时代背景有着高度的相关关系。市场经济条件下的贫富差距、就业困难等就对现在的大学生产生了很大的压力，一旦某些大学生应对不好，自然会出现心理危机。

10.3.2 大学生心理危机的种类

心理学上对大学生心理危机的分类有许多，一般将大学生心理危机归纳为以下几个方面。

（1）成长危机

成长危机是指大学生在大学阶段中发生的涉及生理、心理上发展变化的心理危机。大学阶段，大学生已经进入青年中期或后期，一方面，正处于生理发育的基本成熟和部分心理发展相对滞后的特殊时期，人生观和世界观逐渐形成，心理状态不稳定，容易受到外界的各种影响而产生心理危机；另一方面，大学生性生理已经基本成熟，性意识增强，渴望异性的友谊和爱情，但由于大学生性心理还没有完全成熟，缺乏生活经验，常会产生一些不正当的行为，给身心带来严重影响。成长性心理危机有三个特点：其一，心理危机持续的时间比较短暂，但变化急剧。其二，大学生在成长性心理危机期间容易出现一些消极现象，如厌学、人际冲突及情绪冲动等。其三，成长性心理危机如果能顺利度过，将会促进大学生心理发展，使其获得更大的独立性，走向成熟。

（2）境遇危机

境遇危机是指由外部环境造成的、突如其来的、无法预料的和难以控制的心理危机。如亲友突然亡故、父母失业、家庭经济来源突然中断、SARS流行等，或是受到突然的侵犯和恐怖事件，如遭到强奸、抢劫和暴力侵犯等，而引起的心理危机。

（3）情感危机

情感危机是指一个人在感情中遭到突然的打击，使他无法控制和驱使自己的感情，从而严重地干扰他的正常思维和对事物的判断处理能力，甚至使工作学习无法进行。在极度的悲痛、恐惧、紧张、抑郁、焦虑、烦躁下，极易产生自杀的念头和做出莽撞的事来，导致精神崩溃。在大学生中最常见的情感危机莫过于失恋，这是诱发大学生心理问题的重要因素，恋爱失败往往导致大学生心理变异，有的人因此而走向极端，甚至造成悲剧。

（4）人际关系危机

和谐的人际关系既是大学生心理健康不可缺少的条件，也是大学生获得心理健康的重要途径。大学生人际交往危机主要是指在校大学生在与他人相处和交往的过程中表现出的不适、自闭、逃避、自恋、自负以及难以调和与他人关系的不良心理状态和行为表现。从中学到大学，大学生面临着一种全新的人际关系，在中学时代，或许能够凭借出色的成绩存在性危机赢得同学和老师的青睐，但在大学，成绩好不一定就能获得好的人际关系，这需要一定的技巧，同时也需要懂得在出现矛盾时怎么来解决。另一方面，大学的同学来自五湖四海，每个人的家庭背景、生活方式、价值观、性格、兴趣爱好都可能会千差万别，这些差异会不可避免地带来摩擦和冲突：如果得不到及时的解决，就会产生人际关系上的危机，给大学生的心理健康带来严重影响。

（5）就业危机

近几年来，由于社会竞争的加剧，高校扩招，就业市场的不景气，大学生找工作或者找比较理想的工作越来越困难。一些同学表现出严重的危机感，同时一些同学为了缓解就业带来的压力，不断给自己施压，长期处于紧张状态，一旦努力失败就会给自己带来严重的心理挫折感。当前大学毕业生供给突然增多，但社会的工作岗位需求变化似乎并没有与之相应地快速增长。一方面，国家政府机关和事业单位正在加快进行以机构和人员精简为内容的改革；另一方面，普遍都不景气的国有企业正在面对更多的职工下岗。大学扩招速度快于社会用人需求的增长，矛盾难以解决。部分大学生看不到自己的前途在哪里，特别是对那些学习成绩不好、能力又不出众的学生而言，就业问题就像一座大山压在身上。学生为了增强自己日后的就业实力，给自己设置一些不切合实际的目标，花费大量的财力和时间来学习热门实用的课程，这样就处于长期的紧张状态和高负荷压力下，一旦失败就会感受到严重的挫折感和失败感。

（6）学业与经济危机

对大学生来说，学习是首要任务和主要活动方式。大学生的学习压力相当一部分来自所学专业非己所爱，这使学生长期处于冲突与痛苦之中；课程负担过重，学习方法有问题，精神长期过度紧张也会带来压力；另外还有参加各类证书考试及考研所带来的应试压力等。精神长期处于高度紧张的状态下，极可能导致大学生出现强迫、焦虑甚至是精神分裂等心理疾病。生活的压力主要在于学生不善于独立生活和为人处世，还有生活贫困所造成的心理压力。目前，我国高校在校生中约有20%是贫困生，而这其中5%～7%是特困生。有些人虚荣心太强，经不起贫困带来的精神压力，总觉得穷是没面子的事，不敢面对贫困，与同学相处敏感而自卑，采取逃避、自闭的做法，有的同学甚至发展成自闭症、抑郁症而不得不退学。

10.3.3 大学生心理危机发生后的反应

当个体面对危机时会产生一系列身心反应，一般危机反应会维持6～8周。危机反应主要表现在生理上、情绪上、认知上和行为上。

生理方面：肠胃不适、腹泻、食欲下降、头痛、疲乏、失眠、做噩梦、容易受到惊吓、感觉呼吸困难、哽塞感、肌肉紧张等。其中较常见的特征是周期性或持续性的颤抖，长期心烦意乱或心不在焉，极端不安和精神恍惚，精神错乱。

情绪方面：出现害怕、焦虑、恐惧、怀疑、不信任、沮丧、抑郁、悲伤、易怒、绝望、无助、麻木、否认、孤独、紧张、不安、愤怒、烦躁、自责、过分敏感或警觉、无法放松等状况。在这方面常见的特征是极度地悲伤、痛心、绝望。在这种情况下的个体在认知上会表现得很无助，会认为面对如此的情景，无论采用什么方法和手段都是没有用的，无论谁也无法摆脱这种情况。

认知方面：常出现注意力不集中、缺乏自信、无法做决定、健忘、效能降低、不能把思想从危机事件上转移等情况。

行为方面：呈现社交退缩、害怕见人、逃避、暴饮暴食、容易自责或怪罪他人、不易信任他人，并有假装适应的反应。假装适应是所有心理危机反应中最敏感的，是指一些人表面上好像很成功地驾驭了创伤和压力，但事实上他们是故作轻松。假装适应的反应是一种由抑制、自我克制等综合构成的相当脆弱的防御方法。假装适应的人很少主动寻求帮助，还有些人由于突发事件而引起的危机反应是对他人进行攻击，总觉得能够发泄满腔的怒火和重新获得自尊的唯一途径就是毁灭那个他们认为伤害了自己的人。另一些人则是自我毁灭式的，例如疯狂地驾驶，醉酒、酗酒，直到神志不清为止。还有的危机中的个体虽然对事件的不确定感到很难受，处理问题的能力受到了限制，但个体也不会坐以待毙，他也想获得别人的帮助，寻求摆脱困境的方法，只不过常常采用了一些不当的方式来处理问题。

10.4 大学生心理危机的预警与干预

心理危机虽然有错综复杂的原因而且是个人行为，但它是可以防范和干预的。通过有针对性地采取防范措施，可以减少危机发生的突然性和意外性。还可以通过对处于困境和挫折中的个体予以关怀和救援，帮助其渡过危机，使之恢复心理平衡。

10.4.1 心理危机预警

心理危机预警是指对心理危机进行早期的预测，通过对预警信息的评估及时发现和识别潜在的或现实的危机因素，有针对性地采取防范措施，防患于未然，必要时发出危机警报，减少危机发生的突然性和意外性。心理危机预警机制具有预测危机、防范危机的职能，是一种超前的危机管理。

心理危机的预警对象，应该是危机承受能力相对较低、危机事件发生概率较高以及正在遭遇危机事件的个体或群体。从危机事件发生概率来说，一般认为，有几类大学生可能更容易遭遇危机事件，如贫困生、复读生、优秀生、单亲或离异家庭子女等，大学生心理危机干预预警系统应该对这几类大学生多一些关注。此外，对一些家庭教养环境不佳，个体人格以抑郁、内向、自省为特征，思维方式特别，情绪、情感不稳定，行为冲动、异样反常的学生也应给予高度的关注。具体来说，可以通过建立心理电子档案来实现对危机预警对象全面、及时的把握。

就心理危机预警的方法而言，传统的方法多为事件跟踪法，现代则更加重视预警指标的方法。事件跟踪法相对比较被动，往往有事后干预的特点，不能及时、尽早发现问题。预警指标法则在某种程度上弥补了这一缺点，它是依据预警对象（事件、个人）的情况建立一套有监测功能的预警指标体系，通过预警指标，利用某种理论与经验，分析确定预警对象与危机情势发展之间的因果关系，以此进行危机早期预测。预警指标作为预警信息分析的依据，应该包括会增加个体危机的脆弱性、容易引起心理危机的各种因素。

根据中国地质大学郭兰等人的观点，大学生心理危机的预警指标应该包括四个方面的内容：①个体发展状态指标，包括学习动力、兴趣、成绩；就业信心；成长机遇；个体人格、气质特征；个人对挫折的应对方式；个体的社会适应能力；②社会环境指标，包括与家庭成员、父母的关系；家庭及教养环境；对学校教学、管理、生活的满意度；对社会氛围的满意度；③人际交往指标，包括与大学同学、老师的关系和满意度；对亲情、友情、爱情的看法和满意度；④负性情绪指标，包括负性情绪类型、强烈程度、持续时间、排解方式、刺激源、躯体症状。

心理危机预警指标信息出现后，就要对所收集的信息进行分析评估，以判断心理危机的成因、规模、类型、强度、可能的后果及发展和变化规律，进行心理危机预测。对心理危机预警信息的分析评估，应该包括对危机环境的分析和对预警信息本身的分析两部分内容。心理危机环境分析，是指对可能或已经引起危机发生的经济、文化、社会等环境因素的了解、评价和预测。通过对学生所在的外部环境的分析研究，掌握客观环境的发展趋势和动态，了解与危机事件发生有关的微观动向，从而敏锐地察觉环境的各种变化，保证当环境出现不利的因素时，能及时有效地采取措施，趋利避害。心理预警信息分析首要的任务是判断分析信息的真实性，任何虚假、失真的信息都会导致预测不准。因此，排除虚假信息，确保信息的真实性、可靠性，是预警信息分析的重要方面。此外，在确认与危机相关的个体或群体为预警对象之后，进一步的任务就是分析学生的认知态度、行为方式特点，根据预警指标，评价其危机的严重程度，以确定是否进行危机预告。

心理危机介入前要对危机作出准确的评定，一个人情绪紊乱不一定处于危机之中，如果评定错误，不仅可能造成失败还可能造成终生的破坏性影响。评定心理危机和消除危机的重要性，表现在取代精神疾病住院和预防自杀。危机评定的独特性是关键所在，不做人格分析，重点在于取得有关个人解决问题能力和既往应付应激的历史，结合社会文化等综合因素，做出迅速评定。

危机评定针对的表现。①情绪反应：当事人表现高度的焦虑、紧张、丧失感、空虚感，且可伴随恐惧、愤怒、罪恶、烦恼、羞耻等。②认知方面：身心沉浸于悲痛中，导致记忆和知觉改变。难以区分事物的异同，体验到的事物间关系含糊不清，做决定和解决问题能力受影响，有时害怕自己发狂，一旦危机解决则可迅速恢复知觉。③行为改变：不能专心学习、工作或劳动；回避他人或以特殊方式使自己不孤单；令人生厌或具有黏着性；与社会联系破坏，可发生对己或周围的破坏性行为；拒绝帮助，认为接受帮助是软弱无力的表现；行为和思维情感不一致；出现过去没有的非典型行为。④躯体方面：有失眠、头晕、食欲不振、胃部不适等症状。

10.4.2 心理危机的自我干预

心理危机干预也叫心理危机调停，是指对处于困境和挫折中的个体予以关怀和支持，使之恢复心理平衡的过程。心理危机干预本身是属于一种心理卫生的救助措施，主要针对心理适应陷入危机状态者，给予适时救援，助其渡过危机，然后再从长计议，并且视情况轻重转介有关机构接受治疗。危机干预可以从个体自己和寻求帮助开始。心理危机干预的关键在于进行"人格塑造"，帮助发生危机者恢复自信，克服心理缺陷，发挥个人潜能。实施心理危机自我干预的目的在于从自身的角度出发来解决危机，调整情绪，使自身的功能恢复到危机前的水平。

（1）寻求滋养的环境，搜集充分的信息

改变环境的第一步就是要充分了解问题之所在。虽然个体在危机中会陷于莫名其妙的恐惧和不知所措的境地，不知道发生了什么事，也不知道将可能发生什么事，但可以肯定的是，能够从那些过去有类似经历的人的经验中得到帮助。人们还可以向处理危机问题的专家请教，或从有关书籍中寻找解决问题的办法。

（2）积极调整情绪

危机的出现显然会使人们极度地紧张和沮丧，这些情绪反应不仅表现为内在的、强烈的不适感，而且消极的挫折体验将使危机进一步恶化。因此，调整情绪的中心环节，就是要培养承受这些痛苦感受的能力。通过调整情绪，将使诸如焦虑导致恐慌、沮丧导致失望等情绪的恶性循环得到控制。当危机超出我们的控制能力以及我们无力改变外部事物时，把握自己的情绪尤为重要，此时，将注意力集中在努力调整自己的情绪上，将会取得很好的效果，尽管这样做在同样的情境下不一定有同样的效果。

① 分散转移情绪。调整包括抑制、分散等回避痛苦的方法。这些方法能转移人的消极思想和情绪，为个体的心理重建赢得时间。抑制在一定程度上是自动的过程，不过，我们也可以有意识地控制它，比如提醒自己"别想它了，想点别的吧"；分散则是指不断地做事，集中注意力于当前的工作而不去关注那些痛苦感受。分散活动的主要目的是回避痛苦的现实。分散活动只是为了分散痛苦，而不是解决特定问题。抑制法和分散法有其明确的使用范围，特别是在危机的早期阶段。接受自己的痛苦，对个体而言是一种必要的体验，也是可以承受的。

② 找人倾诉。向别人诉说自己的情感、往事和痛苦的经历能使悲伤变得可以忍受，这种一般性的治疗人类疾病的方法是相当有效的。人类是具有社会性的动物，当遇到痛苦时，把痛苦告诉同情你的人将大有裨益。在大多数危机中，需要一遍又一遍地诉说痛苦，以便使开展心理调适工作所需要的信息被个体充分吸收。由于每一次的诉说相当于痛苦的再体验，因此，逐渐地人们就会变得不那么恐惧。重要的不是给危机受害者提供建议或分担痛苦，而是在他们体验极度恐惧和紧张时和他们在一起。这意味着我们可以帮助他人控制情绪，但不要刻意地减弱、伪装情绪或竭力地劝说。

③ 良性的自我对话。个体使强烈的、痛苦的情感变得可以忍受的一条普通而有效的途径就是"良性的自我对话"。无论何时何地人们都可以通过和自己对话的方式，对所发生的事情、对自己的感受进行"实况转播"。通常，这种自我对话不是刻意而为的，而是在无意识中进行的，虽然人们可以学会关注它，并为它所揭示的内容感到惊奇。在危机中，当情感系统被激发时，通常自我对话将变得更为自觉，人们通过和自我谈话来调节情绪问题。比如，通过对自己说安慰或平静心态的话来调节焦虑；通过有意识地提醒自己注意事物积极的一面来缓解沮丧情绪。良性的自我对话在帮助人们超越不能忍受的痛苦时非常有用，运用它不会让人感到彻底的崩溃和失控，而且痛苦的感觉越强烈，努力说服自己的自觉性就越高。不过，在对话过程中不要采用这些消极的想法："我过不了这一关"，"这太可怕了，我快疯了"，"我太孤独了，没有人帮助我、理解我"。可以调节沮丧情绪的积极的想法应该是这样的："我能够解决这个问题，先不管它"，"我以前也曾遇到过困难的情境，并且最终克服了困难"，"不会再有更可怕的事情"。这类自我对话的目的是去除灾难性的想法，减少人们承受压力时所耗费的心理资源。

（3）建立良好的人际关系

在危机期间和危机过后，个体都需要与周围的人保持良好的人际关系，不一定是要求他们提供强烈的情感支持，而是与他们保持日常的联系、共同分享经验、共同面对事物。这有助于遭受危机的个体重新适应社会，还可以分散自己的注意力，使得自己不再为消极紧张的情绪所困扰。这种良好的关系可以表现为与自己的朋友一起散步、听音乐等。

（4）面对现实，正视危机

在危机的前期，人们习惯于采取积极的态度来应付危机，利用一切可以利用的资源来避免危机带来的损害。但到了危机的后期，当个体积极应对危机的策略失败，个体感到绝望时，就会消极地逃避现实，采取退缩的策略来应对危机，不愿意承认现实情境，常常歪曲现实情境，以此来避免危机带来的损失。面对现实，正视危机，有利于个体激发自身潜在的力量，动员一切资源来寻求危机的解决办法。俄国作家契诃夫在《生活是美好的》一文中对企图自杀者说："为了不断感到幸福，那就要善于满足现实；很高兴地感到事情原本可能更糟。"他举例说："要是火柴在你的衣袋里燃烧起来，那你应当高兴，而且感谢上苍，多亏你的衣袋不是火药包。"在各种危机面前，大学生就要接受现实，正视危机，这种方法只要运用得当，对进行积极的心理危机应对是非常有效的。

> **心理小卡片10-3**
>
> **心理自救小办法**
>
> （1）掌握必要的心理健康知识。有了一定知识，才能进行正确的自我评价，从而了解自己的所需，量力而行，适量地安排时间，让生活更有规律。
> （2）学点自我安慰和自我放松的技巧。譬如练习瑜伽、太极拳、听听音乐、打球等，都会让人放松下来。
> （3）好好睡一觉。比较轻的忧虑和不快，通常在一个充足踏实的睡眠后就可能消失了。
> （4）自我良性暗示，多想一想过去成功的经历，想一想自身具备的优势。你就可以告诉自己，我在公司的价值是不可替代的，换了别人恐怕还不如我呢。
> （5）通过饮食来缓解某些不适。如焦躁、心悸、失眠等情况出现后，可多吃豆类、五谷杂粮、蔬菜水果等食物，减少红肉类的摄取，避免喝咖啡、浓茶、酒等刺激性饮料。少食辣椒、芥末、花椒、大蒜、葱、姜等辛辣燥热之物。
> （6）建立心理支持系统，包括朋友、家人、心理咨询专家等。在郁闷难以排解的时候，向他们"诉苦"，寻求心理帮助。

10.4.3 心理危机的共同干预

心理健康教育不只是几个心理健康教育工作者和几个学生管理工作者的事，而应是全校教职员工和学生的共同课程。教职员工在自己的岗位上，也应关心大学生的健康成长，加强校园文化建设，优化学生的心理环境。例如教师可以寓心理健康教育于教学过程中，注意培养学生正确的学习观和学习方法，发挥其心理潜能，减轻其心理压力，淡化学生的自卑情绪；同时，教师作为示范性的角色，应注重优化自身的心理素质，完善人格，保持良好的状态，起到良好的榜样作用。而学生更应注重自我教育，把心理健康教育作为完善自我的一种途径，而不是一种形式。要做好大学生的心理素质教育工作就要根据大学生的特点，分析引起不良心理素质的因素，从而寻找工作对策。

（1）班级干预的可行性

班级环境下的危机干预具有明显的优势：首先，作为辅导老师的班主任或专职心理辅导员与学生朝夕相处，知己知彼，熟悉本专业学生学习、生活的特点，有利于危机干预工作的开展；其次，班级文化氛围、班级中非正式群体的亚文化、同学之间的友谊都是危机干预中可利用的强大的心理支持力量；再次，班级内部联络方便、信息畅通，便于实施危机干预；最后，由于班级组织形式相对固定，有利于危机干预和教育工作的常规化和制度化，有利于干预效果的巩固。

健全的学校危机干预的组织机构是班级心理危机干预的重要保障。因为危机干预涉及医学、心理、社会多个层面的处理，不同于一般的"献爱心"活动，所以，这个机构的主要成员应由心理咨询师、医生、学生工作者和学校主管领导等专、兼职人员组成。根据危机事件发生的先兆，这支队伍可以快速而有效地启动危机干预。在危机干预中能否按照处理突发性事件的十条基本原则进行工作，是检验这个机构能否有效地运转的标准。这十条标准原则是"责任到人，快速反应，信息畅通,现场到位,互相融合,统一指挥,处置得法,避免扩大,遵守纪律,做好善后"。

实施班级层面的危机干预体系,班级心理辅导员起着举足轻重的作用,他们不仅在业务上受学校心理咨询中心的指导和督导,在职责上受学院(处)的管理和监督,更要能联合班级信息员、保健员和寝室协管员共同完成班级危机干预的使命。高校要将大学生心理健康教育和危机干预作为学校的一项基础性工作,并最终形成制度,将危机干预工作经常化、规范化、制度化,在班级层面实施危机干预是其最基础的环节和最根本的保障。

(2) 班级干预的基本原则

① 预防和教育为主的原则。危机干预分为三种类型:预防性干预、补救性干预和治疗性干预。在我国,治疗性干预似乎是政府专门机构的事情。目前,包括高校在内的国内心理危机干预仍处于补救性水平上。危机干预者似乎成了"消防队员",这是一种被动的干预,多数是在危机事件已经造成不良后果后再做些补救,干预的目的只能是缓解当事人的心理失衡状态,恢复其正常的生理功能。班级层面的危机干预的理想目标是建立基本的预防机制,使其有效性达到基本上不需要进行危机干预的目的。充分发挥班级辅导员的助人作用和同学之间的互助作用以及学生本人的自助作用,是班级危机干预的主要任务。

② 及时性原则。危机发生的本身是应激性的,危机干预中时间是一个关键因素,来不及进行细嚼慢咽式的思考,来不及做一些无谓的尝试。因此危机干预者必须能够对危机中不断涌现、不断变化的问题做出迅速的反应和处理。要坚决杜绝官僚作风,切忌漫不经心或拖拖拉拉,否则,将导致危机发展为失控状态,错失干预良机。

③ 发展性原则。危机,既意味着"危险",又意味着"机遇"。现实是客观存在的"危险",潜在是发展变化的"机遇"。危机干预不仅以解决当事人所面临的问题为干预目标,而更应该以帮助当事人快速提升应对危机能力为干预目标。危机干预应遵循"促进当事人和当事人所在团体的发展"的基本原则。

(3) 班级干预策略

① 及时上报。对于在班级里出现的危机事件要及时上报,要形成"事不过夜"的严格制度并及时实施干预。根据危机事件的性质,力争在第一时间上报有关领导和机构,避免延误干预的最佳时机,这就要求班级辅导员必须掌握一些非常重要的联系电话。如分管领导电话、学校心理咨询中心电话、本地危机干预机构电话以及班级信息员和学生寝室电话、学生家长电话等,以便在第一时间及时联系,了解情况,迅速反应,减少损失。

② 及时干预。要在第一时间启动干预措施,以防止过激行为的产生,如自伤、自杀或伤人等。危机干预通常在伤害事件24小时内进行。建议采用危机干预六步法。

第一步,确定问题。从患者的角度确定和理解其所认识的问题。如果医务人员所认识的危机境遇并非患者所认同的,那么帮助的干预策略和付出的努力可能会失去重点,甚至对患者而言没有任何价值。其中所应用的核心技术为倾听,包括同情、理解、真诚、接纳以及尊重。

第二步,保证求助者安全。在危机干预过程中,保证患者安全作为首要目标,这是非常必要的。简单地说,就是对自我和对他人的生理和心理危险性降到最小可能性。虽然将保证患者安全放在第二步,但在整个危机干预过程中都应该将这点作为首要的目标考虑。

第三步,给予支持。强调与患者沟通与交流,不要去评价患者的经历与感受是否值得称赞或批评,而是提供这样一种机会,让患者相信"这里有一个人确实很关心你"。换句话说,医务人员必须无条件地以积极的方式接纳所有的求助者,不在乎报答。

第四步,提出并验证可变通的应对方式。应该从多种不同途径思考变通的方式来帮助患者,而非死路一条,如环境支持:这是提供帮助的最佳资源,让患者知道有哪些人现在或过去能关心自己；应对机制：即患者可以用来战胜目前危机的行动、行为或环境资源；积极的、建设性的思维方式；可用来改变自己对问题的看法并减轻应激与焦虑水平。如果能从这三方面客观地评价各种可变通的应对方式，就能够给感到绝望和走投无路的自杀企图者以极大的支持。

第五步，制订计划。计划的制订应该与求助者合作，让其感到这是他自己的计划，这一点很重要。计划应该根据患者的应对能力，着重在切实可行和系统地帮助其解决问题，如使用放松技术消除其紧张焦虑。

第六步，得到当事人的承诺。在大多数情况下，这一步比较简单，即让患者复述一下计划："现在我们已经商讨了你计划要做什么，下一步将看你如何表达自己的愤怒或抑郁情绪。请跟我讲一下你将采取哪些行动，以保证你不发脾气或不再绝望。"在结束危机干预前，医务人员应该从患者那里得到诚实、直接和适当的承诺。

③ 及时转介。危机干预的一个重要策略是转介（或称转诊）。当某个学生处于严重焦虑或急性精神失常状态下，存在着自伤、自杀或伤人毁物的危险时，对此必须认真加以评估，切不可掉以轻心，有时这可能是生死攸关的事情。一旦发现患者具有伤害自身或他人的危险时，应立即向对口医院精神科转诊。面对此种情况，切忌助人动机过强，替学生解决或包办一切，结果贻误最佳干预时机，导致极其严重甚至灾难性的后果。确定是否转介的客观依据是对当事人的危机严重程度进行科学评估，这在一定程度上也取决于辅导员的处理经验。经评估确定转介后，向当事人提供有关专业机构的名称、电话号码和专家姓名，并及时与之取得联系。

④ 妥善预后。又称后干预技术。相对一般的个别心理咨询来说，危机干预的全过程要短。但是，并不是当事人的危机问题得到解决，心理功能恢复正常即可终结。危机干预的常规操作程序还应包括对经历和接触危机的当事人以及危机事件涉及的相关人群进行妥善的预后处理。一是做好危机经历者本人的心理修复工作，二是要做好当事人周边人群的心理修复工作。如目睹同班同学自杀或意外死亡，在相当长的一段时间内，目睹者会处于恐惧不安、焦虑、悲哀、内疚等不良情绪之中，这种心理危机状态的预后处理，可以帮助幸存者应付、悼念、理解并预防将来可能出现的自杀状况。

⑤ 跟踪回访。为了巩固干预效果，辅导者必须注意危机干预不是"一次性"的，帮助当事人渡过危机并得到成长是长期的，也可能是反复的。作为辅导者应站在应有的高度，将当事人经历的危机转变为帮助当事人迅速成长的教育契机。辅导者应利用这个机会使当事人了解到，通过危机干预，他将学习到解决问题战胜困难的新技巧。因此，有必要建立定期跟踪回访制度。在实施全面心理普查的前提下，筛查出有较严重心理问题的对象，及时跟踪了解当事人的现状及变化，根据当事人的需要，有针对性地提供辅导和帮助，并将信息跟踪、定期回访和心理状态的评估结合起来，加以适当的引导。

10.4.4 大学生自杀的预防与干预

一般来说，大学生在准备自杀前都有一些迹象出现。因此，应注意观察识别，加强预防。

（1）自杀行为的预兆❶

自杀的征兆可以表现在语言上、行为上和各种症状中。

① 语言上的迹象。直接说出："我希望我已经死去，我再也不想活了。"或者间接说出："我所有的问题马上就要结束了，现在没人能帮我，没有我，别人会生活得更好，我再也受不了啦，我的生活一点意义也没有""长痛不如短痛，唯有牵挂的是年迈的父母"等言语；他们说与自杀有

---

❶ 蔺桂瑞，杨芷英. 学生心理健康与人生发展——成长，从关爱心灵开始. 北京：高等教育出版社，2010：298-299.

关的事情和拿自杀开玩笑；谈论自杀的计划，包括自杀的方法、时间和地点；流露出无助、无望的情感；与亲朋告别；谈论自己现在的自杀工具。

② 行为上的迹象。如出现突然的、明显的行为改变，中断与他人的交往，或危险行为增加；有条理地安排后事，无故给同学送临别礼物、送自己珍爱的东西；频繁出现意外事故；饮酒和吸毒量增加。

③ 出现抑郁症的表现。如果一个人在两周或更长时间内，同时存在三个以上下述症状，尤其是前三种症状，即符合了抑郁症的标准。a. 几乎每天心情都非常恶劣；b. 对以前感兴趣的东西或活动失去兴趣；c. 感到麻木、空虚、无聊；d. 躯体疼痛（胃痛、头痛）；e. 睡眠困难（难以入睡、早醒或睡得过多）；f. 体重改变或饮食习惯改变；g. 过分的挫败感和过分自责；h. 集中注意力、思考问题困难；i. 和平常比，更易怒、紧张或易激怒；j. 感到无价值、内疚或满心羞愧；k. 彻底的无助感、无望感；l. 没有精力或动力，内心有压力感；m. 反复出现死亡或自杀的想法，觉得活着还不如死了好。

(2) 大学生自杀的预防

① 提高心理素质。心理素质低是导致自杀最直接的内在动因。就高校而言，要通过开设心理健康课程，开办心理网站，创办心理报刊，举办各种心理讲座、团体辅导、心理文化月活动等，为学生提供学习心理健康知识的机会，提升入学生的心理素质，以减少心理危机的发生。就学生而言，可以通过阅读关于心理健康方面的书籍、接受心理健康教育、向专业人士进行咨询等途径，掌握一些调控心理的方法和技巧，并且在生活中加以运用。

② 学会求助。当大学生感觉压力过大或自我调节效果不明显时，要积极向外求助，比如：向父母或者其他亲人求助。家人是最值得信赖的社会支持力量，也是最强大的力量源泉和精神依靠。也可以向同学或朋友求助，同学或朋友可能是最理解你的人，他们最能与大学生产生情感共鸣，一起共担艰难、共度险阻。还可以向老师求助，辅导员、班主任要支持和关心学生，并提供积极有效的资源和帮助。还可以向学校心理咨询部门求助，心理咨询人员运用专业知识和技术来帮助来访者，找出引起心理问题的原因，分析问题的症结所在，进而提出摆脱困境、解决问题的对策建议，有助于使来访者恢复心理平衡，提高对环境的适应能力。

③ 关爱他人。一是关爱你身边的同学。当他孤独时，当他学习、生活遇到困难时，当他感情遭受挫折时……你的一个关切的眼神、一句温暖的话语、一个小小的帮助，也许就能驱散他心灵的孤独，抚慰他那颗受伤的心，融化他冰冷的心结，给他自我成长的力量。二是鼓励求助，帮助走出误区。发现同学有了心理问题和危机而自己又解决不了时，要劝说、鼓励他到专业的心理咨询和治疗机构去寻求帮助。三是及时报告，把住生命之门。发现同学出现了心理危机，要立即报告学校心理咨询中心或院系负责老师，以便对其及时进行干预。四是细心照顾，做好监护工作。在家长没到来之前，要协助老师做好危机同学的临时监护工作，将其转移到安全的环境中，将一切有可能危及他生命安全的物品移走，确保同学的生命安全。

(3) 自杀危机干预措施[1]

① 自杀意念心理危机干预措施。相关人员、部门一旦知晓或发现有自杀意念的学生，应立即向系（院）学生工作负责人和心理健康教育中心报告，并采取以下措施：a. 与学生进行沟通，获取信任，提供心理支持，稳定情绪，成立监护小组，由辅导员和监护小组对有自杀意念的学生实行24小时监护。b. 及时通知有自杀意念学生的家长尽快赶到学校。各系（院）应注意不要告知学生已通知家长，并要求家长也不要告知学生，以免激发或加重所干预学生的自杀意念，待家长赶

---

[1] 周春明，徐萍. 大学生心理健康. 北京：北京理工大学出版社，2009：285-286.

到学院后双方共同商量解决办法。在必要的情况下，对学生家长的心理干预也是必要的，尤其是对于有自杀史的家长。c. 向心理健康教育中心报告，由其组织有关专家对有自杀意念学生的心理状况进行评估并写下书面评估；经心理健康教育中心评估或有关专家会诊。确认学生需立即住院，可到学校对口的医院进行心理治疗，如评估该生回家休养治疗有利于其心理康复，学校应立即通知家长将该生带回家休养治疗，及时通知学生家长办理休学或退学等手续；有关医疗费用按学校有关规定处理。d. 学生所在系（院）在事故处理后应将该生的详细材料（包括遗书、日记、信件复印件）提供给学生处或心理健康教育中心备案。

② 实施自杀行为心理危机干预措施。对于已经实施了自杀行为的学生，学院（系）应立即采取以下措施：a. 对刚刚出现自杀行为的学生，要立即送到最近的急诊室或校医院，由急诊室或校医院负责实施紧急救治或协助转到其他医院救治；同时，立即向学工部、心理健康教育中心或心理咨询中心报告情况。b. 及时向保卫处报告，由保卫处负责及时保护、勘察、处理现场、防止事态扩散和对其他学生的不良刺激，并配合、协调有关部门对事件的调查。c. 立即通知实施自杀行为学生的家长到校，在必要的情况下，也可以对有自杀史的家长进行必要的心理干预。d. 对于自杀未遂学生，在其病情稳定后由家长将其带回家休养治疗，为其办理休学或退学等手续，有关医疗费用按学校有关规定处理。e. 应对已经实施自杀行为学生周围的同学，尤其是同寝室同学、同班级同学采取相应的安抚措施，如果事态扩大，心理咨询中心可根据需要进行团体心理辅导，避免更大范围的急性心理危机。f. 正确应对新闻媒体，要有选择性地把事实告诉外界，防止不恰当报道引发负面影响。g. 学生所在系（院）在事故处理后应将该生的详细材料（包括遗书、日记、信件复印件）提供给学工处或心理咨询室备案。

③ 自杀发生后大学生的心理修复工作。首先，对于有自杀未遂史的复学学生，心理咨询中心要组织专家对其进行定期心理访谈及风险评估，并及时反馈给学生所在学院。同时，学院应安排学生骨干对其进行严密监护，复学学生所在年级的辅导员每月至少要与其谈话一次，通过其周围的同学了解情况，并向校心理咨询中心汇报。其次，要做好善后的工作。日常生活中，我们要对自杀者表现出镇静、关爱和非歧视性态度。一般而言，在自杀未遂后的第一年中（特别是头三个月内），自杀致死的风险性最高。因此，至少在危机期不要对其自杀行为和价值观进行道德评判，以免引起他们心理的抗拒和敌对情绪。同时，要启动社会、学校和家庭心理支持系统，通过亲属、朋友和师生的爱心和帮助，使其产生对社会、家庭的责任感和对生活的留恋，增强生存的信心。据研究，90%的自杀未遂者经过有效干预会放弃轻生念头。

心理小游戏

感谢父母，善待生命

活动名称：我所了解的父母❶

活动目的：让学生加深对自己父母的了解，感激父母的养育之恩。让学生把感恩意识融入自己的日常生活中。

活动准备：歌曲《感恩的心》，每个同学一份《我所了解的父母》的问卷。

爸爸生日	妈妈生日
爸爸最喜欢吃的食品	妈妈最喜欢吃的食品

---

❶ 蔺桂瑞，杨芷英. 大学生心理健康与人生发展——成长，从关爱心灵开始. 北京：高等教育出版社，2010：306.

续表

爸爸生日	妈妈生日
爸爸所穿鞋子的尺码	妈妈所穿鞋子的尺码
爸爸的兴趣爱好	妈妈的兴趣爱好
爸爸年轻时的理想	妈妈年轻时的理想
爸爸最得意的一件事	妈妈最得意的一件事
爸爸最后悔的一件事	妈妈最后悔的一件事
爸爸的最大优点	妈妈的最大优点
爸爸对我的期望	妈妈对我的期望

活动时间：25分钟左右。

活动方法：

（1）教师引入："父母不只给了我们生命，还养育我们成长，在座的所有人能够考上大学，都离不开父母的辛苦栽培。父母为我们付出了很多，那你对他们有多少了解呢？"

（2）我所了解的父母：播放背景音乐《感恩的心》，给学生五分钟的时间，让学生填写《我所了解的父母》问卷。

（3）学生填写完后，让一部分同学起来分享他们对父母的了解。

注意事项：

在分享的时候，一定要向学生说明要本着真诚、认真的态度。有的同学不知道自己父母的生日，又害怕同桌或周围的同学看不起自己，就随便填一个生日数字。对于其他问题，个别同学觉得是自己家的隐私问题，不愿意回答，此时教师就不要强求学生回答。

心理测试

1. 社会支持评定量表

社会支持系统对于人们的心理健康起着重要作用。有良好的社会支持系统，就能让你更好地应对心理问题，更有效地应对心理危机。你的社会支持系统怎么样？来测试一下吧！

1）测试

指导语：下面的问题用于反映您在社会中所获得的支持，请按各个问题的具体要求，根据您的实际情况选择。谢谢您的合作。

（1）您有多少关系密切，可以得到支持和帮助的朋友？（只选一项）

　　A．一个也没有　　B．1~2个　　C．3~5个　　D．6个或6个以上

（2）近一年来您：（只选一项）

　　A．远离家人，且独居一室

　　B．住处经常变动，多数时间和陌生人住在一起

　　C．和同学、同事或朋友住在一起

　　D．和家人住在一起

（3）您与邻居：（只选一项）

　　A．相互之间从不关心，只是点头之交

B. 遇到困难可能稍微关心

C. 有些邻居都很关心您

D. 大多数邻居都很关心您

(4) 您与同事：(只选一项)

A. 相互之间从不关心，只是点头之交

B. 遇到困难可能稍微关心

C. 有些同事很关心您

D. 大多数同事都很关心您

(5) 从家庭成员得到的支持和照顾：(在无、极少、一般、全力支持四个选项中，选择合适选项)

① 夫妻（恋人）

   A. 无　　B. 极少　　C. 一般　　D. 全力支持

② 父母

   A. 无　　B. 极少　　C. 一般　　D. 全力支持

③ 儿女

   A. 无　　B. 极少　　C. 一般　　D. 全力支持

④ 兄弟姐妹

   A. 无　　B. 极少　　C. 一般　　D. 全力支持

⑤ 其他成员（如嫂子）

   A. 无　　B. 极少　　C. 一般　　D. 全力支持

(6) 过去，在您遇到急难情况时，曾经得到的经济支持和解决实际问题的帮助的来源有：

① 无任何来源。

② 下列来源：(可选多项)

   A. 配偶　　B. 其他家人　　C. 朋友　　D. 亲戚

   E. 同事　　F. 工作单位　　G. 党团工会等官方或半官方组织

   H. 宗教、社会团体等非官方组织　　I. 其他（请列出）：＿＿＿＿＿

(7) 过去，在您遇到急难情况时，曾经得到的安慰和关心的来源有：

① 无任何来源。

② 下列来源：(可选多项)

   A. 配偶　　B. 其他家人　　C. 朋友　　D. 亲戚

   E. 同事　　F. 工作单位　　G. 党团工会等官方或半官方组织

   H. 宗教、社会团体等非官方组织　　I. 其他（请列出）：＿＿＿＿＿

(8) 您遇到烦恼时的倾诉方式：(只选一项)

A. 从不向任何人诉述

B. 只向关系极为密切的1～2个人诉述

C. 如果朋友主动询问您会说出来

D. 主动诉说自己的烦恼，以获得支持和理解

(9) 您遇到烦恼时的求助方式：(只选一项)

A. 只靠自己，不接受别人帮助

B. 很少请求别人帮助

C. 有时请求别人帮助

D. 有困难时经常向家人、亲友、组织求援

（10）对于团体（如党团组织、宗教组织、工会、学生会等）组织活动，您：（只选一项）

A. 从不参加

B. 偶尔参加

C. 经常参加

D. 主动参加并积极活动

总分：_____

2）了解你的社会支持系统状况

（1）社会支持评定量表条目计分方法

① 第（1）～（4）条和第（8）～（10）条：每条只选一项，选择A、B、C、D项分别计1分、2分、3分、4分。

② 第（5）条分A、B、C、D四项计总分，每项从无到全力支持分别计1分、2分、3分、4分。

③ 第（6）、（7）条如回答"无任何来源"则计0分，回答"下列来源"者，有几个来源就计几分。

（2）社会支持评定量表分析方法

① 总分：十个条目计分之和。

② 客观支持分：（2）、（6）、（7）条评分之和。

③ 主观支持分：（1）、（3）、（4）、（5）条评分之和。

④ 对社会支持的利用度分：第（8）、（9）、（10）条评分之和。

（3）社会支持评定量表的解释

① 总分40分。

② 正常情况：总分≥20分。

③ 判断标准：分数越高，社会支持度越高。一般认为总分小于20分，为获得社会支持较少，20～30分为具有一般社会支持，30～40分为具有满意社会支持度。

④ 测评结果包括三个维度：客观的支持度，主观的支持度和对社会支持的利用度。

测量结果需在专业心理医生的帮助下解释。

2. 自杀态度测量

主要用于评估对自杀行为的看法，从对自杀行为性质的认识、对自杀者的态度、对自杀者家属的态度和对安乐死的态度四个方面进行。

其实每个人都可能会有自杀的想法。因为，每个人都可能在生活中遭遇到困境。当人有困难的时候，就会寻求解决问题的办法。这个测验将帮助你了解自己对自杀的态度，会让你更清晰地了解自己对死亡的态度以及对活着的感想！

A. 完全赞同　　B. 比较赞同　　C. 不知道　　D. 比较不赞同　　E. 完全不赞同

（1）自杀是种疯狂的行为。　　　　　　　　　　　　　　　　　　　　　　　　（　　）

（2）自杀死亡者应与自然死亡者享受同样的待遇。　　　　　　　　　　　　　　（　　）

（3）一般情况下，我不愿意和有过自杀行为的人深交。　　　　　　　　　　　　（　　）

（4）在整个自杀事件中，最痛苦的是自杀者的家属。　　　　　　　　　　　　　（　　）

（5）对于身患绝症又极度痛苦的病人，可由医务人员在法律的支持下帮助病人结束生命(主动安乐死)。　　　　　　　　　　　　　　　　　　　　　　　　　　　　　　　　　　　　　（　　）

（6）在处理自杀事件过程中，应该对其家属表示同情和关心，并尽可能为他们提供帮助。（   ）

（7）自杀是对人生命尊严的践踏。（   ）

（8）不应为自杀死亡者开追悼会。（   ）

（9）如果我的朋友自杀未遂，我会比以前更关心他。（   ）

（10）如果我的邻居家里有人自杀，我会逐渐疏远和他们的关系。（   ）

（11）安乐死是对人生命尊严的践踏。（   ）

（12）自杀是对家庭和社会一种不负责任的行为。（   ）

（13）人们不应该对自杀死亡者评头论足。（   ）

（14）我对那些反复自杀者很反感，因为他们常常将自杀作为一种控制别人的手段。（   ）

（15）对于自杀，自杀者的家属在不同程度上都应负有一定的责任。（   ）

（16）假如我自己身患绝症又处于极度痛苦之中，我希望医务人员能帮助我结束自己的生命。（   ）

（17）个体为某种伟大的、超过人生命价值的目的而自杀是值得赞许的。（   ）

（18）一般情况下，我不愿去看望自杀未遂者，即使是亲人或好朋友也不例外。（   ）

（19）自杀只是一种生命现象，无所谓道德上的好和坏。（   ）

（20）自杀未遂者不值得同情。（   ）

（21）对于身患绝症又极度痛苦的病人，可不再为其进行维持生命的治疗（被动安乐死）。（   ）

（22）自杀是对亲人、朋友的背叛。（   ）

（23）人有时为了尊严和荣誉而不得不自杀。（   ）

（24）在交友时，我不太介意对方是否有过自杀行为。（   ）

（25）对自杀未遂者应给予更多的关心与帮助。（   ）

（26）当生命已无欢乐可言时，自杀是可以理解的。（   ）

（27）如我自己身患绝症又处于极度痛苦之中，我不愿再接受维持生命的治疗。（   ）

（28）一般情况下，我不会和家中有过自杀者的人结婚。（   ）

（29）人应该有选择自杀的权力。（   ）

评分标准及解释：

该测试由4个分量表组成，（1）、（3）、（7）、（8）、（10）、（11）、（12）、（14）、（15）、（18）、（20）、（22）、（25）题为反向计分，即选择"A""B""C""D""E"分别记5分、4分、3分、2分、1分。其余条目均正向计分，即选择"A""B""C""D""E"分别记1分、2分、3分、4分、5分。分别计算4个维度的条目均分。

对自杀行为性质的认识	（1）、（7）、（12）、（17）、（19）、（22）、（23）、（26）、（29）条目均分
对自杀者的态度	（2）、（3）、（8）、（9）、（13）、（14）、（18）、（20）、（24）、（25）条目均分
对自杀者家属的态度	（4）、（6）、（10）、（15）、（28）条目均分
对安乐死的态度	（5）、（11）、（16）、（21）、（27）条目均分

结果解释：

以2.5分和3.5分为两个分界值，将对自杀的态度划分为三种情况。

2.5分以下：对自杀持肯定、认可、理解和宽容的态度；

2.6～3.4分：对自杀持矛盾或中立态度；

3.5分以上：对自杀持反对、否定、排斥和歧视态度。

心理思考

（1）通过本章的学习，谈谈你对生命的理解。
（2）如何加强对大学生的生命教育？
（3）什么是心理危机，心理危机有哪些表现？
（4）假如你发现身边的同学出现了心理危机，你该怎么办？

参考文献

[1] 蔺桂瑞. 大学生心理健康与人生发展——成长从关爱心灵开始. 北京：高等教育出版社，2010.

[2] 周家华，王金凤. 大学生心理健康教育. 第3版. 北京：清华大学出版社，2010.

[3] 陈楚瑞，耿永红. 大学生心理发展与健康教育. 大连：东北财经大学出版社，2011.

[4] 王振宏. 青少年心理发展与教育. 西安：陕西师范大学出版社，2012.

[5] [美] 约翰·安德森. 认知心理学及其启示. 第7版. 秦裕林等译，北京：人民邮电出版社，2012.

[6] 王志敏. 超越挫折心理学大全集. 北京：中国华侨出版社，2012.

[7] 李百珍，梁樱，方霏. 成长挫折的应付. 北京：科学普及出版社，2013.

[8] 郭德俊. 情绪心理学. 北京：开明出版社，2012.

[9] [美] 柏格. 人格心理学. 第7版. 陈会昌等译，北京：中国轻工业出版社，2010.

[10] 王小明. 学习心理学——发展与教育心理学系列. 北京：中国轻工业出版社，2009.

[11] 刘儒德. 学习心理学. 北京：高等教育出版社，2010.

[12] 陈秋珠. 赛博空间的人际交往：大学生网络交往与心理健康关系的研究. 长春：吉林大学出版社，2012.

[13] 王翔南. 人际交往心理学. 北京：人民卫生出版社，2012.

[14] 赖芳，季辉. 大学生恋爱与婚姻. 天津：天津大学出版社，2012.

[15] 雷雳. 鼠标上的青春舞蹈：青少年互联网心理学. 上海：华东师范大学出版社，2010.

[16] 朱小根. 大学生心理健康教育. 北京：清华大学出版社，2010.

[17] 倪坚. 高职院校大学生心理健康教育. 北京：清华大学出版社，2011.

[18] 张成山，江远. 新编大学生心理健康教育. 第2版. 北京：清华大学出版社，2010.

[19] 孟庆荣，陈征澳. 大学生心理健康. 第2版. 北京：清华大学出版社，2011.

[20] 许德宽，朱俊梅. 大学生心理健康教育. 北京：清华大学出版社，2009.

[21] 吉家文. 新编大学心理健康教育. 天津：南开大学，2018.

[22] 郑勇军，冯小苏，余康发. 大学生心理健康教育. 北京：现代教育出版社，2018.